CUMHURİYET'İN 100 GÜNÜ

İNKILABIN AYAK SESLERİ

EMRAH SAFA GÜRKAN

Mundi Kitap

Cumhuriyet'in 100 Günü - İnkılabın Ayak Sesleri, Emrah Safa Gürkan

1. basım: Mayıs 2023, İstanbul
Bu kitabın 1. baskısı 100 000 adet yapılmıştır.

Dizi editörü: Merin Sever
Düzelti: Ebru Aydın
Mizanpaj: Atahan Sıralar

Sanat yönetmeni ve kapak tasarımı: Utku Lomlu / Lom Creative (www.lom.com.tr)
Görsel arşiv araştırması: Cengiz Yolcu

Baskı ve cilt: Melisa Matbaacılık Yayıncılık San ve Dış Tic. Ltd.
Maltepe Mah. Davutpaşa Çiftehavuzlar Sk. No:16 Acar San. Sit.
Zeytinburnu, İstanbul
Sertifika No: 45099

ISBN 978-625-6377-32-5

MUNDİ KİTAP
Maslak Mah. Eski Büyükdere Cad. İz Plaza Giz, No: 9/25 Sarıyer/İstanbul
Telefon: (0212) 252 56 75 / 252 59 88 / 252 59 89 Faks: (0212) 252 72 33
mundikitap.com
bilgi@mundikitap.com
Mundi Kitap, Can Sanat Yayınları Yapım ve Dağıtım Tic. ve San. A.Ş.'nin tescilli markasıdır.
Sertifika No: 43514

CUMHURİYET'İN 100 GÜNÜ

İNKILABIN AYAK SESLERİ

EMRAH SAFA GÜRKAN

TARİH

MUNDİ

PROF. DR. EMRAH SAFA GÜRKAN, Bilkent Üniversitesi Uluslararası İlişkiler Bölümü'nde lisans çalışmalarını tamamladıktan (2003) sonra, aynı üniversitede Halil İnalcık'ın danışmanlığında Batı Akdeniz'deki Osmanlı korsanlarını incelediği tez ile yüksek lisans diplomasını aldı (2006). Ardından Georgetown Üniversitesi Yeniçağ Avrupa Tarihi kürsüsünde Gábor Ágoston ile yazdığı "Espionage in the 16th century Mediterranean: Secret Diplomacy, Mediterranean Go-Betweens and the Ottoman-Habsburg Rivalry" başlıklı tez ile doktor oldu (2012).

Halen İstanbul 29 Mayıs Üniversitesi Siyaset Bilimi ve Uluslararası İlişkiler Bölümü'nde öğretim üyesi olan Gürkan, TÜBA Genç Akademi üyesidir. Omnibus, Pena ve Flu TV'de birçok tarih programı hazırlamanın yanı sıra, *Ottoman History Podcast*'in kurucu editörlüğünü yapmıştır.

Kitapları:

Cumhuriyet'in 100 İsmi - Büyük Devrimin Portreleri, Can Yayınları, İstanbul, 2023.

Ezbere Yaşayanlar: Vazgeçemediğimiz Alışkanlıklarımızın Kökenleri, Kronik Kitap, İstanbul, 2022.

Bunu Herkes Bilir: Tarihte Yanlış Sorulara Doğru Cevaplar, Kronik Kitap, İstanbul, 2022.

Sultanın Korsanları: Osmanlı Akdenizi'nde Gazâ, Yağma ve Esaret 1500-1700, Kronik Kitap, İstanbul, 2022. Rusça bas. *Корсары султана: Священная война, религия, пиратство и рабство в османском Средиземноморье, 1500-1700 гг.*, çev. Oles Kulçınskıy, *Эксмо*, Moskova, 2021.

Sultanın Casusları: 16. Yüzyılda İstihbarat, Sabotaj ve Rüşvet Ağları, Kronik Kitap, İstanbul, 2022. Macarca bas. *A Szultán Kémei: Oszmán hírszerzési módszerek ésügynökhálózatok a 16. Században*, çev. Pál Laura , Gondolat Kiadó, Budapeşte, 2020.

Ödülleri:

2018 Türkiye Bilimler Akademisi (TÜBA), Üstün Başarılı Genç Bilim İnsanı Ödülü (GEBİP)

2018 14. Kadir Has Ödülleri, Gelecek Vadeden Bilim İnsanı Ödülü

2018 Türkiye Bilimler Akademisi (TÜBA), Bilimsel Telif Eser Ödülü, *Sultanın Casusları*

Canım oğlum Uluç Emre'ye

İÇİNDEKİLER

Teşekkür

Hayatının son beş yılını hep o "ara vermeden önceki nihai kitabı"nı yazmakla meşgul eşine destek vermekle geçiren Elif'e teşekkürlerin en büyüğünü borç bilirim. Gene babalarını boş bir Word dosyası ile paylaşmak zorunda olan çocuklarımdan özür dilemek durumundayım. Aynı babamın bana yaptığı gibi, çok erken yaşlardan itibaren onları kitapların arasını attığım için de özür dilemeli miyim bilmiyorum; ancak beni daha çocukken yakın tarihle tanıştıran babama, Kurtuluş Savaşı'nı ve cumhuriyetin ilk yıllarını konu alan bir kitapta hususi olarak teşekkür etmem gerektiğinin farkındayım. Hadiselere geniş bir açıdan bakmayı ve hayatı kırmızı çizgilerle değil, evrensel kriterlerle okumayı bana öğrettiği için valideme de şükran borçluyum. Son olarak, kayınbiraderim ve dostum Ergun'la kayınvalidem Işık Ertekin'e de en içten teşekkürlerimi sunarım.

Sadece bu eserin yazılması sırasında değil, son yıllardaki tüm projelerimde beni hiç yalnız bırakmayan Bengü Üçüncü'ye minnettarım. Göründüğünden çok daha temkinli olan bu müdebbir yazar, o olmasaydı çok daha steril, "ana akım" bir kariyere sahip olurdu. Kitabın konseptinin oluşturulmasında ve tek tek başlıkların seçilmesindeki katkılarından dolayı Can Soyer'e de ayrı bir parantez açmak isterim. Metni defalarca okumakla kalmayıp arşivlerden görselleri temin eden Cengiz Yolcu'ya ve yorumlarını benden esirgemeyen Fatih Baha Aydın'a da medyun-ı şükranım. Başta Merin Sever, Ali Granit ve Cem Akaş olmak üzere tüm Mundi Kitap ve Can Yayınları ailesine de teşekkür ederim.

İnsanlar üniversitede bilgi edinildiğini sanırlar, hocaların da öğrencilerine yol yordam öğrettiğini düşünürler. Oysa böyle bir eğitim en fazla vasat bir malumatfuruş üretebilir, gerçek bir entelektüel değil. İyi bir hoca, öğrencisine bilimsel metotlar çerçevesinde araştırma yapmayı öğretir. Halil İnalcık, Gábor Ágoston, Emilio Sola, James B. Collins, John R. McNeill, Feridun Emecen, Kemal Beydilli, İlber Ortaylı, Ali Akyıldız, Faruk Tabak, İsmail Erünsal, Ali Bardakoğlu, İsmail Coşkun ve Oktay Özel gibi isimler bana olaylara eleştirel bakmayı, metinleri tahlil etmeyi, olguları bağlamlar içinde değerlendirmeyi öğretmeseydi, yepyeni bir alanda böyle bir eser vermeye cüret edemezdim.

Saçlarına ak düşmüş bir profesörün beşinci kitabında hâlâ hocalarını anması ilk başta biraz garipsenebilir. Ahkâm kesmenin geçer akçe olduğu, güce tapan statü toplumlarında hazmedilmesi zor bir gerçek belki, ama sergüzeştinin hedefi bilmek değil, öğrenmek olan biri için talebelik ömür boyu süren bir statüdür. Ve insan sadece hocalarından değil, meslektaşlarından da çok şey öğrenir. Belki de yaşlanmanın bir avantajı, bunu kabul edebilme olgunluğuna erişmektir. Kahraman, Michelangelo, Polat, Talip, Kenan, Akın, Kaya ve Eren; provokatif sorularınız ve bitmek bilmeyen merakınız için hepinize çok teşekkür ederim.

Son olarak artık gitgide az görüşsek de arkadaşlarıma müteşekkirim: Erkan Kaderoğlu, Caner Can, Melis Süzer, İlker Demir, Cenk Erkan, Ekin Özbiçer, Nuray Urkaç, Ela Okançay, Gizem Özaydemir, Ediz Can, Burak Bakırcı, Berat Çelikoğlu, Özgür Mumcu, Tolga Karaçelik, Görkem Ergün, Didem Şahin, Helen Hiçbezmez, Chris Gratien, Özgür Sezer, Onur Güneş, Yalın Alpay, Levent Yaşar, Kürşad Karacagil, Özgür Ünal Eriş, Gökhan Yücel, Murat Önsoy, Mehmet Uğur Ekinci, Serhan Güngör, Özgür Sezer, Harun Yeni, Barın Kayaoğlu, Harun Küçük, Esra Karayel, Yunus Uğur, Abdülhamit Kırmızı, Onur Yazıcıoğlu, Ozan Örmeci, Alphan Akgül, Yusuf Burak Gürses, Ali Kibar ve Ekrem Taha Başer.

ESG
23 Mart 2023
Kozyatağı, İstanbul

Bir İnkılap Sancısı

Yüzüncü yılına girerken, Türkiye Cumhuriyeti'nin kuruluşu hakkında hâlâ mutabakat sağlanamamış birçok nokta var. Bu uzlaşma eksikliği, tarihi herkesin siyasi saiklerle, kendi ideolojisine göre okumasından kaynaklanıyor. Tarihi, geçmişi değil de bugünü açıklamak için kullanmaya fazla teşne olan birçokları, birbirini dışlayan alternatif versiyonlardan birine iman etmekten öteye geçemeyen, yüzeysel bir taraftarlığa hapsolmaktan gocunmuyor.

Cumhuriyet'in kuruluş yıllarıyla ilgili tartışmaların büyük bir çoğunluğu dar bir ilerici-gerici dikotomisine, bir gelenek-modernite tartışmasına indirgenmiş vaziyette. Böyle bir basitleştirmenin önümüze koyduğu, ancak büyük kırılmaların ve mucizevi başarıların tarihi olabilir. Oysa her kompleks tarihî süreç gibi, Kurtuluş Savaşı da siyahlarla beyazlardan çok, grilerin dönemidir. Bu kitap işte bu grinin tonunu tayin etmeye çalışıyor. Bunu yaparken de akıllarda yer etmiş bazı ön kabulleri yıkmak zorunda kalıyor.

Toplum zihninde yer etmiş yanlış ön kabullerin başında, Kurtuluş Savaşı'nın en başından beri tek bir merkezden yönetilen, lineer bir süreç olduğu ve bu süreç esnasında herkesin tarafını en baştan seçtiği önermesi geliyor. Buna göre, Mustafa Kemal'in 19 Mayıs 1919'da Samsun'da başlayan mücadelesi bir ulusun topluca uyanışına dönüşüyor. Sine-i millete dönen kahraman bir kumandanın etrafında toplanan Türk halkı, miadını doldurmuş bir saltanatı tasfiye ediyor. Osmanlı *ancien régime*'inin, yani kadim düzeninin yerine yeni bir rejim inşa edip modern Türkiye'yi yaratıyor. Oysa ilerleyen sayfalarda da görüleceği gibi, gereğinden fazla pürüzsüz bu izlek, tarihsel dinamiğin karmaşıklığının hakkını veremiyor. Kurtuluş Savaşı gibi çetin bir mücadelenin iniş çıkışlarını ve dönemin siyasi aktörlerinin yalpalamalarını aktarmayı başaramıyor. Türk modernleşmesinin 200 yıllık tarihine sırtını döndüğü gibi, çok parçalı bir yapıyı yekpare bir şekilde göstererek farklı siyasi gündemlerin tetkikinin önünü tıkıyor.

Oysa Mustafa Kemal Paşa'nın önderliğinde gerçekleşen Kurtuluş Savaşı, yekpare bir bütün haline ancak peyderpey gelebilmiştir. Tüm direniş unsurları hiç de sanıldığı gibi en başından beri Paşa'nın arkasında örgütlenmemiştir. Süreç boyunca Mustafa Kemal, gücünü tedricen artırarak, memleketin birçok yerinde kendiliğinden başlayan direniş hareketlerini tek bir merkezde toplamayı başarmıştır. Onun esas alamet-i farikası Anadolu'ya geçmek ve bir direniş başlatmak değildir; zira benzer bir durumda olan başkaları da vardır. Mustafa Kemal'in başarısı, yurt sathındaki direniş potansiyelini manalı siyasal sonuçlar üretecek bir organizasyona kavuşturmasıdır.

Manalı siyasal sonuçlar üretmek... Realist bir stratejisyenin ilk kaygısı olacak bu şiar, bugün anlamsız bir romantizme kurban edilmekte ve Kurtuluş Savaşı'nın hangi zor şartlar altında nasıl bir ustalıkla organize edildiği göz ardı edilmektedir. Ortada "kararlılık" ya da "vizyon"dan çok daha fazlasını talep eden, dikkatle tasarlanmış ve esnek bir pragmatizmle uygulanmış bir ana plan bulunmaktadır. Nihai amaç zaferdir belki, ama sanılanın aksine, tıpkı iyi bir komutanın savaşın gidişatına göre planlarını revize etmesi gibi, bu plan da, belirli kırmızı çizgiler aşılmadan, sürekli şartlara uydurulmuştur Mustafa Kemal, kafasındaki rejimin inşası için hamlelerini teker teker yapmış ve planını tam anlamıyla, ancak geçici ittifaklarla kazandığı meşruiyet ve muharebelerdeki zaferlerin getirdiği prestij sayesinde gücünü konsolide ettikten sonra uygulamaya koymuştur. Karşımızda hayaller peşinde koşan bir "vizyoner"den çok, ince eleyip sık dokuyan bir "stratejisyen" bulunmaktadır. Esas mahareti hayal etmekten çok, zaten daha önce de gündeme gelmiş birçok radikal reformu pratiğe dökmeyi başarmasındadır.

Mustafa Kemal'in direniş planının ilk ayağı Anadolu bile değildir. Mondros Ateşkes Antlaşması'nın imzalanmasının ardından, orduların terhis edilmesinin ve olası düşman işgallerinin önüne geçmek için çözümü ilk başta eski Osmanlı payitahtında aramaktan çekinmeyecektir. Bizzat saray nezdinde girişimlerde bulunarak harbiye nazırı olmaya çalışmış, bunu başaramayınca da Osmanlı meclisindeki mebusları ve İstanbul kamuoyunu etkilemek için girişimlerde bulunmuştur. Bu uğurda işi yakın dostu ve müttefiki Ali Fethi Okyar ile birlikte bir gazete çıkarmak ve siyasi parti kurmaya kadar götürecektir. Bir taraftan da Kâzım Karabekir, İsmet İnönü, İsmail Canbulat gibi direniş yanlısı İttihatçılarla toplantılar gerçekleşip Anadolu'ya geçtiğinde kimlere güvenebileceği konusunda bir fikir edinmeye çalışmıştır. Bu geçişin kararını ise ancak Meclis-i Mebusan'ın kapatılması ve Fethi Okyar'ın tutuklanmasından, yani İstanbul'da artık yapacak bir şey olmadığına hükmettikten sonra verecektir. O zaman bile, bunu resmî bir görev üstlenmeden yapmamaya özen gösterecektir. Devletin otoritesi ve imkânları olmadan bir direniş örgütlemenin maceraperestliken başka bir şey olmadığının farkındadır; kaldı ki tüm hayatını devletle iç içe geçirmiş birinin, sivil geleneğin oldukça zayıf olduğu bir ülkede başka türlü düşünmesi eşyanın tabiatına aykırıdır.

Samsun'a çıktığında Mustafa Kemal'in karşısına hiç de öyle kendisini bağrına basan bir Anadolu çıkmamıştır. Savaştan bitap düşmüş halk kendi derdine düşmüştür; bunu en güzel Ankaralı kadınların Halide Edib'e, "Fakat niçin Ankara'da, İstanbul İngilizlerin elindedir diye ümitsiz bir savaşa giriştik? Biz onları yenip dışarı atabilir miyiz? Ankara'nın yarısı Çanakkale'de şehit oldu. Ne faydasını gördük?" demesinde görmek mümkündür. Ayrıca, halk Cihan Harbi bozgunundan İttihatçıları sorumlu tutmaktadır. Her ne kadar iktidardaki "kardaş"larıyla arası hep limoni olsa da, Mustafa Kemal'in de İttihatçı olduğu bilinmektedir. Fiyakalı üniforması ve altın sim çekme yaver-i hazret-i şehriyari kordonuyla işte karşılarında genç ve mağrur bir komutan durmaktadır. Sorun sadece yerel halkın İttihatçı alerjisi de değildir. Enver-Talat-Cemal iktidarının elinden çok çeken Hürriyet ve İtilafçılar artık İstanbul'da duruma hâkimdir ve henüz Anadolu'da güçlerini sağlamlaştırma fırsatını bulamamışlarsa da, Mustafa Kemal'in önüne çeşitli engeller çıkarmaktan geri durmayacaklardır.

1919 yazı ve sonbaharında Mustafa Kemal hemen her yerde zorluklarla karşılaşacaktır. Sivas'taki Hürriyet ve İtilaf Fırkası yetkililerinin kendisini tutuklatma girişimleri, Erzurum Kongresi'nde Trabzon delegelerinin düşmanca tavırları, Sivas Kongresi'ne katılımın oldukça sınırlı kalması, Kurtuluş Savaşı'nın bu ilk aylarında aslında ne kadar yalnız olduğunu göstermektedir. Olası bir direnişin doğal lideri olmanın henüz oldukça uzağındadır. Görevden alınmış bir komutan olarak elinde herhangi bir askerî birlik yoktur. Padişahın, "Geri dön," emrine itaat etmemiş, velinimetine başkaldırmış bir asi konumuna düşmüştür. Anadolu'daki kolorduların başındaki Kâzım Karabekir ve Ali Fuat paşaların desteği olmasa direniş kariyeri muhtemelen başlamadan bitecektir. Faaliyetinden Batı'daki Kuva-yı Milliyecilerin henüz haberi bile yoktur. 1919 sonuna geldiğimizde, yanında bir avuç subayla Ankara'ya gidecek benzini bulmakta dahi zorluk çekmektedir.

Tüm bu olumsuz şartlara rağmen, Amasya Tamimi ile bir yol haritası çizen ve Erzurum ve Sivas kongrelerinde oluşturulan Heyet-i Temsiliye ile kendisine meşru bir konum kazanan Mustafa Kemal, bölgedeki diğer askerî ve idari makamlara otoritesini kabul ettirmeyi başarmıştır. Bu, İstanbul'a karşı büyük bir avantaj elde etmek demektir. Payitahtın Anadolu ile telgraf iletişimini keserek Damat Ferit Paşa hükümetini düşürmeyi ve Vahdettin'i bir seçime gitmeye zorlamayı ya da bir başka deyişle saraya karşı ilk taktik zaferini elde etmeyi işte kendi çabalarıyla tesis ettiği bu otorite sayesinde başarmıştır.

Bu otoritenin sınırları olduğunu kavramak gerekmektedir. Kurtuluş Savaşı'nı beraber başlattığı Kâzım Karabekir, Ali Fuat, Rauf Orbay ve Refet Bele gibi komutanlar, rütbe ve prestij olarak daha üst bir konumda olan Mustafa Kemal'in liderliğini değilse bile kararlarını sorgulamakta tereddüt etmeyecektir. Düşman işgaline karşı direnişin ilk başlarda Doğu Anadolu ile sınırlı kalması ve Heyet-i Temsiliye'nin Meclis-i Mebusan seçimlerinden sonra kendisini lağvetmesi gerektiğini savunurken, Kâzım Karabekir hep Mustafa Kemal ile farklı bir vizyona sahip olduğunun işaretini vermektedir. Refet Bele de Amasya Tamimi'ni imzalamakta tereddüt göstermiş, telgrafla onayını gönderen Mersinli Cemal Paşa, Mustafa Kemal'in tüm ricalarına rağmen görev yerini bırakıp payitahta dönmekten ya da başka bir deyişle arkadaşlarını yarı yolda bırakmaktan çekinmemiştir. Sivas Kongresi sırasında Rauf ve Bekir Sami beyler Amerikan mandasına sempatiyle bakmaktadır. Ortadakinin basit bir görüş ayrılığı olmadığı, ikilinin gizli bir toplantı yapıp Mustafa Kemal'in Sivas Kongresi'ne başkan olmasını engellemeye çalışmalarından da bellidir.

Mustafa Kemal, son Osmanlı Meclis-i Mebusanı'nın Anadolu'da toplanmasını gündeme getirdiğinde de kurmaylarının kendisi ile aynı fikirde olmadığını fark edecektir. Bu meclis, kendi muhalefetine rağmen oturumlarına İstanbul'da başladığında da, Milli Mücadele yanlısı mebusların kolaylıkla kontrolünden çıktığını ve hatta padişahın etkisi altına girdiğini görecektir. Kendisini bu meclise başkan seçmekten imtina etmekle kalmamış, parlamento gruplarını onun önerdiği "Müdafaa-i Hukuk" yerine padişahın nutkundan aldıkları "Felah-ı Vatan" tamlamasıyla isimlendirmemişler midir? Daha da önemlisi, kabul ettikleri Misak-ı Milli, Ankara'da Mustafa Kemal ile yapılan görüşmelerden sonra üzerinde anlaşılan metin olmayacak ve anlamsız bir şekilde, savaş bittiği esnada zaten elden çıkmış Arap vilayetlerini de içerecektir. Mustafa Kemal'in soğuk realizminin yerini uçuk bir hayalperestliğin alması için birkaç yüz kilometre ve üç-dört ay yetmişe benzemektedir.

Milli Mücadele taraftarları üzerindeki etkisini birkaç ay içinde hızlı bir şekilde kaybeden Mustafa Kemal'in inisiyatifi tekrar eline alması, ancak İngilizlerin Meclis-i Mebusan'ı dağıtmasıyla mümkün olmuştur. Eğer bu saçma hamle olmasaydı, olayları uzaktan, Ankara'dan izlemek zorunda kalan bir Mustafa Kemal'in Kurtuluş Savaşı'nın lideri olması mümkün olmazdı. Gene benzer bir şekilde, bu tarihten sekiz ay önce Kâzım Karabekir kendisini tutuklasa ya da Erzurum Kongresi'nde başkanlığına itiraz eden delegeler üzerinde etkisini kullanmasa, Mustafa Kemal'in siyaseten tasfiye olması işten bile değildi. Görüldüğü gibi, Türkiye Cumhuriyeti'nin banisi, Kurtuluş Savaşı'nın hiç de tartışılmaz lideri gibi durmamaktadır.

Rakipsiz değildir. İçeride, emrinde koca bir kolordu olan Kâzım Karabekir, en azından Doğu Cephesi kapanana kadar kendi kararlarını dayatabilen güçlü bir figürdür. İstanbul, direnişin merkezi olma iddiasını ancak

Meclis-i Mebusan'ın 16 Mart 1920'de dağıtılması ve 23 Nisan'da Büyük Millet Meclisi'nin açılmasıyla yitirecektir. Damat Ferit'in tüm siyasi kredisini kaybetmesi içinse Ağustos'taki Sèvres Antlaşması'nı beklemek gerekecektir. Devlet yapılanması dışında da birçok güç odağı mevcuttur. Memleketin her yerinde bir anda ortaya çıkan Bolşevikler, Mustafa Kemal'den bağımsız hareket eden eski İttihatçılar ve son olarak, Çerkes Ethem'in en güzel örneğini oluşturduğu başıbozuk çeteciler de, en azından 1921'deki ilk askerî zaferlere kadar, hesaba katılması gereken siyasi aktörlerdir.

Mustafa Kemal, Ankara'daki Büyük Millet Meclisi'nde de sert bir muhalefetle karşılaşacaktır. Birinci Meclis hiç de yalnızca taraftarlarından oluşmamaktadır. Sıralarında birçok muhafazakâr mebus bulunmaktadır. Bu mebuslar memleketin kurtarılması için Milli Mücadele'ye katılmaktan çekinmemişse de, Mustafa Kemal'in kafasındaki gibi bir rejim değişikliğine razı gelmeyecekleri açıktır. Ayrıca İkinci Grup olarak anılan bir mebuslar grubu, Mustafa Kemal'e açık ve sert bir muhalefet yapmaktan geri durmamaktadır. Bu eleştiriler, düzlüğe çıkıldıktan ve Yunanlar Anadolu'dan atıldıktan sonra bile devam edecektir. Lozan Konferansı sırasında Meclis'e artık öyle bir gerginlik hâkim olmuştur ki, iş muhalif mebuslardan birinin Topal Osman tarafından Ankara'nın ortasında güpegündüz kaçırtılıp infaz edilmesine kadar gidecektir. Büyük Taarruz'un ardından seçimlere gidip muhalefetsiz bir meclis yarattıktan ve taraftarlarını Halk Fırkası gibi daha disiplinli bir örgüt çatısı altında topladıktan sonra bile Mustafa Kemal'in kendisini tam anlamıyla rahat hissettiğini söylemek yanlış olur. *Nutuk*'ta açıkça eski silah arkadaşlarının kendisine bir "komplo" kurduğundan yakınması ve askerî bir darbeden şüphelenmesi bize çok şey anlatmaktadır.

Alternatif siyasi oluşumlar Anadolu ile de sınırlı değildi. Dışarıda da Talat ve Enver gibi eski İttihatçılar boş durmuyor, Kurtuluş Savaşı'na katkı sunmak için birçok faaliyette bulunuyordu. Bunların ilk fırsatta memlekete dönüp direnişin başına geçmeye çalışmaları işten bile değildi. Almanya'daki Talat'ın kontrolünde olan Karakol Cemiyeti, Mart 1920'ye kadar oldukça aktifti. Direnişte olan bölgelere kendi nizamname ve talimatlarını gönderiyor, üyelerinden birini Moskova'ya yollayıp Bolşeviklerle uluslararası bir antlaşma imzalamaktan çekinmiyordu. Sahneden ancak Talat'ın öldürülmesi ve Karakol'un iki kurucusu Kara Kemal ve Kara Vasıf'ın İngilizler tarafından Malta'ya sürülmesi gibi öngörülemeyecek birtakım hadiselerden sonra çekileceklerdi. Moskova, Berlin ve Kafkaslar arasında mekik dokuyan Enver Paşa'nın da başta Doğu Karadeniz olmak üzere birçok yerde, özellikle İttihatçılar arasında destekçileri bulunmaktaydı. Enver'in Trabzon'dan memlekete gireceği ve kendi toplayacağı birliklerle Ankara'ya gelip Milli Mücadele'ye katılacağı söylentileri havada uçuşuyordu. Sakarya Muharebesi'nin zor günlerinde, her şeyin kaybedilmesi söz konusu olduğu bir anda, doğu sınırında, Batum'da hazır bekliyor oluşu bir tesadüf değildi.

İyi bir komutan kadar usta bir siyasetçi ve diplomat da olan Mustafa Kemal, rakiplerini önce geçici ittifaklarla yanına çekmeyi ya da etkisizleştirmeyi bilecekti. Bu uğurda Çerkes Ethem gibi çetecilere tahammül etmekten, bir Resmî Türkiye Komünist Fırkası kurdurmaktan, Meclis kürsüsünde yaptığı konuşmalarda Aydınlanma filozofları kadar İslam tarihine de referans vermekten geri durmayacaktı. Lozan'ın akabinde Meclis'in muhalefetten arındırılması, Halk Fırkası'nın kuruluşu ve 29 Ekim'de bir cumhurbaşkanlığı makamı tesis edilip devletin başının kim olduğuna kesin bir karar verilmesiyle birlikte kafasındaki rejimi inşa etme gücüne kavuştuğunda bile, pozisyonu sanıldığı kadar sağlam değildi. İnkılaplarını sorgusuz sualsiz hayata geçirecek güce ancak 1925 yılında Terakkiperver Cumhuriyet Fırkası'nın kapatılması ve 1926 İzmir Suikastı davalarıyla eski silah arkadaşlarının tasfiye edilmesiyle kavuşacaktı. 1927 yılında Üçüncü Meclis açıldığında oyun sona ermişti; artık muktedir Gazi Paşa'ydı. Kitabın *Nutuk*'un okunmasıyla bitmesi de bundan dolayıdır. Bu tarihî söylevle sadece yeni bir dönemin başlangıcı müjdelenmemiş, aynı zamanda resmî bir Kurtuluş Savaşı tarihi dolaşıma sokulmuştu, ki bu versiyon bugün bile tartışmaya kapalıdır.

Bu amansız iktidar mücadelesinde, yukarıda adı geçen alternatif güç odaklarına mercek tutmak bu kitabın iddialarından biridir. Bozgunculuk ya da ihanetle suçlayıp bu güç odaklarını ortaya çıkaran tarihî, siyasi ve sosyoekonomik faktörleri göz ardı etmek, kompleks tarihsel realiteyi basite indirgemekten başka bir şey değildir. Tarihçi, yargılamaktan çok açıklamak, kınamaktan çok empati yapmak durumundadır; müverrihin işi tarihî şahsiyetleri sanık sandalyesine değil, terapist koltuğuna oturtmaktır. Basit dikotomilerin ve kulağa hoş gelen sloganların ötesine geçemeyen bir kitap, en başta okuyucusuna büyük bir haksızlık etmektedir. Bu güç odaklarının siyasi gündemlerinin tetkiki, Türk siyasi hayatının ana paradigmalarına ışık tutmak ve bir dönemin ruhunu yansıtmak için elzemdir.

Gerek bu alternatif güç odaklarının, gerekse Mustafa Kemal önderliğindeki direnişin önceliklerini incelerken yapılması gereken bir başka şey de, bu siyasi eğilimlerin yekpare bir bütün teşkil etmediklerinin altını çizmektir. Örneğin tüm İstanbul hükümetleri Milli Mücadele karşıtı değildir; Meclis-i Mebusan döneminde sadrazam olan Ali Rıza Paşa ya da imparatorluğun son iki senesinde mühr-i hümayunu taşıyan Ahmet Tevfik Paşa'nın ılımlı tutumlarıyla Damat Ferit'in düşmanca tavrını birbirinden ayırmak şarttır. Gene, Milli Mücadeleciler içinde de kadim düzenin tasfiyesinde ne kadar ileri gidileceği hususunda bir görüş birliği yoktur. Hatta denebilir ki, saltanattan ve hilafetten kurtulmakta hiçbir tereddüt göstermeyen Mustafa Kemal, en azından ilk başlarda bu grup içinde azınlıkta gibidir. Tam da bu yüzden esas niyetini uzun süre saklamak ve doğru zamanı beklemek zorunda kalmıştır; Celalettin Arif anayasalı fakat hükümdarsız bir rejim istediğinde bunun bir cumhuriyete benzediğini ve halkı ürküteceğini söylemesi bundandır.

Bu güç odaklarının siyasal gündemlerindeki zikzakları ve teker teker siyasi liderlerin aldığı pozisyonları daha rahat anlayabilmek için dönemin detaylı bir panoramasının verilmesi şarttır. Tanzimat'tan beri imparatorluğun içinde bulunduğu modernizasyon sürecini ve bu sürecin yarattığı Batı kültürüne aşina elitleri, imparatorluğu tasfiye eden ve Cumhuriyet'i kuran neslin II. Abdülhamit'in modern okullarında gördüğü tahsili, 1908'den sonra Türk siyasetini tamamen tahakkümü altına almış komitacı İttihatçılık ruhunu, Genç Osmanlılardan bu yana gelen anayasa ve meşrutiyet sevdasını, Cihan Harbi'nin yarattığı iktisadi, sosyal ve psikolojik yıkımı analiz etmeden ne Mustafa Kemal'i ne Kurtuluş Savaşı'nı ne de inkılapları anlamak mümkündür. Ülkemizi düşmanlardan kurtaran çetrefilli bir savaşı ve modern Türkiye'yi yaratan reformları tek bir kişinin eseri addedenler için bile, Mustafa Kemal'i tarihsel bir figür olarak yaratan şartların bilinmesi elzemdir. Ne de olsa askerî okulda aldığı eğitim, parçası olduğu 1880'liler neslinin etkilendiği fikrî akımlar ve savaş meydanlarında kazandığı tecrübe, ileride kuracağı rejimi ve uygulamaya koyacağı inkılapları doğrudan şekillendirmiştir.

Kısacası, bireylerin tercihlerinin çok önemli olduğu bu istisnai tarihsel dönemde bile, yapı ile irade, sistem ile birey arasında bir tercih yapmak gerektiğinde bu kitabın muharriri birincisinden yana tavır koymadan duramamıştır. Yahut Braudel'in deyimiyle, "insanı kendi kontrolünün dışındaki bir kadere hapsolmuş olarak", "uzak kökenlerinin muazzam ağırlığı" altında "ezilir" görmekten kendini alamamıştır. Karşımızda "büyük şahsiyetler" olabilir, ama merceği bunları ortaya çıkaran şartlara tutmak gerekmektedir.

Böyle bir tarihçiliğin kırılmalardan çok devamlılıkların altını çizmesi kaçınılmazdır. Ülkemizin gergin siyasal ortamı, Osmanlı İmparatorluğu ile Türkiye Cumhuriyeti arasındaki devamlılığa dikkat çekilmesini zorlaştırmaktadır. Cumhuriyet döneminde geçmişin mirasının ısrarla reddedilmesinin ve en olmayacak yerde (mesela Sümerlerde) yeni tarihsel kökler aranmasının nedeni, halef ile selef arasındaki ilişkinin kuvvetinden başka bir şey değildir. Örneğin Birinci Meclis, son Osmanlı Meclis-i Mebusanı'nın bir devamıdır ve en azından 1921'e dek kendisini imparatorluğun bir uzvu gibi görmekten vazgeçmemiştir. Kurtuluş Savaşı üzerine en kapsamlı analizlerin sahibi Mahmut Goloğlu'nun bu ara döneme "III. Meşrutiyet" demesi tam da bundandır. Gene genç Cumhuriyet'i kuranlar aslında bitkin imparatorluğu yıkan İttihatçı kadroların ta kendisidir. Yeni rejim, imparatorluğun sadece borçlarını ve uluslararası yükümlülüklerini değil, kurumlarını da aynen miras almış, bundan da hiç gocunmamıştır.

Tevarüs ettiği[1] sadece kurum ve kadrolar değildir. Osmanlı İmparatorluğu'nun modernist gayelerini de yeni döneme taşımakta tereddüt et-

1. (Ar.) Tevarüs etmek: "Vâris"ten, bir şeyin vârisi, mirasçısı olmak.

memiştir. Latin harflerinin benimsenmesinden kıyafet devrimine, Medeni Kanun'un kabulünden miladi takvime geçişe, inkılapların hemen hepsinin Osmanlı'da ya öncülü vardır ya da benzer projeler imparatorluk bürokrasisinin en üst seviyelerinde gündeme alınmıştır. Zaten Cumhuriyet'in esas başarısı bunların düşünülmesinde değil, pratiğe dökülmesindedir. Eğer mevzu ütopik fikirler üretmek olsaydı, ülkeleri biliminsanlarının ya da avangard sanatçıların yönetmesi gerekirdi. Mustafa Kemal'i öncellerinden ayıran, memleketi düşmandan kurtarmanın getirdiği prestij ve orduyla bürokrasi üzerinde kurduğu hâkimiyete dayanarak, Tanzimat'tan bu yana artan bir şekilde kendisini gösteren çağdaşlaşma çabalarının en radikal reform önerilerini hayata geçirebilmesindedir. Kısacası, Gazi'nin çağdaşlarıyla arasındaki fark "vizyon"dan çok "realist bir strateji"dedir.

Üzerinde durduğum bir başka nokta da, bir modernleşme projesi olduğunu sürekli vurguladığımız ve inkılaplarıyla övündüğümüz bir cumhuriyetin öyküsünün sadece askerî ve siyasi olaylarla sınırlı kalamayacağıdır. Bu yüzden, ilerleyen sayfalarda, olimpiyatlardan futbola, kültür dergilerinden kadın ve işçi haklarına, birçok kültürel ve sosyal öğenin de mercek altına alındığını göreceksiniz. Lakin bundan önce bazı editöryal tercihleri açıklamak gerekmektedir.

* * *

Kurtuluş Savaşı'nı ele alan kitaplardaki ilginç bir eğilim, dönemin terimlerinin sadeleştirilmesi ya da modern Türkçeye aktarılması. İşi "Misak-ı Milli"ye "Ulusal Ant", "İngiliz Muhipleri"ne "İngiliz Sevenler" ve "Heyet-i Temsiliye"ye "Temsilciler Kurulu" demeye kadar götüren bu tandans, popüler seviyede karşılık bulan birçok alıntıda da kendini göstermekte. Ben bu yolu izlemedim ve Osmanlıca ifadeleri özgün haliyle aktarmayı tercih ettim. Birkaç örnek vermek gerekirse, bakanlık isimlerinin ve askerî rütbelerin orijinal hallerini, yanlarında modern isimlerini de zikrederek verdim. İlerleyen sayfalarda mirlivanın tuğ ya da tümgeneral, erkân-ı harbiye-i umumiye reisinin genelkurmay başkanı ile beraber kullanıldığı cümlelerle karşılaşacaksınız. Gene bugün de çok sık duyduğumuz tam bağımsızlık ("serbesti-i tamme"), örf ve âdet ("adab u muamelat"), gösteriş ("debdebe ü dârât"), kamuoyu ("efkâr-ı umumiye"), tam bir birlik ("vahdet-i tamme"), yanlış anlama ("suitelakkiyat"), toplumsal düzen ("nizam-ı ictimai"), zamanın ruhuna uygun ("ihtiyacat-ı zamana evfak") ya da çoluğu çocuğu ("evlad u iyali") gibi sözcüklerin Osmanlıca versiyonlarının ve "şahane" kelimesinin aslında "mükemmel" anlamına gelmediği gibi detayların okuyucuya bir an metinden uzaklaşma ve bir soluk alma şansı vereceğini düşünüyorum.

Direkt yaptığım alıntılarda da Osmanlıca orijinallerini, kelimelerin modern Türkçesini köşeli parantez içinde vererek aktardım. Benim kaleme aldığım kısımlarda yer alan tek tük Osmanlıca kelimeleri de, Arapça köklerinden nasıl türediğini belirten etimolojik bir dipnotla açıkladım. Önceki kitaplarımda da uyguladığım bu yöntemle bu kelimelerin başka formlarda bugün hâlâ dilimizde yaşadığının altını çizmek istedim. Daha da önemlisi, Arapça köklerden kelime türetmenin mantığını gözler önüne sermek istedim. Bu mantık bir kez kavranınca, ilk başta karmaşık gözüken birçok kelimenin manası, hâlâ tedavülde olan sözcüklerle bağlantı kurularak çıkarılabilir. Birkaç örnek vermek gerekirse, italikle gösterilmiş köklerinden me*nfur*, me*vrus*, me*czub* ve te*barüz* gibi kelimelerin *nefr*et edilesi, *vâris*i olunan, *cezb*eye kapılmış ve *bariz* hale gelmiş demek olduğunu anlamak mümkündür. Bu yolla günlük hayatımızda karşımıza çıkan mü*reffeh* (*refah* içinde), te*fekkür* (*fikir* yürütmek, düşünmek) ve te*byiz* (*beyaz*a, temize çekme) gibi kelimelerin manası da bulunabilir.

Alıntıların orijinal halini korumayı tercih etmemin birden fazla nedeni var. İlki üsluba dair bir endişe. Kelimelerin sadece matematiksel bir mantıkla ele alınamayacağını ve eşanlamlı sözcüklerin arasından seçimlerin bile insanların algısında değişik etkiler yarattığını düşünüyorum. Kelime seçiminin ve hatta daha da önemlisi bu kelimeyi dillendiren kişinin aksanı, tavrı ve toplumsal statüsünün algıyı nasıl etkilediğini daha detaylı bir şekilde, Bourdieu, Bernstein ve Labov'un teorileri eşliğinde *Ezbere Yaşayanlar*'da işlemiştim. Burada aslında eşanlamlı iki kelime olan ilim ile bilim arasındaki farkı örnek vermekle yetineceğim. Kısacası, bir dönemin ruhunun en güzel o zaman kullanılan sözcüklerle ifade edilebileceği kanaatindeyim. Özellikle, Mustafa Kemal'in Osmanlıcasını oldukça renkli bulacağınızı düşünüyorum ki piyasadaki *Nutuk*'ların hepsinin sadeleştirildiği (ve inanmayacaksınız ama bazı kısımlarının "Atatürkçü düşünce açısından önem taşımadığı" gibi garip bir bahaneyle atıldığı) göz önüne alınırsa birçoklarınızın "Ey Türk Gençliği" dışında bu dille ilk kez karşılaşacağını düşünüyorum.

Osmanlıcada ısrar etmemin bir ikinci nedeni de, sadeleştirilmelerde yapılan hataları düzeltme şansını elde etmek. Bir örnek vermek gerekirse, bazı akademik metinlerde bile Halide Edib Adıvar'ın, "Yarın bu korkunç geceyi yırtıp müşaşa [parlayan] bir sabah yaratacağız," ifadesi modern Türkçeye, hangi saiklerle bilinmez, "mutlu bir sabah" olarak çevrilmiş. İtalyanların "*Traduttore, traditore*,"[1] demesi boşuna değilmiş anlayacağınız.

Son olarak, dilin sadeleştirilmesinin fakirleştirilmesi anlamına geldiğini düşünüyorum. Bunun bir uzman görüşü değil, birden fazla yabancı dilde eser kaleme almış bir insanın yaptığı karşılaştırmalar sonucu vardığı kişisel bir yargıdan ibaret olduğunun altını çizmeliyim. Kanaatime göre, amacı muğlak ve demode bir dil milliyetçiliği bir milletin tarihî tecrübelerinin üstüne bir örtü çekmekten, ona yeni kökler uydurmaktan başka bir şey değil.

1. (İt.) *Traduttore*: Tercüman; *traditore*: Hain.

Entelektüel olmaktan çok siyasi bir duruş. Lakin Osmanlıca tarihçilerinde sıkça görülen, hemen her yerde eski kelimeler kullanmak huyundan da pek hazzetmediğimi ve bu tip aşırı çabaları sakil bulduğumu da belirtmeliyim. Derdimi en kısa ve berrak şekilde aktarmaya özen gösterdim. Kelimelerimi daha geniş bir havuzdan seçmekte ısrar ettiysem de, şatafatlı cümlelerin arkasına sığınmadan rahat okunabilir bir metin oluşturmaya çalıştım. Artık Akdeniz ya da dünya tarihinden bahsetmediğim için, önceki kitaplarıma nazaran yabancı kelimelerin kullanımını da sınırlı tutmayı başardım.

Kitabın bir başka iddialı yanı ise görsel zenginliği. İlerleyen sayfalarda birçoğuyla muhtemelen ilk kez karşılaşacağınız görsellerle metni zenginleştirmeye çalıştım. Bu fotoğrafları, Frenklerin deyimiyle illüstratif değil analitik bir şekilde kullanmaya özen gösterdim. Bir başka ifadeyle, bir nostalji havası yaratmak yerine, bunlarla iddialarımı kuvvetlendirmeye, metinde açıklamakta sıkıntı çektiğim noktalara dikkat çekmeye çabaladım. Bu yüzden altlarındaki açıklamalarla birlikte ele alındığında bu fotoğrafların metnin kendisiyle dinamik bir ilişki içinde olduğunu göreceğinizi umuyorum. Ve hepinizi sayfayı çevirmeye davet ediyorum.

2 Haziran 1889

İlk Tohumlar Atılıyor: İttihat-ı Osmani Cemiyeti

Her büyük toplumsal dönüşüm, bir gölü dolduran damlalar gibi yavaş yavaş birikir. Türkiye'yi önce kurtuluşa, sonra da yeni bir temelde kuruluşa taşıyan devrimci dönüşüm süreci de kendisini önceleyen uzun bir tarihsel birikimin sonucudur.

Ülkemizin tarihi açısından bakıldığında, II. Mahmut reformlarıyla başlayan bir birikim sürecinden söz edebiliriz. Bu padişahın, teklemeye başlayan Osmanlı idari sistemini güçlendirmek amacıyla hayata geçirdiği reformlar arasında en önemli olanları Harbiye ve Tıbbiye gibi modern eğitim kurumlarının açılmasıydı. Osmanlı gençleri bu okullarda pozitif bilimlerle, rasyonel düşünceyle, çağdaş toplum düzeni ve yönetim sistemleriyle, Batı kültürü ve değerleriyle tanıştılar. Ve bu sayede, ülkenin kötüye gidişine karşı çözüm yolları aramaya, buldukları çözümleri uygulama şansları ellerinden alındığında da bir muhalefet hareketi kurarak güçlerini birleştirmeye çalıştılar.

Bunlar arasında Türkiye'nin modernleşme tarihine en kalıcı izi bırakan hareket İttihat-ı Osmani Cemiyeti oldu. Daha sonra İttihat ve Terakki Cemiyeti adını alacak olan Cemiyet, 2 Haziran 1889 tarihinde Askerî Tıbbiye Mektebi öğrencileri İshak Sükuti, İbrahim Temo, Abdullah Cevdet ve Mehmet Reşit tarafından kuruldu. Dönemin istibdat koşullarında gizli olarak faaliyet gösteren Cemiyet,

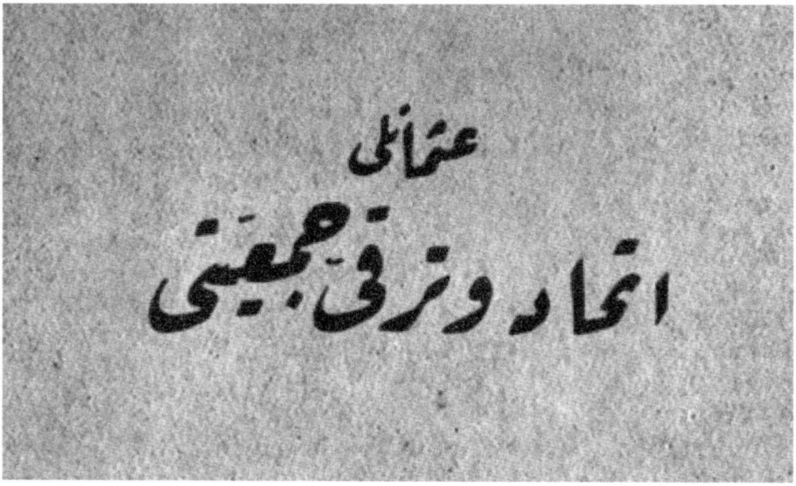

"Osmanlı İttihat ve Terakki Cemiyeti"

önce Tıbbiye, sonra da Harbiye ve Mülkiye öğrencileri arasında hızla yayıldı ve memleketin diğer bölgelerinde teşekkül etmiş gruplarla birleşerek büyüdü. Her ne kadar temsilcileri ve üyeleri arasında birçok konuda farklı görüşler bulunsa da, Cemiyet'in temel amacı meşrutiyetin yeniden ilan edilmesi ve bu yolla çöküşe doğru giden Osmanlı'nın kurtarılmasıydı.

Kuşkusuz, bu amaç az önce sözünü ettiğimiz Batı değerleri ve kültürü ile olan temasın bir sonucuydu. Ancak Cemiyet sadece temel fikirlerini değil, örgütlenme yapısını da Avrupa'dan almıştı. İtalyan Carbonari örgütü gibi gizli biçimde, her bir üyeye bir numara vererek ve hücreler halinde yapılanan Cemiyet, ilk yıllarda daha çok bir düşünce okulu gibi davranarak Namık Kemal ve Ziya Paşa gibi Genç Osmanlıların eserlerini dikkatlice inceledi ve sık sık tartışarak olgunlaştırdı. Ancak gizlilik konusunda gösterdikleri tüm çabaya rağmen, Abdülhamit yönetimi 1892 yılı itibarıyla örgütün varlığından haberdar olmuş ve hafiyeleri aracılığıyla takibe almıştı.

Cemiyet'in üyelerinden Selanikli Nâzım, üçüncü sınıftayken Paris'e gönderildi. Nazım'ın yurtdışına gitme gerekçesi kâğıt üzerinde eğitimini tamamlamak gibi görünüyordu; oysa gerçekte Cemiyet, Nazım'ı Paris'teki eski Genç Osmanlılardan Ahmet Rıza Bey ile iletişim kurması için göndermişti. Ahmet Rıza Bey, Nazım aracılığıyla iletilen teklifi kabul ederek Cemiyet'e dahil oldu ve böylece yurtdışında da örgütlenme çalışmaları başladı. Yurtdışında yayımlanmaya başlanan *Meşveret* dergisi o yıllarda muhalif Osmanlı gençlerinin ellerinden düşmeyen bir gazeteye dönüştü.

1896 yılında İstanbul'daki bir grup darbe yanlısı, Hacı Ahmet Bey'in etkisiyle Abdülhamit'i tahttan indirecek bir darbe planı hazırladılar. Ancak, plan hayata geçemeden yakalandılar. Bu olayın ardından takibatı kuvvetlendiren saray, Cemiyet'i İstanbul'da çalışamaz hale getirdi. Doğal olarak hareketin ve Cemiyet'in faaliyetleri ağırlık olarak yurtdışına, Paris'e taşınmak zorunda kaldı. Bu sırada Sultan Abdülhamit aracılar göndererek kimi üyeleri İstanbul'a dönmeleri ve zararlı faaliyetlerden vazgeçerek devlet hizmetine geri girmeleri için ikna etmeye uğraşıyordu. Nitekim Mizancı Murat gibi önemli isimler bu teklifi kabul de etmişti. Ancak Ahmet Rıza ve Doktor Nazım gibi isimler sultanın adamlarıyla ilişki kurmayı kesin olarak reddettiler. Bu kararlı tutum Bahaettin Şakir, Samipaşazade Sezai gibi gençleri etkiledi ve onların da örgüte katılmalarına neden oldu.

1902 yılında Paris'te I. Jön Türk Kongresi toplandı. Fransız senatör Lefèvre-Pontalis'in evinde 47 kişinin katılımıyla düzenlenen kongrede Cemiyet içindeki iki kanat ortaya çıktı. Bir yanda Ahmet Rıza öncülüğündeki merkeziyetçiler, diğer yanda ise Prens Sabahattin öncülüğündeki adem-i merkeziyetçiler. İki grup arasındaki tartışmalar bir sonuca bağlanamayınca kongre karar alamadan dağıldı ve bundan sonra da iki grup yollarına ayrı olarak devam etti. Ahmet Rıza grubu Terakki ve İttihat Cemiyeti adını, Prens Sabahattin grubu da Teşebbüs-i Şahsi ve Adem-i Merkeziyet Cemiyeti adını kullandı. Türkiye'nin siyasi tarihinde çok uzun yıllar boyunca devam edecek olan ikiliğin temelleri de bu dönemdeki ayrışmayla atılmış oldu.

Kısa bir süre sonra Selanik merkezli bir örgüt daha ortaya çıktı. Osmanlı Hürriyet Cemiyeti adını kullanan örgütün kurucuları ve üyeleri arasında Mehmet Talat ve İsmail Canbulat gibi isimler yer alıyordu. Aynı günlerde genç bir subay olarak Şam'da görevli olan Mustafa Kemal de Vatan ve Hürriyet adlı bir örgüt kurmuş, ardından Selanik'e gelerek Osmanlı Hürriyet Cemiyeti ile temaslarda bulunmuştu. Memleketin her yerinden fışkıran bu örgütlerin en ciddi nitelikli olanları bir araya gelmeye çalıştılar. Osmanlı Hürriyet Cemiyeti, önce Vatan ve Hürriyet örgütüyle birleşti; ardından Doktor Nazım'ın çabalarıyla Terakki ve İttihat Cemiyeti ile birleşme sağlandı. Nihayet 27 Eylül 1907'de resmen birleşen bu örgütlerin ortak adı Osmanlı İttihat ve Terakki Cemiyeti oldu. Örgütün dış merkezi olarak Paris, iç merkezi olarak da Selanik seçildi. Mustafa Kemal de 322 numaralı üyeydi. Cemiyet, artık bir düşünce okulu gibi davranan ve gazete yazılarıyla muhalif fikirlerini paylaşan yapıdan uzaklaşıyordu. Şimdi karşımızda silahlı kuvvetler içinde güçlenmiş, devlet iktidarını ele geçirmeyi hedefleri arasına almış, gerçek anlamda devrimci bir siyasal örgüt vardı.

1889 yılında kurulan İttihat-ı Osmani Cemiyeti, tarihe çok özel kazanımlar bırakmasa da, kendisinden sonra oluşacak hareketliliği sağladığı için hayli önemlidir. Aslında başta Mustafa Kemal olmak üzere, sonraları Osmanlı ve Türkiye tarihinde çok önemli roller üstlenecek isimlerin hemen hepsi Cemiyet'in kuruluş yıllarında daha mektep sıralarındaydılar. Ancak İttihat-ı Osmani Cemiyeti'nin varlığı ve yarattığı siyasal etki, bu talebelerin içinde yetiştikleri, olgunlaştıkları ve kendilerini geliştirdikleri atmosferi yaratmıştı. Nitekim büyüyüp genç Osmanlı subayları olarak görev başına geçtiklerinde ve ülkenin kurtarılması için gizli örgüt faaliyetlerine giriştiklerinde İttihat-ı Osmani Cemiyeti'nin attığı tohumların fidan verdiğini söylemek mümkün oldu.

11 Ocak 1905

Kurmay Yüzbaşı Mustafa Kemal

Manastır Askerî İdadisi'ndeki eğitiminin ardından 1899 yılında İstanbul'daki Harbiye Mektebi'ne giren Mustafa Kemal, burada sadece iyi bir askerî eğitim almadı. İleride Milli Mücadele'de omuz omuza savaşacağı birçok isimle arkadaşlığını da bu yıllarda kurdu. Ayrıca başta yabancı dil öğrenimi olmak üzere, karakterini Batı kültürüyle yoğuracak her alanda da kendisini geliştirmeye büyük çaba harcadı.

Nitekim o yıllarda hem öğretmenleri hem de arkadaşları nezdinde kişiliği ve zekâsıyla hemen dikkat çekmişti. Gelecekte ülkenin kaderini tayin edecek bir lider olacağı, arkadaşları üzerinde bıraktığı etkiden daha o yıllarda anlaşılıyordu. 1902 yılında mülazım-ı sâni, yani teğmen rütbesiyle Harbiye Mektebi'ni bitiren Mustafa Kemal, ardından kurmay subay yetiştiren Mekteb-i Erkân-ı Harbiye'yi kazandı. Birinci sınıfı sekizinci, ikinci sınıfı altıncı ve üçüncü sınıfı beşinci bitirdiği başarılı bir öğrenim hayatından sonra, 11 Ocak 1905 tarihinde erkân-ı harb yüzbaşı rütbesiyle mezun oldu ve kıtaya çıktı.

Ancak devir istibdat devriydi ve genç yüzbaşı hürriyet yanlısı fikirlerini saklama gereği duymayacak ölçüde cesurdu. Kendisi gibi yeni mezun genç subay arkadaşlarıyla kiraladıkları bir apartman dairesinde yaptığı gizli toplantılar, gruptan birinin sarayın hafiyesi

Kurmay Yüzbaşı Mustafa Kemal

olması nedeniyle ifşa edilmiş ve genç Mustafa Kemal, Bekirağa Bölüğü'ne götürülmüştü. Kendisi gibi tutuklanan yakın arkadaşı Ali Fuat Paşa'nın anılarından öğrendiğimize göre, bir ay kadar burada hapis yatacaktı.

Her ne kadar herhangi bir ceza almamışsa da, pervasızlığının bedeli sürgün olacaktı. O dönemde Harbiye'den çıkan genç subaylar genelde Selanik'teki III. Ordu'ya atanırken, Mustafa Kemal V.

Ordu'ya yollanmıştı. Bu sürgün, onun 1908 Devrimi'ne giden süreçte Enver, Cemal ve Hafız Hakkı gibi genç subayların ön plana çıktığı bir ortamda aktif bir rol oynamasının önüne geçecekti. Siyasetin merkezinden uzak kaldığını anlamakta gecikmeyen genç yüzbaşımız 1906 Şubatı'nda gizlice birliğinden ayrılıp Selanik'e gelecek ve burada yakın arkadaşlarıyla Vatan ve Hürriyet adlı gizli bir cemiyet kurmaktan geri kalmayacaktı. Ancak nihayet Şam'da olmadığı fark edilince dört ay sonra geri dönmek zorunda kalacak, yokluğu Cemiyet'in atıl kalmasına ve Talat'ın kurduğu Osmanlı Hürriyet Cemiyeti'ne katılmasıyla sonuçlanacaktı. Uzun uğraşlar sonunda 1907 yılının son aylarında Selanik'e döndüğünde ise, kurduğu örgütün yerinde yeller estiğini görecekti. Osmanlı Hürriyet Cemiyeti'ni de barındıran İttihat ve Terakki Cemiyeti'ne katılacaktı katılmasına, ama sıradan bir üye olarak. Birkaç ay sonra patlayan 1908 Devrimi'nde de önemli bir rol oynayamayacak ve bu gecikme Çanakkale Muharebesi'ne kadar ön plana çıkmasını engelleyecektir.

3 Temmuz 1908

İsyan Ateşi:
Resneli Niyazi Bey'in Dağa Çıkışı

30 yılı aşkın bir zamandır imparatorluğu yöneten istibdat rejimi, genç Osmanlı aydın ve subayları gözünde tüm meşruiyetini yitirmişti. Herkes bir değişimin şart olduğu noktasında hemfikirdi. İmparatorluğun çöküşten kurtarılması için Kanun-i Esasi'nin tekrardan yürürlüğe konması ve meşrutiyetin ilan edilmesi şarttı. İpler kopma noktasına gelmişti ve beklenen şey bir kıvılcımdı. Bu kıvılcımı çakan, Resneli Niyazi Bey olacaktı.

Manastır'ın Resne şehrinde doğmuş bir Arnavut olan Niyazi Bey, Harbiye Mektebi'nden mezun olduktan sonra, Bulgar ve Sırp çetecilere karşı verdiği mücadelede cesareti ve silahşorluğu ile nam salmıştı. Aynı zamanda İttihat ve Terakki Cemiyeti'nin de ateşli üyelerinden olan Niyazi Bey, Abdülhamit'i tahttan indirmek ve meşrutiyeti yeniden getirmek için hazırlanan ayaklanma planı çerçevesinde 3 Temmuz 1908'de yanındaki 150 kadar askerle Ohri bölgesinde dağa çıktı. Bu hareket birkaç gün içinde bir katalizör etkisi yarattı. Resneli'nin dağa çıkışıyla beraber, özellikle Selanik ve Makedonya bölgesindeki Osmanlı topraklarından İstanbul'a Kanun-i Esasi'nin yürürlüğe konması ve Meclis-i Mebusan'ın açılmasını talep eden telgraflar yağdı. Aynı zamanda İttihat ve Terakki yanlısı diğer subaylar da bulundukları yerlerde ayaklanmaya başladı. Abdülhamit'in bu isyana karşı almaya çalıştığı tedbirler de bölgedeki

Resneli Niyazi, meşhur Gazal-i Hürriyet'i ile

subayların İttihatçı olması yüzünden bir işe yaramadı. Manastır Fevkalade Komutanı Müşir Fevzi Paşa'yı kaçırmayı da başaran Cemiyet, Manastır'da kendi kendine meşrutiyeti ilan edip bunu İstanbul'a dayatmayı başaracaktı.

Sultan Abdülhamit'in meşrutiyeti yeniden ilan etmesinin ardından Resneli Niyazi, Selanik'e büyük gösteriler eşliğinde girdi. Kendisine "Hürriyet Kahramanı" lakabı verilirken, dağda gezdiği günlerde besleyip evcilleştirdiği ve hep yanında gezdirdiği geyiğe de "Gazal-i Hürriyet" dendi. Kendisine bu geyiğin nereden çıktığını soran Osman Paşa'ya verdiği, meşrutiyetin ilanına hizmeti vahşi hayvanların bile şeref bildiği ve içgüdüsel olarak kendilerine rehberlik ettiği yönündeki yarı müstehzi cevap, genç İttihatçıların kendine yüklediği ilahî görevin bir nişanesiydi:

> Paşa hazretleri! Rıza-yı bariye [Allah'ın rızasına] harfiyen tevafuk eden [tamamiyle uygun] maksad-ı ulvi-i cemiyete [İttihat ve Terakki'nin ulvi maksadına, yani meşrutiyetin ilanına] hizmeti hayvanlar bile şeref biliyor. İşte görülüyor ki hayvanat-ı vahşiyeden olan şu geyik adeta bize rehberlik ediyor, bu bir sevk-i tabiidir [içgüdüdür]. Hiçbir

teşvik ve tazyike tabi olmayarak devlethane-i asafânelerine [evinize] kadar bize rehberlik etti.

Muhalefetin yıllardır beklediği kıvılcımı çakan Resneli Niyazi Bey'in hayat ışığını söndüren ise, yanına bizzat İttihat ve Terakki Cemiyeti'nin verdiği iki koruma olacaktı. 1913'te Avlonya'dan İstanbul'a gelirken vurulduğunda, Türk siyasi tarihine herkesin failini az çok tahmin ettiği bir fail-i meçhul daha eklenmişti. Özgürlük sembolü haline gelmiş birinin kim bilir hangi kirli hesaplar sonucunda ortadan kaldırılması esef vericiydi. Dillere pelesenk olan, "Ne şehittir ne de gazi, pisi pisine gitti Niyazi," cümlesi aslında tam da buna dikkat çekmekte değil miydi?

23 Temmuz 1908

30 Yıllık Özlem: II. Meşrutiyet

İlkinin üzerinden 30 yıl geçmişti. Artık kimsenin Abdülhamit iktidarına tahammülü kalmamıştı. Üstelik istibdat koşulları altında geçirilen bu 30 yıl memleketin sorunlarını çözmüşe de benzememekteydi. Birçoklarına göre elde kalan tek umut meşrutiyetin yeniden ilan edilmesi ve tüm iradeyi elinde toplamış olan Sultan Abdülhamit'in gücünün kısıtlanmasıydı. Osmanlı devletinin çöküşü ancak böyle durdurulabilirdi ve bunun için ne gerekiyorsa yapılacaktı.

Resneli Niyazi Bey'in dağa çıkarak başlattığı isyan, zaten canı burnuna gelmiş Osmanlı subaylarını ve halkı tetiklemiş, Balkan topraklarından İstanbul'a doğru büyüyerek uzanan bir ayaklanmaya dönüşmüştü.

Abdülhamit'in ayaklanmayı durdurmak umuduyla 23 Temmuz 1908'de Kanun-i Esasi'nin, yani anayasanın yeniden yürürlüğe konduğunu açıklaması, II. Meşrutiyet olarak bilinen devrimci sıçramanın tarihi oldu. Öyle ki, 1935'e kadar 23 Temmuz tarihi Hürriyet Bayramı (Iyd-ı Milli) olarak anılıp kutlandı. Kanun-i Esasi'nin yeniden yürürlüğe girmesi Osmanlı vatandaşları arasında büyük sevinçle karşılanmış, birçok milletten ve dinden aydın istibdatın sona erişini kutlamıştı.

Elbette, Kanun-i Esasi'nin ilan edilmesiyle birlikte, Osmanlı meclisinin çalışmaya başlaması gerekiyordu. Hemen gidilen seçimlere İttihat ve Terakki Cemiyeti ile Prens Sabahattin'in adem-i merkeziyetçi fikirlerini benimseyen Ahrar Fırkası katıldı. Sonuçlar İttihatçılar lehineydi. Yeni meclis 17 Aralık'ta çalışmalarına başladı. Devlet yönetiminde tecrübe sahibi olmayan İttihatçılar direkt idareyi ele almayacaklardı, meclis yoluyla hükümetleri dışarıdan desteklemeyi tercih edeceklerdi. 13 Şubat 1909'da Kâmil Paşa hükümetini istifaya zorlayarak Hüseyin Hilmi Paşa başbakanlığında yeni bir hükümeti başa getirdiklerinde, 1876 yılında ilan edilen Kanun-i Esasi'nin yeniden ele alınması ve bazı maddelerinin değiştirilmesini hedeflemektedirler. Akabinde gerçekleşen 31 Mart Vakası'nın Hareket Ordusu tarafından bastırılması, İttihatçıların ellerini daha da güçlendirmişti. Eski rejimi temsil eden Abdülhamit tahttan indirildiğine göre, yeni bir rejim inşa edilebilirdi.

Nitekim 1909 yılının Ağustosu'nda Kanun-i Esasi Tadil Komisyonu çalışmalarını tamamladı ve önerileri kabul edildi. Yeni haliyle Kanun-i Esasi'de, padişahın vatana ve millete sadakat yemini etmesi zorunlu hale getirildi. Abdülhamit'e I. Meşrutiyet'i sonlandırma ve Kanun-i Esasi'yi askıya alma imkânını veren meclisi dağıtma yetkisi koşullara bağlandı. Padişah böyle bir yolu seçerse artık üç ay içinde seçime gitmek zorundaydı, ki ileride Vahdettin'in bunu ihmal etmesi kendisine karşı büyük bir tepki doğuracaktı. Gene II. Abdülhamit'in sıklıkla kullandığı sürgün hakkı da padişahın elinden alınmıştı. Meclis başkanını padişah atamayacak, bizzat mebusların kendisi seçecekti. Hükümet de artık padişaha değil, meclise karşı sorumluydu; meclis isterse güvenoyu ile hükümeti düşürebilecekti. Basın özgürlüğünü tanıyan düzenlemeler yapıldı. Sadrazamın yetkileri artırılırken padişahın yasa tekliflerini veto hakkı sınırlandırıldı.

30 yıldır beklenen hayal gerçekleşmişti. Ülke yeniden temsilcilerini seçebileceği bir meclise, haklarını güvence altına alacak bir anayasaya, adalet ve özgürlük kavramlarına dayanan bir yönetim mantığına kavuşuyordu. Elbette bütün bunların kolayca ve bir çırpıda olması imkânsızdı. Zira bir ülkenin özgürleşebilmesi için idari reformlardan çok daha fazlasına, toplumsal bir dönüşüme ihtiyaç vardı. Nitekim II. Meşrutiyet'in ilanını izleyen kısa dönemde İttihat ve Terakki Cemiyeti'nin ülkeyi yeni bir baskı ve şiddet sarmalına sokması bu son cümledeki önermenin bir kanıtı oldu.

Belirtilmesi gereken başka bir nokta, II. Meşrutiyet'in ilanının hangi güne geldiğinin tartışmalı olmasıdır. Ayaklanıp padişahı geri adım atmaya zorlayan Rumeliler için bu tarih 23 Temmuz iken, İstanbullular için Abdülhamit'in Kanun-i Esasi'yi tekrar yürürlüğe koyduğu 24 Temmuz'dur. Bu konu Meclis-i Mebusan kürsüsünde bile gündeme gelecektir:

> Zohrab Efendi (İstanbul) - Bizim inkılabımız 11 Temmuz'dan [24 Temmuz][1] başlıyor.
> Trayan Naili (Manastır) - 10 Temmuz'dan.
> Zohrap Efendi - Pekâlâ 10 Temmuz'dan. Rumeliler için 10 Temmuz'dan başlasın.
> Reis (Ahmet Rıza Bey) - Yalnız Rumeli için değil, umum Osmanlılar için 10 Temmuz'dan itibaren...

1. Gregoryen ve Jülyen takvimler arasındaki 13 günlük farktan dolayı Rumi tarihlerin sadece yıllarında değil, günlerinde de ayarlama yapılması gerekmektedir. Bu problemi çözmek için 1917 yılında 15 Şubat'tan direkt 1 Mart'a geçilerek takvimden 13 gün silinmiştir. O yüzden *Nutuk*'un başındaki "1335 senesi Mayısı'nın 19'uncu günü" hakikaten 19 Mayıs 1919'a denk gelmektedir, fakat meşrutiyetin ilanı 23 ya da 24 yerine 10 ya da 11 Temmuz'dur. Aynı şekilde 31 Mart Vakası da aslında 13 Nisan'a denk gelmektedir. Jülyen takvimi kullanan bir başka memleket de Rusya'ydı. Ekim Devrimi'nin Kasım'da olmasının nedeni de bu gün farkıdır. Bu 13 günlük fark daha önceki yüzyıllarda daha azdı. Bu farkın 14 güne çıkması için 2100 yılını beklememiz gerekecek.

13 Nisan 1909

İsyana İsyan:
31 Mart Vakası

II. Meşrutiyet ilan edilmiş, Kanun-i Esasi yürürlüğe girmiş, seçimler yapılmış ve yeni meclis çalışmalarına başlanmıştı. Kısacası, isyan başarıya ulaşmıştı. Şimdi sıra karşıdevrimdeydi. Değişimden zararlı çıkacağını hesaplayan güçler son kurşunlarını atmaya hazırlanıyorlardı.

Eski takvimle 31 Mart günü başladığı için 31 Mart Vakası olarak bilinen bu isyanın aslında birkaç sebebi vardı. Bunların başında yeni yönetime, Kanun-i Esasi'ye ve padişahın iradesinin kısıtlanmasına karşı çıkan irticai fikirler geliyordu. Nitekim 31 Mart Vakası'nda birçok softa aktif rol oynamıştı. Ancak İttihat ve Terakki Cemiyeti'nin Meclis-i Mebusan üzerindeki etkisi, basın ve muhaliflere yönelik baskıları, ordudaki "alaylı"ların yani askerî okullardan çıkmayanların tasfiye edilmesi ve son olarak 7 Nisan'da muhalif gazeteci Hasan Fehmi'nin Galata Köprüsü üzerinde bir suikasta kurban gitmesi de hoşnutsuzluğu tetikleyen etkenler arasındaydı. Yeni rejimin ekarte ettiği II. Abdülhamit'in adamları da güçlerini geri kazanma sevdasıyla isyana destek vermekten geri durmayacaklardı. Sebepleri ne olursa olsun, 31 Mart, "ilerleme" yoluna girmiş bulunan Osmanlı'da gerçekleşmiş "irticai"[1] bir çabaydı; yani eski düzene du-

1. "Rücu" kelimesiyle aynı Arapça kökten gelen ve "gerici" anlamındaki bu kelime, Fransızca *réactionnaire* sözcüğünün doğrudan tercümesidir.

yulan bir özlemi yansıtıyordu. Dönemin kaynaklarında da "hareket-i irtica" ya da "hadise-i irtica" ifadeleri sıklıkla kullanılmaktadır. Her halükârda Türk siyasi tarihine "irtica" kelimesinin girişi genelde 31 Mart Vakası'na bağlanır.

Rumeli'den İstanbul'a getirilip Taşkışla'ya yerleştirilen IV. Avcı Taburu'nun ayaklanıp subaylarını hapsetmesiyle başlayan isyan, kısa sürede meşruiyet karşıtı bir hal alacaktı. Sabaha doğru Ayasofya Meydanı'na gidip, "Şeriat isteriz, padişahım çok yaşa!" sloganları atan askerlere diğer kışlalardaki birlikler de katıldı. Sivil tarafta ise Derviş Vahdetî'nin *Volkan* isimli gazetesi isyanın sözcülüğünü yapıyordu. Harekete İttihat ve Terakki'nin askerlikten muafiyetlerini korumak için basit bir sınava girmelerini şart koştuğu medreseliler de katılmakta gecikmemişti.

Bir anda sayıları artan isyancılar, yeni rejimin sembolü olan Meclis-i Mebusan'ı kuşattı. Ahmet Rıza Bey'e benzettikleri Adliye Nazırı Nazım Paşa'yı ve Hüseyin Cahit'e benzettikleri Lazkiye Mebusu Emir Arslan Bey'i öldürmüş, çevredeki birçok bina ve matbaayı yağmalamışlardı. Olayların kontrolden çıkması üzerine, padişahın da isteğiyle hükümet istifa etmiş, İstanbul bir hafta kadar isyancıların kontrolünde kalmıştır. Bugünlerde de şiddet durmamış, bazı subaylar öldürülmüş, kadınların Beyoğlu'na çıkmaları engellenmiş, gayrimüslim vatandaşlar sokaklarda saldırıya uğramıştır. İsyancılar, Yıldız Sarayı'nı bombalamaya çalışmakla suçladıkları *Âsâr-ı Tevfik* zırhlısı komutanı Binbaşı Ali Kabuli Bey'i bizzat Abdülhamit'in önünde öldürecek kadar ileri gitmekten çekinmeyeceklerdir.

İttihatçılar isyanın ilk günlerinde saklanıp İstanbul'un dışına çıkmanın yollarını aramışlardı. Cemiyet'in subayları Edirne'deki II. Ordu ile Selanik'teki III. Ordu'ya hâkimdi. Buradaki birliklerden kurdukları ve bizzat Mustafa Kemal'in Hareket Ordusu adını verdiği bir ordu ile, birçok sivil vatandaşın da katılımıyla İstanbul üzerine yürüyüp bu karşı isyanı bastırmayı başaracaklardı. Hareket Ordusu'nun komutasını Hüseyin Hüsnü Paşa üstlenmiş, kurmay başkanı ise kolağası rütbesiyle Mustafa Kemal olmuştur. Ancak, ordu İstanbul'a geldikten sonra komutayı Mahmut Şevket Paşa, kurmay başkanlığını ise Binbaşı Enver Bey devralacaktı. Oysa hareket başladığında Enver ataşemiliter olarak Berlin'dedir ve olaya sonradan dahil olmuştur. Selanik'teki İttihat ve Terakki Cemiyeti son anda bir oyun oynamış ve zaferin şanını Mustafa Kemal'den alıp Enver'e vermiştir. Mustafa Kemal ile Enver arasındaki rekabetin tohumları böylece atılmıştır artık.[1]

Hareket Ordusu üç günün sonunda isyanı bastırmayı başarmıştı. Ayaklanmanın sorumlusu olarak gösterilen II. Abdülhamit hâl edilmiş, yerine kardeşi Mehmet Reşat tahta geçmişti. İsyana katılanların 70'i idam edilirken, birçoğu da hapis cezasına çarptırılmıştı.

31 Mart Vakası'nda öldürülenlerin anısını yaşatmak için Şişli'ye Abide-i Hürriyet adlı bir anıt da dikilecektir. Bu olayın anısı uzun yıllar hafızalarda kalacak ve sonucunda ortaya çıkan ilerici-gerici dikotomisi uzun yıllar Türk siyasi tarihinde güncelliğini koruyacaktır.

---

1. Bu rekabetin detayları için bkz. Emrah Safa Gürkan, *Cumhuriyet'in 100 İsmi - Büyük Devrimin Portreleri*, Mundi Kitap, İstanbul, 2023, s. 30-37; s. 79-85.

8 Ekim 1912

Hortacı Süleyman'ın Minaresindeki Çan: Balkan Savaşı

31 Mart Ayaklanması'nın bastırılması, İttihat ve Terakki'ye artık rahat bir nefes alabileceklerini düşündürtebilirdi. Ancak, ne ülke içinde ne de ülke dışında şartlar buna izin vermeyecekti. "Hürriyet" havası hızla yerini baskıya ve devlet kontrolüne bırakmıştı bile. Aynı günlerde kurulan Hürriyet ve İtilaf Fırkası, İttihat ve Terakki Cemiyeti'ne karşı muhalefeti yüklense de, fazla etkili olamamış ve Nisan 1912'deki "sopalı seçim"de İttihat ve Terakki iktidarı elinde tutmayı başarmıştı. Lakin sopayla elde edilen bir iktidarı elde tutmak o kadar kolay olmayabilirdi.

Osmanlı toplumu ağır aksak da olsa anayasa ve demokrasiyi tecrübe ederken 8 Ekim 1912'de çıkan Balkan Savaşı dengeleri bir anda değiştirecekti. Yunanistan, Bulgaristan, Sırbistan ve Karadağ krallıklarının müttefik olduğu bu savaşın amacı, Osmanlı'yı Balkan topraklarından tamamen atmaktı. Müttefikler ilk başta başarılı da olacaklardı. Savaş, Osmanlı devletinin Rumeli'deki topraklarını hızlı bir şekilde kaybetmesiyle başladı. Bulgaristan Meriç Vadisi'nde, Sırbistan Yukarı Vardar Vadisi'nde, Yunanistan Aşağı Vardar Vadisi ve Epir bölgesinde, Karadağ ise Kuzey Arnavutluk'ta hızla ilerlemekteydi. Bu bölgelerdeki tüm Osmanlı şehirleri bir bir düşerken, Bulgarlar Edirne'yi kuşatmış, Kırkkilise (Kırklareli) ve Lüleburgaz'ı ele geçirdikten sonra Çatalca hattına varıp İstanbul'u teh-

"Haç, Hilal'i Avrupa'dan Çıkarıyor." Batıyormuşçasına tasvir edilen hilalin üzerinde 1453 yazarken, ışıltılar saçan haçta 1912 tarihi görülüyor.

dit eder duruma gelmişti. Başkentin geçici olarak Anadolu'ya taşınması fikri ortaya atılmaya başlanmıştı. Üstüne üstlük Sırp işgaline tepki gösteren Arnavutlar, Avlonya'da 28 Kasım 1912'de bağımsızlıklarını ilan etmişlerdi.

Denizde de işler yolunda gitmemekteydi. Rakiplerine nazaran daha zayıf olan Osmanlı donanması Çanakkale Boğazı'nı geçip Ege Denizi'ne çıkamadığından Yunan donanması Büyük Britanya hâkimiyetindeki Kıbrıs, İtalyan hâkimiyetindeki Rodos ve On İki Ada haricinde Ege Denizi'ndeki tüm adaları herhangi bir direnişle karşılaşmaksızın ele geçirecekti.

Kriz büyüktü. Osmanlı hükümeti Avrupalı güçlerin aracılığını isteyince Londra'da bir barış konferansı toplandı. Enteresan bir şekilde bu sırada Edirne, Yanya ve İşkodra'da kuşatmalar devam etmekteydi. Konferans sırasında yapılan toprak taleplerine ilk başta direnmeye çalışan hükümetin Edirne'yi Bulgarlara vermeyi düşündüğü ortaya çıkınca, imparatorluğu kurtarma iddiasındaki İttihat ve Terakkiciler hükümet binasını basıp darbe yapacaktı. İronik bir şekilde iki ay sonra Edirne'yi kaybeden bizzat kendileri olacaktır.

Balkan Savaşı'ndaki ağır kayıpların bir dereceye kadar telafi edilmesi ve Edirne'nin geri alınmasını mümkün kılan, savaşın galiplerin arasında çıkan anlaşmazlıklardı. Eski müttefiklerine savaş açan Bulgaristan'ın birliklerini batıya kaydırması fırsat bilinerek Edirne geri alınacaktır. Muharebe meydanında başarı elde edip kendisini göstermek isteyen genç İttihatçılar arasında bir yarışa neden olacak bu savaşta, "Edirne Fatihi" olmak şerefi bir kez daha Enver Paşa'ya nasip olmuştur. Mustafa Kemal'in birlikleri şehrin on kilometre yakınlarına kadar gelmişken bir anda ortaya çıkan ve yanlarından otomobille geçen Enver Paşa, şehre ilk giren birliklerin başında muzaffer bir kumandan edasındadır. Hareket Ordusu'nun İstanbul'a yürüyüşü sırasında olan tekrar gerçekleşmiş ve Mustafa Kemal son dakikada zaferinden olmuştur. Bunun için iki yıl daha beklemesi gereklidir.

Edirne geri kazanılmışsa da, bu daha çok zarardan kâr bir durumdur. Osmanlılar Balkanlar'daki tüm topraklarını kaybetmişlerdir ki bunların arasında imparatorluğun kaderine hükmedecek İttihat ve Terakki Cemiyeti'nin merkezi konumundaki Selanik şehri de vardır. Bu kaybın, dönemin genç subaylarını nasıl derinden etkilediğini Mustafa Kemal'in şu sözlerinden anlamak mümkündür:

> Bir gün işittim ki baba ocağım Selanik ve oradaki anam, kardaşım, bütün akraba ve yakınlarım, –mahiyetlerini anlattığım için vatanımdan kovulduğum kişiler tarafından– düşmana hibe edilmiştir. Bir gün duydum ki Hortacı Süleyman cami-i şerifinin minaresine çan takılmış ve orada yatan babamın kemikleri Yunan palikaryalarının kirli ayakları altında çiğnenmiştir.

23 Ocak 1913

Darbe Yarışı: Bab-ı Âli Baskını

İmparatorluk bir savaştan diğerine sürüklenirken, içeride de sular durulmuyordu. Özellikle Hürriyet ve İtilaf Fırkası'nın muhalefeti, İttihat ve Terakki'nin durumunu zora sokmuştu. Cemiyet'in kendi içinden çıkmış bu yeni partinin İstanbul seçimlerini tek oy farkla kazanması, İttihatçıları paniğe sevk etmişti. Padişahı meclisi feshetmeye ikna edip erken seçim yaptırarak parlamentodaki üstünlüklerini sağlamlaştırma yoluna gideceklerdi.

Türk tarihindeki birçok seçim gibi gayrinizami şartlarda yapılan ve tarihe "sopalı seçim" olarak geçen 1912 Seçimleri'nden İttihat ve Terakki zaferle çıkmasını bilmişti. Ancak, Osmanlı başkentinde iktidarda kalmak için seçim kazanmak yetmezdi. Meclis güç aygıtlarından sadece biriydi. Orduda bu sırada Cemiyet karşıtı bir oluşum meydana gelmeye başlamış, Hürriyet ve İtilaf yanlısı subaylar Halaskâr Zabitan diye gizli bir örgüt kurup dağa çıkmışlardı. İşte bu örgütün verdiği bir muhtıra ile Mehmet Sait Paşa hükümetinin istifaya zorlanması, İttihatçıların hükümet üzerindeki etkisini kırmıştı. Bunun üzerine göreve gelen ve içerisinde üç sabık sadrazam bulundurduğu için Büyük Kabine de denen Ahmet Muhtar Paşa hükümetinin içinde hiç İttihatçı yoktu. Cemiyet'in buna cevabı hükümete mecliste güvenoyu vermemek oldu. Sistem krize girmişti. Arkasına Halaskâr Zabitan'ın desteğini de alan yeni sadrazamın bir sonraki hamlesi, V. Mehmet'i İttihat ve Terakki'nin kontrol ettiği meclisi feshetmeye ikna etmesi olacaktı. Hâkimi oldukları siyasi organı kaybeden İttihatçılar köşeye sıkışmıştı.

Ancak, Balkan Savaşı'nın başlamasıyla dengeler süratli bir şekilde değişecektir. Cepheden gelen kötü haberler üzerine Ahmet Muhtar Paşa istifa etmiş, yerine Kâmil Paşa sadrazam olmuştur. Savaşın gidişatı, İttihatçılara bir hamle yapma fırsatı vermiştir. O güne kadar iktidarı doğrudan ele almakta tereddüt gösteren İttihatçı genç subaylar açısından artık Kâmil Paşa hükümetinin düşürülmesi şarttır. Aksi takdirde kendilerinin tasfiye edileceğinin farkındadırlar. Yani darbe yarışında sıra kendilerindedir. Bu sırada Kâmil Paşa'da beklediğini bulamayan Hürriyet ve İtilafçılar da benzer düşünceler içerisindedir. Sadece bu kısacık süreç bile, Osmanlı-Türk siyaset geleneğinde darbelerin sıradanlığını ve bunun sadece İttihatçılarca değil, en azılı muhalifleri tarafından da sık sık kullanıldığını gözler önüne sermektedir. Güç temerküz ederse, yani tek bir merkezde toplanırsa, onu sinsice hazırlanmış tek bir darbe ile ele geçirmek mümkündür; Fransızların *kudeta*sı[1] aslında "devlet darbesi" demek değil midir?

Kâmil Paşa hükümetinin henüz düşmemiş Edirne'yi Bulgarlara teslim edeceği söylentileri halkı galeyana getirmiş ve bu olumsuz kamuoyu bir darbe için zemin hazırlamıştır. Balkan devletlerinin kabul edilemez diplomatik isteklerine olumlu yanıt veren bir mektuba son şeklinin verileceği 23 Ocak günü, Enver, Talat, Yakup Cemil, Filibeli Hilmi, Sapancalı Hakkı, İzmitli Mümtaz ve Mithat Şükrü gibi önde gelen İttihatçı liderler, o zaman hükümet merkezi olan Bab-ı Âli'ye silahlı bir baskın düzenlemekten çekinmeyeceklerdir. Nuruosmaniye'den Bab-ı Âli'ye beyaz atının üzerinde bir kahraman gibi gelen Binbaşı Enver Bey, başka bir koldan gelen Talat Bey öncülüğündeki toplulukla birleşmiştir. Bu sırada İttihatçı hatipler civarda yüksek sesle konuşmalar yaparak Kâmil Paşa hükümetinin Edirne'yi Bulgarlara vereceğini anlatmaktadır. Hükümet binasının etrafına İttihatçı fedailer yerleştirilmiş, bina ablukaya alınmıştır. Binayı korumaya memur Uşak Taburu'nun olaylara seyirci kalması hâlâ gizemini koruyan bir durumdur.

1. (Fr.) *Coup d'état.*

Le Petit Journal

ADMINISTRATION
61, RUE LAFAYETTE, 61
Les manuscrits ne sont pas rendus
On s'abonne sans frais
dans tous les bureaux de poste

5 CENT. SUPPLÉMENT ILLUSTRÉ 5 CENT.

24me Année — Numéro 1160

DIMANCHE 9 FÉVRIER 1913

ABONNEMENTS

	SIX MOIS	UN AN
SEINE et SEINE-ET-OISE	2 fr.	3 fr. 50
DÉPARTEMENTS	2 fr.	4 fr.
ÉTRANGER	2 50	5 fr.

UN COUP D'ÉTAT A CONSTANTINOPLE

Meurtre de Nazim Pacha

"İstanbul'da bir darbe: Nazım Paşa'nın öldürülmesi"

Enver Paşa ve fedaileri Bab-ı Âli'ye girince bir çatışma başlayacak ve mermiler havada uçuşacaktır. Gürültüleri duyan kabine üyeleri saklanmış, içlerinden bir tek Harbiye Nazırı Nazım Paşa dışarı çıkarak isyancılara çıkışacak cesareti bulmuştur. Bunun bedelini de hayatıyla ödeyecektir. Enver Bey, harbiye nazırını askerî usulle selamlayıp düzgün bir lisanla niyetlerini anlatırken silahşor Yakup Cemil yaklaşarak Nazım Paşa'yı tek kurşunla öldürür. Paşanın kullandığı "pezevenkler" ifadesi onun gibi kıyıcı biri için biraz fazladır. Enver'in bu olay üzerine sinirden küplere binmesiyle silahşorumuzun ağzından tarihe geçen şu sözler dökülecektir: "Bu adamlara başka türlü laf anlatılmaz." Bir darbecinin gözü karalığını bundan daha güzel anlatan bir cümle bulmak zordur.

Artık at izi it izine karışmış, olaylar kontrolden çıkmıştır. Enver ve Talat hızla Kâmil Paşa'nın odasına girerler ve kendisine zorla bir istifa mektubu imzalatırlar. 10 Kanunisani 1328 (23 Ocak 1913) tarihini taşıyan mektupta şunlar yazmaktadır:

> Huzur-ı Âli-i Hazret-i Padişahi
>
> *Ahali* ve cihet-i askeriyeden vuku bulan teklif üzerine huzur-ı şahanelerine istifaname-i acizanemin arzına mecbur olduğum muhat-i ilm-i âli buyuruldukta ol babda ve kâtibe-i ahvalde emr ü ferman hazret-i veliyyü'l-emr efendimizindir.

Kâmil Paşa'nın ilk cümlesi "cihet-i askeriyeden vuku bulan teklif" şeklindedir; ancak Enver ve Talat, başına "ahali" ifadesini eklemesinde ısrar etmişlerdir. Kendi siyasi gündemlerinin arkasında halk olduğu izlenimini yaratmanın, başarılı bir darbenin ilk şartı olduğunun bilincindedirler. Mektubu saraya Enver'in bizzat kendisi götürecektir. Mehmet Reşat'a bu oldubittiyi kabul etmekten başka çare kalmamıştır. Aynı gün İttihat ve Terakki'nin desteklediği Mahmut Şevket Paşa hükümeti kurulur. Başkentteki askerî birliklerin başına Cemiyet üyesi subaylar getirilir. Az biraz kanlı da olsa, darbe başarıyla sonuçlanmıştır.

Yeni hükümetin ilk icraatı Ali Kemal ve Rıza Nur gibi muhalifleri tevkif etmek ve eski kabinenin başlıca üyelerini memleketten sürmek oldu. Son iki hükümetin üyeleri hakkında da tahkikat başlatıldı. Ancak, İttihat ve Terakki beklediğini gene bulamamıştı. Mahmut Şevket Paşa muhaliflere karşı ılımlı bir tutum sergileyecek ve ülke içindeki gerginliği düşürmeye niyetlenecekti. Hareket Ordusu'nun bu eski komutanının da İttihatçıları basit birer maşa olarak değerlendirdiği açıktır. 11 Haziran 1913 günü bir suikasta kurban gitmesinin nedeni de muhtemelen budur. İktidarı doğrudan ellerine almadıkça güven içinde olamayacağını fark eden İttihatçı subayların önü böylece açılmıştır. Her ne kadar Sait Halim Paşa gibi eski dönemin idarecilerinden birini sadrazamlığa getirseler de, imparatorluğun kaderi artık onların elindedir. Bir cihan harbine sokarak tabutuna son çiviyi çakmak onlara nasip olacaktır.

27 Ekim 1913

Operalı Çobanlar ya da Sofya'da Bir Yeniçeri

Balkan Savaşı'nın ardından Osmanlı-Bulgar sınırı yeniden tespit edilmiş ve iki ülke arasında ilişkiler normale dönmüştür. 1913 yılı sonbaharında bu ülkenin başkentine gönderilmesi kararlaştırılan ataşe, doğduğu ve yetiştiği yer itibarıyla bölgeye yabancı olmayan Mustafa Kemal Bey olacaktır. Osmanlı devletinin Sofya'ya bir ataşe göndermesi esasında diplomatik ve bürokratik bir işlemden ötesi değildir. Ancak, seçilen ismin Mustafa Kemal olmasının arkasında siyasi bir çekişme bulunmaktadır. Enver Paşa ile siyasi ve askerî bakımdan dünya görüşleri birbirine tam anlamıyla zıt olan Mustafa Kemal, "Edirne'nin İkinci Fatihi"nin eylemlerini açıkça eleştirmektedir. Bunun yanı sıra askerlerin siyaset üzerindeki nüfuzunun kalkması gerektiğini düşünmektedir. Balkan Savaşı'nın ardından Osmanlı ordusu ve siyasetindeki artmaya başlayan Alman etkisinden rahatsız olduğunu da çeşitli vesileler ile belirtmekten geri durmamıştır. Fakat "Kahraman-ı Hürriyet" Enver Bey'in nüfuzu altındaki Osmanlı hükümeti, Alman İmparatorluğu ile hem siyaset hem de ordu yapılanması bakımından yakınlaşmayı ve hatta ortak hareket etmeyi tercih etmiştir.

Tüm bu şartlar altında, yakın arkadaşı Ali Fethi Bey'in Sofya elçisi atanması fırsat bilinerek muhalif tavrından rahatsızlık duyulan ve subaylar üzerindeki muhtemel etkisinden çekinilen Mustafa

Mustafa Kemal yeniçeri kostümüyle. Sofya, Mayıs 1914. Fotoğraf altı:
"Kardaşım İsmail ve Hemşirem Zübeyde Hanım'a Sofya'da *Bal Kostüme* hatırası.
Bulgaristan ve Sırbistan Ateşemiliteri Kaymakam Mustafa Kemal"

Kemal, askerî ataşe olarak İstanbul'dan uzaklaştırılmıştır. Burada edindiği tecrübenin, gelecekteki Türkiye Cumhuriyeti'nin sosyal ve kültürel yapılanmasında çok önemli etkileri olacaktır. Zira Osmanlı askerî ataşesi, Bulgaristan'ın "genç" başkenti Sofya'ya gelişinden kısa bir süre sonra şehrin mimarisinden, yaşam tarzından ve başkentlilerin davranışlarından bir hayli etkilenecektir. Ali Fethi Bey ile bir opera temsiline gittikleri gün buna güzel bir örnektir. Mustafa Kemal Bey'in zihninde derin iz bırakan o gece, kendisi için hem Bulgarlara ilişkin düşünceleri bakımından bir dönüm noktası teşkil eder hem de Sofya'yı ve Sofyalıları tasavvurundaki Türk toplumu için bir kerteriz noktası olarak belirler. Sofya'nın kültürel açıdan zenginliği, geleceğin Atatürk'ü için Balkan Savaşı'nda Bulgarların üstün gelmelerinin sebeplerini dahi izah edecek bazı ipuçları vermektedir. Seyrettiği opera temsilinin ardından, Bulgaristan ve Bulgar halkı hakkındaki hissiyatını arkadaşı ve aynı zamanda Bulgaristan Meclisi Mebusu Zümrezade Şakir Bey ile paylaşacak, "Şakir, kim ne derse desin, şimdi Balkan Harbi'nde mağlup olmamızın sebebini daha iyi anlıyorum. Ben bu adamları çoban diye bilirdim. Halbuki baksana operaları bile var. Operada oynayacak sahne sanatkârları, müzisyenleri, dekoratörleri, hepsi yetişmiş. Opera binası dahi yapmışlar," diyecektir.

Sofya günleri, Mustafa Kemal'e bir halkın ilerlemesi açısından kültürün ne denli önemli olduğunu göstermiştir. Aynı zamanda Sofya'daki bir kafede tanık olduğu bir olay da kendisinin köylüye bakışını değiştirecektir. Tarlada giydiği kıyafetlerle başkentin lüks kafelerinden birine gelen bir Bulgar köylüsü, garsonun kendisiyle ilgilenmek istememesi ve kafeden çıkarmaya çalışmasına sinirlenmiştir. Bulgaristan'ın kendi alın teriyle ayakta durduğunu, ülkeyi tüfeğiyle kendisi gibilerin koruduğunu söyleyerek garsona çıkışan bu köylü, Mustafa Kemal'in Türk halkına aşılamaya çalıştığı bilincin cisimleşmiş hali olacaktır.

2 Ağustos 1914

Almanya ile İttifak Antlaşması İmzalanması

Avusturya Arşidükü Ferdinand'ın Gavrilo Princip adındaki bir Sırp tarafından Saraybosna'da öldürülmesinin ardından, önce Avusturya-Macaristan'ın Sırbistan'a, sonra da uzun süredir ittifaklar politikasıyla iki kutba ayrılmış Avrupa devletlerinin birbirine savaş ilan etmeleriyle başlayan Cihan Harbi, hem self-determinasyona dayanan ve uluslararası örgütlerin ön plana çıktığı yeni bir dünya sistemi yaratmasıyla hem de Osmanlı, Avusturya-Macaristan ve Rusya gibi geleneksel çok-milletli tarım imparatorluklarının ve bu imparatorlukları yöneten kadim hanedanların sonunu getirmesiyle, modern tarihin en önemli olaylarından biri olarak karşımıza çıkmaktadır.

Tüm bu önemine rağmen, Birinci Dünya Savaşı, Türkiye'deki tarihçiler tarafından hâlâ bazı zamanı geçmiş teoriler etrafında değerlendirilmekte ve tarihyazımındaki son gelişmeler hesaba katılmamaktadır. Bunlardan en önemli ikisi, savaşın kaçınılmaz olduğu ve İttifak Devletleri'nin savaşı kaybetmeye daha en başından mahkûm bulunduğu argümanlarıdır. Yapılan son çalışmalar, "Umumi Harb"in patlamasının kamuoyunda nasıl bir sürpriz etkisi yaptığının altını çizmekte ve savaşın çıkışını genel yapısal faktörlerden çok Arşidük Ferdinand'ın öldürülmesinin akabindeki "Temmuz Krizi", yani kısa vadeli karar alma süreçlerine dayandırmaya başlamışlardır. Gene her gün sayısı artan çalışmalar, sanılanın aksine, Almanların savaşı kazanma şansından mahrum olmadıklarını göstermektedir. 1918 baharına gelindiğinde Rusya'nın savaştan çekilmesi, Ludendorff'un Bahar Taarruzu'nun (*Kaiserschlacht*) başarılı olma ihtimali ve Caporetto Muharebesi'nde İtalyan ordularının Avusturya-Macaristan karşısında perişan olması gibi hadiseler sonrasında Almanların savaşı kazanma şansı bulunmaktaydı. Tarihçiler, ibreyi tekrardan İngiltere ve müttefiklere çevirenin Berlin'in lojistik problemleri olduğunun altını çizmektedir. Amerika'nın savaşa girmesi İtilaf Devletleri'ne taze birlikler kazandırırken, Bulgaristan'ın savaştan çekilmesi de Romanya petrol yataklarının kontrolünün Almanya'dan İngiltere'ye geçmesine yol açmıştır.

Bir başka önemli tartışma ise Osmanlıların savaşa girmesi etrafında dönmektedir. Bab-ı Âli'nin savaşa girmeye mecbur olduğu yönündeki önermelerin elle tutulur yanı yoktur. Berlin ile İstanbul arasında askerî ve ekonomik alanda verimli bir işbirliği bulunduğu ve İngilizlerin Osmanlılarla bir ittifaka yanaşmamakta ısrar ettikleri doğrudur, ancak gene de İstanbul'un savaşta tarafsız kalması mümkündü. Lakin hem Osmanlı'nın toprak bütünlüğünün büyük devletlerden biriyle ittifaktan geçtiği düşüncesi hem de imparatorluğun sağlıklı bir ekonomik politika izlemesini imkânsız kılan kapitülasyonlardan kurtulma isteği, İstanbul'u Berlin ve Viyana ile bir ittifaka itmiştir.

Osmanlıların hangi şartlarda savaşa girdiği de yeterince bilinen bir konu değildir. Genelde *Goben* ve *Breslau* ya da yeni adlarıyla *Yavuz* ve *Midilli* gemilerinin Sivastopol Limanı'nı bombalaması sonucu oluşan bir oldubittiden ve Enver Paşa'nın Alman yanlılığından bahsedilmekle yetinilir. 1914 yazı birçok diplomatik girişime sahne olmuştur. Hangi tarafta savaşa girileceği konusu kabinede uzun süre tartışılmış, hem Almanya'ya hem de Fransa, İngiltere ve Avusturya-Macaristan'a ittifak için teklifler yapılmış ve ilk başta onur kırıcı bir şekilde ret yanıtları alınmıştır. Kimse Osmanlıların kendilerine katacağı bir şey olduğunu düşünmemektedir. Almanya pozisyonunu değiştirdiğinde, böyle bir ittifaka baştan beri sıcak bakmayan dönemin sadrazamı Sait Halim Paşa ancak kapitülasyonların kaldırılması, Yunanistan'ın karşı tarafta savaşa girmesi halinde Ege adalarının iade edilmesi ve Osmanlıların toprak kaybetmesi durumunda ayrı bir barış antlaşması yapılmaması gibi koşullar sağlandıktan sonra savaşa girilmesine rıza gösterecektir. Almanya ile gizli ve de sınırlı bir ittifak antlaşması imzaladıktan ve seferberlik emri verildikten yedi gün sonra, 9 Ağustos gibi geç bir tarihte, Alman yanlısı olarak bildiğimiz Enver Paşa'nın hâlâ Rus elçisine ittifak teklifinde bulunmasını bir yanıltma olarak görmek de mümkündür, son dakikaya kadar bir çıkar yol bulma çabası olarak da. Her halükârda, Sait Halim, Enver ve Talat (ki bu sonuncusu dahiliye nazırıdır ve bir içişleri bakanının dış ilişkilerle ne alakası olduğu meşru bir sorudur) gibi birçok siyasi figürün kendi inisiyatifleriyle yürüttükleri ve kurumsal bir yapı tarafından koordine edilmeyen bu diplomatik görüşmelerin arkasında tutarlı bir strateji bulmak zordur. Son güne kadar seçeneklerini çoğaltmaya çalışan hükümet biraz el yordamıyla hareket etmektedir. Bir Alman-Osmanlı ittifakı hiç de öyle zorunlu bir sonuç olarak karşımıza çıkmamaktadır, ki zaten savaşın kabineyi ve bahriye nezaretini atlatan Enver'in kendi inisiyatifiyle çıkması da bize bunu göstermektedir.

Osmanlılar savaşta öyle kötü bir performans göstermişe de benzememektedir. Sarıkamış ve Kanal gibi başarısız harekâtlarda ağır mağlubiyetler alsa ve harbin sonuna doğru özellikle Arap vilayetlerinde geniş toprak kayıpları yaşasa da, Çanakkale'de üstün gelmeyi bilmiş, savaşı sonuna kadar götürmeyi başarmış, 1918 yılında Bakü'ye girmeye bile muvaffak olmuştur. Birkaç yıl önce ufak Balkan devletleri önünde tarumar olan bir ordunun birkaç yıl içinde nasıl kendisini böyle toparladığı ve Enver Paşa'nın harbiye nazırı olarak yaptığı reformların nasıl bu kadar kısa sürede etkisini gösterdiği, açıklanmayı bekleyen konulardan biridir. Osmanlıların savaşı kaybetmesine yol açan esasen Almanların değil, Bulgarların savaştan çekilmesidir. Bu geri çekiliş Osmanlıların müttefikleriyle bağlantısını koparmakla kalmayacak, aynı zamanda bölgedeki düşman birliklerinin İstanbul'un kapısına dayanmalarına yol açacaktır. Ancak, savaşın sonuna gelindiğinde, özellikle Suriye'de büyük kayıplar yaşayan Osmanlıların da savaşacak halinin pek kalmadığının altının çizilmesi gerekmektedir.

Yukarıdaki tartışmalarda vereceğimiz hüküm ne olursa olsun, Cihan Harbi'nin Osmanlı devletinin sonunu getirdiği ve Türkiye Cumhuriyeti'nin önünü açtığı kesindir.

21 Ağustos 1915

Harp Mecmuası'nın Kapağında: II. Anafartalar Muharebesi

Birinci Dünya Savaşı'nda Osmanlı İmparatorluğu birçok cephede savaştı, ancak bunlardan hiçbiri Gelibolu'daki kadar hayati bir öneme sahip olmadı. İtilaf Devletleri'ne karşı Çanakkale'de alınan zafer, hem Osmanlıların erken havlu atmasını önledi hem de Mustafa Kemal'in askerî becerilerini sergilemesine imkân sağladı. İleride Milli Mücadele hareketine liderlik etmeye karar verdiği zaman, bu cephede edindiği nam bu genç miralayın çok işine yarayacaktı.

Birinci Dünya Savaşı'nın stratejik analizlerinde hep İngiltere, Fransa ve Rusya'nın İttifak Devletleri'ni iki yönden sıkıştırmasının sakıncalarından bahsedilir. Alman Genelkurmayı'nın korkularını yansıtan bu analizin kaçırdığı iki nokta vardır: Birincisi, her iki Cihan Harbi'nde de bu çift taraflı sıkıştırma pek bir işe yaramamış, Almanlar hem doğuda hem batıda savaşı sınırlarının ötesine taşımayı başarmışlardır. İkincisi ise, aynı şeyin tam tersinin de geçerli oluşudur. İki taraftan sıkıştırıldığı söylenen İttifak Devletleri'nin, batıda İngiltere ve Fransa ile doğuda Rusya arasındaki erzak tedarik ve askerî ikmal yollarını kesebildiği hep unutulagelmiştir. Karadan kesilen iletişim denizyoluyla bile sağlanamamaktadır. Kuzey Buz Denizi, adı üstünde bir buz denizidir; Uzakdoğu'daki Ohotsk Denizi de, gene adı üstünde, uzaktadır.

İngilizler ve Fransızlar, Rusya'nın bu izolasyonunu kırmak ve henüz savaşa girmemiş Bulgaristan ve Yunanistan gibi tarafsız devletleri kendi taraflarına çekmek için, Osmanlı İmparatorluğu'nun tam kalbini hedef almaya karar vermişlerdir. Çanakkale Boğazı zorlanacak ve buradan geçildikten sonra birkaç gün içinde Osmanlı payitahtına ulaşılabileceklerdir. Bu plan ilk başta biraz cüretkâr gözükebilir. İstanbul'un ve Boğazların stratejik önemine birçok kez dikkat çekilmiştir. Daha kolay göz ardı edilen ise, güçlü devletlerin elinde bir avantaj olarak karşımıza çıkan bir şeyin, çaptan düşmüş bir imparatorluğun elinde zafiyete dönüşebileceğidir. Hem İngilizler bunu 1806 yılında bir kere başarmışlardı; şimdi değişen ne olabilirdi?

İtilaf Devletleri'nin denizdeki ilk denemesi hüsranla sonuçlanacaktır. 19 Şubat 1915'te başlayan harekâtın ilk aşamasında Osmanlı istihkâmları top atışıyla dövülmüş ve nihayet 18 Mart'ta İngiliz ve Fransız gemileri Boğaz'ı geçmek için hareketi geçmişlerdir. Ancak, hummalı bir çalışmanın ardından döşenen mayınlar ve kıyı bataryaları tarafından durdurulacaklardır; ikisi İngiliz, biri Fransız üç gemi denizin dibini boylamıştır.

Harekâtın hiç de İngilizlerin Bahriye Nazırı Churchill'in iddia ettiği kadar kolay olmayacağı gerçeğiyle çabuk yüzleşen İtilaf kumandanları, 25 Nisan'da altı ayrı noktadan Gelibolu'nun güneyine asker çıkarmak zorunda kalmışlardır. Bölgedeki Osmanlı kuvvetlerinin komutanı Liman von Sanders'in çıkarmaları hareketli birlikleri geride tutarak karşılama kararı, İtilaf Devletleri'nin bu zorlu çıkarma harekâtından alnının akıyla çıkmasına sebebiyet vermiştir. Osmanlı ordusunda yabancı subayların bu derece güç sahibi olmasından en başından beri rahatsız olan Mustafa Kemal, yeterli savunma derinliği sağlamadığı için bu karara itiraz etmiş ve sonunda da hakikaten haklı çıkmıştır. Çıkarmanın ilk gününde üstlerinden emir gelmediği halde inisiyatif kullanarak Conkbayırı mevkiinde geri çekilen birliklerin ricatını durduran ve böylece çok kritik bir anda düşmanın önemli bir stratejik avantaj elde etmesinin önüne geçen de odur. Birliklerine taarruzu değil ölmeyi işte bu sırada emredecektir.

Mustafa Kemal, Çanakkale'de savaştığı süre boyunca üstleriyle birçok kez ayrı düşmüştür. Seddülbahir'de daha fazla ilerleyemeyeceğini anlayan düşman bir üçüncü çıkarma operasyonuna karar verince, Kolordu Komutanı Esat Paşa'yı çıkarmanın Suvla Limanı'na yapılacağını söyleyecek, ancak komutanını ikna edemeyecektir. Bu

Nisan 1332 [1916] tarihli 8 numaralı *Harp Mecmuası*'nın iç kapağı: "VI. Ordu Kumandanı Halil [Kut] Paşa: Bir Eli Kutü'l-Amare'de düşman boğazında, bir eli Felahiye'de düşman göğsünde aylarca çalıştı." Görüldüğü gibi dördüncü sayıda Mustafa Kemal'in ismi belirtilmezken, Enver Paşa'nın amcası Halil Paşa dört ay sonra açıkça anılmış.

çıkarmanın başarıya ulaşması üzerine başlayan kanlı çarpışmalarda da emrindeki birliklerle Birinci ve İkinci Anafartalar muharebelerinde başarıya ulaşacak ve böylece Gelibolu savunmasının yıldızı olacaktır. İronik bir şekilde, yedi sene sonra ortadan kaldıracağı imparatorluğun ömrünü birkaç yıl uzatan da gene o olmuştur.

İttihat ve Terakki içinde yıldızı parlayan Enver, Talat, Cemal ve Hafız Hakkı gibi diğer subaylar tarafından bir kenara itilen, Cihan Harbi patladığında Sofya'da adeta sürgünde bırakılan Mustafa Kemal'in gerek orduda gerek halk nezdinde itibarını perçinleyen bu zaferleri, Enver Paşa'yı tedirgin etmekte gecikmeyecekti. Bu hırslı rakibi, onun Sarıkamış'ta tam bir bozguna uğradığı tarihlerde kendi hanesine kocaman bir artı yazdırmayı bilmişti. Ancak, ilm-i siyaset diye bir şey de vardı ve savaş meydanlarında kazanılanları kapalı kapılar arkasında kaybetmek mümkündü. Mustafa Kemal'in adının daha da duyulmasını önlemek isteyen Enver Paşa, işi Anafartalar Kahramanı'nın *Harp Mecmuası*'nın kapağına konması kararlaştırılan resmini kaldırmaya ve yerine amcası Halil Paşa'yı koydurtmaya kadar götürecekti.

Ancak tüm bu sansür çabalarına karşın Mustafa Kemal'in namı yürümüştü bir kere. O artık kendini ispatlamış, kahraman bir subaydı. Anafartalar'da gösterdiği askerî meziyetleri sadece imparatorluğu kurtarmakla kalmamış, ileride Kurtuluş Savaşı'na liderlik etmesinin önünü açacak saygınlığı da sağlamıştı.

7 Kasım 1917

Kuzeyden Doğan Umut: Kızıl Devrim

Cihan Harbi'nin en kızıştığı anlardan birinde, dünya tarihinin sonraki yüz yılını da değiştirecek bir olay oldu: Kuzey komşumuz Rusya'da eski takvimle 25 Ekim, yeni takvimle 7 Kasım 1917'de Vladimir Lenin önderliğindeki Bolşevik Parti ile Rus işçi ve köylülerinin kendiliğinden yarattığı meclis tipi oluşumlar olan sovyetler, iktidarı ele geçirdi.

Ekim Devrimi, sadece Rusya'nın içişlerini ilgilendirmiyordu. Çok kısa bir süre içinde, Rusya'da iktidarın Bolşeviklerin eline geçmesinin dünya siyasetine ve dengelerine etkileri ortaya çıkmaya başladı. İktidarı ele geçirmeden önce de Rusya içinde kararlı bir savaş karşıtı muhalefet sergileyen Bolşevikler, başa geçer geçmez savaştan çekildiklerini açıkladılar. Zaten başka türlüsü de mümkün değildi. Ordu tükenmişti, halk yokluk içinde kıvranıyordu. Şubat Devrimi ile iktidara gelen Kerenskiy hükümetini deviren savaşa devam etme kararı olmuştu.

İtilaf Devletleri kampında böyle güçlü bir müttefikin savaştan çekilmesi, o âna kadar düşünülen tüm planların yeniden masaya yatırılması anlamına gelecekti. Almanya'nın doğudaki birliklerini batıya kaydırması savaşın dengesini değiştirebilirdi.

Ancak Sovyet Rusya'nın yaptıkları bundan ibaret kalmayacaktı. Bolşevikler, savaştan çekilmekle beraber İtilaf Devletleri'nin yap-

Mustafa Kemal, Sovyet elçisi Aralov ile birlikte

tığı gizli antlaşmaları da tüm dünya kamuoyuna açıkladılar. O zamana kadar yurttaşlarını ve askerlerini ulusal çıkarların savunulması yalanlarıyla manipüle eden siyasilerin gerçek niyetleri, gizli antlaşmaların ifşasıyla ortalığa serilmiş oldu. Emperyalist devletlerin Osmanlı topraklarını masa başında nasıl paylaştığı tüm dünya tarafından öğrenildi.

Ekim Devrimi'nin ardından Sovyet Rusya ile İttifak Devletleri Almanya, Avusturya-Macaristan, Osmanlı ve Bulgaristan arasında bir barış antlaşması imzalandı. Brest-Litovsk Antlaşması olarak bilinen bu antlaşma Sovyet Rusya için çok ağır koşullar barındırıyordu, ancak savaştan ayrılmak konusunda kararlı olan Bolşevikler tüm şartları kabul ettiler. Bu arada Brest-Litovsk Antlaşması Osmanlı'nın toprak kazandığı son antlaşma olacaktı. Kars, Ardahan, Artvin ve Batum bu antlaşmayla tekrar Memalik-i Mahruse'nin bir parçası oldu

Savaştan ne pahasına olursa olsun çıkmayı başaran Sovyet Rusya, bu defa eski müttefikleri İngiltere ve Fransa'nın desteklediği karşıdevrimci kuvvetlerle bir içsavaşa tutuşmak zorunda kaldı. Yaklaşık iki yıl süren bu içsavaştan da galip ayrılan Bolşevikler, artık dünya üzerinde emperyalizme karşı mücadele veren ülke ve halklarla dayanışma yolları arayacaktı. Bu arayışın bir sonucu olarak, ülkemizdeki işgale karşı direnişe kesintisiz ve tereddütsüz biçimde destek veren tek ülke Sovyet Rusya olacaktı.

Birkaç yıl önce İtilaf Devletleri safında İngiltere ve Fransa ile birlikte Osmanlı'yı yıkmanın ve Anadolu topraklarını paylaşmanın planlarını yapan Rusya, komünistlerin iktidarında emperyalizme karşı Milli Mücadele'nin en güçlü destekçisi haline geldi. Bu destek Milli Mücadele'nin ilk yıllarında o kadar önemliydi ki, Moskova'ya sempatik gözükmek için Ankara resmî bir komünist fırka bile kuracaktı.

30 Ekim 1918

Terksiz Bir Mütareke: Mondros Ateşkes Antlaşması'nın İmzalanması

1918 sonbaharına gelindiğinde İttifak Devletleri için her şey sona ermişti. Ludendorff'un Bahar Harekâtı sonuçsuz kalmış, İtilaf Devletleri'nin karşı harekâtı Alman ordusunu oldukça müşkül bir duruma sokmuştu. Ancak savaşa noktayı koyan, Makedonya Cephesi' nde tam bir bozguna uğrayan Bulgarların 29 Eylül'de ayrı bir mütareke yaparak savaştan çekilmesi olacaktı. Başkentini düşman saldırılarına açık bir şekilde bulan Osmanlı hükümeti ivedilikle anlaşma yoluna gitmiş ve Avusturya ve Almanya'dan önce bir mütareke için masaya oturmayı kabul etmişti.

Savaşa devam edilemeyeceği, Talat Paşa'nın Berlin ve Sofya ziyaretlerinin ardından daha Eylül ayında anlaşılmıştı. Ülkeyi savaşa sokan İttihat ve Terakki kadroları imparatorluğa empoze edilecek barış şartlarının daha da ağırlaşmaması için Ekim'in 13'ünde istifalarını vermişler, ardından da olası bir yargılama sürecinden kaçmak için 1-2 Kasım gecesi bir Alman torpidosuna binip Sivastopol üzerinden Berlin'in yolunu tutmuşlardı. Arkalarında bıraktıkları yorgun ve bitkin imparatorluğun acilen ateşkes masasını oturmaktan başka bir seçenek kalmamıştı.

Osmanlı'nın Birinci Dünya Savaşı'ndan mağlup ayrıldığını belgeleyen Mondros Ateşkes Antlaşması, Limni Adası'nın Mondros Limanı'nda Harbiye Nazırı Rauf Bey'in başkanlığındaki Osmanlı heyeti ve İngiliz Amiral Calthorpe tarafından imza edildi. İngilizler

Mondros Mütarekesi'ni imzalayan heyet

on dakikada bir manevra yapıp müttefikleri Fransızları görüşmelere dahil etmek istememişler ve bir barış antlaşmasından ziyade bir mütareke, yani ateşkesle yetinilmesinde ısrar etmişlerdi.

Adaya iyimser bir havayla gelen Osmanlı heyeti İngilizlerin tüm isteklerini kabul etmek zorunda kalmıştı; oysa ki Calthorpe'un direktifleri birkaç önemli istek dışında birçok konuda taviz verebileceğini belirtmekteydi. Ancak Osmanlı delegeleri bu gerçeğin farkında değillerdi ve oldukça ağır şartlar içeren mütarekeye dört gün süren görüşmelerin ardından çaresizlikle karışık bir teslimiyet içinde imza koymak durumunda kaldılar.

Antlaşma Boğazları ve dolayısıyla Karadeniz'i İtilaf Devletleri'ne açmakla kalmıyor, Osmanlı İmparatorluğu'nu askerî olarak felç edecek maddeler de içeriyordu. Sınırların korunması ve iç güvenliğin sağlanması amacıyla kalacak birliklerin dışında, ordunun büyük çoğunluğu terhis edilecek ve silahlar İtilaf Devletleri'ne teslim edilecekti. Gene ufak gemiler dışındaki sefinelerin de teslimi öngörülmüş, Türk sularındaki torpil tarlaları, torpido ve kovanların yerlerinin gösterilmesi şart koşulmuştu. Kısıtlamalar sadece askerî de değildi; imparatorluğun adeta stratejik bakımdan ele geçirilişi söz konusuydu. Telsiz, telgraf ve telefon haberleşmeleri İtilaf memurlarınca denetlenecek; Osmanlı demiryolları, limanları ve tersaneleri eski düşmanların kullanımına sunulacaktı. İç Anadolu ile Suriye'nin iletişimi sağlayan stratejik önemdeki Toros geçitlerinin boşaltılması ve Türk askerlerinin İran ve Kafkaslar'dan hemen çekilmesi üzerinde anlaşılmıştı. Hicaz, Asir, Yemen, Suriye, Irak ve Libya'daki birlikler de hemen teslim olacaktı.

Tüm İtilaf Devletleri'yle imzalanan bir barış değil, sadece İngilizlerle müzakere edilen bir ateşkes antlaşması olduğu için Mondros'ta toprak paylaşımı ile ilgili açık maddeler bulunmamaktaydı; sadece Batum ve Bakü'nün işgal edileceği açıkça belirtilmişti. Ancak ucu açık iki madde ileride Bab-ı Âli'nin başına büyük işler açacaktı: İtilaf Devletleri'nin güvenliğini tehdit eden durumlarda stratejik bölgelerin işgalini öngören 7. maddenin nasıl uygulanacağı belli değildi; ilerleyen günlerde Osmanlı şehirlerinin birer birer işgalinin önünü açacak bir dinamit gibi mütareke metninde imzalayanlara sırıtıyor olmalıydı. 24. madde İngilizlerin art niyetlerini biraz daha açık bir şekilde ifade ediyordu. Erzurum, Van, Harput, Diyarbakır, Sivas ve Bitlis'i içeren altı vilayette ya da o günün ifadesiyle Vilayât-i Sitte'de bir karışıklık olması durumunda, İngiltere ve Fransa bu illeri de işgal edebilecekti. Etnik ve dinî gruplar arasında meydana gelen karışıklıklar 19. yüzyıldan beri Batılı devletlerin Bab-ı Âli'nin içişlerine karışmasının ve merkezî hükümetin denetiminin dışında yerel idare mekanizmalarının kurulmasının önünü açmıştı. Dolayısıyla, bu maddenin bölgede bir Ermenistan kurulması amacıyla oraya konduğu çok belliydi; zaten İngilizce metinde de bölge "Ermeni vilayetleri" olarak geçmekteydi. Osmanlı diplomatik heyetinin başkanı Rauf Bey de altına imza atacağı antlaşmanın maddelerinin ne kadar ağır olduğunu anlamış olacak ki, telsizde metni iki defa tekrarlamış ve Sadrazam Ahmet İzzet Paşa'ya özel notunda metnin padişaha madde madde açıklanmasını ve değiştirilmesi gereken yerler varsa padişahın İngiltere kralı ile direkt görüşmesini tavsiye etmişti. Ancak, Fransızların da antlaşmaya dahil olmaması için acele edilmesi gerektiğinden sonunda imzasını koymak durumunda kalacaktı.

Toprak bütünlüğünü Avrupalı devletlere onaylatmak için yıllarca kırk takla atan Osmanlı devleti tek bir imzayla tüm topraklarını daha dün düşman olduğu İngiltere ve Fransa'ya açmış oldu. İşin enteresan yanı, mütareke sonrasında bir barış antlaşması imzalanana dek, *uti possidetis* prensibinin uygulanması, yani herkesin elindeki toprakları koruması ve askerî bir harekâttan kaçınması gerekirken, İtilaf Devletleri hiç vakit kaybetmeden işgale koyulmuşlardı. *Mütareke*'de[1] terk edilen silahlar değil de, sanki Osmanlı vilayetleriydi. İngilizler birliklerini hemen Musul'a soktu; bu şehrin stratejik önemi Lozan Konferansı'nın kilit konusu haline gelmesinden de anlaşılabilir. Savaş bittiğinde hâlâ elimizde olan Maraş, Antep ve Urfa'yı da işgal etmişlerdi, ancak bunları daha sonra Fransızlara bırakacaklardı. Fransızlar bu topraklara Adana'yı da katarken, İtalyanların payına da Antalya ve Konya havalisi düşmüştü. Bunların dışında, en ufak bir stratejik önemi haiz tüm şehirlere İngiliz ve Fransız kuvvetleri konuşlandırılmıştı. Örneğin, Mustafa Kemal Samsun'a çıktığından şehirde bir İngiliz birliği vardı. Her ne kadar bu birlikler bölgede içlere doğru uzanan esaslı bir kontrol sağlayacak büyüklükte olmasalar da, Sivas Kongresi'nde olası bir İngiliz askerî müdahalesi hesaba katılmak zorunda kalınacaktı. Gene Mustafa Kemal ve Heyet-i Temsiliye 27 Aralık 1919'da Ankara'ya geldiklerinde, şehirde bir İngiliz birliği mevcuttu.

Bu kadar ağır bir ateşkes antlaşmasının neden imzalandığını anlamak için hem payitahttaki siyasi atmosferi hem de ordunun durumunu göz önüne almak gerekmektedir. Bulgaristan'ın çekilmesiyle kendisini işgal tehdidi altında bulan İstanbul'da kimsenin savaşa devam etmeye niyeti kalmamıştır. İttihat ve Terakki'nin düşüşüyle iktidar şansını yakaladığını düşünen birçokları için de öncelik, siyasi konumlarını ivedilikle pekiştirmektir. Kaldı ki orduların da savaşmaya pek kudreti yoktur; Fethi Okyar, savaşa devam edilmesi durumunda, ileride Milli Mücadele ordularının da iskeletini oluşturacak XV. ve XX. kolorduların tamamen düşmana esir düşeceği kanaatini dile getirmekte ve aynı görüşü Ali Fuat ve Kâzım Karabekir paşaların da paylaştığını belirtmektedir.

1. (Ar.) *Mütareke*: "Terk"ten (t-r-k); karşılıklı terk etme.

1 Kasım 1918

Drang nach Westen:
Mağlup Paşalar Alman Denizaltısında

Mondros Mütarekesi her şeyin sonu anlamına geliyordu. İttihat ve Terakki Cemiyeti eliyle İttifak Devleti safında savaşa sokulan Osmanlı yenilmişti. Artık İttihatçıların iktidarı sona eriyordu. En başta da Cemiyet'in meşhur üçlüsünün, yani Enver, Talat ve Cemal paşaların...

Her ne kadar mütareke çok ağır koşullar barındırıyorsa da, savaşın sona ermesi İstanbul'a rahat bir nefes aldırmıştı. Hürriyet ve İtilaf taraftarları ile saray, İttihatçılardan kurtulduklarına seviniyor, artık yönetimde kendilerinin sözünün geçeceğini düşünüyorlardı. Bu saf umutların yerle bir olması için çok beklemek gerekmeyecekti. Topraklarımız, Mondros'u takip eden süreçte boylu boyunca işgal edilecek, saray ve İstanbul bürokrasisi ise İngilizlerin kuklası haline gelecekti.

İstanbul'un hâkimi haline gelen İngilizler, İttihat ve Terakki Cemiyeti'nin üst yönetiminin yakalanması ve yargılanması için ısrarcıydı. Bu koşullar altında Enver, Talat ve Cemal paşaların İstanbul'da kalması imkânsız hale gelmişti. İttifak Devletleri safında birlikte savaştıkları Almanya, müttefiklerini kurtarmak için bir girişimde bulundu. 1 Kasım 1918 gecesi bir Alman denizaltısıyla Boğaz'dan alınan paşalar Sivastopol'a götürüldü. Aynı gün, gündüz yapılan bir toplantıda İttihat ve Terakki kendini lağvetti.

9 Ocak 1919 tarihli *Diken* dergisinin kapağında Talat, Enver ve Cemal paşalar

Daha birkaç gün öncesine kadar sadrazam koltuğunda oturan Talat Paşa, Halefi Ahmet İzzet Paşa'ya bir mektup bırakarak bindi Alman denizaltısına. Mektubun son satırlarında, "memleketin ecnebi nüfuz ve tesirinden âzâde kaldığı gün" dönüp mahkeme huzuruna çıkacağını söylüyordu. Üçlünün diğer iki ismi Enver ve Cemal de Alman denizaltısında kendisiyleydi. Yanlarında beş arkadaşları daha vardı. Cemiyet'in umumi kâtibi, yani genel sekreteri Mithat Şükrü'yü kalanları örgütlemesi için geride bırakmışlardı. Yola çıkmadan Talat, Boğaz'daki bir yalıda bazı belgeleri yakmıştı; mahkemeye çıkmaktan bahsediyor olabilirdi, ama kendisini sıkıntıya sokacak vesaiki rakiplerini eline verecek kadar da saf değildi.

Ülkeyi terk etmeleri bu üç paşanın Kurtuluş Savaşı'nda rol oynamadıkları anlamına gelmez. Memleketteki İttihatçılar aracılığıyla Milli Mücadele'ye müdahil olmaktan çekinmeyeceklerdir; zira İttihatçının alamet-i farikası sürekli bir yerlerde bir takım projeler ortaya atmak, hayaller kurmak, gizli örgütler tesis etmek, komitalar tertiplemek, ama ne olursa olsun bir şekilde iktidarla haşır neşir olmak, onun peşinden koşmaktır. Enver bir ara Milli Mücadele'nin başına geçmeyi bile deneyecektir. Talat ve Cemal paşalar da Milli Mücadele'ye dışarıdan destek vermişlerdir, ancak Enver gibi direnişin başına geçmek için açıktan girişimlerde bulunmayacaklardır.

Lakin bu üç paşadan hiçbiri, batırdıkları imparatorluğun tekrar su yüzüne çıkarılışına ve işgal altındaki vatanlarının kurtuluşuna tanık olamayacaktı. Hayalleri ve planları ne olursa olsun üçü de bir daha topraklarına dönemeyecek, birkaç sene içinde farklı ülkelerde farklı maceralar peşindeyken son nefeslerini vereceklerdi. Talat Berlin'de, Cemal Tiflis'te Ermeni suikastçıların kurşunlarına kurban gidecektir. İttihat Terakki üçlüsünün en tez canlısı Enver Paşa'yı ise fıtratına yaraşır bir son beklemektedir: Moskova, Berlin ve Kafkaslar arasında mekik dokuyan "Hürriyet Kahramanı" bir ara Milli Mücadele'nin başına geçmeye yeltenecek, Sakarya Meydan Muharebesi'yle hevesi kursağında kalınca da Pantürkist hayallerini uygulamaya koymak için Orta Asya'ya geçecektir. Şehadeti burada, Basmacı Özbeklerin yanında Bolşeviklere karşı savaşırken gerçekleşecektir.

13 Kasım 1918

Haydarpaşa'da Bir Çift Mavi Göz: "Geldikleri Gibi Giderler"

Birinci Dünya Savaşı'ndan mağlup ayrılan Osmanlı İmparatorluğu, 30 Ekim 1918'de Mondros Mütarekesi'ni imzalamıştı. Bu ateşkes antlaşmasının ilk maddesi, İtilaf Devletleri'ne donanmalarını Boğazlara sokma izni vermekteydi. Metinde ilk bahsi geçenin İstanbul olmasına belki de çok şaşırmamak lazımdı; zira yüzlerce yıl imparatorluklara başkentlik yapmış bu şehrin stratejik önemi yadsınamazdı. Hıristiyanların "Yeni Roma"sı, Müslümanların Dersaadet'i, Slavların Çargrad'ı, Konstantin'in bu kadim payitahtı Emeviler'den Stefan Dušan'a, Enrico Dandolo'dan II. Yekaterina'ya birçoklarının düşlerini süslememiş miydi?

Osmanlı'yı masaya oturtmak için, daha Mondros imzalanmadan önce İstanbul'a yönelik taciz saldırıları olmuştu. Artık, antlaşma imzalandığına göre, düşman donanması Boğaz'ın sularına demir atabilirdi. 7 Kasım'da İngiliz filosu "mayınları temizlemek" bahanesiyle Çanakkale Boğazı'ndan girerek İstanbul'a ilerledi. Evet, daha üç yıl önce Mustafa Kemal Paşa komutasında İngilizlere geçit vermeyen Çanakkale Boğazı, şimdi İtilaf Devletleri donanmasının elini kolunu sallayarak geçtiği sular olmuştu. 13 Kasım'da İstanbul halkı en son 111 sene önce gördüğü bir manzarayla karşılaştı. Karşılarında onlarca gemiden mürekkep düşman donanması vardı. İstanbul'a çıkan 4.000'e yakın İngiliz, Fransız, İtalyan ve Yunan askeri de cabasıydı.

مصطفی کمال پاشا

آنافارطه‌لر قهرمانی سابق یدنجی اردو
قوماندانی میرلوا
مصطفی کمال پاشا

حربیه نظارتی امرینه ویریلن سابق یدنجی اردو
قوماندانی میرلوا مصطفی کمال پاشا دون ساعت بره
دوغری حیدرپاشایه مواصلت ایلمشدر. استاسیونده
بر مفرزهٔ عسکریه مشارالیهه راسمهٔ استقبالی ایفا ایتمشدر
آنافارطه‌لر قهرمانی مصطفی کمال پاشانک مهم بر وظیفه‌یه
تعیین ایدیله‌جکی مستخبردر.

"Anafartalar Kahramanı sabık VII. Ordu Kumandanı Mirliva Mustafa Kemal Paşa. Harbiye Nezareti emrine verilen sabık VII. Ordu Kumandanı Mirliva Mustafa Kemal Paşa dün saat bire doğru Haydarpaşa'ya muvasalat eylemiştir [varmıştır]. İstasyonda bir müfreze-i askeriye müşarünileyhe rasime-i istikbali [karşılama töreni] ifa etmiştir. Anafartalar kahramanı Mustafa Kemal Paşa'nın mühim bir vazifeye tayin edileceği müstahberdir [haber alınmıştır]."

Mustafa Kemal'in Adana'dan İstanbul'a vardığı gün Haydarpaşa'dan Boğaz'a bakıp da gördüğü manzara işte buydu. Aziz İstanbul'un kıyılarına pençelerini geçirmiş düşman gemileri canını oldukça sıkmıştı.

Mirliva (Tuğ/Tümgeneral) Mustafa Kemal, mütareke gereği komutasındaki Yıldırım Ordular Grubu lağvedilince İstanbul'a dönmek zorunda kalmıştı. Aslında Paşa, Vahdettin'in ve Sadrazam İzzet Paşa'nın teslim kararını kabul etmek istememiş, sadarete telgraf üstüne telgraf çekmişti. Hatta ipler kopma noktasına gelince, eğer İngilizler İskenderun'a asker çıkarmaya kalkarsa direneceğini söylemiş, 5 Kasım'da birlik komutanlarına bu yönde gizli bir emir bile vermişti. Mondros'ta varılan anlaşmanın bozulmasından çekinen hükümetin cevabı ise Mustafa Kemal'in ordusunu ivedilikle lağvetmek ve Paşa'yı Harbiye Nezareti'ne çekmek, yani İstanbul'a çağırmak olacaktı.

13 Kasım'da Boğaz'ın suları epey hareketlidir. Payitahtın önünde demirlemiş onlarca düşman gemisi nedeniyle deniz trafiği de bir süreliğine durdurulmuştur. Bu nedenle cepheden döndüğünde Paşa, Haydarpaşa'da bir müddet beklemek zorunda kalacaktır. Kadim Osmanlı başkentinde kimsenin ağzını bıçak açmamaktadır. İstanbullular, Boğaz'daki gemileri görmemek için başları önde, hızlı hızlı yürümektedir. Paşa, kendisini götürecek istimbotu beklerken yanındakilerin kederine de tanık olmaktadır. İşte o anda, belki de sigarasından derin bir nefes çektikten hemen sonra, yaveri Cevat Abbas'a tarihe bir kararlılık ve dirayet nişanı olarak geçecek o sözleri sarf edecektir: "Endişelenme, geldikleri gibi giderler!"

Nitekim tam da öyle olmuştur. İhanet, kan ve gözyaşıyla geçen beş yılın sonunda İstanbul tekrar Türklerin eline geçecektir, her ne kadar onu teslim almaya gelen, Milli Mücadele karşıtlarının tavrı yüzünden bir zamanlar âşık olduğu bu şehre artık küs olan Mustafa Kemal değil, Refet Bele olacaksa da...

15 Kasım 1918

Musul'un İngilizler Tarafından İşgali

Mondros Mütarekesi'nin tüm acı sonuçları vakit kaybetmeden ortaya çıkacaktı. İtilaf Devletleri, verdikleri teminatların hiçbirini yerine getirmeyecekti. Mütarekenin 7. maddesi bu devletlere güvenlik bahanesiyle istedikleri toprağı işgal etme fırsatını veriyordu. Bu ucu açık ifadeyi suiistimal ederek birçok şehri işgal edeceklerdi. Bunların ilki, stratejik önemi reddedilemeyecek Musul oldu.

Musul, Mondros Mütarekesi imzalandığı sırada Osmanlı birliklerinin kumandası altındaydı. Ancak, İngilizler Musul'daki Hıristiyan halka eziyet edildiği bahanesini ileri sürerek Türk birliklerinin çekilmesini istedi. Komutan Ali İhsan Sabis Paşa başta bu isteğe dirense de, İstanbul'dan gelen emir sonucunda birliklerini alarak Musul'dan çıktı. Benzer bir talep o sırada Adana'da bulunan Mustafa Kemal'e de iletilmiş, ancak o, bu emre kanunsuz diyerek uymamış, sonuçta İstanbul tarafından görevden alınınca da ordunun elindeki tüm silahları halka dağıtarak düşmanın eline geçmesini engellemişti. Bu silahlar daha sonra Milli Mücadele'de kullanılacaktı.

Musul'un İngilizler tarafından işgali, İstanbul'da ve Osmanlı sarayında esen iyimserlik rüzgârının hızla dağılmasına yol açtı. Özellikle Mustafa Kemal Paşa'nın bu işgale çok sinirlendiği ve İngilizlere güvenmenin büyük bir hata olduğunu yakınlarına söylediği biliniyor. İlerleyen günler kendisini haklı çıkaracaktı. Mondros'un sadece adı mütarekeydi, aslında silahlar karşılıklı "terk" edilmemişti. Garip bir şekilde, bu ateşkesi müteakip işgaller birbirini izledi. Anadolu'nun birçok şehrine İngiliz, Fransız ve İtalyan birliklerinin konuşlandırılması yetmeyecek, İzmir Yunanistan'a adeta peşkeş çekilecekti. Tüm bunların karşısında Vahdettin ve ekâbirinin aklındaki tek strateji ise İngilizlerin suyuna gitmek olacaktı.

Milli Mücadele sırasında Musul, Misak-ı Milli'nin bir parçası kabul edilecekti. Ancak Batum ile birlikte kurtarılamayan az sayıda yerden biri oldu. İngilizlerin Lozan Barış Konferansı'nı tamamen Musul'u vermemek üzerine bir stratejiyle yönetmesi, sorunun daha sonraki bir tarihe bırakılmasıyla sonuçlandı. Bu sırada çıkan Şeyh Sait İsyanı ise Ankara'nın elini daha da zayıflatmıştı. 1926'ya gelindiğinde Musul artık feda edilmişti.

5 Şubat 1919

İstanbul'dan Anadolu'ya Bir Tünel: Karakol Cemiyeti

Cihan Harbi'nin yenilgiyle sonuçlanması, son on yıldır iktidarın parçası olan İttihat ve Terakki Cemiyeti'nin iktidardan inmesi, yöneticilerinin takibata uğraması ve nihayetinde Cemiyet'in kendini lağvederek sona ermesi anlamına geliyordu. İttihatçılar siyaset sahnesinden çekilmişlerdi. Kuşkusuz, sadece onları tanımayanlar böyle düşünürdü.

Gizli muhalefet örgütü biçiminde çalışmaya çok alışık, başta Balkanlar olmak üzere birçok bölgede komitacılık tecrübesi bulunan bir teşkilatın, böyle bir anda buharlaşacağını ummak saflıktan başka bir şey değildi. İttihat Terakki kurumsal bir yapı olmaktan çok bir ruhtu; vatanı kurtaracağına emin, bu uğurda gerekirse dağlarda eşkıya kovalayacak, gerekirse çöllerde gerilla savaşı verecek, gerekirse devletin bir paşasını katletmekten çekinmeyecek komitacı bir neslin ateşli ruhu... Bu ruhun ortadan kalkması bir cemiyetin lağvedilmesinden çok daha fazlasını gerektirmekteydi. Bu neslin amacına ulaşması ya da kendini tüketip ortadan kalkması lazımdı. Kurtuluş Savaşı sonunda bunlardan hangisinin gerçekleştiği bugün bile tartışmalı bir konudur.

Cemiyet kapatılmış, liderleri yurtdışına kaçmış, İstanbul'da kalanların önemli bir kısmı da İngilizler tarafından hapsedilmişti. Ancak, devlet içinde devlet gibi çalışan bu örgütün diğer üyeleri gizli bir örgüt yapılanmasına girmekte gecikmeyeceklerdi.

Karakol Cemiyeti'nin mührü: "Heyet-i Merkeziye – hukuk-i beşer ve istiklal-i milliyi muhafaza eder."

Mondros Mütarekesi'nin imzalanmasının ardından Anadolu'da yavaş yavaş bir direniş örgütlenirken İttihatçılar önemli roller oynadılar. Gerek silahların gizlice halka dağıtılması yoluyla, gerek yerel kongreler örgütleyerek, gerek de bölgesel direniş odakları oluşturmak vasıtasıyla birçok Osmanlı kumandan ve yöneticisinin halkı işgale karşı bir direnişe hazırlandığı görülüyordu. Anadolu'ya yayılmış bu ağın hemen her yerinde İttihatçıların olduğundan şüphe edilemez. Bunların en yeteneklisi ve ileri görüşlüsünün, aynı zamanda İttihatçıların hatalarından en iyi dersleri çıkarmış olanının Mustafa Kemal olduğundan da...

Bu tablodaki en önemli ihtiyaçlardan biri işgal altındaki İstanbul'daki İttihatçı kadroları Anadolu'ya kaçırmak, başkentten henüz işgal edilmemiş bölgelere silah, mühimmat, istihbarat ve para akışı sağlamak, aynı zamanda da yenilginin ardından dağılma emareleri gösteren teşkilatın tabanını gizli örgüt hiyerarşisi içinde yeniden konsolide etmekti. İşte bu işi Karakol Cemiyeti üstlenecekti.

İttihat ve Terakki Cemiyeti içinde Büyük Efendi olarak anılan Talat Paşa'yı andırır biçimde Küçük Efendi olarak tesmiye[1] edilen Kara Kemal ve son Osmanlı meclisinde mebusluk da yapan bir başka önde gelen İttihatçı Kara Vasıf tarafından kurulan örgüt, bu iki kurucusunun lakabı nedeniyle Karakol Cemiyeti adıyla anılmıştır. Bizzat Talat Paşa'nın İstanbul'dan ayrılmadan önce verdiği talimatıyla harekete geçen Kara Kemal ve Kara Vasıf, bu süreçte özellikle İstanbul esnafı içindeki İttihatçı örgütlenmeden yararlanmıştır. Hamallar ve sandalcılar aracılığıyla İstanbul'dan Anadolu'ya bol miktarda silah ve para taşınmış, önemli kadroların İngilizlere yakalanmadan Anadolu'ya geçmesi ve özellikle İngilizlerin planlarının istihbarat ağıyla direnişçilere iletilmesi sağlanmıştır.

Ancak bir gizli örgüt, hele de İttihatçılar tarafından yönetiliyorsa, iktidarı ele geçirme hedefinden asla vazgeçmez. Milli Mücadele'ye katkıları reddedilemezse de, Karakol Cemiyeti'nin kendine has bir gündeme sahip olduğu da açıktır. Anadolu'daki direnişin İttihat ve Terakki Cemiyeti'nin yönetiminde olduğunu, yurtdışına giden paşaların en kısa sürede dönüp komutayı alacağını hesaplıyor, direnişte olan bölgelere kendi nizamnamesini ve talimatlarını gönderiyor, hatta Bolşeviklerle Türkiye'yi temsilen antlaşma imzalamaya kalkıyordu.

Nitekim bunun farkında olan Mustafa Kemal, Karakol Cemiyeti'nin varlığını kendi liderliğine bir tehdit olarak görmüştür. Belki bundan da ötesi, her zaman zararlı gördüğü komitacılığın bir ihyası gibi değerlendirmiştir ki, Sivas Kongresi sırasında bunu Kara Vasıf'a açık açık söyleyecektir: "Sizlerin maksadı mülga[2] İttihat ve Terakki'yi ihya etmektir. Bu suretle iktidarı yeniden ele geçirmek istiyorsunuz. Bunların farkındayım. Sizin gizli başkumandanınızın adını da söyleyeyim. Bu Enver Paşa'dır." Kara Vasıf ise buna karşı çıkacak ve, "Başkumandanımız sizsiniz," diyecektir. Berlin'den Talat'ın gönderdiği talimat böyledir.

Ancak, Mustafa Kemal kendi organize etmediği bir gizli örgütün başına geçmekte gönülsüz davranmıştır. İttihatçı yöntemlerinin ülkeyi nereye götürdüğünü görmüştür; kaldı ki o mevkiye siyase-

1. (Ar.) Tesmiye: "İsim"den; isimlendirilen, adlandırılan.
2. Mülga: İlga edilmiş, kapatılmış, kaldırılmış.

ten müflis bir Talat Paşa tarafından geçirilmeyi kabul edecek bir tıynete sahip değildir. O artık kendi vizyonunu uygulamaya koyan bir liderdir ve başkalarının sırtına yaslanmak için fazla güçlü bir siyasal figür haline gelmiştir.

Mustafa Kemal'e göre Milli Mücadele'nin tek merkezi, Anadolu ve Rumeli Müdafaa-i Hukuk Cemiyeti'dir. Bu Cemiyet de aslında dağınık halde bulunan ve kendiliğinden örgütlenen direniş örgütlerini kendi kontrolünde merkezileştirmek için Mustafa Kemal'in kullandığı bir aygıttan öte bir şey değildir. İleride de Halk Fırkası'na dönüştürerek bu merkezî kontrolü bir sonraki aşamaya taşıyacaktır. Bu çerçevede Mustafa Kemal'in, Karakol Cemiyeti'nin kapatılmasını istemesine çok da şaşırmamak gerek.

İstanbul'un işgali sırasında Kara Vasıf'ın tutuklanmasının ardından bu örgüt etkisini kaybedecek ve yerini Ankara'nın kontrolü altındaki Müdafaa-i Milliye Teşkilatı'na ya da diğer adıyla Mim Mim Grubu'na bırakacaktır. Zaten Ankara'da bir meclisin toplanmasıyla ağırlık merkezi de İstanbul'dan Anadolu'ya kaymıştır. Ancak örgütün etkisini yitirmesi, Mustafa Kemal ile İttihatçıların radikal kanadı arasındaki düellonun sona erdiği anlamına gelmemektedir. Bunun için 1926'daki İzmir Suikastı'nı beklemek gerekecektir.

15 Mayıs 1919

Zito:
İzmir'in Yunanlar Tarafından İşgal Edilmesi

30 Ekim 1918'de Osmanlı İmparatorluğu ile İtilaf Devletleri'nin imzaladığı Mondros Ateşkes Antlaşması'nın ne gibi sonuçlar doğuracağını zaman gösterecekti. Osmanlılar bu mütarekeyle en azından Türk nüfusa sahip olan ve savaş sırasında işgale uğramamış toprakları kurtarabileceklerini umuyorlardı. Wilson Prensipleri'nin 12. maddesindeki "imparatorluğun Türk kısmına güvenli bir egemenlik verilmesi" şeklindeki hüküm de bu beklentiyi destekler gibiydi. Ancak, bir de harp sırasında İtilaf Devletleri arasında yapılmış gizli antlaşmalar vardı ve bu antlaşmalar herhangi bir etnik ya da milli kritere bağlı kalmadan Memalik-i Mahruse'yi emperyalist bir biçimde paylaşmayı öngörüyordu.

15 Mayıs'ta Yunanların İzmir'i işgali, yukarıdaki umutları bir anda söndüren olay oldu. Bir zamanlar kendi egemenliği altında yaşayan bir milletin işgaline uğrayıp, millet-i hâkime iken bir anda millet-i mahkûme olmak fikri Türk kamuoyuna ağır gelecek ve bu küçük düşme bir anda milli direniş ruhunu ateşleyecekti.

İtilaf Devletleri'nin Yunanların Batı Anadolu'ya asker çıkarmasına izin vermesi herkes için şok olmuştu. Bunu yaparken, emniyetlerini tehdit altında gördükleri durumlarda herhangi bir noktayı işgal edebilme yetkisi veren Mondros Ateşkes Antlaşması'nın 7. maddesine dayanacaklardı. Cihan Harbi sırasında yapılan bölüşümde Batı Anadolu aslında İtalya'ya verilmişti, ancak Paris Barış Konfe-

"Yaşamak isteriz. Müslümanlar ölmez ve öldürülemez."

ransı'nda Başbakan Venizelos, İngiltere ve Fransa'yı bu bölgeyi Yunanlara bırakmaya ikna etmişti. Böylece İtalya'nın bölgede aşırı güç kazanmasını engellemiş olacaktı.

Mondros'un imzalanması ve limanlarda İtilaf gemilerinin belirmesiyle birlikte bölgedeki Rum ahalinin sevinç gösterileri başlamıştı. Olası bir Yunan işgalinin kapıda olduğunu anlayan İzmir halkı 6 Kasım 1918'de Müdafaa-i Hukuk-ı Osmaniye Cemiyeti adı altında bir örgüt kurmuş ve "müdafaa-i hukuk" terimini Türk siyasi hayatına hediye etmişti. Daha sonra bu Cemiyet'in içinden Redd-i İlhak Cemiyeti diye ayrı bir örgüt de çıkacaktı. Müdafaa-i Hukuk-ı Osmaniye, işgale direniş için hem maddi hem de manevi hazırlıklara başlamıştı. Bir yandan olası bir silahlı direniş için halk ve yetkilileri harekete geçirmeye çalışıyor, bir yandan da dış ülkelere muhtıra ve broşürler göndererek Batı Anadolu'nun Türk yurdu olduğu savını işliyordu. Müttefik temsilcilerine durumu izah etmek için İstanbul'a da bir heyet göndermişti. Bu heyet padişahla da görüşmüş ve Vahdettin'in İzmir'in kesinlikle Yunanlara verilmeyeceği yönündeki açıklamasıyla karşılaşmıştı. Padişah ılımlı konuşuyor ve İzmir'i ziyaret edeceğini söylüyordu, ancak olası bir direniş hususunda kendisinden somut bir yardım beklenemeyeceği anlaşılıyordu.

İzmirliler, destek bulamadıkları padişahın kendilerine köstek olacağını tahmin ettiler mi bilinmez. Ancak, Rum metropolitinin protestoları sonucu, olası bir direnişe sıcak bakan Nurettin Paşa'nın yerine Ali Nadir Paşa'nın kolordu komutanlığına getirildiğini duyunca arkadan vurulduklarını hissetmiş olmalılar. Ali Nadir Paşa ve Vali Kambur İzzet, bir Yunan işgali durumunda herhangi bir direnişe girişilmemesini sağlamak için başkentin yolladığı birer müfettiştiler adeta. 15 Mayıs günü geldiğinde de bu görevlerini başarıyla yerine getireceklerdi. Valinin bir gün önce halktan direnmemelerini istemesi büyük tartışmalara ve Müftü Rahmettullah'ın toplantıyı terk etmesine yol açacaktı.

15 Mayıs 1919 sabahı Rumların *"Zito!"* yani "Yaşasın!" çığlıkları eşliğinde başlayan işgale ilk başta sistemli bir direniş olmamıştı. Her şey İtilaf Devletleri'nin ve onları kızdırmak istemeyen Damat Ferit hükümetinin istediği doğrultuda gidiyordu. Fakat onuru kırılmış bir halkın tepkisine set çekmek ancak bir yere kadar mümkündü. Saat 11.00 sularında Konak Meydanı'nın önünden geçen Yunan birliklerine atılan bir kurşun bir anda ortalığı kan gölüne çevirecekti. Bu kurşunu atan Hasan Tahsin adında bir gazeteciydi. Gazetesinde yazdığı yazılarda halkı sürekli direnişe davet eden ve işgalden bir gün önce eski Musevi mezarlığında yapılan toplantıda da cesaretlendirici bir konuşma yapan bu vatansever gazeteciyi Yunan birlikleri hemen olay yerinde öldürecekti. Bununla da kalmayıp etrafa ateş açmış ve buradaki birlikler herhangi bir direniş göstermedikleri halde Osmanlı kışlasını kuşatıp içerideki subay ve erleri dipçik ve süngü darbeleriyle dışarı çıkarmışlardı. Daha sonra askerleri Kordon boyunca yürütüp bir vapurun ambarına hapsederek aşağılayıcı bir mizansen sergilemekten de kaçınmayacaklardı. Hakaretler burada da bitmemişti. Bu zoraki yürüyüş esnasında kolordu komutanını tokatlamışlar, *"Zito!"* diye bağırttıramadıkları Süleyman Fethi'yi de öldürmüşlerdi. Ali Nadir Paşa'nın elinde bir beyaz bayrakla kışladan çıkması ve yol boyunca bu bayrağı elinde tutması, bu elim sahneyi daha da onur kırıcı yapmıştı. Sonuçta dokuz Türk şehit olmuş, 21 kişi yaralanmıştı; 27 kişinin akıbeti ise belli değildi. İlerleyen günlerde ölü sayısı daha da artacaktı.

İzmir'in işgaline sistemli bir mukavemet gösterilememişti belki, ama eli silah tutan gençlerle Ege'nin iç kesimlerinde bir mukavemet örgütlenmesi yönünde alınan karar, Batı Anadolu'da direnişin ilk nüvesini oluşturacaktı. İşgal ve işgal sırasında yaşanan bu kanlı katliam yurdun birçok köşesinde tepkiyle karşılanacaktı. İstanbul'da, Sultanahmet başta olmak üzere birçok yerde miting düzenlenecek ve kamuoyu işgale karşı harekete geçirilmeye çalışılacaktı. Halkın direnmeden teslim olmaya niyetinin olmadığını anlaşılması için çok zaman geçmesi gerekmeyecekti. Yunan işgali bardağı taşıran son damla olmuş, Batı Anadolu'da Kuva-yı Milliye ruhunun ortaya çıkmasına yol açmıştı. Kurtuluş Savaşı'nın ateşi artık yakılmıştı; şimdi eksik olan onu organize edecek bir liderdi. O da ertesi gün yola çıkıyordu.

19 Mayıs 1919

"Paşa, Devleti Kurtarabilirsin": Mustafa Kemal Paşa'nın Samsun'a Çıkışı

Çocukluktan beri okuduğumuz ders kitaplarından da hatırlayacağımız gibi, Mustafa Kemal Paşa *Bandırma* vapuruyla 19 Mayıs 1919'da Samsun'a çıktı. Vapur, öyle kitaplarda yazıldığı gibi eski püskü bir külüstür değildir, ancak gene de fırtınalı havada yapılan yolculuk oldukça sıkıntılı geçmiştir. Mustafa Kemal'e, aralarında Kâzım Dirik, Refik Saydam, Hüsrev Gerede ve Ayıcı Arif'in de bulunduğu 18 kişi daha eşlik etmektedir. Refet Bele gemiye kaçak binmiştir.

Mustafa Kemal'in görevi, karışıklıkları engelleyip bölgeye bir nizam getirmektir. İtilaf Devletleri'nin Osmanlı şehirlerini ardı ardına işgal etmesi halkta infial yaratmış, Rum bir Pontus devleti kurulması ihtimali, bölgede direniş için bazı yerel girişimlerin ortaya çıkmasına yol açmıştır. Birçok yerde ortaya çıkan şuralar, mütareke şartları gereği İtilaf kuvvetlerine teslim edilmesi gereken silahları halka dağıtmaktadır. İtilaf Devletleri hükümete bir nota verip bu "karışıklık"ların önlenmemesi ve "asayiş-i dahilî"nin sağlanamaması halinde Mondros Mütarekesi'nin 7. maddesi gereğince bölgenin işgal edileceğini ilan etmiştir. "Yurdunuzu siz işgale hazır hale getirmezseniz, biz kendimiz işgal ederiz," saçma bir tehdittir belki, ama her daim tavizkâr Damat Ferit Paşa hükümeti üzerinde işe yarayacaktır. İşlerin daha da sarpa sarmasından korkan hükümet, bölgeye gönderecek bir komutan aramaya başlayınca akıllara Mustafa Kemal gelmiştir.

Peki, neden Mustafa Kemal? Damat Ferit, neden tüm planlarını altüst edecek bu genç ve hırslı kumandanı kendi eliyle Anadolu'ya yollamış, üstelik tüm askerî ve sivil makamlar üzerinde geniş yetkilerle donatarak kendisinin tüm ülke çapında bir milli direniş örgütlemesinin önünü açmıştır? Altı yüzyıllık bir saltanatı ve 13 yüzyıllık hilafeti gözünü kırpmadan kaldıracak, tüm hanedanı sınır dışı edecek birinin Anadolu'ya geçmesine Vahdettin neden izin vermiştir? Yoksa hakikaten, bazılarının iddia ettiği gibi, kendisine gizli bir görev verilmiş ve bir direniş örgütlemesi mi tavsiye edilmiştir?

Tabii ki hayır. Vahdettin'in Mustafa Kemal'e asıl şimdi yapacağı hizmetin bundan öncekilerden çok daha önemli olduğunu söylemesi ve, "Paşa, devleti kurtarabilirsin," dediği doğrudur. Ancak son Osmanlı padişahına göre devletin kurtulması, gemileri limanda bekleyen muktedir İtilaf Devletleri'ne Anadolu köylüsüyle kafa tutmakla değil, onları kızdırmadan isteklerini yerine getirmekle ve bir türlü imzalanamayan şu barış antlaşmasının şartlarının olabildiğince yumuşatılacağını ummakla mümkündür. Zaten böyle olmasaydı, Mustafa Kemal'in yıllar sonra bu hikâyeyi bizzat aktarmasının manası olmazdı.

Mustafa Kemal'in askerî atamasının Erenköy'de bir köşkteki uzun tartışmalardan sonra yapıldığı, Vahdettin'in kendisine bir ferman ve yüklü miktarda para verdiği gibi iddialar ise hâlâ belgelenememiştir. Ferman diye ortada dolaşan belge ferman formunda bile değildir ve bu verilen paraların izi arşivlerde henüz bulunamamıştır. Bu iddiaların kaynağı, Vahdettin de dahil, hanedan üyelerinin açıklamalarıyla Ahmet İzzet Paşa ve Rıza Tevfik gibi İstanbul hükümetlerinde görev alan devlet adamlarının anılarıdır, ki sürgün edilmiş bu insanların objektif olması biraz zordur. Padişahın çok güvendiği yeğeni Sami Bey, işi Mustafa Kemal'in Anadolu'ya gitmek yerine harbiye nazırı olmak istediğini, onu Anadolu'da bir direniş örgütlemek için bizzat kendisinin ikna ettiğini söylemeye kadar götürecektir. Bu iddia, hayatı boyu saraydan doğru düzgün çıkmamış biri için fazla iddialı sözlerden başka bir şey olma şansına sahip değildir.

Kaldı ki, Vahdettin ve Damat Ferit'in sonraki eylemleri de Milli Mücadele'yi hiçbir koşulda desteklemediklerini açıkça göstermektedir. Anadolu'da bir direniş örgütlenmeye başladığını fark eder etmez Mustafa Kemal'i İstanbul'a geri çağıracaklar, istediklerini alamayınca önce onu azledecek, ardından hakkında idam fermanı çıkaracaklardır. Yurdun birçok yerinde kendiliğinden ortaya çıkıp bir direniş örgütlemeye girişen Müdafaa-i Hukuk cemiyetleri ve Kuva-yı Milliyecilerin faaliyetlerini bir İttihatçı komplosu olarak anıp kara propaganda yapmaktan ve halkı bunlara karşı kışkırtmaktan da geri durmamışlardır. Sivas Kongresi'ni basmaya bile çalışacaklardır. İstanbul resmen işgal edilip son Osmanlı meclisi İngilizler tarafından dağıtıldıktan sonra dahi, Ankara'daki Meclis etrafında örgütlenmiş Milli Mücadele'ye karşı İngilizlerin de desteğiyle bir ordu oluşturmaktan kaçınmayacaktır Vahdettin ve Damat Ferit ikilisi. Seçilmiş mebuslarını kafasına göre tutuklayıp Malta'ya süren bir devletle işbirliği içinde, bizzat kendi mebuslarına ve komutanlarına karşı ordu düzmek, herhalde el altından direniş örgütleyen birinin yapacağı bir iş olmasa gerek. Kaldı ki, Sakarya Meydan Muharebesi'ne kadar Ankara'daki Meclis defalarca diyalog çağrısında bulunmuş ve padişaha kendisini tanıması için mükerrer teklifler götürmüştür. Vahdettin ise bunların hiçbirine itibar etmemiş, en başından beri tutarlı bir şekilde Milli Mücadele'ye düşmanca bir tavır takınmıştır. İleride de görüleceği gibi, İstanbul'da Milli Mücadele'ye yakın hükümetler bulunduğu olmuştur; ancak, bunlar hep Mustafa Kemal'in siyasi manevralarıyla padişahı ve eniştesini zorda bıraktığı dönemlerde mecbur kalınan geçici çözümlerdir. Vahdettin ve Damat Ferit hep Mustafa Kemal ve Milli Mücadele'ye muhalif olmuşlardır. Bu açıdan Mustafa Kemal'in ordu müfettişliğine atanması yaptıkları büyük bir hatadan başka bir şey değildir.

Atamada İstanbul'daki Harbiye Nezareti'nin de önemli bir rolü bulunmaktadır. Sanılanın aksine, İstanbul'daki herkes en başından beri milli bir direnişe karşı değildir. Savaşın bitmesiyle beraber, aralarında Mustafa Kemal, Kâzım Karabekir ve Ali Fuat Cebesoy gibi Milli Mücadele'nin ilk örgütleyicilerinin de bulunduğu birçok komutan başkente gelmiş ve burada siyasi bir çözüm arayışına girmişlerdir. İstanbul'da direniş fikrine sıcak bakacak bir hükümetin kurulması, padişahın meşruiyetiyle hareket etmek açısından çok önemlidir. Ayrıca Harbiye Nezareti'nin kontrolü, mütareke şartlarına göre ordunun silahlarını teslim etmesinin önüne geçmek ve ancak iskeleti kalmış, içi boş birliklerin tekrardan ihya edilip olası bir direnişe hazırlanılması açısından elzemdir. Son olarak, kıtaların başına direniş fikrine yakın isimlerin atanması da nezaret vasıtasıyla yapılmaktadır.

Mustafa Kemal, daha İstanbul'a gelmeden saraya çektiği bir telgrafta kendisini harbiye nazırı olarak önermiş, ancak bu isteğini elde edememiştir. İstanbul'a dönünce de ivedilikle bir direniş örgütlemeye çalışmış ve doğal olarak bunu da ilk başta aralarında padişah ve sadrazamın da bulunduğu Osmanlı ekâbiriyle temaslarda bulunarak yapmıştır. Mustafa Kemal, Meclis'te de oldukça faaldir; Tevfik Paşa hükümetinin düşürülüp yerine direniş fikrine daha sıcak bakacağını düşündüğü İzzet Paşa'nın getirilmesi için mebusları ikna etmeye çalışmış ve Hürriyetperver Avam Fırkası adıyla bir siyasi parti kuran yakın dostu Ali Fethi Bey (Okyar) ile birlikte *Minber* isimli bir gazete bile çıkarmıştır. Padişahın Meclis-i Mebusan'ı dağıtması ve İngilizlerin önde gelen İttihatçıları tutuklamasının ardından İstanbul'dan bir direniş örgütlemenin imkânsız olduğu fark edilecek ve direniş fikrinde olanlar ancak bu noktadan sonra Anadolu'ya geçmeye başlayacaklardır.

Anadolu'ya gidilecektir, ama nasıl? Fiilen işgal altında olan İstanbul'dan ayrılmak için resmî bir neden lazımdır. Daha da önemlisi, taşrada bir direniş örgütlemek için yetki lazımdır. İleriki sayfalarda da görüleceği gibi, yerel direniş örgütleri, İstanbul'dan gelen pek de tanımadıkları bir paşayı hiç de öyle koşulsuz kabul etmeyeceklerdir. İşte bu noktada Harbiye Nezareti'ndeki Cevat Çobanlı ve Fevzi Çakmak paşalar ile Kâzım İnanç Bey, Mustafa Kemal'in atamasını kolaylaştırmışlar, hatta ordu müfettişi olarak görev ve yetkilerine ilişkin belgeyi bizzat onun direktifleri doğrultusunda hazırlamışlardır. IX. Ordu kıtaatı müfettişinin yetkileri o kadar geniş tutulmuştur ki, Harbiye Nazırı Şakir Paşa ilk başta tereddüt etmiş, metni imzalamak yerine mühürlemeyi yeğlemiştir.

Mustafa Kemal ismi o şartlarda bu görev için ideal gözükmektedir. Genç, dinamik, Çanakkale'de kendisini ispatlamış, prestijli bir komutandır. Her ne kadar İttihatçılarla sınıf arkadaşı olsa da, aktif olarak siyaset yapmaktan kaçınmış ve hatta askerlerin siyasete girmemesi gerektiğini defalarca belirtmiştir. Enver Paşa ile arasının iyi olmadığı ve hatta harbiye nazırı ile çatışmalarının kendisini defalarca istifa noktasına getirdiği bilinmektedir. Kısacası, birçoğunu mahkeme önüne çıkarmaya hazırladıkları eski rejimin muktedirlerinden biri değildir. Padişahın da güvendiği bir isimdir; 1918'deki Almanya seyahatinde ona refakat etmiştir. Bu kadar geniş yetkilerle Anadolu'ya gönderilmesine karşı çıkan adliye nazırı ve şeyhülislama Damat Ferit, padişahın Mustafa Kemal'e teveccühünü hatırlatacaktır. Mustafa Kemal'in araya aracılar koyduğu da bilinmektedir. Ali Fuat Paşa, babası İsmail Fazıl Paşa'nın yakınen tanıdığı ve Hürriyet ve İtilaf Fırkası'nın önde gelen isimlerinden Mehmet Ali Bey'in de Mustafa Kemal'e referans olduğundan bahseder. Son olarak, kişisel karizmasını ve diplomasi yeteneğini de konuşturmuş ve Samsun'a hareket etmeden önce, 14 Mayıs akşamı baş başa yemek yedikleri Damat Ferit Paşa'yı kendisine güvenebileceği konusunda ikna etmeyi başarmıştır.

Her ne kadar 19 Mayıs 1919, *Nutuk*'un da etkisiyle Kurtuluş Savaşı'nın başlangıcı olarak kabul edilse de, bu tarihten önce Anadolu'da herhangi bir direnişin olmadığını söylemek yanlış olur. Başta Batı Anadolu, birçok yerde yerel direniş örgütleri faaliyete geçmiş ve mütarekenin 7. maddesinin suiistimali sonucunda meydana gelebilecek olası işgallere karşı hazırlıklar yapmaya başlamıştır. Anadolu'ya ilk çıkan paşa da Mustafa Kemal değildir; Ali Fuat Cebesoy XX. Kolordu'nun, Kâzım Karabekir ise Erzurum'daki XV. Kolordu'nun başına geçmek için kendisinden önce Anadolu'ya ayak basmışlardır.

19 Mayıs'ın özelliği, birbirinden habersiz ve de bağımsız yerel direniş örgütlenmelerini birleştirecek bir ulusal hareketin planını yapan kişinin Anadolu'ya adımını atmasıdır. Mustafa Kemal'den başka hiç kimse İstanbul'dan yönetilmeyen bir ulusal direnişi tahayyül etmemiştir; herkes kendi bölgesinde silahlanıp direnmeyi, ardından da İstanbul'dan gelecek direktifleri beklemeyi planlamaktadır. Ancak Mustafa Kemal, İstanbul'dan pek bir şey umulamayacağını erken çözmüştür. Ayrıca, birçok yerde halkta da ilk reaksiyon kendi bölgesinin derdine düşmek olmuştur, ki bunu en güzel Ankaralı kadınların Halide Edib'e dediklerinde görüyoruz: "Fakat niçin Ankara'da, İstanbul İngilizlerin elindedir diye ümitsiz bir savaşa giriştik? Biz onları yenip dışarı atabilir miyiz? Ankara'nın yarısı Çanakkale'de şehit oldu. Ne faydasını gördük? Bırakın her yer kendi hesabına dövüşsün."

İleride de görüleceği gibi, Mustafa Kemal'in ulus sathında bir direniş örgütlemesi oldukça zor olmuştur ve buradaki tek engel Vahdettin ile Damat Ferit ikilisi değildir. Beraber yola çıktığı insanlar bile yeri geldiğinde çok ileri gittiğini iddia edecek, birçok kez de onu yalnız bırakacaktır. Frenklerin deyimiyle "kutunun dışında düşünmek" herkesin başarabileceği bir şey değil gibi durmaktadır.

23 Mayıs 1919

Muşaşa Bir Sabah Yaratmak: Sultanahmet Mitingi

Son dönem Osmanlı toplumu, protesto ve destek mitingleri bakımından son derecek etkin bir yapıdır. 19. yüzyılın bitmesine üç kala, "Girit bizim canımız / Feda olsun kanımız!" nidaları duyulurken, II. Meşrutiyet'in ilanından henüz birkaç ay sonra Bulgaristan'ın bağımsızlığını ilan etmesi ve Avusturya-Macaristan İmparatorluğu'nun Bosna-Hersek'i ilhak etmesi, İstanbul başta olmak üzere imparatorluğun birçok merkezinde şiddetli protesto mitinglerine yol açmıştır. Çifte Monarşi'ye karşı duyulan tepki, Osmanlı erkeklerinin taktıkları feslerin en büyük üreticisi Avusturya-Macaristan'a karşı fes boykotu yapılmasına kadar gidecektir. Balkan Savaşı'nın başlamasıyla payitaht meydanlarında ve sokaklarında yine orduya destek, "hain düşman"a karşı protesto sloganları yankılanacaktır.

Birinci Dünya Savaşı'nın sona ermesinin ardından, 14/15 Mayıs 1919 gecesi Yunan ordusunun İzmir'e asker çıkararak işgali başlatması üzerine Ege ve Karadeniz'deki şehirlerde başlayan protesto mitingleri birkaç gün sonra başkente sirayet edecektir. 18 Mayıs'ta İstanbul Darülfünunu'nda yapılan protesto toplantısı payitahttaki ilk kıvılcımı ateşler. İnas Darülfünunu[1] öğrencisi kadınların yaptık-

1. Kadınlar için kurulan yüksekokul.

Sultanahmet Mitingi

ları konuşmalar işgalin yarattığı acının toplumun tüm katmanlarında ne denli güçlü olduğunu göstermektedir. Üniversitedeki toplantıdan bir gün sonra yeni adres Fatih olacak ve bu sefer yaklaşık 50 bin kişinin katıldığı ve Halide Edib'in unutulmaz bir konuşma yaptığı miting gerçekleşecektir. İnsanların belki de en çok ihtiyaç duydukları hissi, umudu dile getirir:

> Müslümanlar, Türkler! Türk ve Müslüman bugün en kara gününü yaşıyor, Gece karanlık bir gece. Fakat insanın hayatında sabahı olmayan gece yoktur. Yarın bu korkunç geceyi yırtıp muşaşa [parlayan] bir sabah yaratacağız.

20 ve 22 Mayıs'ta, bu sefer Anadolu yakasında sırasıyla Üsküdar ve Kadıköy'e taşınan toplantılar, 23 Mayıs günü Sultanahmet'te yüz binlerce kişinin tek ses olarak işgale karşı çıktıkları mitingle taçlanacaktır. Hazırlığında birçok siyasi ismin yer aldığı ve Hamdullah Suphi Bey ve Halide Edib Hanım gibi sembol isimlerin konuşma yaptığı miting, halkın işgal karşısındaki kararlı tavrını ortaya koyarken, işgal kuvvetleriyle bir tür "işbirliği" yürüten hükümeti ve padişahı kızdıracak ve yeni mitinglere izin verilmeyecektir.

Halide Edib, Sultanahmet Mitingi'nde. Önündeki yazıda "Wilson Prensibi 12. madde" yazıyor. Bu madde Osmanlı topraklarındaki Türk halkının egemenlik hakkını garantiye almaktadır.

"Yedi yüz senelik minareler, mavi semalarıyla bize baktığı bu günlerde Osmanlı bayrağı, Osmanlı halkı için can vermekten çekinmeyeceğimize yemin ediniz." Halide Hanım miting alanındaki ruhu çok güzel özetlememiş midir? Üç yıllık çetin bir mücadele sonunda Milli Mücadele'nin zafere ulaşmasıyla, o gün bu yemini edenler alınları açık ve başları dik olarak geleceği inşa etmeye başlayacaklardır.

8 Haziran 1919

Ataletten Sine-i Millete: Mustafa Kemal'in İstanbul'a Çağırılması

Mustafa Kemal, Samsun'a çıkar çıkmaz bölgedeki direnişi örgütlemeye ve kafasındaki planı uygulamaya koymaya başlamıştı. Çok fazla zamanı olmadığını kendisi de biliyordu; İngilizlerin hükümeti sıkıştıracağının ve tüm umudunu Batılı devletleri kızdırmamaya bağlamış olan Damat Ferit'in arkasında durmayacağının farkındaydı. Zaten göreve başladığı ilk günden itibaren lafını sakınan biri olmadığını belli ediyordu. 20 Mayıs'ta çektiği telgrafta Samsun'a yeni bir birlik çıkaran İngilizlerin mütareke hükümlerine (ve aslında mütareke kavramının ruhuna) aykırı hareket ettiklerini belirtiyor, bu birliklerin iç bölgelere gönderilmesi durumunda görevini yerine getirmesinin imkânsızlaşacağından yakınıyordu. Hükümet bir şey yapmalı, buna engel olmalıydı. Aynı gün çekilen bir diğer telgrafta İzmir'in Yunanlarca işgalini protesto etmekten de geri durmamıştı.

Samsun'da bir İngiliz birliği bulunmasının yaratabileceği sıkıntıları hesap eden Mustafa Kemal, kaplıca tedavisi bahanesiyle iç taraflara, Havza'ya geçmişti. Burada halkın nabzını ölçüyor, onlara düşman işgali karşısında yalnız olmadıklarını hissettirmeye çalışıyordu. Bu sırada Anadolu'nun her yerinde İzmir'in işgaline karşı gösteriler düzenlenmekteydi. İngilizlerin baskısıyla sadaret makamı Sivas'taki gösterilerinden şikâyet edince, haksız bir işgale karşı yapılan bu meşru gösterileri engellemeye çalışacak hiçbir komutan ya da yetkili düşünemediğini yazmış, yani oldukça sert bir yanıt vermişti.

Bölgedeki İngilizlerin raporları da Mustafa Kemal'in gerçek niyetini ortaya koyar biçimdeydi. Özellikle 30 Mayıs'ta Havza'da camide yaptığı ve düşmanın niyetinin kendilerini mezara gömmek olduğunu söylediği konuşması, kaşların kalkmasına neden olmuştu. Ancak, daha bu raporlar ele geçmeden, General Milne Harbiye Nezareti'ne bir nota vermişti bile. Bunu iki gün sonra Amiral Calthorpe'un notası izleyecekti. Damat Ferit'in böyle bir baskıyı kaldırmasını beklemek hayalcilik olurdu.

Hükümet 8 Haziran'da Mustafa Kemal'e, "maiyet-i âliyelerindeki istimbotlardan biri ile buraya teşrifi"ni, yani İstanbul'a dönmesini "rica" edecekti. Ancak, onun buna hiç mi hiç niyeti yoktu. İstanbul'da yapılacak bir şey kalmamıştı; ayrıca dönerse Fethi Okyar ve birçokları gibi Bekirağa Bölüğü'nü ve ardından da Malta'yı boylayacağını hesaplıyor olmalıydı. Bir kez İngilizlerin radarına girmişti artık. Fakat ipleri hemen koparmanın da bir manası yoktu. Ordu müfettişliğinin kendisine verdiği geniş yetkileri çabucak teslim etmek istemiyordu, en azından toplayacağı bir kongre tarafından kendisine meşruiyet sağlanana kadar... Bölgedeki sivil ve askerî idareciler, görevden alınmış ya da istifa etmiş bir komutanı dinlemek istemeyebilir, dinlemek isteseler de İstanbul'un açık emirlerine karşı bunu yapmaktan korkabilirlerdi. Hakikaten de, en sonunda askerlikten istifa ettiği 8 Temmuz ile Erzurum Kongresi'nin toplandığı 23 Temmuz arasında yaşadıkları ne kadar haklı olduğunu gösterecektir.

İlk önce kömür ve benzin "fıkdan"ından, yani kıtlığından dolayı hareketinin "teehhür" ettiğini, yani geciktiğini belirtmiş ve neden geri çağrıldığını Harbiye Nezareti'ne sorarak zaman kazanmaya çalışmıştı. Padişaha da bir telgraf çekip kendisini İtilaf Devletleri'nin art niyetine karşı uyarmaktan ve amacının saltanatı ve hilafeti güçlendirmek olduğunu ifade etmekten de geri durmayacaktı. Ama daha da önemlisi, aynı telgrafta, "Malta'ya gitmek veyahut en hafif olarak hal-i atalete mahkûm edilmek gibi ihtimaller karşısında [...] memuriyet-i âcizânemden istifa ederek kemakân Anadolu'da ve sine-i millette kalacağım ve vezaif-i vataniyeme bu kere daha sarih hatvelerle devam edeceğim," diyor, yani dönmeye zorlanırsa istifa edip vatana hizmete Anadolu'da devam edeceğini belirtiyordu.

Görevden alınmasının an meselesi olduğunu fark eden Mustafa Kemal, hızla işe koyuldu. İvedilikle karargâhını içeri bölgelere sokması, İngilizlerin kendisine müdahale etmesi ihtimalini bertaraf etmesi gerekmekteydi. Bu sırada İstanbul'un Erzurum ve Van valilerini değiştirmeye çalışması ve Redd-i İlhak ile Müdafaa-i Hukuk örgütlerine ait telgrafların çekilmesini yasaklaması, ilişkilerin daha da gerilmesine yol açacaktı. Mustafa Kemal bu manevraya, bölgesindeki vali ve kolordu komutanlarına telgraf yasağının uygulanmamasını emrederek karşılık verdi. Üstüne üstlük, ulusal bir direnişe destek olabilecek bu valilerin görevlerinin başında kalması konusunda ısrarcıydı. Bu önlemler, Damat Ferit hükümetine karşı açık pozisyon almak demekti.

Bu emirlerinin bedelini 23 Haziran'da görevden alınarak ödedi. Hâlâ askerdi, ancak belirli bir görevi yoktu. (Askerlikten 8 Temmuz'da ayrılacaktı.) Kendisinden alınan ordu müfettişliğine vekâleten Kâzım Karabekir'in atanması düşünülmüştü. Fakat evdeki hesap çarşıya uymamış, Mustafa Kemal ile İstanbul'da bir görüşme yapan ve aynı onun gibi Anadolu'da milli bir mücadelenin örgütlenmesinin şart olduğunu düşünen Karabekir Paşa bu görevi kabul etmemişti. Üstüne bir de Mustafa Kemal'in görevden alınmasının sakıncalarından bahsetmişti. Bu mesajı alan Damat Ferit'in bakanları, Anadolu'daki etkilerinin ne kadar az olduğunu hissetmiş olmalılar.

Günlerin ve belki de saatlerin çok önemli rol oynadığı zamana karşı bu yarışta İstanbul hükümeti biraz geç kalmıştı. Mustafa Kemal, müfettişlik unvanını kullanarak bölgede istediği hazırlıkları yapmış, karargâhını iç bölgelere doğru taşımayı başarmış ve bölgedeki silahlı güçlerin başı konumundaki kolordu komutanlarıyla 22 Haziran'da Amasya'da bir tamim yayımlayarak, milleti başlatmayı düşündüğü Milli Mücadele'ye destek olmaya çağırmıştı. Dönüşü olmayan bir yola çoktan girmişti bile.

22 Haziran 1919

Milli Mücadele'nin Programı: Amasya Tamimi

Mustafa Kemal, Samsun'a çıkar çıkmaz, ulusal çapta bir direniş örgütlemek için çalışmalara başlamıştı. İlk yapması gereken şey, ordu müfettişliğinin geniş yetkilerini ve prestijini kullanarak valileri ve daha da önemlisi, bölgedeki kolordu komutanlarını kendi tarafına çekmekti. Erzurum'daki XV. Kolordu Komutanı Kâzım Karabekir, Ankara'daki XX. Kolordu Komutanı Ali Fuat Cebesoy ve Sivas'taki III. Kolordu Komutanı Refet Bele ile koordineli bir şekilde çalışmaya başlamıştı. Bölgede Müdafaa-i Hukuk cemiyetleri kurdurup halkı olası bir düşman işgaline karşı örgütlemeye ve Mondros Mütarekesi şartlarına rağmen kolorduların elindeki silahların teslim edilmesinin önüne geçmeye çalışıyordu.

Bu esnada İstanbul'daki İttihatçı tutuklamaları, birçok komutan ve üst düzey memurun Anadolu'ya geçmenin yollarını aramalarına sebep oldu. İngilizlerin kontrolü altındaki İstanbul'dan ayrılmak kolay bir iş değildi. Diyelim ki başarılıp Anadolu'ya geçilmişti; peki, nereye gidilecekti? Henüz ne Erzurum ne de Sivas Kongresi toplanmıştı; yeni yeni filizlenen Milli Mücadele'nin bir merkezi, bir adı, bir programı olmalıydı. İşte Amasya Tamimi bunu sağlamaya yönelik bir adımdı.

Bölgeye gelmeyi başaran üst düzey komutanların buluşması fikri, Ankara'daki Ali Fuat Paşa'dan çıkmıştı. Mustafa Kemal, Har-

Amasya Kongresi'nin toplandığı Saraydüzü Kışlası

biye'de öğrenciyken Kuzguncuk'taki evinde kaldığı bu çocukluk arkadaşını, yanında o sırada Ankara'ya yeni gelmiş Rauf Orbay ve birkaç kişi daha olmak üzere Havza'ya çağıracaktı. Kendisi de Refet Bele ve Canik Mutasarrıfı Hamit Bey'i davet etmişti. Ali Fuat ve Rauf paşalar Havza'ya vardıklarında, buradaki Fransız müfrezesinden uzaklaşmak isteyen Mustafa Kemal'in Amasya'ya geçtiğini öğrendiler ve hemen peşinden gittiler.

Görevden yeni alınmış bir ordu müfettişi, eski bir bahriye nazırı ve iki kolordu komutanının buluşmasından ortaya Amasya Mukarreratı (Kararları) denen bir belge çıktı. Toplantıda hazır bulunamayan Erzurum'daki XX. Ordu Komutanı Kâzım Karabekir, Diyarbakır'daki XIII. Kolordu Komutanı Miralay (Albay) Cevdet Bey, Konya'daki XII. Kolordu Komutanı Miralay Selahattin Bey ve gene Konya'daki II. Ordu Müfettişi Ferik-i Sani (Korgeneral) Mersinli Cemal Paşa'nın da mutabakatları istendi. İçlerinden sadece Cevdet Bey İstanbul'daki Harbiye Nezareti'ne yazıp talimat isteyecek, diğer tüm komutanlar kararlara katıldıklarını belirteceklerdi.

Peki, neydi bu kararlar? Vatanın bütünlüğü (o günkü ifadeyle "tamamiyeti") ve milletin istiklalinin tehlikede olduğundan ve işgal altındaki İstanbul'daki hükümetin görevinin gereklerini yerine getiremediğinden dem vuran kararlarda, milletin istiklalini gene milletin kurtaracağı ifade ediliyordu. Bunun nasıl yapılacağı da öngörülmüştü. Metin, ilk kez bir "Heyet-i Temsiliye"den bahsetmekteydi ve her ne kadar bunun ne olduğu belirtilmemişse de, Erzurum Kongresi'nde seçilen ve Sivas Kongresi'nde genişletilen bu heyetin, Ankara'da Meclis toplanana kadar bir hükümet gibi hareket ettiğini ve Mustafa Kemal'e aradığı yetki ve meşruiyeti sağlayan kurum olduğunu hatırlatalım. Bir yürütme organı gibi çalışacağı açıkça belirtilmemiş olsa da, böyle bir heyetin bir hükümet vasfını kazanacağı en baştan beri öngörülmüş olsa gerek ki, her zaman kurnaz ve müdebbir[1] Refet Bey kararları ilk başta imzalamaya çekinmiş, ancak Ali Fuat Paşa'nın ısrarı üzerine ikna olmuştur.

Amasya'da alınan kararlarda, Sivas'ta düzenlenecek ve her livadan "milletin itimadına mazhar" üç kişinin katılacağı "milli bir kongre"den de bahsedilmektedir ki, eğer Heyet-i Temsiliye bir hükümet gibi hareket edecekse, bu kongre de geçici bir meclis işlevi görecektir. Senede bir kere birkaç haftalığına toplanan, diğer zamanlarda yasama yetkilerini yürütmeye bırakan bir meclis... Zaten İstanbul'un Sivas Kongresi'ne tepkisi de, kendiliğinden bir meclis toplamanın anayasaya aykırı olduğu şeklinde olacaktır.

Amasya Kararları'ndaki bir diğer önemli nokta da, mülki ve askerî amirlere görevlerinin başında kalmalarının emredilmesidir. "Kumanda, hiçbir suretle terk ve ahara tevdi" olunmamalı, yani bırakılıp İstanbul tarafından gönderilen başka birine devredilmemelidir. Batı Anadolu'daki Kuva-yı Milliye hareketini tasfiye etme derdindeki İstanbul, bu bölgede de direniş karşıtı atamalar yapmaya çalışacaktır elbet. Böyle bir zamanda vilayetlerin ve kolordularının kontrollerinin Milli Mücadele'ye sempati ile bakan insanların elinde olması elzemdir. Milli Mücadeleciler ile İstanbul hükümeti arasında bir köşe kapmaca başlamıştır.

21 Haziran'da alınan altı maddelik mukarreratın ilk üç maddesi, bir sonraki gün bir tamim olarak yayımlandı. Diğer üç maddenin

1. (Ar.) Müdebbir: "Dübr"den (arka, d-b-r); arkasını düşünen, planlayan, tedbirli.

gizli tutulmasının nedeni, mukarreratın tatbikinde kimlerin yardımına başvurulacağı ve kumandanlıkların terk edilmemesi gibi, kamuoyuna açıklanması sıkıntı yaratabilecek hususlar içermesiydi. Bu genelge, memleketin her yerinde birbirinden bağımsız olarak ortaya çıkan direniş örgütlenmelerini bir çatı altında toplayıp koordine etmek adına atılmış ilk adımdır. Zaten Mustafa Kemal imzasıyla İstanbul'daki ekâbire yollanan mektupta da açık bir şekilde "Yalnız mitingler ve saire gibi tezahürat, büyük gayeleri hiçbir vakitte kurtaramaz," denmektedir; bunlar ancak sine-i milletten doğan ortak bir kuvvete, bir "kudret-i müşterekeye" dayanırsa başarılı olur. Gene aynı mektupta, İstanbul'da Kuva-yı Milliye aleyhtarı cereyanlardan şikâyet ediliyor ve payitahtın işgali sona erene kadar Milli Mücadele'nin Anadolu'dan organize edilme zorunluluğunun altı çiziliyordu. "Bir ferd-i millet gibi çalışacağım," sözleriyle Mustafa Kemal, İstanbul'u devreden çıkardığını bir kez daha vurgulamadan duramamıştı.

23 Temmuz 1919

Yerel Bir İnisiyatif: Erzurum Kongresi

Samsun'a çıkışının ardından Mustafa Kemal'in aklında, dağınık ve yerel bir şekilde memleketin birçok yerinde kendisini gösteren direniş eğilimini sistemli bir şekilde merkezileştirmek vardı. Bu amaçla Anadolu'da faal halde bulunan kolordu komutanlarıyla buluşup Amasya Tamimi'ni yayımlamış ve Sivas'ta umumi bir kongre toplanması için çağrıda bulunmuştu. Ancak, Kâzım Karabekir'den Erzurum ve Trabzon'daki direniş örgütlerinin Erzurum'da bir kongre toplama kararı aldıklarını öğrenmiş ve Paşa'nın da ısrarıyla Sivas'tan önce buraya gitmeyi kabul etmiştir.

Normalde toprak dağılımı konusunda açık bir ifade ihtiva etmeyen Mondros Ateşkes Antlaşması'nın 24. maddesinde Vilâyat-i Sitte'nin işgal edilebileceğinin yazması ve Erzurum, Diyarbakır, Harput, Van, Bitlis ve Sivas'ı içeren bu altı vilayetten antlaşma metninde "Ermeni vilayetleri" olarak bahsedilmesinden, İngiltere'nin Doğu Anadolu'da bir Ermenistan devleti kurmak istediği bellidir. Antlaşmada adı geçmeyen birçok yerin, gene metinde esamesi okunmayan Yunanistan gibi devletler tarafından işgal edildiği bir ortamda, bu maddenin açık hükmü şüpheye hiç yer bırakmamaktadır. Bunu önlemek için, Kasım 1918'de merkezi İstanbul'da bulunan bir Vilâyât-ı Şarkiye Müdafaa-i Hukuk-ı Milliye Cemiyeti kurulmuş ve bölgenin Türk memleketi olduğunu belirtmek için bir gazete çı-

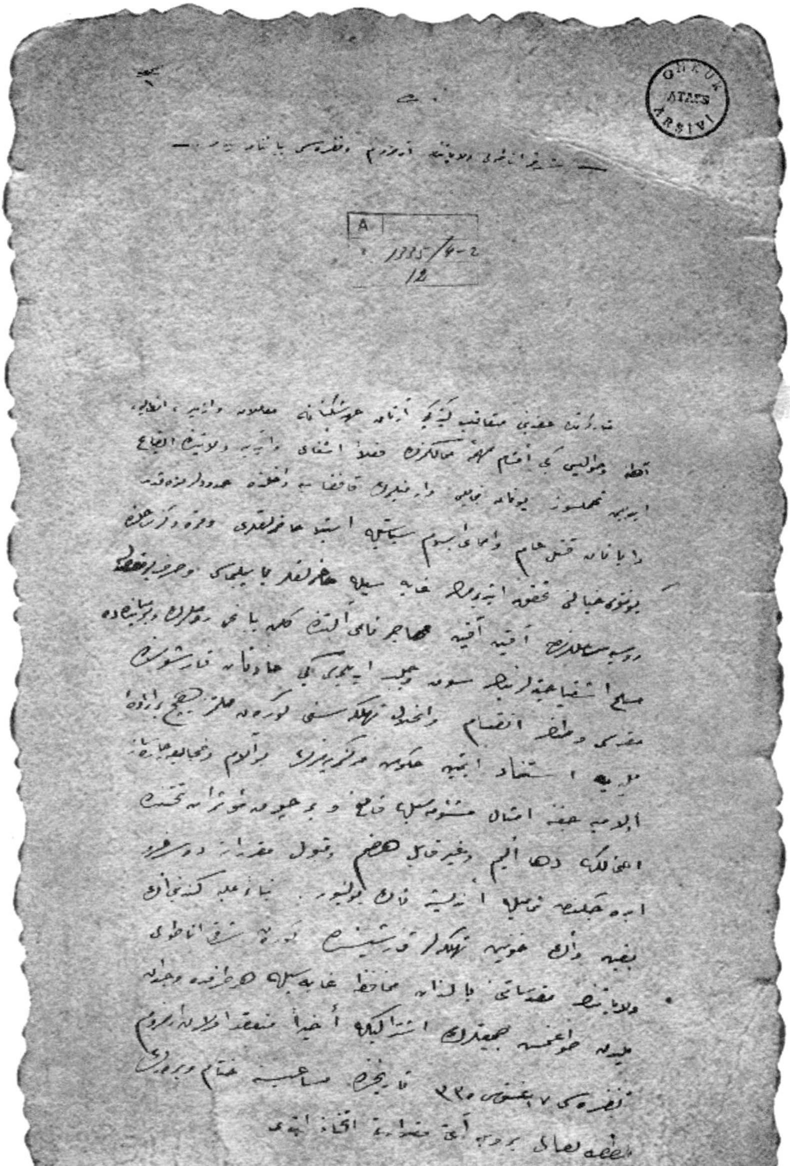

Erzurum Kongresi Beyannamesi

karılmasına karar verilmiştir. Ardından Cemiyet Erzurum'da da bir şube tesis etmiş ve yerel bir müdafaanın hazırlıklarına başlanmıştır.

Bu esnada Trabzon vilayetinde de bölgede bir Pontus devletinin kurulması ihtimali belirmişti; Bolşeviklerden kaçan 400 Rum göçmenin Samsun'a getirilmesi gibi önlemler yerel halkı gittikçe tedirgin etmekteydi. Bölgedeki direnişi örgütlemek için eşraf tarafından kurulan Muhafaza-i Hukuk-ı Milliye Cemiyeti, Paris Barış Konferansı'na bir heyet göndererek bölgenin Türk çoğunluğa sahip olduğunu anlatmaya çalışıyordu.

Doğu vilayetlerinin müdafaası için bir kongre toplanması kararı alan Erzurum'daki Cemiyet, Trabzon'daki Muhafaza-i Hukuk-i Milliye Cemiyeti ile iletişime geçince, benzer planların burada da yapıldığını fark etmiş ve bölgenin iki büyük şehrinin eşrafından oluşan direniş örgütleri böylece beraber bir yerel kongre düzenlemeye karar vermişlerdi. Bu özelliğiyle Erzurum Kongresi, Mustafa Kemal'in inisiyatifiyle gerçekleşmiş bir organizasyon değildi; aynı Batı Anadolu'daki Balıkesir, Nazilli ve Alaşehir kongreleri gibi yerel bir özellik göstermekteydi.

Samsun'a çıktığı andan itibaren yaptıklarıyla İstanbul hükümetini rahatsız eden ve er ya da geç ordu müfettişliği görevini kaybedeceğinin farkında olan Mustafa Kemal'in en baştan beri aklındaki, yetkilerini son âna kadar kullanıp bölgedeki idari ve askerî görevlileri olası bir direniş için örgütlemek ve bu sırada da ulusal çapta bir kongre toplayıp kendisine meşru bir hareket ortamı hazırlamaktı. Bunun için Sivas'ta, tüm ülkeyi kapsayacak umumi bir kongre yapılmasına karar verilmişti. Ancak, Kâzım Karabekir'in isteği üzerine bu kongrenin öncesinde Erzurum'a gelmeyi kabul etti. Zaten Sivas'ta durumu da pek garanti değildi; o sırada şehirde bulunan Harput Valisi Ali Galip ve Hürriyet ve İtilaf Fırkası'nın Sivas mümessili Halit beyler, bölgeye yeni atanan Vali Reşit Paşa'ya Mustafa Kemal'i tutuklaması yönünde baskı yapmaya başlamışlardı. İstanbul'dan henüz bir tevkif emri gelmediyse de, Dahiliye Nazırı Ali Kemal Bey, valiye Mustafa Kemal ile temas kurmayı yasaklamıştı. Reşit Paşa şimdilik bunlara kulak asmıyordu belki, ama yarının ne getireceği de bilinmezdi. Durum o kadar netameli bir hal almıştı ki, Mustafa Kemal, Sivas'a doğru yola çıktığını son güne kadar validen gizlemek zorunda kalmıştı. Gelişini bildiren telgrafı da tam şehre geldiği sırada yollatacaktı ki kendisine karşı bir önlem alınamasın. Bu sırada Mustafa Kemal, karşılamaya gelen Reşit Paşa'nın şehre girerken kendi otomobiline binmesinde ısrarcı olmuştu; olası bir pusu girişimine karşı aldığı basit bir önlemdi bu. Her halükârda Sivas'ta kalmayı güvenli saymayan Mustafa Kemal Paşa hemen yola koyuldu ve 3 Temmuz'da Erzurum'a vardı.

10 Temmuz'da başlaması planlanan ancak 23 Temmuz'a ertelenen kongrenin hazırlıklarıyla ilgilenirken, Mustafa Kemal İstanbul'la köprüleri atmak zorunda kaldı. Daha önce, geri dönmesi istendiyse de, bu emri çeşitli bahanelerle savuşturmayı bilmişti; şimdi ise kendisine ordu müfettişliği görevinden azledildiği bildiriliyordu. Misilleme olarak 8 Temmuz akşamı çok sevdiği askerlik mesleğinden istifa ederek, kendi deyimiyle "sine-i millete iltica" etti.

Ancak, sine-i millete nasıl dönecekti? Millet onu hakikaten bağrına basacak mıydı? Hayatını asker olarak geçiren biri arkasına halk desteğini nasıl alacaktı, alsa bile bunu tüm ülkeye nasıl gösterecekti? İşte Erzurum ve Sivas kongrelerinin fonksiyonu tam da bu olacaktı. Ayrıca kongrede Heyet-i Temsiliye reisi seçilmesi, askerlikten ayrıldığı ve tutuklanmasının an meselesi olduğu günlerde, müstafi[1] bir komutana gerekli yetkiyi sağlamış bulunacaktı.

Bu kritik noktada Kâzım Karabekir'in özverili davranışı hem Mustafa Kemal'in hem de Milli Mücadele'nin kaderini değiştirmiştir. Erzurum'daki kolordunun kumandanı Karabekir Paşa istese Mustafa Kemal'i tutuklayabilir ve İstanbul'a yollayabilirdi. İstifasının ardından Mustafa Kemal'in çevresinde ufak da olsa bir çözülme yaşanmaya başlanmıştı bile. Örneğin Miralay Kâzım Dirik, artık asker olmadığına göre kendisinin yanında çalışamayacağını belirtmiş ve evrakları kime teslim etmesi gerektiğini sormuştu; yani Paşa'yı yüzüstü bırakmıştı. Karabekir Paşa kendisini görmeye geldiğinde, Mustafa Kemal herhalde birçok ihtimali aklından geçiriyordu. Her şey başlamadan bitecek miydi? Karşısında selam durup kolordusu ile birlikte sonuna kadar emrinde olduğunu söylediğinde, kendisine derin bir "oh" çekmekten başka yapacak bir şey kalmamıştı.

1. (Ar.) Müstafi: İstifa etmiş. Her iki kelimenin de kökü *afv*'tır (silme, giderme) ve istifa etmek, "görevden affını istemek" demektir.

Ancak sıkıntılar bitmiş değildi. Altını defalarca çizmek istediğimiz bir nokta, 23 Nisan 1920 öncesinde Mustafa Kemal'in liderliğinin öyle hemen herkes tarafından kabul edilmiş olmadığıdır. Bu süre içerisinde defalarca yoluna taş konacak, birçok zorluklarla karşılaşacaktı. Zaten başka türlüsü de pek mümkün değildir. Ortada bir hükümet, padişah ve halife vardır ve namlı bir komutan da olsa, birinin buna tek başına alternatif olması ancak kademeli bir şekilde, zekice bir strateji ve ince bir diplomasi ile mümkün olabilir.

Daha kongre başlamadan ilk sıkıntı Mustafa Kemal ve Rauf Orbay'ın delege olmamalarından çıktı. Öyle ya, seçilmemişlerdi, orada hangi sıfatla bulunacaklardı? Kâzım Karabekir'in devreye girip ağırlığını koymasıyla iki delege istifa ettirildi ve sorun çözüldü. Kongrenin başlamasının ardından bu sefer başkanlık konusunda sıkıntı çıktı. Trabzon'dan gelen delegeler Mustafa Kemal'in başkan olmasına karşıydılar. Milletin içinden doğan bir hareketin bir komutanı başkan seçmesinin dışarıda kötü yorumlanacağını, başkanın aralarından biri olması gerektiğini iddia etmekteydiler. Gene Karabekir Paşa'nın araya girmesiyle Trabzon delegeleri arasındaki anlaşmazlıktan yararlanılarak Mustafa Kemal'in başkanlığı sağlanmış oldu. Kongrenin kapanmasına doğru, yürütme kurulu mahiyetinde bir Heyet-i Temsiliye seçilmesi kararlaştırıldığında, buraya girip girmemesi gerektiğini yanında getirdiği arkadaşlarına sorduğunda orada da bir direnişle karşılaşacaktı.

Burada, Kurtuluş Savaşı boyunca karşımıza çıkacak bir örüntüye dikkat çekmek isteriz. Müttefikleri Mustafa Kemal'in liderliğini ve vizyonunu kabul etmekte, ancak kendisinin yetkiyle donatılmasından rahatsızlık duymaktadır. Alternatif bir hareketin liderliğini yapmaya, zor zamanlarda ateşten gömleği giymeye kimse niyetli değildir. Yurtdışındaki Enver Paşa gibi eski İttihatçı liderleri saymazsak, Mustafa Kemal'e rakip bir lider çıkmamaktadır. Fakat gene de defaatle, bizzat en yakınları Paşa'nın siyasi bir görev almasından rahatsızlık duyduklarını belli etmekten geri durmamışlardır. Erzurum ve Sivas kongrelerinde Heyet-i Temsiliye reisi seçildiğinde, son Osmanlı meclisine başkan seçilmek istediğinde ve hatta mebusluğa adaylığını koyduğunda, Halk Fırkası'nın başkanlığını üstlendiğinde hep aynı manasız tavsiyeyle, siyasetin ruhuna aykırı şu taleple karşılaşacaktır: Milletin gönlündeki yeriyle yetinmesi ve siyaset üstü / dışı kalması.

Kongre oldukça zor şartlar altında yapılmıştı. İstanbul hükümeti yayımladığı bildiride kongrenin kendisini bir millet meclisi gibi gösterdiğini ve bunun anayasaya aykırı olduğunu belirtmiş, katılanları asi ilan etmişti. Türk ordusunun silahlarının teslimini sağlamak için bölgede bulunan Yarbay Rawlinson (kendisi Dışişleri Bakanı Lord Curzon'un da yeğeniydi) açıkça "kuvvet-i cebriye" ile kongrenin dağıtılacağı tehdidinde bulunuyordu. Durum o kadar sıkıntılı bir hal almıştı ki, olası bir müdahaleyi önlemek için seçme polis ve jandarmalara sivil elbise giydirilip kongrenin açılışında halktan kimseler gibi hazır bulunmaları sağlanmıştı.

Kongrenin sonunda yayımlanan beyannamede Doğu Anadolu illerinin hiçbir şekilde Osmanlı topraklarından ayrılamayacağı belirtiliyor, vatanın bütünlüğünün, milletin bağımsızlığının ve saltanatın, milli irade hâkim kılınarak, yani ulusal bir direniş başlatılarak korunacağı belirtiliyordu. Her türlü işgale ve azınlıklara hak verilmesi taleplerine açıkça karşı çıkılıyor, Mondros'un imzalandığı günkü sınırlara geri dönülmesi çağrısı yapılıyordu. Kongre aynı zamanda olası bir manda yönetimine de karşı çıkmış, sadece fenni, sinai ve iktisadi yardımların kabul edilebileceğini söylemiştir. Bunların hepsinden daha önemlisi, padişah tarafından feshedilen ve Kanun-i Esasi'nin, yani anayasanın açık hükmüne rağmen hâlâ yeniden toplanmayan Meclis-i Mebusan için ivedilikle seçime gidilmesi çağrısı yapılmıştır. Kongre ile birlikte yerel direniş örgütleri Şarkî Anadolu Müdafaa-i Hukuk Cemiyeti adıyla birleştirilmiş ve kongrenin dağılmasından sonra yürütme kurulu olarak görev yapacak bir Heyet-i Temsiliye seçilmiştir.

Şarkî Anadolu Müdafaa-i Hukuk Cemiyeti isminden de anlaşılacağı gibi, Erzurum Kongresi'nde en başından beri mahalli bir hava esmekteydi; Karabekir Paşa da bu fikirdeydi. Unutulmamalı ki, Erzurum Kongresi'nin açılışından sadece üç gün sonra Batı Anadolu'da da Balıkesir Kongresi toplanmıştı ve bu kongrenin seçtiği Heyet-i Merkezi'ye üç ayrı cephede direniş örgütlüyor ve hatta teşkilat, maliye ve levazım heyetleri kuruyordu.

Yerel saiklerle hazırlanmış bu kongreyi milli bir havaya büründürmeye çalışan ise Mustafa Kemal olmuştu. Ancak, her ne kadar alınan kararlar tüm milleti ilgilendiren hükümler içerse de, diğer delegelerin Mustafa Kemal'in kapsayıcı vizyonunu paylaştığını söy-

Erzurum Kongresi Beyannamesi'nin delegelerce imzalanmış son sayfası

lemek zordu. Heyet-i Temsiliye'ye seçilen yerel delegeler lütfedip Sivas'a bile gelmeyeceklerdi, defalarca çağrılmalarına rağmen hem de... Kongre tam anlamıyla milli bir nitelik kazanmayı başaramamıştı; bunun için Sivas Kongresi'ni beklemek gerekecekti. Ancak, en azından Mustafa Kemal'e bölgedeki yetkilileri koordine ederken kullanabileceği bir meşruiyet sağlamış bulunmaktaydı. O artık müstafi (hükümete göre tard edilmiş) bir asker ve sıradan bir vatandaş değil, Heyet-i Temsiliye'nin reisiydi.

26 Temmuz 1919

Batı Cephesi'nde Yeni Bir Şey: Birinci Balıkesir Kongresi

Milli Mücadele uzun süre, 19 Mayıs'ta Samsun'da başlayan ve tek elden organize edilen bir bütün olarak sunulmuştur. Ancak bu doğru değildir. Doğru olmamaktan da öte, bir tarihçinin deyimiyle "gerçek saygısından yoksun ve işin kolayına kaçan yazarların gayretkeşliklerinin neticesi" bir yanlış yönlendirmedir.

Mondros Ateşkes Antlaşması'nın akabinde başlayan işgaller vatanın hemen her yerinde direnişin örgütlenmesine yol açmıştır. Bu direnişler, ilk başlarda kendi bölgelerinde bile merkezî bir örgütlenme gerçekleştirememiştir. Ancak bu, onların etkisiz kaldığı anlamına gelmez. Batı Anadolu'daki Kuva-yı Milliye birlikleri ve İstanbul'u dinlemeyen bazı birlik komutanları Yunanların işgal ettikleri bazı şehirlerden çekilmesini sağlayacaktır. Kâzım Karabekir'in Doğu Anadolu'daki örgütlediği direniş, olası bir Ermenistan'ın kurulmasının önüne geçmiştir. Her ne kadar nihayetinde Ankara'dan destek göreceklerse de, Antep, Maraş ve Urfa'nın kurtuluşu da bölgesel direnişin inisiyatifidir.

15 Mayıs'ta Yunanların İzmir'i işgal etmesiyle hemen Batı Anadolu'da Müdafaa-i Hukuk cemiyetleri ve Kuva-yı Milliye birlikleri kurulmuştu. Bu örgütleri kendi içinde koordine etmenin şart olduğu anlaşıldığında, ilki 26 Temmuz'da Balıkesir'de düzenlenen bölgesel kongreler toplanmasına karar verildi. Bu dönemde henüz kim-

senin Mustafa Kemal önderliğindeki direnişten haberi yoktu; ortada birbirine paralel birçok örgütlenme vardı. Balıkesir Kongresi'nin Erzurum Kongresi'nden sadece üç gün sonra toplandığına ve aslında Mustafa Kemal ısrar etmese Erzurum Kongresi'nin de ilk başta milli bir iddiası olmadığına dikkat çekelim. Gene 7 Ağustos'ta toplanan Nazilli ve 16 Ağustos'ta toplanan Alaşehir kongreleri de böyle bir iddiaya sahip Sivas Kongresi'nden (4 Eylül) önce düzenlenmişti. Bu kongre de Batı Anadolu'da pek duyulmayacak, hatta buraya delege gönderip gönderilmemesi bile uzun tartışmalara yol açacaktı. Batı Anadolu da dahil, yerel direniş örgütlerinin Mustafa Kemal'in liderliğini tamamen kabul etmeleri ancak Meclis'in Ankara'da toplanmasının ardından gerçekleşecekti.

Kongrede Yunan işgali şiddetle kınanmış ve Anadolu'yu terk edene kadar Yunanlarla kesinlikle müzakere edilmeyeceği ilan edilmiştir. Genel bir seferberlik ilan edilmiş ve yaşı gelen her erkeğin askere alınabileceği belirtilmiştir. Düşmana karşı oluşturulacak askerî birliklerin iaşesi, teçhizatı ve tedavisi için üç menzil müfettişliği kurulmuş, genel giderlerin Balıkesir vilayetinin livaları arasında nasıl paylaştırılacağı belirlenmiştir.

Sadece bir vilayeti içerse de, Yunan işgalini kayıtsız şartsız reddetmesi ve ardından gelecek kongrelere örnek teşkil etmesi açısından Birinci Balıkesir Kongresi'nin önemi yadsınamaz. Benzer bir kongre Ağustos ayında Nazilli'de de yapılacak, ardından Batı Anadolu'daki tüm direniş Alaşehir Kongresi'nde bir araya getirilecektir. Tıpkı Sivas Kongresi'nde Erzurum Kongresi kararlarının tasdik edilmesi gibi, Alaşehir'de de Balıkesir'de kabul edilenler tekrarlanmıştır. Sadece, Balıkesir'de alınan "İzmir'e zahire yollanmasının yasaklanması" kararı kaldırılmıştır. Gene, nasıl Sivas Kongresi, Erzurum Kongresi kararlarını ulusal boyuta taşımaya çalışmıştır, aynı şekilde Alaşehir de Balıkesir Kongresi'nin kararlarını tüm Ege Bölgesi'nde uygulamayı amaçlamaktadır.

4 Eylül 1919

Sivas Kongresi

Milli Mücadele'nin ulusallaştırılması yönünde atılan en önemli adım Sivas Kongresi'nin toplanmasıdır. 19 Mayıs'ta Samsun'a çıktığından beri tüm vatan sathında bir direniş örgütlemeye çalışan Mustafa Kemal, bu niyetini bölgedeki kolordu komutanlarıyla birlikte Amasya Tamimi'ni yayımlayarak belli etmiş ve İtilaf donanmasının sularında demir attığı bir başkentteki hükümetin serbestçe görev yapamayacağını iddia etmişti. Bu boşluğu, toplanacak umumi bir kongrede seçilecek Heyet-i Temsiliye'nin doldurması öngörülmüştü. Ancak, Sivas Kongresi'nden önce Erzurum'da bir yerel bir kongrenin toplanacak olması planları değiştirmişti. Mustafa Kemal Paşa, Sivas'tan önce buraya giderek, ilk başta mahalli bir nitelik gösteren ve sadece Şarkî, yani Doğu Anadolu'yu kapsamayı amaçlayan bu kongrenin tüm ulusu içeren kararlar almasına öncülük etmişti.

Erzurum Kongresi'nin sona ermesinden sonra, Mustafa Kemal yanında Heyet-i Temsiliye'den Rauf Orbay ve Hoca Raif Efendi olduğu halde Sivas'a doğru yola çıktı. Ancak kongrenin gerçekleşmesinin önünde birçok engel vardı. İlk olarak, "Heyet-i Temsiliye" reisinden başka resmî bir görevi olmayan ve ordu müfettişi yetkilerini kaybeden Mustafa Kemal'in tutuklanma ihtimali belirmişti. Daha Haziran ayında, Paşa henüz istifa etmemişken, Harput Valisi Ali Galip'in Sivas Valisi Reşit Paşa'yı Mustafa Kemal'i tutuklaması yö-

Sivas Kongresi. Ortada Mustafa Kemal, iki solunda Rauf Orbay ve sağında sırasıyla Bekir Sami ve Alfred Rüstem beyleri görmek mümkün. Resimden de katılımın az olduğu görülmektedir.

nünde nasıl kışkırttığını yazmıştık. Aradan geçen zamanda Erzurum Kongresi'nin düzenlenmesi ve Mustafa Kemal'in askerlikten istifa etmesi, durumu daha da kritik hale getirmişti. Kongre esnasında Ali Galip etrafına topladığı Kürt aşiretlerle Sivas'ı basmayı bile deneyecek, ancak XV. Kolordu'nun üstüne yolladığı birlikleri görünce daha yola koyulmadan kaçacaktı. İstanbul hükümeti Ankara Valisi Muhittin Paşa'yı Sivas'ın üstüne göndermeye denediyse de, bölgedeki kolordu komutanının Ali Fuat Paşa olması işleri kolaylaştırmış ve Muhittin Paşa tutuklanıp Sivas'a gönderilmişti. Kongreye karşı faaliyete geçen sadece İstanbul hükümeti de değildi. İngilizler Batum'dan Samsun'a asker çıkarmışlardı. Fransız zabitler Reşit Paşa'ya kongrenin gerçekleşmesi halinde Sivas'ın işgal edileceğini söylemekteydiler. Ancak bunlar boş tehditlerdi; kolordu komutanları Milli Mücadele'ye sadık kaldığı sürece birkaç yüz kişilik birliklerle bu işgallerin gerçekleştirilmesi mümkün değildi.

Bir başka problem de kongreye katılımın ne ölçüde gerçekleşeceğiydi. Mustafa Kemal Paşa namlı bir komutan olsa da, İstanbul'un yaydığı Milli Mücadele'nin İttihatçıların maceraperest bir iktidar oyunu olduğu yönündeki savı, daha savaş yıllarının psikolojisini üzerinden atamayan halk üzerinde etkili oluyordu. Kongrenin açılışında tüm delegelerin "İttihat ve Terakki Cemiyeti'nin ihyasına çalışmayacağıma ve mevcut furuk-ı siyasiden [siyasi fırkalardan] hiçbirinin emel-i siyasiyesine hâdim olmayacağıma vallahi billahi," şeklinde yemin etmeleri boş yere alınmış bir önlem değildi.

Hakikaten Sivas'a beklendiği kadar çok delege gelmedi. İlk problem Doğu Anadolu delegelerinden çıktı. Daha yeni Erzurum'a delege yollamışlardı; şimdi neden tekrar Sivas'a da yollasınlardı ki? Bu sorun Heyet-i Temsiliye üyelerinin Doğu Anadolu delegesi olarak kabul edilmeleriyle çözüldü. Ancak, memleketin diğer bölgelerinden de pek delege geldiği söylenemezdi. İstanbul'un yaptığı asilik propagandası bazılarını korkutmuştu. Ayrıca, Trakya işgal altındaydı ve Kurtuluş Savaşı boyunca Milli Mücadele'den hep kopuk kalmak zorunda kalacaktı.

Batı Anadolu'da ise Balıkesir ve Alaşehir kongreleri gerçekleşmiş, Heyet-i Temsiliye'yi andıran 16 kişilik bir Heyet-i Merkeziye seçilmişti. Mustafa Kemal'in organize etmeye çalıştığı mücadeleden tamamen bağımsız ve de ondan habersiz bir şekilde örgütlenen Batı Anadolu'daki direniş, Sivas'a delege gönderip göndermeme konusunda bir karar vermesi gerektiğinde, Sivas Kongresi'ni mahalli nitelikte bir kongre olarak görüp önce tereddüt edecek, ancak kongre başkanı Hacim Muhittin'in ısrarıyla, o da onun talep ettiği gibi ge-

Sivas Kongresi. Ortada Mustafa Kemal ve Rauf Bey'i, en solda Bekir Sami ve Alfred Rüstem Bey'i görmek mümkün.

niş bir heyetin aksine, bir kişi göndermeyi kabul edecekti. Aynı zamanda Hacim Muhittin, Sivas'a bir mektup yazıp düşmanın yakınlığı nedeniyle Heyet-i Merkeziye'nin müstakilen, yani ayrı bir şekilde hareket etmesinin vatanın menfaatine olacağı nazik bir dille ifade etmişti. Görüldüğü gibi, Milli Mücadele hâlâ tek bir elden yönetiliyor değildi.

Gelmeyi arzulasalar bile, delegelerin Sivas'a ulaşması da büyük sıkıntıydı. Mustafa Kemal ve Rauf Orbay'ın Amasya'dan Erzurum'a gelmesi için gereken benzinin bile bizzat Kâzım Karabekir tarafından gönderildiği bir ortamda, seyahat etmek bazen pahalı, çoğunlukla da imkânsızdı. Süleyman Bey adlı emekli bir binbaşının hibe ettiği 1.000 lira olmasa, Heyet-i Temsiliye'nin bile Erzurum'dan Sivas'a gidecek parası yoktu. Normal delegelerin durumu haliyle daha da müşküldü. Örneğin, genç mal müdürü Halit Hami Bey at ya da araba bulamayınca, delege seçildiği Bor'dan Kayseri'ye, üç arkadaşı ile birlikte yürümek zorunda kalmıştı.

Sonuç olarak, Sivas Kongresi'nin meşhur resmine göz atan herkesin de fark edebileceği gibi, kongre aslında beklenen katılımı sağlayamadı. 40 livadan üçer delege gelmesi gerekirken katılım 38'de kalmıştır, ki bunların da ancak 20-25'i vilayetlerden gelmiştir. Bundan bir ay önce yapılan ve tüm Batı Anadolu'yu bile kapsamayan Balıkesir Kongresi'nde bile 48 delege bulunmaktadır. Delege sayısını artırmak için Mustafa Kemal'in maiyetindeki insanlardan ve bölge komutanlarından da atama yapılmak zorunda kalınacaktır. Refet Bele, Müfit Kansu, Hakkı Behiç Bayiç, İsmail Fazıl Paşa, İbrahim Süreyya, Alfred Rüstem hep böyle delege olmuşlardır.

Gelmeyen ya da gelemeyen, sadece delegeler değildi. Erzurum Kongresi'nde seçilen Heyet-i Temsiliye üyelerini bile Sivas'a getirmek problem olmuştu. Dokuz kişilik heyetten sadece Mustafa Kemal, Rauf Orbay ve Hoca Raif Efendi şehre gelmişti. Gıyabında seçilen Mutki aşireti reisi Musa, sabık Bitlis Mebusu Sadullah ve eski Beyrut Valisi Bekir Sami Kunduh, zaten Erzurum'a gelip kongreye bile katılmamışlardı; kalan üç üye ise memleketlerine dönmüşlerdi. Çoğunluk ancak Şeyh Fevzi Efendi'yi Erzincan'dan ve Bekir Sami Bey'i Tokat'tan çağırarak sağlanmıştı.

Bu esnada Trabzon'da Mustafa Kemal'e karşı sert bir muhalefet havası da esmeye başlamıştı. Delegeler, kendi inisiyatifleriyle başlayan Erzurum Kongresi'nin Mustafa Kemal kontrolündeki bir ulusal kongreye dönüşmesine karşı çıkıyorlardı. Mustafa Kemal'in Trabzon ve Erzurum'daki Müdafaa-i Hukuk cemiyetlerini Şarkî Anadolu Müdafaa-i Hukuk Cemiyeti adı altında tek bir örgütte toplamasını da içlerine sindirememişlerdi. İstanbul'un yaptığı İttihatçılık propagandası işe yarıyor gibiydi. Daha Erzurum Kongresi sırasında benzer itirazlarda bulunmuşlarsa da, şimdi memleketlerine dönmenin verdiği rahatlıkla tonlarını sertleştirmişlerdi. Sürmene delegesi Ömer Fevzi tarafından 15/16 Eylül gecesi şehrin birçok yerine Heyet-i Temsiliye'yi suçlayıcı bildiriler asılmıştı. Diğer iki delege de Sivas Kongresi'nde alınan kararları ve yeni üyeler eklenen (kendilerinin de halen içinde bulundukları) Heyet-i Temsiliye'yi tanımayacaklarını bildirmişlerdi.

Sivas'ta da her şey sütliman gitmiyordu. Mustafa Kemal'in kongreye başkan olmasına ufak bir itiraz gelmişti. Ali Fuat Cebesoy'un babası İsmail Fazıl Paşa, başkanlığın birer günlüğüne dönüşümlü yapılmasını teklif edecekti; Mustafa Kemal'e göre, bir önceki gece Bekir Sami Bey'in evinde gizli bir toplantıya katılan Rauf Bey de işin içindeydi. Ancak Erzurum'dakinin aksine, Sivas'ta ipler artık Mustafa Kemal'in elindeydi ve kongrede yapılan oylamada bu tasarı reddedildi. Kongrenin reisi Mustafa Kemal Paşa olacaktı.

İşte böyle zor şartlar altında toplanan Sivas Kongresi, genel itibarıyla Erzurum Kongresi'nin kararlarını bir-iki ufak değişiklikle onayladı. Ek olarak, Milli Mücadele'nin etki alanını genişletecek bazı önlemler aldı. Batı Anadolu'da bir kumandanlık tesis edildi ve Ali Fuat Paşa'nın Garbî Anadolu Umum Kuva-yi Milliye kumandanı olarak ataması yapıldı. Bu, yetkinin artık İstanbul'da değil, millette olduğunun ilanıydı. İstanbul'un propaganda kampanyasına karşı, *İrade-i Milliye* adlı bir gazete çıkarılmasına karar verildi. Ama alınan kararların içinde belki de en önemlisi, Anadolu'daki tüm direniş örgütlerini çatısı altında toplayacak Anadolu ve Rumeli Müdafaa-i Hukuk Cemiyeti'nin kurulmasıydı. Erzurum'da kurulan Şarkî Anadolu Müdafaa-i Hukuk Cemiyeti'yle o sırada Batı Anadolu'da birçok yerde ortaya çıkan Müdafaa-i Hukuk ve Redd-i İlhak cemiyetleri de bu çatı örgütün altına girecekti. Batı'daki direnişçilerin Sivas'ta ne olup bittiğinden pek de haberdar olmadığı bir anda alınan bu karar, Milli Mücadele'nin tek elden koordine edilmesi hususundaki

Sivas Kongresi'nde bir akşam yemeği

özenin açık bir göstergesidir. Sivas Kongresi'nde Heyet-i Temsiliye de yeniden düzenlenecek ve Erzurum'da seçilen dokuz üyeye yedi kişi daha eklenerek, ileride çoğunluğun elde edilememesi gibi bir tehlikenin tekrar ortaya çıkması engellenmeye çalışılacaktı. Mustafa Kemal, artık kafasındaki oyun planını devreye sokmak için bu heyetin ismini kullanabilecek ve her iki kongre tarafından tanınan yetkilerle bölgede mülki ve askerî amirlerin hareketlerini kontrol edebilecekti.

İlk yaptığı da bu oldu. Telgrafhanelere yolladığı bir emirle, İstanbul'un Anadolu ile tüm haberleşmesini kesti. Bu kararlı manevra ile hem çaresiz kalan Damat Ferit hükümetinin düşmesine yol açacak hem de artık yalandan da olsa milletin sesini dinlemek zorunda kaldığını anlayan padişahı anayasayı hiçe sayarak aylardır imtina ettiği mebus seçimlerini ilan etmeye zorlayacaktı. Artık inisiyatif Mustafa Kemal'in elindeydi.

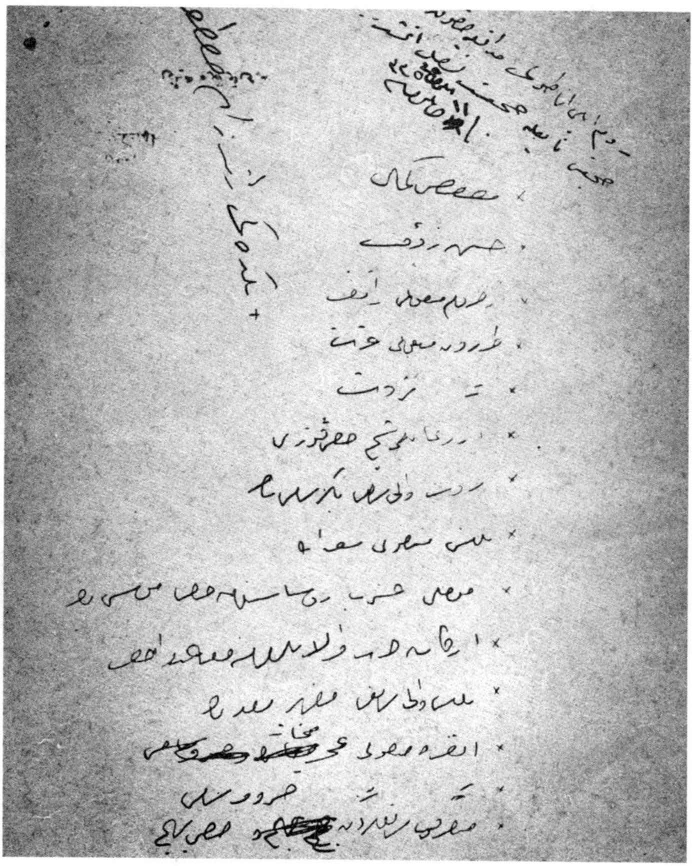

Sivas Kongresi'nin kararlarına atılan imzalar. En başta Mustafa Kemal ve Hüseyin Rauf'un imzalarını görmek mümkün. En üstte: "Rumeli Anadolu Müdafaa-i Hukuk Cemiyeti namıyla cemiyet teşekkül etmiştir"

27 Aralık 1919

Bozkırın Ortasında: Mustafa Kemal Paşa ve Heyet-i Temsiliye'nin Ankara'ya Hicreti

Sivas'ta gerçekleştirilen kolordu komutanları toplantısında meclisin Anadolu'da toplanmasına karar verilmiş, ancak daha sonra sarayın ısrarı üzerine İstanbul'da toplanmasına rıza gösterilmişti. Bu karar, İstanbul'u elinde bulunduran İngilizlerin gölgesinin sürekli meclisin üstünde olması anlamına geliyordu. Ayrıca, Amasya Tamimi'ne imza koyan Mustafa Kemal Paşa ve Rauf Bey gibilerin tutuklanmayacağının da garantisi yoktu, ki saray bile buna güvence verebilecek konumda olmadığını kabul ediyordu.

Bir başka problem de, yurdun dört bir köşesinden gelen ve birbirini tanımayan mebusların nasıl bir arada hareket edeceği, sarayın ve İngilizlerin tazyiklerine ve yönlendirmelerine direnip Mustafa Kemal'in belirlediği çizgide kalmalarının nasıl sağlanabileceğiydi. Birçokları ne Mustafa Kemal'i ne de Heyet-i Temsiliye'yi tanıyordu. Ekserisi düşman işgaline tepki gösteren yerel vatanseverlerdi ve herhangi bir siyasi gündemleri yoktu. Bu mebusların bir arada hareket edebilmelerini sağlayabilmek için, İstanbul'a gitmeden evvel Trabzon, Samsun, İnebolu, Eskişehir ve Edirne gibi şehirlerde kısım kısım toplanarak Meclis-i Mebusan'da yapılması gerekenler hususunda bilgilendirilmelerine karar verildi.

Bütün uyarılara rağmen, Rauf Bey İstanbul'a gidip Meclis'in çalışmalarına katılmaya karar verdi. Anadolu'da kalmayı tercih eden Mustafa Kemal için ise artık Sivas uygun bir karargâh değildi; hem Meclis-i Mebusan'ın toplanacağı İstanbul'a hem de Batı Cephesi'ne oldukça uzakta bulunuyordu. Tren yolu hattı üzerinde, Milli Mücadele'ye sempatiyle bakan bir şehre geçmesi gerekmekteydi. Aynı zamanda Ali Fuat Paşa'nın komutasındaki kolordunun merkezi olan Ankara bu açıdan ideal bir şehirdi.

Yanına Heyet-i Temsiliye üyelerini de alan Mustafa Kemal'in Ankara'ya yolculuğu oldukça zor şartlar altında gerçekleşecekti. Erzak için para, araba için benzin ve lastik bulmak büyük bir sorundu. Eşkıyalıkla suçlanmaktan çekinen Mustafa Kemal, Osmanlı Bankası'ndan para alınmasına kesinlikle karşı çıkıyor, kendisine mazot yardımı yapmayı teklif eden Amerikan Koleji'nin müdiresine de bu yardımı sadece kendisine para teklif edildiği, ancak hanımefendinin bunu kabul etmediğini belirten imzalı bir belge karşılığında kabul edebileceğini söylüyordu.

Mustafa Kemal ve arkadaşlarını taşıyan üç otomobil, kar yağışı altında üstü açık seyretmek suretiyle 18 Aralık tarihinde Sivas'tan ayrıldı. Patlayan lastikler, kara saplanan otomobiller ve bin bir zorlukla geçen yolculukta önce Kayseri'ye, ardından da Hacıbektaş'a varıldı. Burada Alevi ve Bektaşi ileri gelenleriyle görüşüldü. 24'ünde Kırşehir'e, ardından 27'sinde de Ankara'ya varıldı.

Mustafa Kemal ve arkadaşları en başından beri Milli Mücadele'ye tarafgir olan Ankara halkı tarafından büyük bir coşkuyla karşılandı. Çankaya ve Dikmen tepelerinden güzel sesli hafızlar ezan okudu. 700 piyade ve 3.000 atlıdan müteşekkil bir seymen alayının başını çektiği ve din adamları, esnaf ve öğrencilerin takip ettiği bir alay Paşa'yı şehrin girişinde, Dikmen sırtlarında karşılamıştı. Halkın yoğun ilgisi altında önce istasyona, ardından da hükümet meydanına gelindi. Karşıdaki binayı karargâh tutmuş Fransız askerlerinin şaşkın bakışlarının altında ve ancak yaşayanın bilebileceği o Ankara soğuğunda kısa bir tören yapıldıktan sonra, Mustafa Kemal önce valilik binasını ve ardından da kolorduyu ziyaret etti. Heyet-i Temsiliye üyeleri, Ali Fuat Paşa'nın karargâhta kendisine hazırlattığı odalarda kalacaklardı.

Bozkırın ortasındaki bu ufak Anadolu şehri, bundan böyle Kurtuluş Savaşı'nın merkezi olacaktı. Ancak, Mustafa Kemal ve çevresindeki birkaç kişi hariç henüz kimsenin bundan haberi yoktu. Müdafaa-i Hukuk cemiyetlerine çekilen telgrafta bile Heyet-i Temsiliye'nin merkezinin *şimdilik* Ankara olduğu bildiriliyor, sanki bu geçici bir kararmış gibi davranılıyordu. Oysa, herkesin gözünün İstanbul'a çevrildiği bir anda, Mustafa Kemal kendi önderliğindeki bir kurtuluş hareketinin merkezini yavaş yavaş inşa etmeye ve kadrolarını belirlemeye başlamıştı.

10 Ocak 1920

Hâkimiyet-i Milliye'nin İlk Sayısı

Kurtuluş Savaşı aynı zamanda bir propaganda savaşıdır. 600 küsur yıllık bir hanedana rağmen Anadolu'da bir avuç komutan ve sivil idarecinin kendi inisiyatifleriyle başlattıkları bu mücadelenin amacının, çoğu okuma yazma bilmeyen tüm halka olmasa bile, en azından okumuş elitlere anlatılması elzemdir. Bu amaçla daha Sivas günlerinde *İrade-i Milliye* diye bir gazete çıkarıldığından bahsetmiştik. Mustafa Kemal ve Heyet-i Temsiliye'nin Ankara'ya yerleşmesinin ardından, bu gazete 10 Ocak tarihinden itibaren *Hâkimiyet-i Milliye* adıyla çıkmaya başlamıştır.

Gazete ilk günden beri Mustafa Kemal'in kontrolündedir. Gazetenin mesul müdürü Recep Zühdü iken, yazıişleri müdürü Nizamettin Nazif'tir. Yazı ve haber sağlama ile gazetenin dağıtımı gibi işleri Hakkı Beyiç Bey üstlenmiştir. İlk baştaki yazılar imzasız çıksa da, zamanla Hamdullah Suphi, Hüseyin Ragıp, Ağaoğlu Ahmet, Yakup Kadri ve Falih Rıfkı gibi birçok gazeteci *Hâkimiyet-i Milliye*'ye katkı sunacaklardır. Mustafa Kemal'in kendisi de birçok köşe yazısı yazmıştır, ancak bunların çoğu imzasızdır. Bazılarında yazının altına bir işaret olarak yıldız konmuştur.

Kurtuluş Savaşı'nın yokluk günlerinde gazete çıkarmak kolay bir iş değildir; bu yüzden *Hâkimiyet-i Milliye* ilk başta haftada iki gün ve sadece dört sayfa olarak yayımlanacaktır. Temmuz ayından

حاكميت مليه

ملكى : ملتك ارادەسنى حاكم قيلمقدر

١٠ كانون ثانى ١٣٣٦ نومرو ١ — هفتەدە ايكى دفعه نشر اولونور — جمعه ايرتسى

Hâkimiyet-i Milliye gazetesinin 10 Ocak 1920 tarihli ilk sayısı

itibaren haftada üç kere basılan gazete, Ocak 1921'de yayınına iki hafta ara vermek zorunda kalmıştır. Gazetenin rahat şartlarda basılabilmesi, ancak Eskişehir'de bulunan ve Çerkes Ethem'in kontrolünde olan *Seyyâre-i Yeni Dünya* gazetesinin çıkarılmasında kullanılan dizgi kasaları ve makinelerin Ankara'ya getirtilmesiyle mümkün olmuştur. Şubat 1921'den itibaren, cumartesi hariç haftada altı kez, Temmuz ayından sonra da nihayet haftanın her günü çıkmaya başlayacaktır.

Günlük tirajının ortalama 1.200-1.500 civarında olduğu ve en fazla beş-altı bin basıldığı tahmin edilen *Hâkimiyet-i Milliye*'yi özellikle mebusların okunması sağlanmıştır. Yurdun birçok yerinde dağıtıldığı gibi, İstanbul'da da doğru ellere ulaşması için büyük çaba sarf edilmiştir; zira Ankara'nın hareketlerini meşru göstermesi için bu elzemdir.

Hâkimiyet-i Milliye, cumhuriyetin ilanından sonra Halk Fırkası'nın resmî yayın organı olarak basılmaya devam edilecektir. 1935 yılında *Ulus* adını alan gazete, ileride Demokrat Parti döneminde tatbikata uğrayacak ve 1953 yılında Menderes hükümetinin Cumhuriyet Halk Partisi'nin mallarına el koymasıyla kapatılacaktır. 1955 yılında, bu sefer CHP'nin kendi imkânlarıyla tekrar basılmaya başlanan *Hâkimiyet-i Milliye* 1971'de yayın hayatına son verecektir.

12 Ocak 1920

Son Meclisin "Fellah"ları: Meclis-i Mebusan Açılıyor

İstanbul'un Anadolu ile haberleşmesinin kesilmesi sonucu Damat Ferit Paşa hükümetinin istifa etmek zorunda kalması, Milli Mücadele ile uzlaşmak zorunluluğunu ortaya koymuştu. Ancak, bu samimi bir uzlaşma olmayacaktı. Vahdettin'in esas planı, kaybettiği inisiyatifi sahte bir uzlaşma ile geri almaktı; imparatorluğunun kurtuluşunu hâlâ meydan okumada değil, İngiltere ve Fransa'nın suyuna gitmekte arıyordu.

Bu planı hayata geçirirken en büyük avantajı Mustafa Kemal haricindeki Milli Mücadele önderlerinin kararsızlığıydı. Mustafa Kemal'in radikal vizyonerliğini paylaşan pek yoktu; hükümet düşürülmüştü düşürülmesine, ama birçokları padişahın doğru yola geleceğine inanmaktaydı hâlâ. Direnişi İstanbul'da toplanacak bir meclis etrafında örgütlemek fikrinden yanaydılar.

Mustafa Kemal ise bu sırada Anadolu'daki kilit noktalara Milli Mücadele'ye sempati duyan insanların atanmasını sağlamaya çalışıyordu. Birçok yerde İstanbul taraftarı valiler tutuklanıp yerlerine yenisi atandı ya da bunlar henüz görev yerlerine gelmedilerse şehre girmeleri önlendi ve başkente geri yollandı. Ali Fuat Cebesoy'un yerine XX. Kolordu komutanı olarak atanan Kiraz Hamdi Paşa da bu geri dönmek zorunda kalanlardan biriydi.

Damat Ferit Paşa'nın yerine sadrazamlığa gelen Ali Rıza Paşa, Milli Mücadele'ye ılımlı bakan bir kabine kurdu. Örneğin harbiye na-

Osmanlı Meclis-i Mebusanı

zırı, Amasya Mukarreratı'na bizzat onay veren, o dönemin II. Ordu Müfettişi Mersinli Cemal Paşa'dan başkası değildi. Hükümet ile Heyet-i Temsiliye telgraf üzerinden görüşmeye ve İstanbul ile Anadolu arasındaki sıkıntıları halletmek için bir orta yol aramaya başladılar. Ardından da İstanbul, Anadolu'ya bir delege göndermeye karar verdi. Bu tip meşakkatli görevlerde hep olduğu gibi, seçilen de delege gönderme teklifinin sahibi Bahriye Nazırı Salih Paşa olmuştu.

Mustafa Kemal'in de olur vermesi üzerine, görüşme 20 Ekim'de Amasya'da gerçekleşmişti. Taraflar arasında bir protokol imzalanmış, hükümetin Sivas Kongresi kararlarını ve Anadolu ve Rumeli Müdafaa-i Hukuk Cemiyeti'ni tanıması sağlanmıştı. Ayrıca, İtilaf Devletleri ile yapılacak barış görüşmelerine katılacak kişilerin Milli Mücadelecilerin onayladığı insanlar olacağı üzerinde anlaşılmıştı. Ancak hepsinden önemlisi, bir seçim yapılması kararlaştırılmıştı.

Bu görüşmelerden çıkan 22 Ekim 1919 tarihli Amasya Protokolü, meclisin nerede toplanacağı konusunda da bir karara varmış ve İstanbul'da toplanmanın sakıncaları protokole eklenmişti. Salih Paşa, hükümete bunu kabul ettiremezse istifa etmeye bile söz vermişti.

Ancak, İstanbul hükümeti payitahttan başka yerde bir meclis toplanmasını anayasaya aykırı buluyordu. 16-29 Kasım arasında Sivas'ta yapılan kolordu komutanları toplantısında da tam bir fikir birliğine varıldığı söylenemezdi. Mustafa Kemal'e göre, işgal altındaki başkentte toplanacak bir meclis görevini yapmaktan âciz kalacaktır. Fakat Anadolu'da toplanmasının da sakıncaları vardır. Böyle bir hareket İtilaf Devletleri'ne İstanbul'un gözden çıkarıldığı mesajı verebilir. Hem hükümet İstanbul'da, meclis Anadolu'da iken koordinasyon nasıl sağlanacaktır? Bu çekincelerle Anadolu fikrinden vazgeçilmiş ve İstanbul üzerinde anlaşılmıştır.

Burada biraz konudan sapmak ve o dönemde yapılan seçimlerin tabiatından bahsetmek gerekir. Bunlar, herkesin birey olarak oy verdiği ve bu oyların sonuca yansıdığı modern seçimlere benzememektedir. Seçimlerin sonucu, karşımıza yerel güç dengelerinin bir ifadesi olarak çıkmaktadır; esas mesele halkın tamamını değil, askerî ve mülki amirler ile şehrin eşrafını kendi tarafına çekmektir. Her şeyden önce, oy kullanma pek yaygın değildir, propaganda yapma şartları yoktur ve örgütlü siyasi oluşumlar henüz emekleme aşamasındadır. Bundan da önemlisi, bireylerin verdiği oylar direkt olarak mebusları belirlememektedir. Mebusları belirleyenler, oy verenlerin seçtiği müntehib-i sani, yani ikinci seçmenlerdir. Bu karmaşık sistem, memleketin yarısının işgal altında olduğu ve olmayan yerlerde de asayişin tamamen kontrolden çıktığı bir ortamda, güçlü ve örgütlü olanın sonuçları etkilemesinin önünü açmaktadır. Bu, o dönemde sadece Osmanlı'da değil, dünyanın birçok yerinde böyledir. Örneğin, İspanya'da seçimi kimin kazanacağını kral belirlemektedir; seçimler yaklaştığı zaman atadığı içişleri bakanı, yaptığı atamalarla ve oyları kontrol eden ekabir ile (İsp. *cacique*) pazarlıklara girerek hangi partinin hangi seçim bölgesinde kaç vekil çıkaracağını belirleme gücüne sahiptir. Bu sistemle karşılaştırıldığında, Osmanlı seçimlerinin çok daha serbest olduğu söylenebilir. Bunu Bursa ve Bilecik'ten adaylığını koyan Fahrettin Bey'in Mustafa Kemal Paşa'nın isteğine ve Heyet-i Temsiliye üyesi Kara Vasıf Bey'in tüm çabalarına rağmen seçilememesinden, Sinop seçmenlerinin de gene Heyet-i Temsiliye'nin desteklediği adaylara teveccüh göstermemesinden anlamak mümkündür.

Verilmesi gereken bir başka karar, İstanbul'a kimlerin gideceğidir. Meclisin dağıtılacağından emin olan Mustafa Kemal, Milli Mücadele önderlerinin Anadolu'da, daha doğrusu Aralık ayından itibaren Heyet-i Temsiliye üyeleriyle geçtikleri Ankara'da kalmaları taraftarıdır. Ancak sonunda, Meclis-i Mebusan'da oluşturulacak bir grubun daha rahat kontrol edilmesi için Rauf ve Kara Vasıf beylerin İstanbul'a gitmesine karar verilmiştir, ki Karakol Cemiyeti'nin kurucusu olan bu ikincisinin esas güçlü olduğu yer zaten payitahttır.

Milli Mücadele'ye yakın mebusların mecliste nasıl bir yol izleneceği konusunda bilgilendirilmesi de gerekmektedir. En başından beri işin stratejisyeni Mustafa Kemal olduğuna göre, bu nasıl başarılacaktır? Sonunda bu mebusların payitahta gitmeden önce İstanbul'a yakın bir yerde toplanmasına ve nasıl bir program takip edileceği konusunda bilgilendirilmelerine karar verilmiştir. Toplantı için belirlenen yer ilk başta Seyitgazi'dir, ancak daha sonra Ankara olarak değiştirilecektir. Lakin bu toplantılardan çok verim alındığı söylenemez. Birçok mebus Ankara'ya gelmeyecektir; gelenlerin de büyük çoğunluğu Batı Anadolu mebuslarıdır. Doğu Anadolu'dan ise bir kişi hariç kimse teşrif buyurmamıştır; bunu Erzurum Kongresi'nden beri süren ve ulusal bir mücadelenin, zor durumda olan bölgenin önceliklerinin ikinci plana itilmesi anlamına geleceğini savunan muhalefetin devamı olarak kabul etmek akla yatkındır.

Bir başka meşakkatli konu da Heyet-i Temsiliye'ye ne olacağıdır. İstanbul hükümetine göre, seçimler yapıldığına ve İstanbul'da milli iradeyi temsil edecek bir meclis oluşturulduğuna göre bu heyet görevini tamamlamıştır ve kendisini lağvetmelidir. Buna Kâzım Karabekir gibi Milli Mücadele önderlerinden de destek çıkan olmuştur, ki bu kadar acemi bir manevraya kanmaları hâlâ ne kadar geleneksel düşündüklerinin en açık örneğidir. İşgal altında toplanan bir meclis ile padişahın atadığı ve meclise karşı ancak kısıtlı sorumluluğu olan bir saray hükümetinin Milli Mücadele gibi fedakârlık isteyen bir projeyi hayata geçirebileceğini düşünmek safdillikten[1] başka bir şey değildir. Kaldı ki Vahdettin'in o âna kadar yaptıkları da bellidir; zora düştüğünde verdiği gönülsüz bir tavize karşılık o âna kadar bin bir zorlukla kurulan yapının bir anda tasfiye edilmesinin manası nedir? En sonunda kolordu komutanları Heyet-i Temsiliye'nin hemen dağılmaması, Meclis-i Mebusan'ın emniyet için-

1. (Osm.) Safdil: Arapça "saf" (temiz) + Farsça "dil" (kalp). Temiz kalpli.

de ve serbestçe çalıştığı teyit edilinceye kadar dışarıdan faaliyetlerini yürütmesi üzerinde bir mutabakata varmışlardır.

Son Osmanlı meclisinin ilk oturumunu yaptığı 12 Ocak'ta, aralarında Milli Mücadelecilerin de olduğu birçok vekilin hâlâ kendisinden bir şey umduğu Vahdettin, lütfedip Meclis'e bile gelmeyecek, açılış konuşmasını yapmak için Dahiliye Nazırı Damat Şerif Paşa'yı gönderecektir. Eski alışkanlıkların kolay öldüğü ülkelerde, böylesine bir davranış bile Milli Mücadeleci vekillerin saltanattan umudunu kesmelerine yol açmalıydı. Ancak, çağının zihnî prangalarından kurtulmak istisnai insanların işidir. Milli Mücadeleci vekiller bırakın konuşma yapmaya gelmediği için padişahı kınamayı, gıyabında yapılan bu konuşmadan ilham almayı bile başarmışlardır. Meclisteki gruplarına Mustafa Kemal'in arzu ettiği gibi "Müdafaa-i Hukuk" değil, padişahın nutkunda geçen "Felah-ı Vatan" ismini vermişlerdir. Tekrar etme pahasına: Zorla açtırdıkları bir mecliste, daha dün kendilerini asi ilan eden bir padişahın, şahsen vermeye bile gelmediği nutkundan alınan bir tamlamayı kendilerine grup ismi seçmişlerdir! Mustafa Kemal bu haberi duyduğunda kim bilir kendisini ne kadar yalnız hissetmiştir…

28 Ocak 1920

Köprüler Atılıyor: Misak-ı Milli'nin İlanı

Son Osmanlı meclisinin üç ay kadar süren kısa ömründe Milli Mücadele için yaptığı en önemli şey Misak-ı Milli'nin ilan edilmesi olmuştur. Bunun dışında, Milli Mücadele yanlısı mebuslar, meclisteki faaliyetlerinde dağınık bir görüntü sergilemişler ve üzerinde anlaşılan kararları uygulamaya geçirmekte zorlanmışlardır.

Mebus seçildiği halde meclise gelmeyen ve Heyet-i Temsiliye üyelerinin bir kısmıyla Aralık ayının sonunda Ankara'ya geçen Mustafa Kemal, Rauf Bey ve Kara Vasıf aracılığıyla mebusların faaliyetlerini koordine etmeye çalışmış, ancak sükût-ı hayale uğramıştır. Milli Mücadele'nin Anadolu ve Rumeli Müdafaa-i Hukuk Cemiyeti çatısı altında merkezileştirilmeye çalışıldığı günlerde, mebuslar gruplarına Mustafa Kemal'in ısrar ettiği gibi "Müdafaa-i Hukuk" ismini vermekten bile imtina edip padişahın nutkundan aldıkları "Felah-ı Vatan" adını kullanmayı tercih ederek daha ilk günden sarayın etkisine girdiklerini göstermişlerdir. Mustafa Kemal yıllar sonra bile bu kararı öfkeyle anacaktır; *Nutuk*'ta bunlar için, "İmansız idiler, cebin [korkak] idiler, cahil idiler!" demekte[1] ve

1. "Peki neden?" diye soracak olursanız, sözü Atatürk'e bırakalım: "İmansız idiler, çünkü âmâl-i milliyenin [milli emellerin] ciddiyet ve katiyetine ve bu âmâlin mesnedi olan teşkilat-ı milliyenin salabetine [sağlamlığına] inanmıyorlardı. Cebin idiler, çünkü teşkilat-ı milliyeye mensubiyeti dâi-i mehalik [tehlikeleri çağıran şey] görüyorlardı. Cahil idiler, çünkü yegâne istinadgâh-ı halasın [kurtuluş dayanağının] millet olduğunu ve olacağını takdir edemiyorlardı.

lâm harfini şeddeli okuyarak gruba Fellah-ı Vatan[1] ismini vermektedir.

Milli Mücadele'yi Meclis'te temsil etmesi gereken bu grubun, "İttifakname" adıyla ilan edilen siyasi programında da ne Müdafaa-i Hukuk'un ne de Kuva-yı Milliye'nin adı geçmektedir. İsimlere ve sembollere takılmak istemeyip içeriğe göz gezdirenler de hüsrana uğramaktan kurtulamayacaklardır. Zira bu program Erzurum ve Sivas kongrelerinde alınan kararları içermekten çok uzaktır. Sanki son altı aydır yapılanlar hep boşadır; tekrar en başa dönülmüş gibidir.

Rauf Bey ve Kara Vasıf'ın tüm çabalarına rağmen Mustafa Kemal'i meclis başkanı seçmeyi de başaramamışlardır. Toplantıya katılmayan bir üyenin seçilmesinin, koskoca Osmanlı Meclis-i Mebusanı'nın kendi içinden bir reis çıkaramayacağı şeklinde yorumlanacağından dem vuran da olmuştur, Kuva-yı Milliye'nin lideri olan bir askeri, yasama organının başına getirmenin İtilaf Devletleri tarafından yanlış anlaşılacağını öne sürenler de. Her halükârda Paşa'ya en fazla 34 oy çıkacağı (açıldığında Meclis'te 72 vekil vardır ve bu sayı ilerideki katılımlarla 140'ı geçmemek koşuluyla artacaktır) anlaşılınca, adaylığından vazgeçmek zorunda kalınmıştır.

Meclis'in oturumlara katılamayacak birini başkan seçmesi ilk başta gerçekten de mantıksız gelebilir. O dönem, başkan seçilmekte ısrarını Mustafa Kemal'in hırsına verenler de olmuştur. Ancak, başkan olma ısrarının mantıklı bir taktik hamle olduğu da ortadadır. Meclis'in dağılması durumunda, meclis başkanı otomatik olarak İstanbul dışındaki en yetkili merci olacaktır, ki Mustafa Kemal'in kendisini en başından beri yerleştirmeye çalıştığı konum budur. Anadolu'da milli iradeyi temsil eden bir meclis kurma fikri ta Sivas Kongresi'nden bu yana aklındadır. Böyle bir projeyi son meclisin başkanı olarak yapmak şüphesiz daha kolay olacaktır. Ayrıca, Milli Mücadele'nin başından beri en yakın çalışma arkadaşlarının bile anlamakta zorlandığı şu olsa gerektir: Birini lider olarak benimseyip

Padişah'a tekâpû [dalkavukluk] ederek, ecanibe [ecnebilere] hoş görünerek, mülayim ve nazik davranarak, büyük gayelerin istihsal olunabileceği [elde edilebileceği] gafletini gösteriyorlardı. Bundan başka, efendiler; nankör ve hodperest [kendi kendine tapan] idiler. Fikr-i milli ve teşkilat-ı milliyenin kısa bir zamanda temin ettiği şeref ve mevcudiyeti istisgar ediyorlardı [küçümsüyorlardı]. Vücut bulmuş olan vaziyet ve varlığın sehlü'l-istihsal olduğunu [kolayca elde edildiğini] zan ve vehmetmekle çirkin gururlarını tatmin sevdasına düşüyorlardı."

1. (Ar.) Fellah: Köylü, çiftçi. Osmanlıcada Araplara layık görülen pejoratif ifadelerden biridir.

sonra onu en önemli mevkilerden mahrum bırakmanın mantığı yoktur. Anlı şanlı bir komutanın tüm kariyerini, özgürlüğünü ve en nihayetinde hayatını riske atıp kimsenin giymeye yanaştığı ateşten bir gömleği sırtına geçirdikten ve başarılı olduktan sonra köşesine çekilmesini beklemenin de... Kaldı ki, bu liderlik mevkiine yurtdışındaki Enver Paşa dışında başka bir talip olduğu da söylenemez.

Daha da acısı, Mustafa Kemal'in yerine seçilen Reşat Hikmet Bey'in Vahdettin'in adayı olmasıdır. Mustafa Kemal'e ise adeta bir teselli ödülü verilmek istenecek ve askerlikten tard kararı kaldırılarak istifa etmiş sayılacaktır. Askerî nişanları ve yaverlik unvanları da iade edilmiştir. Bu karar, İstanbul'dakilerin eski sistemin değer yargıları ve ödül mekanizmalarına nasıl hâlâ bağlı olduklarının, kutunun dışına nasıl bir türlü çıkamadıklarının en güzel örneğidir. Daha dün gözünü kırpmadan her şeyi geride bırakan (ki bir asker için bu çok zor bir şeydir) ve idamlık olmayı kabul eden birini yaverlik kordonuyla yatıştırmaya çalışmak, zor zamanların küçük insanlarının işidir.

Söylenenin çok, alternatif sunanın az olduğu, mebusların kolaylıkla saltanatın ve payitahtın büyüsüne kapıldığı böyle bir ortamda, son Osmanlı meclisinin hükümeti denetlemesi ve yönlendirmesi mümkün değildir. Saray eski oyunlarına devam etmekte, mebusları tesiri altına almaktadır. İngilizlerin bir ültimatom verip harbiye nazırını değiştirebildikleri bir ortamda hükümetin Milli Mücadele doğrultusunda kararlar alması, böyle uysal bir meclis ile mümkün değildir. Ankara'dan Mustafa Kemal'in tüm ısrarlarına rağmen Ali Rıza Paşa hükümetini düşürmeden güvenoyu verdiklerinde, mebuslar son kozlarını da heba etmişlerdir.

28 Ocak'ta ilan edilen Misak-ı Milli, bu dağınık ve kararsız mebus güruhunun yaptığı belki de tek önemli şeydir. İlk kez Amasya Tamimi'nde ortaya konan, ardından Erzurum ve Sivas kongrelerinin kararlarıyla genişletilip detaylandırılan Milli Mücadele programı işte şimdi imparatorluğun en üstün yasama makamı tarafından da onaylanmıştır.

Genelde Wilson Prensipleri üzerine inşa edilen Misak-ı Milli, 1914 yılındaki Osmanlı topraklarının bölünmez bir bütün olduğunu söylüyor, mütareke hattının dışında kalan Arap topraklarının kaderinin bölge halkları tarafından belirleneceği ilkesini kabul ediyordu,

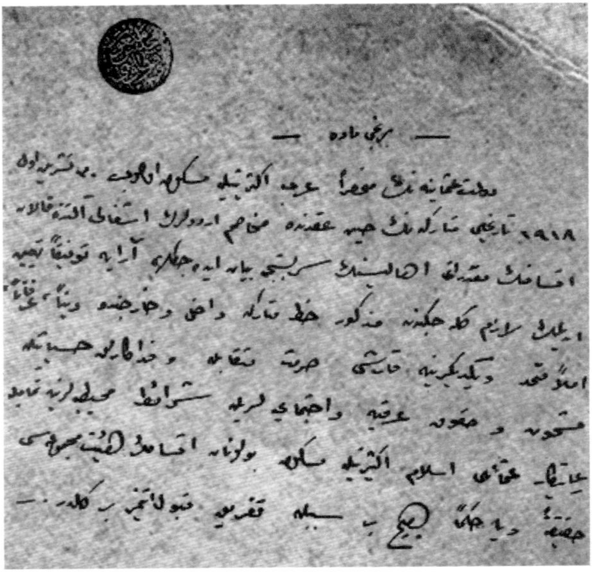

Misak-ı Milli Beyannamesi, 1. madde

ki aslında bu konuda yapabileceği fazla da bir şey yoktu. İşin enteresanı, Erzurum ve Sivas kongrelerinde ve Mustafa Kemal'in Ankara'dan yolladığı metinde hep mütareke imzalandığı sıralarda Osmanlıların elinde kalan toprakların bütünlüğünden bahsedilirken, son metinde mütareke hattının hem içinden hem dışından bahsedilmiştir, ki böyle bir hüküm, geri alınması imkânsız topraklara göz konduğu imajı vermesi açısından aslında sakıncalıdır. Milli Mücadele'nin barış görüşmeleri öncesi elinde tutmaya çalıştığı toprakları belirleyen metinde, tartışmalı bölgelerde halka gidilmesi prensibi uygun görülmüş, Batı Trakya ile Elviye-i Selâse, yani Kars, Ardahan ve Batum'da bir plebisit yapılması öngörülmüştür. Boğazların ticarete açık olacağı belirtilmiş, antlaşma hükümleri doğrultusunda azınlıkların haklarına saygı duyulacağının altı çizilmiştir. Hepsinden de önemlisi, "istiklal ve serbesti-i tamme"nin, yani bağımsızlığın kırmızı çizgi ("hayat ve beka") olduğu belirtilmiş; diğer ülkelerden gelecek siyasi, adli ve mali kısıtlamalara karşı olunduğu açıklanarak manda ve kapitülasyonlar konusunda net bir negatif tavır takınılmıştır.

28 Ocak'ta kabul edilen Misak-ı Milli 17 Şubat'a kadar kamuoyundan gizli tutulacak, açıklanır açıklanmaz da büyük rahatsızlık yaratacaktır. Milli Mücadele'nin yol haritası olacak bu metnin, İngilizler başta, İtilaf Devletleri'ni huzursuz etmesi anlaşılabilir; ancak metne Milli Mücadele'ye her daim muhalif İstanbul basınından da sert eleştiriler gelmiştir. Refi Cevat Ulunay metnin ismiyle dalga geçip "Hacı Misak"a benzetecek, daha birkaç ay önce Mustafa Kemal'i tutuklatmaya çalışan Ali Kemal ise metni ilan edilmesinden önce yayımlayarak ters bir kamuoyu oluşturmaya çalışacaktır.

16 Mart 1920

Yol Ayrımı: Meclis-i Mebusan'ın Kapatılması

Misak-ı Milli'nin ilan edilmesi, İtilaf Devletleri'ni oldukça rahatsız etmişti. Her ne kadar Mustafa Kemal'in beklediği kadar radikal adımlar atmasalar da, mebuslar Vahdettin ve Damat Ferit hükümetleriyle karşılaştırıldıklarında kontrol edilmesi daha güç bir yapı olduklarını ispatlamış gibiydiler. Bu sırada Kuva-yı Milliyecilerin Gelibolu'da bulunan ve Fransızların kontrolünde olan Akbaş cephaneliğini basıp içindeki silahları ele geçirmeleri ve Fransızları Maraş'tan kovmayı başarmaları, İtilaf Devletleri'ni daha kesin çözümler aramaya itecekti.

Padişah için de aslında Meclis-i Mebusan'ın toplanması geçici bir tavizden ibaretti. Anadolu ile haberleşmesinin kesildiği, atadığı vali ve komutanların görev yerine gitmesine izin verilmediği bir anda, zaman kazanmak için yaptığı bir hamleydi. Üstüne üstlük otoritesine meydan okuyanları, kontrolündeki başkente getirmeyi başarmıştı. Gıyabında kendisi ve Heyet-i Temsiliye için sarf ettiği övgü dolu sözlerine İstanbul'a ne zaman gelecekleri sorusunun eşlik etmesi, Mustafa Kemal'i başkente getirip derdest etmek yolunda daha Erzurum Kongresi günlerinden beri uygulanan taktiğin devamıydı.

Dolayısıyla, İngilizler zaten fiilen kontrol ettikleri İstanbul'u işgal edip Meclis-i Mebusan'ı dağıtmaya karar verdiklerinde buna saray da pek itiraz etmeyecekti. Hatta Vahdettin işgal günü kendisini ziyaret eden mebuslara düşmanın her istediğini yapabilecek güçte olduğunu söyleyecek, o yüzden meclisteki konuşmalara çok dikkat edilmesini salık verecekti. Kapatılacak bir mecliste neye dikkat edilmesi gerektiğini anlamak mümkün olmamakla birlikte, kendisine Anadolu'daki direnişten bahseden mebuslardan padişahın pek etkilenmediğini eklemeye herhalde gerek yoktur.

İngilizlerin aldığı bu işgal kararı, aslında çok büyük bir stratejik hataydı. İstanbul hükümetinden bağımsız bir direniş yaratmaya çalışan Mustafa Kemal, başından beri en yakınındakileri bile ikna edememişti. Bunların çoğu hâlâ İstanbul'dan medet umuyor ve ancak başkentten örgütlenecek bir direnişin başarıya ulaşacağını düşünüyorlardı. Onlara göre problem Vahdettin değil, Damat Ferit'ti. Tüm kısa görüşlü isyancılar gibi faturayı monarka değil, onun sorumsuz vekillerine kesiyorlardı; ortada sisteme getirilmiş bir eleştiri, alternatif bir düzen vizyonu yoktu. Bu çerçeve içinde, Mustafa Kemal'in yapabileceği tek şey, sessizce gücünü artırmak ve kontrolün tamamen eline geçeceği günü beklemekti.

Ancak, İstanbul'un araya girmesi sürekli kendisini sekteye uğratıyordu. Tam Damat Ferit hükümetini düşürüp anayasaya aykırı bir şekilde seçim yapmamakta direnen padişahı dize getirmişken, meclisin İstanbul'da toplanması planlarını altüst etmiş, buraya seçilen vekilleri uzaktan kontrol etme girişimleri de hüsranla sonuçlanmıştı. Yolladığı vekiller otonom bir grup adını bile kendilerine çok görecekler ve Mustafa Kemal yerine padişahın namzetini meclisin başına getirmekte hiçbir beis görmeyeceklerdi. İşte, başkenttekilerin umurunda bile olmayan Anadolu'nun sıradan bir şehrinde, cebinde üç-beş kuruş para, yanında güvenebileceği kimse yokken, bu yalnız vizyonerin çırpınışlarına en büyük desteği, İstanbul'u resmen işgal edip mebusları tutuklayarak, istemeden de olsa İngilizler verecekti.

İşgal aslında önceden haber alınmıştı ve birçok mebus Anadolu'ya kaçmanın yollarını aramaya başlamışlardı. İsteseler, Rauf Orbay ve Kara Vasıf'ın da kaçması, hatta bırakın kaçmayı, kendilerini tutuklamaya gelen iki İngiliz askerine meclisteki Muhafız Alayı'nı kullanarak direnmeleri mümkündü. Ancak Rauf Orbay kaçışının sembolik olarak kötü bir etki yapacağını hesaplamış, İngilizlerin bu gayrımeşru hareketinin kamuoyu üzerinde daha negatif sonuçlar vermesi için kendini feda etmekten çekinmemiştir. Meclis kapanmamalı, kapatılmalıydı ona göre. Bir bakıma, İngilizlerin bu stratejik hatasının sonuçlarının daha sert olmasını sağlamıştır.

Ancak diğer vekiller için durum aynı değildir. İngilizler, birkaç mebusla birlikte sabık Genelkurmay Başkanı Cevat Çobanlı ile padişaha görevden aldırdıkları sabık Harbiye Nazırı Mersinli Cemal Paşa'yı, Meclis-i Ayan'dan Esat ve Mahmut paşaları ve hatta tehlikeli gördükleri Şehzade İbrahim Tevfik Efendi'yi tutuklamışlar ve bu sonuncusu hariç hepsini Malta'ya sürmüşlerdi. Lakin diğer mebuslar kaçmayı ve kılık değiştirerek meşakkatli bir yolculuktan sonra Ankara'ya ulaşmayı başaracaklardır. Burada yeni bir seçimle gelen mebuslarla beraber, ileride Türkiye Cumhuriyeti'ne dönüşecek yeni bir devletin kurulmasına yardım edeceklerdir.

Meclis-i Mebusan'ın dağıtılması üzerine Mustafa Kemal hemen gerekli önlemleri alacaktır. İlk olarak başına birer subay koyup tüm telgrafhaneleri kontrol altına aldırmış, ardından da İstanbul'la yapılacak tüm resmî ve özel telgraf haberleşmelerini kestirip Anadolu'yu tekrardan kendine bağlamıştır. Kurtuluş Savaşı aynı zamanda bir iletişim savaşıdır ve Geyve Boğazı işgal edilip demiryolu köprüsü bozularak İstanbul'un Anadolu ile iletişimine bir darbe daha vurulmuştur. Kısacası, payitaht artık sadece düşman işgali altında değildir; başı olduğu kentler de kendisinden koparılmıştır. Alınan bir başka önlem, tutuklanan mebuslara karşı rehin olarak Anadolu'daki İngiliz subaylarının tutuklanmasıdır. Aslında İtilaf Devletleri Anadolu'daki asker ve subaylarını geri çekmeye zaten başlamıştı, ki Ankara'nın işgali önceden fark etmesini sağlayan etkenlerden biri de buydu. Tren istasyonlarına yerleştirilen İngiliz birliklerinin tutuklanması, ulaşımın garanti altına alınmasını da sağlayacaktı. Bu tutuklanan İngilizler, Sakarya Meydan Muharebesi'nden sonra Malta'ya sürülenlerle takas edilecektir.

Heyet-i Temsiliye'nin Anadolu üzerindeki kontrolünü tahkim etmek için tüm vali ve kolordu komutanlarından İstanbul ile Ankara arasında kesin bir seçim yapmaları istendi. İstanbul'a bağlı kalmayı seçen Yusuf İzzet Paşa gibilere görevden el çektirilirken, ayak direyen XII. Kolordu Komutanı Miralay Fahrettin Altay ve Konya valisi gibiler ise kaçırılarak[1] Ankara'ya getirildi ve burada kendilerine reddedemeyecekleri bir teklif yapıldı. Son olarak, yabancı elçilik-

1. Her zaman kurnazlığıyla büyüleyen Refet Bele kendilerini vagonuna davet edecek, trene biner binmez de kaçırıp zorla Ankara'ya götürecektir.

lere birer protesto telgrafı çekilmesine ve tüm yurtta işgale karşı mitinglerin teşvik edilmesine karar verildi.

İstanbul'da ise meclis dağıtıldıktan üç hafta sonra Vahdettin, Damat Ferit'i tekrar hükümet kurmakla görevlendirecekti. Maskeler atılmış, herkes başladığı yere dönmüştü kısacası. Bu zaman kaybının İstanbul ile Anadolu arasında bir uzlaşıyı imkânsız kılacağı sanılabilir, ancak bu, Milli Mücadele kadrolarının müteredditliğini, muhafazakârlığını, başlarını kuma sokma ısrarcılıklarını hafife almak olur.

6 Nisan 1920

Anadolu Ajansı'nın Kurulması

İlk başlarda yurdun birçok yerinde kendiliğinden gelişen, ardından da Mustafa Kemal'in tek bir merkezde örgütlemeye giriştiği Milli Mücadele hareketi, sanılanın aksine tüm yurtta coşkuyla karşılanmamıştır. Gerek Balkan ve Cihan harplerinin yarattığı yorgunluk, gerekse İttihatçı kadrolara karşı duyulan öfke, halkın bir kesiminde bu maceraperest girişime karşı bir şüphe uyanmasına yol açmıştır. İngilizlerin son Osmanlı meclisini kapatması ve mebusların Ankara'ya kaçarak alternatif bir hükümet merkezi oluşturmaları, Mustafa Kemal ile İstanbul arasındaki son bağın da kopmasına neden olmuştur. Mustafa Kemal ve arkadaşlarını vatana ihanetle suçlayan Dürrizade'nin fetvası ve Vahdettin'in tekrar göreve getirdiği Damat Ferit'in faaliyetleri, Ankara'yı daha da zor duruma sokmuştur.

Bu kritik günlerde, Milli Mücadele'nin amaçlarını anlatmak için bir ajans kurulması olağandır. Üç ay önce basılmaya başlanan *Hâkimiyet-i Milliye* gazetesinden sonra, Ankara bir başka propaganda aracını devreye sokmaya çalışmaktadır. Ajans bültenleri, telgrafhanesi olan her yere ulaştırılacak, telgrafhane yoksa da cami duvarlarına asılacaktı. Bu bültenler yerel basını yönlendirecek, böylece halkın maneviyatını kıracak şayiaların yayılmasının ve padişah yanlılarının kışkırtmalarının önüne geçilecekti. Bu propaganda faaliyeti, sadece İstanbul ve işgal altındaki Anadolu şehirlerini hedeflemiyordu. İleriki sayfalarda da görüleceği gibi, özellikle 1920 yılında yurdun birçok yerinde Milli Mücadele'ye karşı ayaklanmalar kendisini gösterecekti.

Anadolu Ajansı aynı zamanda uluslararası kamuoyuna seslenme amacı da taşımaktaydı. Kurtuluş Savaşı'nın bir özgürlük mücadelesi olduğu, olası bir barış için İstanbul'daki müflis[1] sadaretin değil, Ankara'daki meşru meclisin muhatap alınması gerektiği tüm dünyaya duyurulmalıydı. Ayrıca, düşman karşısında alınan zaferler de hem dış hem iç kamuoyuna etkili bir şekilde duyurularak meclisin ve başkomutan sıfatıyla Mustafa Kemal'in prestiji artırılacaktı.

Mustafa Kemal'in direktifleri doğrultusunda, 6 Nisan'da Halide Edib ve Yunus Nadi, Anadolu Ajansı'nı kurdular. 6 Mayıs'ta alınan bir kararla İstanbul basınına ve haberleşmeye sansür getirilmesi, ajansın etki alanını genişletecekti. Osmanlı başkentinden gelen telgraf ve haberlerin Anadolu'da dağıtılmasının vatana ihanet kapsamına alınması, Anadolu'da yayılan haberlerin tamamının *Hâkimiyet-i Milliye* ve Anadolu Ajansı tarafından sağlanması demekti. Ankara, böylece İstanbul'la giriştiği propaganda ve meşruiyet savaşında önemli bir avantaj elde etmiş oluyordu.

1. (Ar.) Müflis: İflas etmiş.

11 Nisan 1920

Ferman Padişahın, Fetva Şeyhülislamın: Katli Vacip Milli Mücadeleciler

Son Osmanlı meclisinin kapatılmasıyla inisiyatif artık Ankara'daki Mustafa Kemal'in eline geçmişti. Bu esnada tarafların pozisyonları da keskinleşmiş, Milli Mücadeleciler ve İstanbul hükümeti arasında hiçbir uzlaşma imkânı kalmamıştı. Tekrar sadrazam olan Damat Ferit, göreve başlar başlamaz Ankara'da filizlenen direniş hareketinin önünü kesmek için önlemler almaya koyulmuştu.

İstanbul'un ne parası ne de doğru düzgün askeri vardı. O yüzden elindeki tek silaha sarılmaktan başka çaresi yoktu: Saltanatın ve hilafetin prestiji. Yüzlerce yıldır "Zıllullah-ı fi'l-âlem", yani Tanrı'nın yeryüzündeki gölgesi olduğu söylenen, her cuma hutbesinde adını işittikleri bir padişahın, elifi görse mertek sanacak köylülerin zihninde nasıl bir meşruiyete sahip olduğunu anlamak, 21. yüzyılda seçilmiş liderlerle bile sağlıklı bir ilişki kuramayan bir toplumun içinde yaşayan bizler için çok da zor olmasa gerek.

Bu prestije dayanarak Kuva-yı Milliyecileri isyankâr konumuna düşürmek isteyen Damat Ferit Paşa, Şeyhülislam Dürrizade Abdullah Efendi'ye beş fetva çıkarttırdı. İlk fetvada Halife Vahdettin'e karşı çıkanların, yani her ne kadar ismen zikredilmemiş olsalar da, Mustafa Kemal liderliğinde örgütlenen Milli Mücadelecilerin katlinin vacip olduğu belirtiliyordu. İkinci fetvada eline silah alabilecek herkesin Vahdettin için savaşması gerektiğinin altı çiziliyordu, ki aynı

تقويم وقايع

دولت عليهٔ عثمانيه‌نك جريدهٔ رسميه‌سيدر

نومرو ٣٨٢٤

نسخه‌سی ایکی غروشدر

جمعه‌دن ماعدا هر كون نشر اولنور

١١ نيسان ١٣٣٦ | بازار | ٢١ رجب ١٣٣٨

فتوای شریفه صورتیدر

سبب نظام عالم اولان خليفهٔ اسلام ادام الله تعالى خلافته الى يوم القيام حضرتلرينك تحت ولايتنده بولنان بلاد اسلاميه‌ده بعض اشخاص شريره اتفاق واتحاد وكندولرينه رؤسا انتخاب ايدرك تبعهٔ صادقهٔ شاهانه‌يی حيل وتزويرات ايله اغفال واضلاله وبلا امر عالى اهاليدن عسكر جمعنه قيام ايدوب ظاهرده عسكری اعانه وتجهيز بهانه‌سيله وحقيقتده جمع مال سوداسيله خلاف شرع شريف ومغاير امر منيف برطاقم غرامات وويركولر طرح وتوزيع وانواع تضييق واشكنجه‌لرله ناسك اموال واشياسنی غصب وغارت وبو وجهله عباد اللهه ظلمی اعتياد وتجريه جسارت وممالك محروسه‌نك بعض قری وبلادينه هجوم ايله تخريب وخاك ايله يكسان وتبعهٔ صادقه‌دن نيجه نفوس معصومه‌يی قتل واتلاف ودماء محقونه‌يی سفك واراقه ايتدكلری وجانب امير المؤمنيندن منصوب بعض مأمورين عليه و عسكريه وملكيه‌يی خود بخود عزل و كندی همباللرينی نصب ومركز خلافت ايله ممالك محروسه‌نك مواصلات و مناقلات ومخابراتنی قطع و طرف دولتدن صادر اولان اوامرك اجراسنی منع ومركزی ديكر ممالكدن تجريد ايله شوكت خلافتی كسر وتوهين قصد ايدرك مقام معلای امامته اهانت ايتمكله طاعت امامدن خروج ودولت عليه‌نك نظام و انتظامنی وبلادك آسايشنی اخلال ايچون نشر اراجيف واشاعهٔ اكاذيب ايله ناسی فتنه‌يه سائق وساعیٔ بالفساد اولدقلری ظاهر و متحقق اولان رؤسای مزبورون ايله اعوان و اتباعی باغيلر اولوب طاعتلرى حقنده صادر اولان امر عاليدن صكره حالا عناد وفسادلرنده اصرار ايدرلر ايسه مزبورلرك جساتلرندن تطهير بلاد وشر ومضرتلرندن تخليص عباد واجب اولوب فقاتلوا التى تبغى حتى تفئ الى امر الله نص كريمى موجبنجه قتل وقتاللری مشروع وفرض اولورمی . بيان بيوريله

الجواب

الله تعالى اعلم اولور .

كتبه الفقير
دری زاده السيد عبدالله
عفی عنهما

بو صورتده ممالك محروسهٔ شاهانه‌ده حرب وضربه قدرتلری بولنان مسلمانلر امام عادل خليفه‌مز سلطان محمد وحيد الدين خان حضرتلرينك اطرافنده طوپلانوب مقاتله ايچون واقع اولان دعوت و امرينه اجابت وبغاهٔ مزبورون ايله مقاتله ايتملری واجب اولورمی . بيان بيوريله

الجواب

الله تعالى اعلم اولور .

كتبه الفقير
دری زاده السيد عبدالله
عفی عنهما

بو صورتده خليفهٔ مشار اليه حضرتلری طرفندن بغاهٔ مزبورون ايله مقاتله ايچون تعيين اولنان عسكرلر مقاتله‌دن امتناع وفرار ايلسه‌لر مرتكب كبيره وآثم اولوب دنياده تعزير شديده وعقباده عذاب اليمه مستحق اولورلرمی . بيان بيوريله

الجواب

الله تعالى اعلم اولورلر .

كتبه الفقير
دری زاده السيد عبدالله
عفی عنهما

بو صورتده خليفه‌نك عساكرندن اولوبده بغاتی قتل ايدنلر غازی وبغاة طرفندن قتل اولنانلر شهيد ومثاب اولورلرمی . بيان بيوريله

الجواب

الله تعالى اعلم اولورلر .

كتبه الفقير
دری زاده السيد عبدالله
عفی عنهما

بو صورتله بغاة ايله محاربه حقنده صادر اولان امر سلطانی‌يه اطاعت ايتمه‌ين مسلمانلر آثم وتعزير شرعی‌يه مستحق اولورلرمی . بيان بيوريله

الجواب

الله تعالى اعلم اولورلر .

كتبه الفقير
دری زاده السيد عبدالله
عفی عنهما

Dürrizade'nin meşhur fetvaları. *Takvim-i Vekayi*, 11 Nisan 1336 (1920)

günlerde bir Kuva-yı İnzibatiye Ordusu'nun kurulduğu düşünülürse bu fetvayı bir bağlama oturtmak daha da kolay olur. Üçüncü fetva halifenin tarafını terk edenlerin ya da firar eden askerlerin öteki dünyada karşılaşacağı zorluklardan dem vuruluyor, dördüncü fetvada ise isyancılara karşı gelmenin bir gaza olduğundan bahsediliyordu. Son fetvada da gene halifenin emirlerine karşı çıkanların cezalandırılacağından bahsediliyordu.

Bu fetvaların halkın eline geçmesi için yoğun bir çaba sarf edilecekti. Bir taraftan İngiliz uçakları semalardan fetva-yı şerife savururken, öte yandan birçok yerde bunlar elden dağıtılmış ve okuma yazma bilmeyen halka okunması için tertibat sağlanmıştır. Fetvalar Kuva-yı Milliyecilerin kontrolündeki bölgelerde de okutulmuş ve etkisini göstererek asker arasında firarlara ve halk arasında isyanlara neden olmuştur.

Suyun başını tutanların kişisel emelleri için dini kullandığı sayısız tarihî örnekten biriyle karşılaşınca, Ankara da elinin armut topladığını göstermekte gecikmeyecekti. Nasıl askerî ve sivil kadrolar arasında kendisine müttefik bulabilmişse, Mustafa Kemal ulema arasında da devlet memuru olmanın ötesine geçip sorumluluk alabilen vatansever müttefikler bulmuştu. Aralık 1919'daki o zor günlerinde kendisine sonuna kadar destek olan Ankara Müftüsü Börekçizade Mehmet Rifat Efendi'nin riyasetinde toplanan birçok müftü, kadı ve müderris, Dürrizade'ye bir karşı fetva ile cevap verecekti. Bu fetva, Rifat Efendi'nin de İstanbul'un idamlıklar listesine eklenmesine yol açmıştı.

Ancak Milli Mücadele'nin sonunda yüzü gülen Dürrizade değil, Rifat Efendi olacaktır. İkincisi genç Cumhuriyet'in ilk diyanet işleri başkanı olurken, sülalesinin çıkardığı altıncı şeyhülislam olan sistemin adamı Dürrizade 1922'de ülkeden ayrılacak ve ertesi sene hac vazifesini eda ederken hayata gözlerini yumacaktır.

18 Nisan 1920

Padişah Namına: Kuva-yı İnzibatiye'nin Kurulması

İstanbul'daki son Osmanlı meclisinin İngilizler tarafından zor kullanılarak kapatılması, Kuva-yı Milliyecilerle saray arasındaki son bağların da kopmasına yol açmıştı. Milli Mücadelecilerle Sultan Vahdettin arasındaki yöntem farkı artık barizdi; biri Anadolu'da bir direniş örgütlemeye koyulurken diğeri hâlâ İngilizlerin desteğiyle devleti ayakta tutmanın en akıllı yol olduğunda ısrar ediyordu.

Ancak bu yöntem farklılığından daha da büyük bir problem mevcuttu: Artık Ankara'da toplanma aşamasında bir meclis bulunmaktaydı ve her ne kadar padişaha bağlılık yemini etse de, onun etki alanından tümüyle uzak bir meclisin varlığı Vahdettin'in otoritesine açık bir meydan okumaydı. Şimdi Anadolu'nun bağrında elinde kısıtlı imkânlarla direniş örgütlemeye çalışan bir Mustafa Kemal yoktu sahnede; devletin kritik noktalarında görev yapmış kadrolar oluk oluk Ankara'ya akmakta ve alternatif bir başkentin temellerini atmaktaydı.

Buna ne otoritesini paylaşmaya hiçbir zaman hevesli olmayan bir Vahdettin ne de son Osmanlı meclisini dağıtmakla büyük bir hata yaptığının hâlâ farkında olmayan İngilizler tahammül edebilirdi. Ankara'daki bu yeni güç, güçlenmeden yok edilmeliydi.

Ancak bunu kim yapacaktı? Ve hepsinden daha önemlisi kimle yapacaktı? İngilizlerin Anadolu'da geniş çaplı harekâtlara girişmek istemedikleri aşikârdı; takatleri kalmamıştı. İstanbul da Anadolu'daki birliklerinin kontrolünü çoktan kaybetmişti. İşte bu noktada İngilizlerin teçhizat ve para desteği sağlayacağı, Kuva-yı İnzibatiye isimli yeni bir ordu kurulmasına karar verildi. 7 Nisan'da, göreve geldikten hemen iki gün sonra planı hayata geçirmeye başlayan Damat Ferit Paşa, ayın 11'inde Şeyhülislam Dürrizade Abdullah'tan Milli Mücadelecilerin katlinin vacip olduğu yönünde bir fetva da almayı ihmal etmeyecekti. Kartlar açılmıştı; artık ortada adı konmamış bir içsavaş vardı.

18 Nisan'da ilk birliklerini toplayan Kuva-yı İnzibatiye'nin başına Süleyman Şefik Paşa getirilmişti, ancak İstanbul'un ne cebinde parası ne de taşra yöneticileri üzerinde kontrolü kaldığından ordunun kontrolü kısa süre içerisinde başıbozuk eşkıyaların eline geçti. Milli Mücadelecilerin ileride Çerkes Ethem'le yaşayacağı türden sürtüşmelerin ardından Süleyman Şefik Paşa istifa edecek ve komutanlığı Ahmet Anzavur adlı çete komutanına bırakmak zorunda kalacaktı.

Kuva-yı İnzibatiye'nin hedefi İzmit ve Adapazarı hattında ilerleyip Geyve Boğazı'nı aşmak ve buradan Ankara'ya ulaşmaktı. Bu doğrultuda 15 ve 17 Mayıs'ta Geyve'ye yapılan her iki saldırı da Çerkes Ethem komutasındaki Kuva-yı Seyyare ve destek için Ali Fuat Paşa tarafından Garp Cephesi'nden yollanan birlikler tarafından başarıyla püskürtüldü.

Bu ilk bozgun, zaten kararı firara tebdilde[1] hep çok aceleci davranan İstanbul hükümetinin şevkini hemen kırmıştı. 25 Haziran'da Kuva-yı İnzibatiye'nin kaldırıldığı, birliğe bağlı askerlerin terhis edildiği açıklandı.

Kuva-yı İnzibatiye projesinin çökmesi Damat Ferit'in güçsüzlüğünü göstermişti. Halkın İttihatçı karşıtı hislerini kışkırtmaktan ve bir avuç düzensiz birlik toplamaktan öteye gidilememişti. Artık inisiyatifin Ankara'ya geçtiği, her geçen günün Milli Mücadelecilere yaradığı tebarüz etmişti.

1. Osmanlıcada "firar" (فرار) ile "karar" (قرار) kelimesinin yazılışı arasında sadece bir nokta fark bulunmaktadır. Dolayısıyla karar kelimesinden bir nokta silerseniz, firar olur. "Kararı firara tebdil etmek" de bu yüzden "başı sıkıştığında kaçmak" anlamında kullanılan bir deyimdir.

23 Nisan 1920

III. Meşrutiyet: Büyük Millet Meclisi'nin Açılışı

23 Nisan 1920 günü Hacıbayram Camii'nde kılınan namazın ardından, Mustafa Kemal ve Anadolu'nun dört köşesinden gelen mebuslar Ulus'ta İttihat ve Terakki Cemiyeti için inşa edilen, ancak henüz yapımı bitmeyen Kulüp Binası'nın önüne gittiler. Kurbanlar kesildi ve genelde anlamsız bir şekilde İslamcılıkla özdeşleştirilen Karabekir'in daha sonra "koyu bir taassup" olarak nitelendireceği dinî törenlerle Büyük Millet Meclisi açıldı. Saat 13.45'te başlayan ilk oturum, en yaşlı üye olan 75 yaşındaki Sinop Mebusu Şerif Bey'in, bağımsızlığın vazgeçilmezliğinin yanı sıra, Meclis'in padişaha ve halifeye bağlılığının da altını çizdiği bir açılış konuşmasıyla başladı.

Bundan böyle milli iradeyi temsil eden bu en yüksek makam Milli Mücadele'yi Anadolu'dan koordine edecek, işgal altındaki İstanbul'daki padişahsa adeta bir 17. yüzyıl monarkı gibi kendi keyfine göre oluşturduğu bir hükümetle kontrolünü çoktan kaybettiği bir imparatorluğun kaderini çizmeye çalışacaktı. 23 Nisan'dan sonra artık Türkiye'nin iki hükümeti vardı, biri sarayın, biri milletin...

Meclisin adı sanıldığı gibi ilk baştan beri Türkiye Büyük Millet Meclisi değildi. Mustafa Kemal'in kalbinde yatan "Meclis-i Müessisan" yani Kurucu Meclis önerisi pek kabul görmemiş, ortaya "Meclis-i Kebir" "Meclis-i Kebir-i Milli" gibi alternatifler konmuştu. *Nutuk*'ta ise bu Meclis'ten "Selahiyet-i Fevkaladeyi Haiz Meclis" yani "Olağanüstü Yetkilere Sahip Meclis" diye söz edilmektedir. En so-

Büyük Millet Meclisi'nin açılışı

nunda, üzerinde karar kılınan isim Büyük Millet Meclisi olmuş, buna Türkiye isminin eklenmesi ise 1920 sonlarına denk gelmiştir. 1921 Şubatı'ndan itibaren ise Türkiye kelimesi tutarlı olarak, sürekli bir şekilde kullanılacaktır.

Bu meclis, sanılanın aksine, yeni bir devletin meclisi değildir. Son Osmanlı meclisi diye adlandırdığımız Meclis-i Umumi'nin olağanüstü şartlar nedeniyle Ankara'da toplanmış halidir. O meclisten kaçabilenlerle yeni seçilen mebusların bir araya gelmesinden oluşturulmuştur ve özellikle ilk başta tam bir Osmanlı meclisi gibi davranmıştır. Ancak muharebe meydanlarında başarı kazanıldıktan ve bu süre zarfında padişahın ısrarla Milli Mücadele'ye düşman bir tavır takınmasından sonra yeni bir devletin kurulması yolu seçilmiştir. O zaman dahi bu bağımsız yola, biraz da Mustafa Kemal'in zorlamasıyla girilecektir.

Tam da bu yüzden Mahmut Goloğlu, Birinci Meclis'in faaliyetlerinin ilk senesine "III. Meşrutiyet" ismini vermiştir. Meclis zabıtları dikkatli incelenirse görülecektir ki, Padişah Vahdettin'le bir problemi olsa da, bu meclisin henüz kurum olarak saltanat ve hilafetle bir sıkıntısı yoktur; en azından görünüşte ona bağlıdır. Mesela, 5 Eylül 1920 tarihli 18 sayılı Nisab-ı Müzakere Kanunu'nun 1. maddesi "Büyük Millet Meclisi, hilafet ve saltanatın, vatan ve milletin istihlas ve istiklalinden ibaret olan gayesinin husulüne kadar şerait-i atiye dairesinde müstemirren inikat eder," diyerek sadece vatan ve milletin değil, aynı zamanda hilafet ve saltanatın da kurtuluşunu hedeflediğini ilan eder. Gene, Bakanlar Kurulu önüne gelen ilk geçici bütçe kanununun gerekçesinde, devlet daireleri listesinin başında "Zat-ı hazret-i padişahi ve hanedan-ı saltanat" ifadesini görmek mümkündür. Gerek hükümet programında, gerekse 22 ve 23 sayılı kanunlarda vatan yerine "Memalik-i Osmaniye" ifadesi kullanılırken resmî dairelerin "Meclis hükümeti" yerine "Osmanlı hükümeti" ifadesini tercih ettiği de olmuştur. 19 Ağustos 1920 tarihli hükümet kararnamesi pulların üzerine "Devlet-i Aliyye" yazılmasını kararlaştırırken, 7 Ekim kararnamesi Türkiye yerine "Memalik-i Şahane" ifadesini kullanmaktadır. Bu muğlaklık 1921 Ocakı'nda 85 sayılı Teşkilat-ı Esasiye Kanunu'nun ilan edilmesine, yani yeni rejim kısa da olsa bir anayasa yapana dek sürecektir.

Eskiden beri kafasında bir cumhuriyet ilan etmek fikri olan Mustafa Kemal bile bu konuda aceleci davranılmasına karşı gibidir. Öncülüğünü Celalettin Arif'in yaptığı bir grubun anayasalı fakat hükümdarsız bir rejim istemesine, böyle bir rejimin cumhuriyete benzediği ve halkı ürküteceği gerekçesiyle karşı çıkacaktır, ki haklıdır. Aynı günlerde, Afyon Mebusu Mehmet Şükrü de halk arasında Mustafa Kemal'in reisicumhur olacağı yönünde kara propaganda yapıldığını Meclis kürsüsünden ilan etmektedir. Usta bir stratejisyen olan Mustafa Kemal için zamanlama çok önemlidir. Anadolu'nun her yerinde isyanlar çıktığı bir dönemde, saltanata hâlâ sadık birçok mebusun bulunduğu bir mecliste aceleci davranmanın âlemi yoktur.

Pratikte de, padişah ve hanedanla köprüler hemen atılmış değildir. 1920 yılında, ileride halife olarak karşımıza çıkacak Şehzade Abdülmecit Efendi'nin Ankara'ya gelmesi konuşulmaktadır. Yümni, Hamdullah Suphi ve Cami beylerin şehzade ile yaptıkları görüşmeden bir şey çıkmamıştır. Bir yıl sonra Abdülmecit'in oğlu Ömer Faruk Efendi sahte belgelerle Ankara'ya gelmeye çalıştığında ise İnebolu'dan geri yollanacaktır; Osmanoğulları her zaman olduğu gibi gene geç kalmıştır.

Büyük Millet Meclisi defalarca padişaha kendisini tanıması ve hükümetten elini eteğini çekmesi çağrısında bulunmuştur. Eğer bu teklifleri kabul etseydi, Vahdettin'in sembolik kalacak bir saltanatı kurtarma ihtimali vardı. Ancak, Sakarya Meydan Muharebesi kendisine karşı bakışın tamamen negatifleşmesiyle sonuçlanmıştır. Meclis zabıtlarına üstünkörü bir bakış bile, padişahın ihanetinden ve milletin artık saltanat istemediğinden sıklıkla bahsedildiğini görmeye yetecektir. Spesifik bir örnek istenirse, 1922 Şubatı'nda Hariciye Vekili Yusuf Kemal Tengirşenk'in Avrupa'ya giderken uğradığı İstanbul'da kimseye haber vermeden padişahla görüşmesine Meclis kürsüsünden getirilen ağır eleştirilere başvurulabilir.

Birinci Meclis, son Meclis-i Umumi'den birkaç açıdan farklıdır. Bu son Osmanlı meclisi iki kamaralı bir meclistir: Seçimle gelen Meclis-i Mebusan'ın yanı sıra, bir de Meclis-i Ayan vardır ki bu, 1961-80 yılları arasındaki Türkiye Cumhuriyeti Senatosu'na ya da İngiltere'deki Lordlar Kamarası'na benzemektedir. Üyeleri padişah tarafından atanan Meclis-i Ayan, seçilmiş mebuslar üzerinde bir kontrol mekanizması gibidir ve teoride, halkın desteğini alan popüler bir liderin yasamayı domine etmesini önlemek için kurulmuş, değişime karşı, muhafazakâr bir yapı, bir nevi vesayet kurumudur. Ankara'da toplanan Meclis ise tek kamaralıdır ve bu köklü reformların hayata geçirilmesini kolaylaştıran bir şeydir. İki kamaralı bir yapıda saltanatın ve hilafetin kaldırılması gibi radikal kararların bu kadar hızlı alınması kesinlikle mümkün olmazdı. Üyelerini padişah atamasa bile, ekâbirden ya da devlet büyüklerinden oluşan bir üst kamara dinamik ve genç kadroların radikalizmini dengelerdi.[1]

Gene, Büyük Millet Meclisi, 170 üyeli Meclis-i Mebusan'a göre daha kalabalıktır. 66 livadan beş aza seçilmesi öngörülmüştür. Fakat Ankara'daki vekil sayısı 330'un üzerinde seyredecektir; zira bir de Meclis-i Mebusan'dan gelecek mebuslar vardır. Tam sayıyı hesaplamak imkânsızdır. İstanbul mebusları peyderpey gelmektedir. Bir kısmı Malta'dadır ve aylar sonra hâlâ Ankara'ya ulaşanlar vardır. Ayrıca sürekli ara seçim yapma zorunluluğu doğmaktadır. O dönem başkaları tarafından namzet gösterilip seçilmek mümkün olduğu için, haberi olmadan mebus olan çoktur. Bunların bir kısmı istifa etmektedir; zira mebusluk, bugünkü gibi dolgun maaş, devlet

1. İstanbul ile Ankara kadroları arasındaki önemli farklardan biri de yaştır. Milli Mücadele kadrolarının yaş ortalaması daha düşüktür, ki bu da insanların yaşlandıkça sisteme daha çok bağlanıp muhafazakârlaştıklarını gözler önüne sermektedir.

ihaleleri ve Meclis imkânları değil, ateşten bir gömlek demektir. Ayrıca, seçildiği halde memurluğu tercih eden ya da yolda ölenler de vardır. Yine o dönemde birden fazla yerden aday olmak mümkün olduğu için, boşa düşen mebusluklar olmaktadır.

Bu yeni Meclis'in seçim usulü de değişiktir. Daha önce o dönemde seçimlerin bugünkü gibi doğrudan olmadığını, seçmenlerin müntehib-i sani adıyla ikinci seçmenler seçtiklerini (benzer bir metot ABD başkanlık seçimlerinde hâlâ kullanılmaktadır) söylemiştik. Birinci Meclis için yapılan seçimlerde bu ikinci seçmenlere, belediye ve idare meclisi üyeleriyle Müdafaa-i Hukuk Cemiyeti delegeleri de eklenmiş, seçmenin sürece etkisi daha da azaltılmıştır. Bu, yeni oluşacak meclisin Mustafa Kemal ve Rumeli ve Anadolu Müdafaa-i Hukuk Cemiyeti'nin kontrolü altında olması için alınmış bir önlemdir. Bunun için başvurulan bir başka yol da, işgal altında olduğu için seçim yapılamayan yerlerin mebuslukların Milli Mücadele'nin güvenilir isimlerine verilmesidir. Savaş zamanı kimse yeni bir sürpriz istememektedir. Ancak, tüm bunlara rağmen İkinci Grup adıyla örgütlenen sert bir muhalefete sahip olduğu düşünülürse, bu yöntemlerin tamamıyla işe yaramadığı da kesindir.

Ankara'da yeni bir meclis toplanırken Damat Ferit hükümeti de boş durmamakta, özellikle İstanbul'a yakın bölgelerde Milli Mücadele aleyhinde birçok isyan çıkarmaktadır. Yıllardır süren savaşlardan bıkmış halk, karşısında gene İttihatçıları görünce irkilmiştir. Yokluk, hastalık ve eşkıyalık her yerdedir. İstanbul'dan gelen Milli Mücadele karşıtı, "Katli vaciptir," fetvaları da cabasıdır. Özellikle Düzce, Hendek, Bolu, Bursa, İzmit ve Adapazarı yörelerinde çıkan karışıklıklar, düzenli orduların daha tam olarak kurulmadığı ve milislere dayanıldığı bu yıllarda büyük sıkıntı çıkaracaktır.

Ankara'nın kendisi de aslında pek güvenli bir yer değildir. Yozgat'ta çıkan bir isyan ancak Batı Anadolu'dan Çerkes Ethem getirilerek bastırılabilecektir. Gene Meclis'in ilk aylarında bir gün, şehrin eteklerinden gelen silah sesleri Ankara'dakilerde panik yaratacak, ancak bu seslerin Miralay Refet Bele'nin yanında getirdiği zeybeklerin tüfek atışı olduğu anlaşılınca rahat bir nefes alınabilecektir. Mebusların yere yatak yapıp tabldota talim ettiği, ilk geldiğinde cebinde metelik olmayan Heyet-i Temsiliye'nin vekilharcı Mazhar Müfit Kansu'nun masrafları karşılayabilmek için Ocak soğuğunda kürkünü satmak zorunda kaldığı ve kendisine Ankara halkının verdiği bin liranın sevinciyle çorba ve bulgurun yerine bir kereliğine on kıyye pirzola ve irmik helvası aldırdığı bir ortamda, bunlar olağan şeylerdir. *Omnium principia parva sunt*[1] derken Cicero çok haklı değil midir?

1. (Lat.) Her şeyin başlangıcı küçüktür.

26 Nisan 1920

Emperyalizmin Dost Ettikleri: Mustafa Kemal'in Lenin'e Mektubu

1917'de Rusya'da gerçekleşen Ekim Devrimi sonrasında Osmanlı'nın hemen yanı başında yeni bir cumhuriyet ortaya çıkacaktı. Bolşeviklerin elinde bu yeni devlet sadece sosyalist bir ideolojiyi benimsemekle kalmayacak, aynı zamanda emperyalizm ve sömürgeciliğe karşı da bayrak açacaktı.

Sovyetler Birliği'nin kuruluş yılları, Milli Mücadelecilerin İngiltere'nin başını çektiği Batı emperyalizmine bayrak açtığı yıllardı aynı zamanda. Haliyle, emperyalizme karşı mücadele eden her iki taraf için de güvene dayalı dostane ilişkiler kurulması çok şaşırtıcı değildi. Kurulan bu dostluk sayesinde Ankara hükümeti uluslararası alandaki yalnızlığından kurtulmayı, ayrıca doğu sınırının güvenliğini sağlayarak batıdaki işgal güçlerine karşı daha rahat mücadele verebilmeyi amaçlıyordu. Sovyetler Birliği ise emperyalist devletlere karşı Ankara'nın yanında olup askerî ve mali yardımlarının sonucunda yeni kurulacak devletin kendi ideolojisine yakın konumlanmasını hedefliyordu.

Türkiye ile Sovyet Rusya arasında zaten öteden beri süregelen temaslar, 23 Nisan 1920 tarihinde Türkiye Büyük Millet Meclisi'nin açılmasından sonra artık resmiyete dökülebilirdi. Artık Ankara'da, Mustafa Kemal dışındaki üyeleri bile tam belli olmayan bir Heyet-i Temsiliye değil, meşruiyetini halktan alan, seçilmiş bir meclis vardı.

Taksim Cumhuriyet Anıtı'nda Sovyetler Birliği'nin Kurtuluş Savaşı'na verdikleri desteği ölümsüzleştirmek amacıyla Sovyet elçisi Aralov'un heykeli İsmet Paşa'nın hemen arkasında yer almakta.

Mustafa Kemal Paşa'nın Lenin'e gönderdiği ve emperyalistlere karşı birlikte hareket etmeyi teklif ettiği 26 Nisan 1920 tarihli mektubuna Sovyet Dışişleri Halk Komiseri Georgiy Çiçerin'in 2 Haziran 1920 tarihinde verdiği cevap, Moskova ve Ankara arasındaki resmî diplomatik ilişkilerin başlangıcı olarak kabul edilmektedir.

Türkiye Büyük Millet Meclisi Başkanı Mustafa Kemal Paşa ile Sovyetler Birliği lideri Lenin arasında Dağıstan'ın bağımsızlığı nedeniyle de telgraf mesaisinde bulunuldu. İki lider, böylece emperyalizme karşı verdikleri ortak mücadeleyi bir kez daha gündeme taşıdılar. Mustafa Kemal'in Lenin'e gönderdiği telgraf, içeriği yönüyle Milli Mücadele'in niteliğini de belirliyordu. Sovyet Rusya'nın, Dağıstan'ın bağımsızlığını tanımasından dolayı duyduğu memnuniyeti ifade eden Mustafa Kemal Paşa, karşılıklı ilişkilerin geliştirilmesi gerektiğine vurgu yapmıştı.

Mustafa Kemal ve Lenin arasındaki yazışmaya paralel olarak, Sovyet Rusya'nın Anadolu'daki direniş hareketine mali ve askerî yardımı da söz konusu olacaktı. Başarıya ulaşmış bir devrim, benzer bir muvafakkiyeti kovalayan bir başka devrime el uzatıyordu.

Bu ilişkilerin her iki taraf açısından sonraki yıllarda nasıl sürdürüldüğü ayrı bir tartışma konusu olsa da, bağımsızlığın kazanılması ve Cumhuriyet'in kuruluşu sürecinde Sovyet Rusya'nın önemli bir destek sağladığı inkâr edilemeyecek bir gerçektir. Bu yardımı kolaylaştıran en önemli faktör de, o dönem Anadolu'da birçok insanın Bolşevik ideolojinin ne anlama geldiğinden bihaber olmaları ve sosyalizmi herkesin kendi kafasına göre yorumlamasıdır. Özellikle Kurtuluş Savaşı'nın ilk iki yılında en umulmadık insanların dahi bu radikal ideolojiye ilgi duyması biraz bu cahillikten, biraz da Bolşeviklerin antiemperyalist politikalarının yarattığı sempatiden kaynaklanmaktadır.

29 Nisan 1920

Hıyanet-i Vataniye Kanunu

Mustafa Kemal'in Kurtuluş Savaşı boyunca tutarlı bir şekilde sergilediği en önemli özelliklerinden biri, gerek yurtiçinde gerekse de uluslararası muhatapları karşısında meşruiyet çizgisini her daim yakalamaya özen göstermesiydi. Yeri geldiğinde müesses nizamla tüm köprüleri atacak kadar gözü kara biri olmasına rağmen hareketlerini hep meşruiyet dairesi içinde tutmak istemesinin nedeni, Anadolu'da devlet gücünü arkaya almadan hareket etmenin imkânsız olduğunu bilmesindendi. Basit bir asi konumuna düşmekten çekinmiş, yerel çeteciler gibi kafasına göre hareket etmekten, eline geçen gücü keyfî kullanır görünmekten hep imtina etmişti.

Son Osmanlı meclisinin İngilizler tarafından zorla kapatılması sonucu Ankara'da tekrar toplanan mebuslar, İstanbul'a alternatif bir hükümet oluşturmaya koyulmuşlardı. Birçok ülkenin tarihinde başkent geçici olarak işgal altındayken meclisin başka yerlerde toplandığı olmuştu, ancak İstanbul'daki padişahın açık muhalefeti karşısında Ankara'nın meşru bir idare olup olmadığı sorusu hâlâ kafaları karıştırıyordu. Dürrizade Abdullah Efendi'nin Milli Mücadelecilerin katlini vacip bulan fetvası, İngilizlerin desteğiyle kurulan Kuva-yı İnzibatiye Ordusu, Batı Anadolu'nun birçok yerinde çıkan isyanlar ve her geçen gün sayısı artan asker kaçakları, yarım yamalak imkânlarla belini doğrultmaya çalışan Anadolu direnişinin tamamen çökmesi anlamına gelebilirdi. Özellikle asker kaçakları büyük bir sıkıntı yaratıyorlardı; ordusuz bir meclis, otoritesiz bir meclis demekti. Dürrizade'nin fetvasına ve Vahdettin'in askerliği kaldıran fermanına karşı bir önlem almak şarttı.

İşte bu ahval ve şerait içinde Büyük Millet Meclisi'nin ilk işi, 29 Nisan'da bir Hıyanet-i Vataniye Kanunu çıkarmak oldu. Bu, Meclis'in hazırladığı ikinci kanundu ve Cihan Harbi sırasında İttihat ve Terakki'nin hazırladığı Hıyanet-i Askeriye Kanunu'ndan esinlenmişti. İki maddeden oluşmaktaydı: İlk maddesinde Büyük Millet Meclisi'nin "makam-ı mualla-yı hilafet ve saltanatı ve Memalik-i Mahruse-yi şahaneyi yed-i ecanibten tahlis ve taarruzatı def etme" amacı taşıdığı, yani saltanat, hilafet ve imparatorluk topraklarını düşman elinden kurtarmak amacı güdüldüğü belirtilmişti. Buna muhalefet edenler "hain-i vatan addolunacak"tı. İkinci madde ise cezanın idam olduğunu bildirmekteydi.

Ancak, anormal şartlarda çözüm üretmesi için hazırlanmış bir yasanın normal mahkemelerle uygulamaya konmasının pek mümkün olmadığının anlaşılması çok da uzun sürmeyecekti. Kanunun daha iyi uygulanması için 18 Eylül 1920'de İstiklal Mahkemeleri kurulacak ve binin üstünde insanı idam sehpasına götürecek bir sürecin önü böyle açılmış olacaktı.

İlk başta sadece asker kaçaklarını ilgilendiren yasanın kapsamı zamanla genişletilecek, 15 Nisan 1923'te saltanatın ilgasına muhalefet etmek de vatana ihanet kapsamına sokulacaktır. 25 Şubat 1925'te dinî değerleri siyasi araç olarak kullananlar ayrıca yasa metnine eklenecektir. Aslında rejimin temel taşlarını korumayı amaçlasa da bu iki eklemenin keyfî bir şekilde değerlendirilmesi, iktidara muhalefet etmeyi imkânsız kılmış ve acil bir durum için çıkarılmış bir yasa kısa sürede normal bir nitelik kazanarak rejim muhaliflerinin tasfiyesini kolaylaştırmıştır.

11 Mayıs 1920

Son Çırpınış: Mustafa Kemal'in İdama Mahkûm Edilmesi

Ankara'da bir meclis toplanması, sarayın tüm inisiyatifi elinden kaçırması demekti. Artık, Osmanlı payitahtında geleneksel iktidar sembollerinin dışında hiçbir güce sahip olmayan, yetkisi İstanbul'un dışına çıkmayan ve İngilizlerin elinde oyuncak olmuş bir saraydan başka bir şey kalmamıştı.

Böyle acziyet zamanları, bir iktidarın en radikal kararları aldığı, yitirdiği gücü kamufle etmek için en sert önlemlere en gürültülü şekilde başvurduğu anlardır. Vahdettin ve Damat Ferit de böyle bir yola başvurmuş, önce Şeyhülislam Dürrizade'den Milli Mücadelecilerin vatan haini oldukları yönünde bir ferman almış, ardından da bizzat Mustafa Kemal'in idamına hükmetmişlerdir.

Cihan Harbi'nin ardından eski devrin muktedirlerini yargılamak ve işgal kuvvetlerini tatmin etmek amacıyla kurulan Divan-ı Harb-i Örfî, aralarında Talat, Enver ve Cemal paşalar gibi önemli isimlerin de bulunduğu birçok kişiyi zaten idama mahkûm etmişti. Şimdi düşman artık Ankara'da olduğuna göre, gıyabında verilecek idam kararlarının yeni adresi belliydi. Eskiden sadece Ermeni Tehciri ile ilgili davalara bakan mahkemenin yetkileri 23 Nisan 1920 tarihinde genişletildi ve devletin iç ve dış güvenliğini tehdit eden tüm suçlar hakkında hüküm verebilmesine karar verildi. Sanıkların avukat bulunduramadığı ve kararlarının temyiz edilemediği bu mahkeme, İstiklal Mahkemeleri'nin bir nevi Osmanlı'daki karşılığı gibiydi.

Nemrut Mustafa Paşa başkanlığında toplanan mahkeme sadece Mustafa Kemal'i değil, Ali Fuat Paşa, Kara Vasıf, Alfred Rüstem, Adnan Adıvar ve Halide Edib gibi birçok vatansever direnişçiyi de idama mahkûm etti. 24 Mayıs'ta kararı onaylayan Vahdettin'in irade-i seniyyesindeki detaylar, İstanbul'un Milli Mücadele'yi halkın gözünden düşürmek için kullandığı argümanları görmemiz açısından oldukça öğreticidir. Milli Mücadelecilerin fitne ve fesatla suçlanması çok şaşırtıcı değildir; Osmanlılar 500 yıldır işlerine gelmeyen her durumda bu bozgunculuk kartını oynamışlardır zaten. Ahaliden cebren para toplamak ve asker almak, aykırı hareket edenlere işkence ve eziyet etmek gibi suçlamalar ise savaştan bıkmış halkı korkutmayı amaçlamıştır. Mustafa Kemal'in en başından beri meşru bir zeminde hareket etmek istemesinin en önemli nedenlerinden biri de böyle suçlamalarla muhatap olmamak, halkın malına ve mülküne göz diken bir eşkıya muamelesi görmemektedir. Mustafa Kemal'den paşa olarak değil, efendi olarak bahsedilmekte ve "silk-i askeriden muhrec" olduğunun, yani ihraç edildiğinin de altı çizilmektedir.

Pratikte herhangi bir karşılığı olmayan bu irade, aslında İstanbul hükümetinin son çırpınışlarıdır. Stratejik olarak müflis bir iktidarın gücünün tükenmişliğinin sembolüdür. Ankara'da toplanan yeni Meclis'in hâlâ padişahla bağlarını koparmadığı bir dönemde, saraydan artık pek bir şey umulamayacağını göstermesi açısından önemli bir rol oynamıştır.

15 Mayıs 1920

Çapanoğlu İsyanı

18. yüzyıldan itibaren Anadolu'nun birçok kentinde, belirli aileler İstanbul ile halk arasında bir aracı rolüne soyunmuşlardır. Devletin vergi ve asker toplamasına, padişah fermanlarının uygulanmasına yardımcı olan bu "ayan" aileleri, II. Mahmut döneminden itibaren belirli ölçüde kontrol altına alınmıştır alınmasına, ama rasyonel bir bürokrasi oluşturmayı tam anlamıyla başaramamış bir devletin, yerel şartları bilen bu tip aracılara ihtiyacı olduğu da kesindir. Bu ihtiyaç İstanbul'u Yozgat'ta Çapanoğulları ailesinden faydalanmaya yöneltmiş ve bu ailenin birçok ferdi devlette üst düzey mevkilere getirilmiştir.

Milli Mücadele hareketinin hemen her yerde koşulsuz bir tutkuyla karşılanmadığı, savaştan yorulmuş ve İttihatçılardan bıkmış halkın birçok kesiminin yeni bir direnişe pek de sempatik gözle bakmadığını daha önce de belirtmiştik. İstanbul'daki son Osmanlı meclisinin kapatılması ve buradan kaçan mebusların da katılımıyla Ankara'da yeni bir meclisin toplanması, Milli Mücadele'nin padişahla açıktan karşı karşıya gelmesi demektir. Bu da, Osmanlı hanedanına bağlı muhafazakâr kitlelerin ve Çapanoğlu gibi ayan ailelerinin Milli Mücadele'yi saltanata ve hilafete karşı bir isyan hareketi olarak görmeleri sonucunu doğurmuştur. Dürrizade'nin Mustafa Kemal ve arkadaşlarını vatan haini ilan eden fetvası ile Damat Ferit Paşa hükümetinin faaliyetleri, çıkarları gereği temkinli bir devletçilik siyaseti gütmeye meyyal Çapanoğlu gibi ayan ailelerinin Ankara'ya cephe almalarına yol açmıştır.

Yozgat Ayaklanması olarak da bilinen bu ayaklanmanın liderliğine soyunan Çapanoğlu Edip Bey, şehirdeki Hürriyet ve İtilaf teşkilatlanmasının da başıdır. Aslında ayaklanmayı başlatan bu aile değildir; vilayetin birçok yerinde eşkıyalık ve isyan olayları zaten had safhadadır. Çapanoğulları, ilk başta sadece Meclis'e vekil göndermekten imtina edip Yozgat'ın Milli Mücadelecilerin kontrolüne geçmesine engel olmuşlardır. Ancak tutuklanıp Ankara'ya gönderilmeleri söz konusu olduğunda gizlice şehri terk edip isyana katılacaklardır.

Çok büyük bir ayaklanma olmamasına rağmen, isyancılar hızla başarıya ulaşmış ve yanında doğru düzgün kuvvet bulunmayan Kılıç Ali'nin müfrezesini bozguna uğratmayı başarmışlardır. Henüz birkaç aydır Milli Mücadele'nin merkezi konumunda olan Ankara'nın o dönemde bu isyanı bastırmaya yetecek askerî bir gücü bulunmamaktadır; isyancılar, Ankara'nın üzerine yürümekten bahsetmektedir. Ankara'nın yardım istemek ve Batı Cephesi'nden Çerkes Ethem'i çağırmaktan başka çaresi yoktur, ki bu da Mustafa Kemal liderliğindeki hareket için bir prestij kaybı olmuştur. İsyanı bastırmak için kendisinden yardım isteyen Meclis'e karşı takındığı tenkitkâr tavır Ethem'in ne kadar küstahlaştığının bir kanıtıdır. Bunca zamandır Ankara'da basit bir ayaklanmayı bastıracak bir kuvveti bile toplayamamalarına şaşırdığını belirtmiştir Ethem; şimdi onların bu ihmali yüzünden Batı Cephesi'nde Yunanlara karşı savaşması gereken kuvvetlerini Yozgat'a göndermek zorundadır. Gene isyan sırasında Kılıç Ali'ye, "Elinizdeki top ve tüfeklerle sopalı isyancıları donatıyorsunuz. Size ne emir vereyim?" diye sitem etmekten de geri durmamıştır.

İsyanı bastırması ve ardından Ankara'da Meclis'te bir kurtarıcı gibi karşılanması, Çerkes Ethem'in özgüvenini daha da artırmışa benzemektedir. Ethem'in bağımsız hareketleri ve bu hareketlerin en sonunda açık bir isyana dönüştüğü düşünülürse, Çapanoğlu Ayaklanması'nın zararlı sonuçları daha da rahat anlaşılır. Bu gözüpek çete reisi, Yozgat'ta da başına buyruk bir şekilde hareket etmiş, Ankara'ya danışmadan önce Celal Bey'i (Edip Bey'in kardeşi) affetmiş, ardından da isyanın sorumlularını idam sehpasına göndermişti. Kendi başına bir divan-ı harb kurması, Ethem'in kendisini nasıl bir yerde konumlandırdığını göstermesi açısından aydınlatıcıdır. Celal Bey'in affedilmesine fazla direnilmediyse de, eski Ankara Vali Vekili Yahya Galip'i idam etmek üzere Ankara'dan istemesi, Meclis ile arasındaki ilişkinin daha da gerilmesine neden olmuştur.

Batı Cephesi'nde hareketlenmelerin yaşandığı bu dönemde buraya yönlendirilebilecek kuvvetlerin Anadolu içlerinde kullanılması, hakikaten Çerkes Ethem'in de şüphelendiği gibi, Yunanların işini kolaylaştırmış ve Bursa ve Balıkesir'in işgalinin önünü açmıştır.

10 Ağustos 1920

İmparatorluğun Tasfiyesi: Sèvres Antlaşması

Vahdettin ve Damat Ferit'in İtilaf Devletleri'nin suyuna gitme politikasının sonucu, 10 Ağustos 1920'de Paris'in banliyösü Sèvres'de imzalanan barış antlaşması olmuştu. Memalik-i Mahruse'nin büyük bir kısmını İstanbul'un elinden alan bu antlaşma Osmanlı İmparatorluğu'nun ölüm fermanı gibiydi. Böyle bir antlaşmayı Büyük Millet Meclisi'nin tanımayacağı daha baştan belliydi. İtilaf Devletleri'nin maksimalizmi bir kez daha İstanbul'un elini zayıflatmış, Ankara'nın etki alanını genişletmiştir. Artık herkes vatanın tek kurtuluş şansının Mustafa Kemal önderliğindeki Milli Mücadele hareketi olduğunu fark etmiştir.

Antlaşma Suriye ve Lübnan'da bir Fransız mandası oluşturmakla kalmıyor, Anadolu'da Antep, Urfa ve Mardin'i de içine alan bir bölgeyi Fransızlara veriyordu. Adana ve Diyarbakır'ı da ihtiva eden ve Sivas-Tokat hattına kadar uzanan bir başka bölge de Fransız nüfuz alanı ilan edilmişti. İngilizlere ise Irak ve Filistin'de bir manda kurmak kalmıştı, ki Mondros Ateşkes Antlaşması imzalandığında hâlâ Osmanlıların elinde olan Musul da bu topraklar içinde bırakılmıştı. Mekke ve Medine'yi baz alan bir Hicaz Krallığı kurulmuş, başına da Şerif Hüseyin getirilmişti. Hüseyin'in oğlu Faysal ilk başta kendini Suriye kralı ilan ettirdiyse de, krallığı elinden alınıp kendisine Irak verilecekti. İtalyanların payına ise, Uşi Antlaşması'nın

Sèvres Antlaşması'nın yarattığı kederi tasvir eden kartpostal. Fatih Sultan Mehmet'e ait olduğu anlaşılan sandukanın önünde: "Es-sultan ibnü's-sultan el-gazi Fatih Mehmed Han" yazmakta. Ayrıca antlaşmanın imzalandığı 10 Ağustos 1920 tarihi vurgulanmış.

açık hükmüne rağmen 1912'den beri zaten işgal altında bulundurdukları On İki Ada'nın yanı sıra, nüfuz alanı olarak Konya ve Antalya'yı da içeren bir bölge düşmüştü. İzmir ve çevresindeki Osmanlı egemenlik hakları beş seneliğine Yunanistan'a bırakılmıştı ve buranın kaderi bu süre sonunda yapılacak bir plebisitle belli olacaktı. Bu tip plebisitleri idareyi elinde bulunduranların manipüle etmesi oldukça kolaydı; kısacası buralar eninde sonunda Yunanistan'a katılacaktı. Gökçeada ve Bozcada'nın yanı sıra Trakya da Yunanlara veriliyordu. Antlaşma ayrıca Anadolu'nun doğu ve güneydoğusunda da büyük bir Ermenistan ile Fırat'ın doğusundaki topraklarda bir Kürt devleti öngörmekteydi. Türk-Ermeni sınırını ABD başkanı belirleyecekti ve burası 20 yıl boyunca Amerikan mandasında kalacaktı. Hakikaten de birkaç ay sonra, Başkan Wilson Trabzon, Erzurum, Van ve Bitlis'in Ermenilere verilmesini kararlaştırmıştı. Fırat'ın doğusunda ise bir sene sonra bağımsızlık için bir plebisit yapılması öngörülmüştü.

İstanbul, imparatorluğun başkenti olarak kalmıştı belki, ama Boğazlar ve Marmara Denizi tamamen silahsızlandırılmış ve savaş ve barış zamanında tüm gemilere açılmıştı. Buradaki trafiği kontrol etmek için kurulan komisyona Osmanlı İmparatorluğu üye bile veremiyordu. İstanbul'un yanı sıra İzmir, İskenderun, Hayfa, Trabzon, Batum ve Basra gibi limanlar açık liman olmuştu.

Toprak kayıplarına ek olarak, Sèvres Antlaşması askerî ve mali kısıtlamalarıyla da ağır bir antlaşmaydı. Zaten hazinesinin tamtakır olduğu bilindiğinden Osmanlılara savaş tazminatı ödetilmeyecekti; hatta borçları da silinmişti. Ama kapitülasyonlar ve Düyun-ı Umumiye geri dönüyordu. Gümrüklerle ilgili alınacak her kararda İtilaf Devletleri'ne danışılması şart koşularak Osmanlı adeta bir ekonomik koloniye dönüştürülüyordu. Ordu ise 50.700 kişiyle sınırlandırılmıştı. Askerliğin gönüllü olması ve azınlıkların orduya alınması kararlaştırılmıştı. Donanmada ise durum daha da vahimdi: Yedi tek ambarlı gemi (*sloop*) ve altı torpido gemisi. Tehcir sırasında suç işleyenlerin ise savaş suçlusu olarak yargılanmak üzere İtilaf Devletleri'ne teslim edilmesine karar verilmişti. Azınlıklar her seviyede okul ve dinî kurum kurabilecekti.

Büyük Millet Meclisi antlaşmayı hemen sert bir bildiriyle kınayarak, imza koyanları ve Saltanat Şurası'nda lehte oy kullananları[1] vatan haini ilan etti. İmza atanlar Lozan sonrası Yüzellilikler'e dahil edilerek sürgün edilmekle kalmayacaklar, 1927'de yurttaşlıktan bile çıkarılacaklardı. Antlaşmanın Saltanat Şurası'nda görüşüp kabul edilmesi, Ankara'da Vahdettin'e yönelik havayı bütünüyle değiştirmişti. 25 Eylül'deki gizli celsede Karesi Mebusu Basri Bey, "Hilafet mevkiini işgal edip de hilafetin gereğini ifa etmeyen, bilakis Müslümanı Müslümana kırdıran bir adamın haşa meşru halife tanınmasına taraftar değilim," demekte ve, "Padişah yoktur, halife vardır," diye bitirmektedir. Açıldığı günden beri Meclis'in saygıda kusur etmediği son Osmanlı padişahı hep düşman elinde bir esir sayılmıştı; oysa şimdi Mustafa Kemal'in aynı kürsüden dediği gibi, "Esir olan padişah olamaz," denmeye başlıyordu. Paşa, Meclis'in öneminin altını çizme fırsatını kaçırmayacak ve ileride kuracağı cumhuriyet rejimine göz kırpmadan edemeyecektir: "Binaenaleyh bizim Meclis'imizi bir esir tasdik edemez."

1. Böyle zor durumlarda sorumluluğu üzerinden atmak için yürütmenin geniş şuralar toplaması âdettendi.

Her ne kadar Arap topraklarındaki hükümleri uygulanabildiyse de, Anadolu üzerindeki tasarrufları göz önüne alındığında Sèvres ölü doğmuş bir antlaşmaydı. Realiteyle bağını koparmış masa başı diplomatları biraz ileri gitmiş, Osmanlılara uygulanması imkânsız bir antlaşma dayatmışlardı. Ancak bizzat Vahdettin'in ve Damat Ferit'in bile Milli Mücadele'yi hafife aldığı bir ortamda onlara da belki o kadar kızmamak lazımdı.

3 Aralık 1920

İlk Ama Kadük: Gümrü Antlaşması

Birinci Dünya Savaşı'ndan mağlup ayrılan Osmanlı devletinin topraklarını kendi aralarında paylaşmak için emperyalist devletler tarafından dayatılan Sèvres Antlaşması, Anadolu'da büyük bir tepkiye karşılanmıştı. Yurdun birçok yerinde ortaya çıkan yerel direnişler, Mustafa Kemal'in liderliğinde birleşmiş ve 23 Nisan 1920'de Büyük Millet Meclisi'nin Ankara'da açılmasıyla ülkenin kaderinde belirleyici rolü oynayacak yeni bir siyasi hareket karşımıza çıkmıştı.

Devrin tüm muktedir kuvvetlerinin desteklediği uluslararası bir antlaşmaya sırtını dönmek önemli bir karardı, ancak bir şeyi reddetmek ona alternatif üretmeyi de gerekli kılıyordu. İşte bu yüzden Büyük Millet Meclisi bir seri antlaşma ile kendi sınırlarını kendi çizme yoluna gidecekti.

Kurtuluş Savaşı üzerine kalem oynatanlar Batı Cephesi'ni aşırı derecede ön plana çıkarmaya meyyal olsalar da, çok önemli başka bir cephe de Kâzım Karabekir'in kuvvetlerinin konuşlandığı Doğu Cephesi'ydi. Sèvres Antlaşması bağımsız bir Ermeni devleti kurulmasını öngörmekteydi ve Ermenistan 1919 yılında Doğu Anadolu'nun bazı bölgelerini işgal etmişti. Ancak, Karabekir'in aldığı önlemler ve yerel halkın özverisi sayesinde bölgede stratejik bir üstünlük kurmaya muvaffak olamamıştı. Erzurum'daki XV. Kolordu'nun 1919 sonlarına doğru Kars, Ardahan, Artvin, Batum, Iğdır ve Sarıkamış'ı ele geçirmesi üzerine Ermeniler yapacak pek fazla bir şey olmadığını fark edip bir barış antlaşması için görüşmelerin başlamasını istediler.

Görüşmeler sonrasında 3 Aralık'ta imzalanan Gümrü Antlaşması'yla Ermenistan Sèvres'i tanımadığını ve böylece Doğu Anadolu'da kendisine verilen topraklardan vazgeçtiğini ilan ediyordu. Bu, Doğu Cephesi'nin kapanması demekti, ki Ankara'nın düzenli ordular kurmakta ve vergi toplamakta büyük zorluklarla karşılaştığı Milli Mücadele'nin bu erken safhalarında bu çok önemli bir kazanımdı. Aynı zamanda Erzurum-Bakü arasındaki tren hattı da açılarak Ankara ile Moskova arasındaki bağlantı sağlama alınmış oluyordu.

Ancak, bu sırada tüm dengeleri değiştirecek bir olay Gümrü Antlaşması'nı hükümsüz kılacaktı. Antlaşmanın imzasından sadece bir gün sonra Bolşevik Kızıl Ordu Ermenistan'ı işgal edecek ve hükümeti devirecekti. Antlaşma onaylanamamış, iş Moskova ile Ankara arasında yapılacak görüşmelere kalmıştı.

27 Aralık 1920

Yunan Kollarında Biten Bir Sergüzeşt: Çerkes Ethem İsyanı

İstanbul'un kolordu komutanlarına herhangi bir işgale mukavement göstermemelerini emrettiği Kurtuluş Savaşı'nın ilk safhasında yerel direniş güçleri başrolü oynamışlardır. Bu durum, Ankara'da bir meclis toplandıktan sonra da hemen değişmemiştir. Yozgat'taki ayaklanma bile batıdan Çerkes Ethem çağrılarak bastırılacaktır. Ankara kendisini dahi zar zor savunmaktadır. Düzenli birlikler kurmak şarttır, fakat bunun için para ve zamana ihtiyaç vardır.

Her ne kadar düşmanın ilerleyişini durdurabilirlerse de, modern ekipmanla mücehhez bir orduyu düzensiz birliklerle Anadolu'dan çıkarmanın imkânsız olduğu ortadadır. Ayrıca düzensiz birliklerin kullanılması bir otorite boşluğu da doğurmaktadır. Bu birliklerin başındakiler kafalarına göre hareket etmekte, türlü zorbalıklarla Milli Mücadele'nin meşruiyetini tehlikeye atmaktadır. Bu modern Celaliler arasında en cüretkârı hiç kuşkusuz Çerkes Ethem'dir. Kendi mahkemesini kurup Milli Mücadele'ye karşı olanları ve asker kaçaklarını herhangi bir hukuki süreç olmadan darağacında sallandırmaktadır. Yozgat İsyanı'nda sorumlu tuttuğu Ankara valisinin yargılanmak için kendisine teslim edilmesini talep etmesi ve bunu elde edemeyince gösterdiği küstah ve tehditkâr tavırlar, kendisini nasıl dev aynasında gördüğünün delilidir. Batı Cephesi'nde düzenli birlikler tesis edilirken kendisinden beklendiği gibi bu orduya entegre olmamakta da direnmiştir. Üstüne üstlük bölgedeki komutan Refet Bele ve Fahrettin Altay ile açıkça kavga etmiş, hatta bunların görevden alınmalarını istemiştir.

Tüm bunlara rağmen, Ethem başına buyruk, geçimsiz, köylü bir eşkıya değildir. Her iki kardeşi de Harbiye mezunudur; biri Birinci Meclis'te Saruhan mebusudur. Üç kardeş, emirlerindeki 4.500 atlıya da güvenmekte ve Mustafa Kemal'e karşı alternatif bir siyasi oluşum kurmayı amaçlamaktadır. Ethem'in Yozgat'tan dönerken Ankara üzerinden Eskişehir'e gelmesi ve burada Anadolu'daki sosyalist hareketin örgütleyicisi olan Yeşil Ordu Cemiyeti ile ittifak yapması hep bu plan dahilindedir. Ne olduğunu pek de anlamadığı Bolşevizmi kullanarak kendisine siyasi alan açma hamlesine karşı, Mustafa Kemal de Ankara'da Resmî Türkiye Komünist Fırkası'nı kurduracaktır. Fırkanın ismindeki "resmî" ifadesi, devletin onayı olmadan bir siyasi oluşuma izin verilmeyeceğinin altını çizmek için kullanılmış olmalıdır.

Usta bir stratejisyen olan Mustafa Kemal, gerekli önlemleri alıp gücünü konsolide edene kadar Çerkes Ethem'e karşı direkt harekete geçmeyecektir. Ancak bu suni barış çok uzun sürmeyecek ve

Mustafa Kemal yanında Çerkes Ethem ile

1920'nin sonuna gelindiğinde Ankara'nın belirlediği meşru çizgide kalmayı reddeden Çerkes Ethem'i hizaya getirme vakti gelecektir. Aralarında Celal Bayar'ın da bulunduğu mebuslar Mustafa Kemal ile Ethem'in arasını bulmaya çalışmışlarsa da, başarılı olamamışlardır. Bunların yatıştırıcı tavırlarından Ethem'in Meclis'te taraftarları olduğunu anlamak mümkündür.

Her iki taraf da alttan alta hazırlıklarını yapmaktadır. Ethem'in planı, Demirci Mehmet, Sarı Efe ve Yörük Ali Efe gibi bölgedeki diğer çetecilerle bir ittifak kurmaktır. Ancak Ankara'nın bunu haber alıp hemen harekete geçmesi planını bozmuştur. Meclis'e bağlı birliklerin üzerine yürümesi karşısında kuvvetlerini konuşlandırdığı Kütahya'yı bırakmak zorunda kalan Ethem, en iyi bildiği şeye, gerilla taktiğine başvuracaktır. Yekvücut olmuş bir Ankara ile tek başına baş çıkamayacağını bilmektedir; kendisine destek bulmak için bizzat Büyük Millet Meclisi'ne başvuracaktır. Başka müttefikler de aramaktadır. Sadrazam Tevfik Paşa'ya telgraf çekerek Meclis'e karşı harekete geçtiğini söylemiş ve onay istemiştir. Daha da kötüsü, bir anda düşman tarafına geçmekten geri durmamıştır: 2 Eylül'de ateşkes ilan edip Yunanlarla ortak hareket etmeye başlayacaktır. Eski dostlar düşman olduysa, eski düşmanların da dost olabileceğine kanaat getirmiş olmalıdır.

Birinci İnönü'den sadece birkaç gün önce meydana gelen bu ani taraf değiştirme, Ankara için sıkıntılı günlerin başlangıcı demektir. Tüm Batı Cephesi'nin daha kuruluş aşamasında çökmesi söz konusudur. Kendi birlikleri uzun takipler sonucunda geri çekilmeye zorlanınca, Çerkes Ethem düne kadar savaştığı düşmana sığınmakta bir beis görmeyecektir. 9 Eylül'de Anadolu düşman işgalinden kurtulunca Atina'ya kaçanlar arasında kendisi de vardır.

İsmet Paşa'ya göre artık "Yorgi Ethem" denilmesi gereken Çerkes Ethem ve ağabeyleri gıyaplarında İstiklal Mahkemesi'nde yargılanarak vatana ihanet suçlamasıyla idama mahkûm edilmişlerdir. Artık geri dönüş yoktur. Ama sığındığı Yunanların da pek bir hayrını görmeyecektir. Daha düne kadar savaştığı düşmana sığınmak gibi garip bir manevranın kendisine faturası kaderinin kontrolünü kaybetmek olacaktır. Ankara'nın denetiminden kaçarken Atina'nın boyunduruğuna girmek herhalde arzu ettiği bir şey olmasa gerek. Her halükârda, artık bağımsız bir siyasi aktör olma şansını yitirmiştir. Geleceği Yunanların performansına bağlıdır, ki başarılı olmaları durumunda bile çok bir şey beklememesi gerekmektedir. Zira o gün, artık Ethem'e ihtiyaçları kalmadığı gündür.

9 Eylül 1922'ye dek Yunan ordusu gözetiminde İzmir'de kalan Ethem, Türk birliklerinin şehre yaklaşması üzerine Yunan birlikleri ile Atina'ya gidecektir. Bir süre sonra da kalabalık bir Çerkes nüfusa ev sahipliği yapan bugünkü Ürdün coğrafyasına göç edecektir. İstiklal mücadelesinin ilk yıllarının "başıbozuk" ve muktedir çetecisi, ileriki yıllarda çıkarılan af yasalarından yararlanmayı reddedecektir. İktidar mücadelesinin mağlubu olarak sürgünde yaşamayı ve hayata Amman'da gözlerini yummayı yeğlemiştir.

10 Ocak 1921

İlk Zafer: Birinci İnönü Muharebesi

15 Mayıs 1919'da Yunanların İzmir'i işgali üzerine birçok Batı Anadolu şehrinde direniş örgütleri kurulmuş ve bunların oluşturduğu Kuva-yı Milli birlikleri Yunan ordusunun iç bölgelere ilerlemesini durdurmayı başarmıştı. Eşrafla bölgedeki komutanların işbirliği sonucu ortaya çıkan bu direnişi koordine edebilmek için Balıkesir ve Alaşehir kongreleri toplanmış, daha doğuda ise Sivas Kongresi'nin ardından Ankara'da bir meclisin içtiması, bölgedeki direnişin tek bir merkezden yönetilebilmesini mümkün kılmıştır.

1920 yazına gelindiğinde Yunan kuvvetleri yeni bir işgal harekâtına girişmiş ve 30 Haziran'da Balıkesir, 8 Temmuz'da Bursa ve 29 Ağustos'ta Uşak'ı ele geçirmiştir. Sèvres'i tanımak istemeyen Ankara üzerinde baskı kurmayı hedefleyen bu harekât, Yunan ordusunun ikmal hatlarının zorlanmasına yol açmıştır. Bu kadar büyük bir araziyi elde tutmak kolay olmayacaktır.

1920 yılının sonuna gelindiğinde Batı Anadolu'da düzenli ordu kurma çalışmaları hâlâ devam etmekteydi. Bu tip durumlarda her zaman olduğu gibi direnişin ilk aşamasında önemli rol oynayan düzensiz birlikler, merkezî hükümetlerin kendilerini kontrol etme çabalarına direnmekteydiler. Öyle ya, düşmanı ilk durduran onlardı; şimdi yerlerini mektepli subaylara bırakıp emir altına mı gireceklerdi? Bu yerel direnişçilerin en güçlüsü ve en prestijlisi Çerkes Ethem nihayet Aralık 1919'da açıkça isyan etmişti.

Bu esnada Yunanistan'da ise Kral Konstantin taraftarları Kasım seçimlerini kazanmıştı. İtilaf Devletleri, daha üç sene önce bizzat devirdikleri kralın tekrar tahta geçmesini engellemek istemişler, ancak başarılı olamamışlardı. İktidarını garanti altına almak için İtilaf Devletleri'nin ve içerideki Venizelosçu unsurların desteğini alması gerektiğini bilen kral, Batı Anadolu'daki savaşa devam edeceğini duyurmuştu.

Garp Cephesi'nde ise düzenli birlikler Çerkes Ethem İsyanı'nı bastırmakla meşguldü. İşte böyle bir ortamda Yunan ordusu 6 Ocak 1921 tarihinde iki koldan taarruza geçti. Bursa ve Kocaeli yönünden gelen düşmanın İnönü mevziinde karşılanması kararlaştırıldı. Burası Marmara'dan İç Anadolu'ya giden demiryollarını tutan tek stratejik yoldu; güneydeki hat Afyon ve Konya'ya, doğudaki ise Ankara'ya uzanmaktaydı. 10 Ocak'ta gerçekleşen esas muharebe, Yunan kuvvetlerinin İnönü mevzilerini ele geçirmesiyle sonuçlanmıştı. İşler sarpa sarmaya başlamıştı. Ancak o esnada beklenmedik bir şey oldu. Mevzinin 15 kilometre gerisindeki savunma hattına çekilen Türk kuvvetleri, ertesi gün taarruza geçmeyi beklerken Yunan ordusunun geri çekildiğini fark edeceklerdi. Bu istihbaratın daha önceden alınamaması, düşmanın kovalanmasının önüne geçmiştir. Akşamüzeri verilecek takip emri sabah verilebilseydi, Yunanların ağır kayıplar vermesi olasıydı.

Askerî açıdan incelendiğinde muharebenin gerçekten büyük bir zafer olup olmadığı hep tartışılagelmiştir. Zaferin mimarı İsmet İnönü'nün Türkiye'de sembolize ettikleri de hesaba katılırsa bu tartışmanın neden bazen siyasal biçimler aldığı daha rahat anlaşılır. Hakikaten de, kayıpların on binlerle değil yüzlerle ifade edildiği de doğrudur, Türk tarafının ağır kayıplar verip İnönü'den geri çekilmek zorunda kaldığı da... Kendisi de bir asker olan Sabahattin Selek'in, harekâtın tüm ordunun katılmadığı bir Yunan keşif harekâtı olmaktan öteye gitmediğini ileri sürmesinde de bir mana vardır.

Ancak, tüm bunlar Birinci İnönü Zaferi'ni askerî açıdan incelemek gibi bir hataya düşmektedir. Oysa muharebenin önemi siyasidir. Bu, rüşdünü ispat etmeye muhtaç düzenli orduların ilk zaferidir ve padişaha isyan etmekle suçlanan mebusların Anadolu'nun ücra bir kasabasında topladığı Büyük Millet Meclisi'ne hem halk nezdinde hem de uluslararası arenada meşruiyet sağlamıştır.

20 Ocak 1921

Bilakaydüşşart Milletin: Teşkilat-ı Esasiye Kanunu

Son Osmanlı meclisinin İngilizlerin hukuksuz bir müdahalesiyle kapanması, Ankara'da yeni bir meclisin toplanmasını meşru kılmıştı. Ancak bu meclisin nasıl işleyeceği, yetkilerinin ne olacağı, yürütme ve yasamanın meclis ile hükümet arasında nasıl dağıtılacağı gibi konulara ilk başta eğilinememişti. Oysa bir meclisin sağlıklı bir şekilde işlemesi için bu konuların açıklığa kavuşturulması şarttı.

1908'de tekrar yürürlüğe konan 1876 Kanun-i Esasi'si hâlâ geçerli sayılıyordu. Lakin Büyük Millet Meclisi'ne açıkça karşı olan padişaha olağanüstü yetkiler tanıyan bu anayasa ile yetinilmesi imkânsızdı. Meclisin gücünü padişahtan değil, halktan aldığının altını çizen bir düzenleme şarttı. 20 Ocak 1921'de kabul edilen Teşkilat-ı Esasiye Kanunu'nun ilk maddesinin hâkimiyetin "bilakaydüşşart" yani kayıtsız şartsız milletin olduğunu söylemesi tam da bu yüzdendir. Kanunun 2. maddesi icra kuvveti ve teşri salahiyeti, yani yürütme ve yasama yetkilerini "milletin yegâne ve hakiki mümessili" Meclis'e veriyor, 3. madde ise bu meclisin içinden çıkacak bir meclis hükümetinin yürütme yetkisini onun adına kullanacağını belirtiyordu. Böylece Osmanlı'daki iki kamaralı sistemden tek kamaralı bir meclise de geçilmiş oluyordu. Sıradaki üç madde, vekil seçimleri ve meclisin oturumlarının nasıl yönetileceğiyle ilgiliydi. Bunlara göre, iki senede bir yapılacak milletvekili seçimleri duruma göre bir yıl sonraya atılabilecek ve vekiller birden fazla kez seçilebilecekti. Meclis Heyet-i Umumiyesi, yani bugünkü deyimle Genel Kurulu, her Teşrin-i Sani iptidasında, yani Kasım başında davete ihtiyaç duymadan toplantılarına başlayacaktı.

Büyük Millet Meclisi'nin yetkileri 7. maddede belirtilmişti. Ahkâm-ı şeriyenin tenfizi (şeriat hükümlerinin ya da daha genel bir ifadeyle kanunların uygulanması), umum kavaninin vazı, tadili ve feshi (kanunların yapılması, değiştirilmesi ve yürürlükten kaldırılması), muahede ve sulh akdi ve vatan müdafaası ilanı gibi yetkileri tanımlayan bu madde, kanunlar yapılırken halk için en yararlı olacak ve zamanın ruhuna en uygun[1] fıkıh ve hukuk hükümleriyle, "adab ve muamelatın," yani örf ve teamüllerin esas alınacağını belirterek yasama faaliyetlerinde Meclis'e bir hareket alanı sağlamayı da ihmal etmemiştir.

8. madde hükümeti Meclis'in seçtiği vekillerin oluşturacağını saptarken, 9. madde ise her seçim döneminde yeniden seçilen meclis başkanının Meclis namına imza atmaya ve Heyet-i Vekiliye'nin yani Bakanlar Kurulu'nun kararlarını tasdik etmeye yetkisi olduğunu belirtmektedir. Kendisi hem Meclis'in hem de bu Heyet-i Vekiliye'nin tabii başkanı konumundadır. Ancak, kabineye pratikte başkanlık edecek bir reis gene vekiller içinden seçilecektir; 24 Ocak'ta bu başbakanlık görevine getirilen ilk kişi Fevzi Paşa olacaktır. Diğer 13 madde vilayet, kaza ve nahiyelerin nasıl yönetileceğini ayrı ayrı düzenlemektedir.

Teşkilat-ı Esasiye Kanunu'nun düzenlediği kadar, düzenlemedikleri de önemlidir. Birçok önemli nokta, üzerinde anlaşılamadığı için muallakta bırakılmıştır; düşmana karşı olmak dışında pek de ortak yönü olmayan birçok farklı sosyal unsur ve çıkar grubunun arasındaki olası fikir ayrılıklarını kaşıyıp Milli Mücadele'yi daha başından bölmenin bir manası yoktur. Yeri geldiğinde konuşulmak üzere şimdilik bir kenara bırakılan mevzular arasında, rejimin biçimi ve devlet başkanının kim olduğu gibi hayati konular da vardır gerçi, ama kervanın yolda düzüldüğü bir toplumda ve kanunların fiilî durumları değil, fiilî durumların kanunları belirlediği bir siyasal gelenekte, bu aslında o kadar da şaşırılacak bir şey değildir.

1. "[M]uamelat-ı nasa erfak ve ihtiyacat-ı zamana evfak..."

Büyük Millet Meclisi ilk yasama yılında padişaha açıkça cephe almamıştı; bütçede ve bazı kanunlarda hâlâ "Memalik-i Osmaniye" "hanedan-ı saltanat" ya da "defter-i hakani" gibi ifadelere yer veriliyor, bazı önergeler, "Emr ü ferman Hazret-i men-lehül-emrindir," diye bitiyordu. Meclis, işgal altındaki bir başkentte esir olduğunu farz ettiği bu hükümdarı kurtarmak amacını güttüğünü iddia ediyordu. Bu padişahın Meclis ile olan ilişkisi hiçbir zaman tanımlanmamıştı. Teşkilat-ı Esasiye Kanunu buradaki muğlaklığı devam ettiriyordu; 23 maddenin hiçbirinde padişahın adı geçmiyordu. Ancak, hâkimiyetin kayıtsız şartsız millete ait olduğu yönündeki açıklama, daha önceki Osmanlı meclislerinin çalışmasını düzenleyen Kanun-i Esasi hükümleriyle açık bir çelişki içerisindeydi. Büyük Millet Meclisi kendisini son Osmanlı meclisinden kesin bir şekilde ayırmıştı bu kanunla. O, yetkiyi padişahtan değil halktan alıyordu. Padişah, Osmanlı meclislerini istediği zaman, belirli bir süre içinde seçim yapmak koşuluyla da olsa feshedebilirken, yeni Meclis'teki konumu ancak o mebusların insafına kalmıştı. Saltanat ile parlamento arasındaki dengenin değiştiğine bundan daha iyi bir kanıt olabilir miydi? Bu denge tam anlamıyla telaffuz edilmemiş olabilirdi, ancak saltanatı kaldırma ve hatta doğmuş fakat adı konmamış çocuğa "cumhuriyet" ismini verme zamanı geldiğinde bunun birkaç gün içinde yapılabilmesi, zamanın ruhunun sistemi nereye doğru götürdüğünün bir nişanesiydi. Böyle bir ruha karşı Vahdettin'in temsil ettiği bir hanedan zavallı bir anakronizma olarak kalacaktı. Onu savunmak isteyenler bile ortaya padişahın "nan u nimeti ile yetişmekten"ten öteye bir argüman koyamayacaklar ve Mustafa Kemal'in artan gücünden şikâyet etmekten fazlasını yapamayacaklardı.

28-29 Ocak 1921

Denizin Dibini Boylayan Hayaller: Mustafa Suphi ve Arkadaşlarının Katledilmesi

Osmanlı'nın son yıllarında, özellikle Selanik ve İstanbul'da bazı sosyalist gruplar ortaya çıkmaya başlamıştı. Bu gruplar kendi aralarında çalışmalar yapıyordu yapmasına, ama hiçbirinin kitlesel bir harekete dönüştüğünü söylemek mümkün değildi. Bu durumu aşmak ve ülkede adlı adınca bir sosyalist aktör haline gelmek için öncelikle siyasi bir partiye ihtiyaç duyulduğu barizdi.

Ama bu nasıl mümkün olabilirdi? Osmanlı siyaseti önce Abdülhamit istibdatı, sonra da İttihat ve Terakki iktidarının ağır baskısı altında böyle radikal hareketlere göz açtırmazdı. Tam da bu tarihlerde İttihat ve Terakki hükümetine muhalefetten dolayı önce Sinop'a sürgün edilen, ardından Rusya'ya kaçan Mustafa Suphi burada Bolşevizm ile tanışmış, Ekim Devrimi'nin bir parçası olmuştu. Ankara ile Moskova arasındaki bahar havasından da istifade ederek Anadolu'da sosyalist bir örgütlenme kurmayı amaçlamaktaydı.

1-7 Eylül 1920 tarihlerinde Bakü'de toplanan Doğu Halkları Kurultayı, kısıtlı da olsa, Anadolu'daki yerel sosyalist güçleri bir araya getirecek bir örgütlenme için fırsat sunuyordu. Anadolu'daki direniş hareketinin temsilcilerinin ve aralarında Enver Paşa'nın da bulunduğu birçok eski İttihatçının da katıldığı kurultayda, Osmanlı sosyalistlerini temsilen Mustafa Suphi ve arkadaşları da yerini almıştı. Sovyet yönetiminin de desteğiyle, Mustafa Suphi liderliğindeki ekip 10 Eylül 1920'de Bakü'de Türkiye Komünist Partisi'nin kuruluşunu ilan etti.

Türkiye Komünist Partisi'nin kuruluştan sonraki ilk kararı, Anadolu'ya geçmek ve sürmekte olan Milli Mücadele'ye aktif biçimde katılmaktı. Buna uygun olarak Mustafa Suphi, yanında parti heyeti, bir miktar Sovyet yardımı ve Rusya'da esir olarak tutulan Türk askerlerinden oluşturulmuş bir birlikle Anadolu'ya doğru yola çıktı. Türkiye'ye varıldığında bu askerî birlik Kuva-yı Milliye Komutanlığı'nın emrine bırakıldı ve Mustafa Suphi ile arkadaşları Meclis'in daveti üzerine Ankara'ya doğru yola çıkmaya hazırlandı.

Ankara'ya kalsa, Mustafa Suphi gibi radikal figürleri ülkenin içine salmak pek de akıllıca bir hareket değildir. Ancak, Moskova ile dirsek teması halinde olan ve isminde komünist ifadesi taşıyan bir fırkanın merkez heyetini komple sınırdan döndürmek de o sırada yüklü miktarda para ve silah yardımı yapan Bolşevik Rusya'nın tepkisine yol açabilirdi. İçinden çıkılması bu zor durumu aşmak için biraz daha yaratıcı formüller bulunması gerekmektedir, ki ülkemizin tarihine bakılınca pek entrika eksikliği çekilmediği görülecektir. Doğu Anadolu halkının Mustafa Suphi ve arkadaşlarına tepkili olduğunu bilen Kâzım Karabekir, bunu kullanmaya karar vermiştir. İlk olarak kafilenin ayrı ayrı yola çıkmasına izin vermeyecek ve hep birlikte seyahat etmelerini sağlayarak kendilerine karşı olan tepkiyle burun buruna gelmelerine yol açacaktır. Ardından da bu tepkileri bahane ederek Mustafa Suphi ve arkadaşlarını denizyoluyla sınır dışı edilmek üzere Trabzon'a yollamıştır. Başlarına örülen çorabın farkında olmayan Suphi ve arkadaşları, Trabzon'dan denizyoluyla İnebolu'ya, oradan da karayoluyla Ankara'ya gönderileceklerini düşünmektedirler. Ancak, bindirildikleri takanın batıya değil doğuya doğru yol aldığını anladıklarında artık iş işten geçmiştir.

Tabii tek kötü haber de bu değildir; beterin de beteri karanlıkların içinde sinsice sırıtmaktadır. Bölgeyi haraca bağlamış kıyıcı çete reisi Yahya Kâhya ve adamları bir başka motorla kafileyi yakalayacak, Mustafa Suphi ve arkadaşlarını acımasızca katledecektir. 28 Ocak'ı 29'una bağlayan gece, bu devrimcilerin hayalleri cansız bedenleriyle birlikte işte böyle Karadeniz'in soğuk sularına gömülmüş, geriye bu menfur katliamın esas müsebbibinin kim olduğu sorusu kalmıştı.

Heyetten öldürülmeden kurtulan tek kişi Mustafa Suphi'nin eşi Maria Suphi'dir. Ancak onu bekleyen de ölümden beter bir sondur. Bu talihsiz *komsomolka* önce Yahya Kâhya'ya cariye yapılacak, sonra da bölgenin zenginlerinden Nemlizade Ragıp Bey'e satılacaktır.

21 Şubat 1921

Londra Konferansı

Mondros Mütarekesi'nin imzalanmasının ardından herhangi bir direniş beklemeyen ve masa başında aldıkları kararları rahatlıkla uygulamaya koyabileceğini düşünen İtilaf Devletleri, Mustafa Kemal'in liderliğindeki Milli Mücadele'yi ilk başta küçümsemişlerdi. Son Osmanlı meclisini bir çırpıda dağıtmaları ve Sèvres Antlaşması'nda empoze ettikleri ağır şartlar da bu hafife almanın bir ürünüydü.

Fakat Mustafa Kemal ve arkadaşları öyle kolay lokma olmadıklarını ispatlayacaklardı. Önce Ankara'da bir meclis toplamayı ve şeyhülislam fetvalarına, padişah fermanlarına ve idam hükümlerine rağmen Anadolu'da işler bir hükümet kurmayı başarmışlardı. İstanbul'un Anadolu ile temasını da kesen bu meclis hükümeti, Yunan ilerleyişini durdurmayı da bilmişti. Fazladan Moskova ile sıcak ilişkiler geliştirmeye ve askerî ve ekonomik yardım almaya da muvaffak olmuştu.

Artık Sèvres'i Ankara'ya olduğu gibi dayatmanın mümkün olmadığı barizdi. Bazı maddelerin yumuşatılması için Londra'da bir konferans toplanmasına karar verildi. İngiltere Başbakanı Lloyd George ve Dışişleri Bakanı Lord Curzon ile Fransa Başbakanı Briand ve İtalyan Dışişleri Bakanı Kont Sforza'nın katılacağı bu toplantıya, Osmanlı ve Yunan heyeti de davet edilecekti. Müttefiklerin Osmanlı heyeti içinde Büyük Millet Meclisi hükümetinin temsilcilerinin de bulunmasını istemesi, Ankara ile İstanbul arasındaki değişen dengelerin uluslararası alanda da artık kabul edildiğinin bir göstergesiydi. İstanbul üzerinden gönderilen davet teklifine Mustafa Kemal sert bir dille karşı çıkacak ve "irade-i milliyeye müsteniden," yani millet iradesine dayanarak Türkiye'nin kaderine karar verecek olan tek merciinin Ankara'daki Meclis olduğunu söyleyecektir. Türkiye ile alakalı her meselenin "halline me'mur ve her türlü münasebât-ı hariciyede [dış ilişkilerde] muhatab"ın Büyük Millet Meclisi olduğunu da ekleyecektir. İşte tam da bu yüzden, eğer Londra'da kalıcı bir barış için masaya oturulacaksa, Ankara doğrudan davet edilmelidir.

Meclis, görüşmelere katılması için Hariciye Vekili Bekir Sami Bey başkanlığındaki bir heyeti İtalya'ya yollamıştır. Ankara'nın ısrarla talep ettiği resmî davet burada Kont Sforza tarafından iletilecek, heyet de böylelikle İngiltere'ye geçebilecekti. 12 Mart'a kadar süren Londra Konferansı'nda Türk tekliflerini bu heyet açıklayacaktı. Sadrazam Tevfik Paşa da bu konuda tek yetkilinin Ankara olduğunu beyan etmiş ve aradan çekilmişti. Bu, Ankara için büyük bir zaferdi; zira İstanbul milletin kaderi üzerinde herhangi bir hakkı kalmadığını itiraf etmiş oluyordu. Hastalığı nedeniyle zar zor ayakta duran ve görüşmelere bacaklarında battaniyelerle katılan 78 yaşındaki sadrazam son anda şık bir jest yapmıştı.

Ankara heyetinin öne sürdüğü teklifler Misak-ı Milli çerçevesindeydi. Batı Trakya ile Batı Anadolu'daki Yunan kuvvetlerinin ve İstanbul ile Boğazlardaki İtilaf kuvvetlerinin çekilmesi talep ediliyordu. Yunanlar ise İzmir ve Batı Trakya'daki nüfusun çoğunluğunun Rum olduğunu iddia ederek bu teklifi reddetmekteydiler. İtilaf Devletleri'nin de onlardan yana taraf olması üzerine konferans bir karar alamadan dağıldı.

Konferanstan sonuç alınamamıştı belki, ama bu vesileyle İngiltere, Fransa ve İtalya, Ankara hükümetini tanımışlardı. Ayrıca konferans sırasında bu devletler arasındaki görüş ayrılıkları su yüzüne çıkmıştı. Bekir Sami Bey, her üç devletin temsilcileriyle ayrı görüşmelerde bulunup bunlarla bazı antlaşmalar imzalamaya da muvaffak olmuştu. Ancak, Ankara'ya danışmadan imza koyduğu bu antlaşmalarda verdiği bazı tavizler kendisinin Meclis'te ağır eleştirilere hedef olmasına sebebiyet verecek ve siyasi kariyerini bitirecekti. Misak-ı Milli'ye aykırı hükümler içeren ve Düvel-i İtilafiye'ye (İtilaf Devletleri) geniş ekonomik imtiyazlar tanıyan bu antlaşmalar Meclis'te onaylanmayacak ve hiçbir zaman yürürlüğe girmeyecekti.

12 Mart 1921

"İstiklal Marşı"nın Kabulü

III. Meşrutiyet'ten Cumhuriyet'e geçişin en önemli sembolik aşamalardan birisi de bir milli marşın hazırlanmasıdır. Böyle önemli bir bir egemenlik sembolünün bu kadar erken bir tarihte kullanılmaya başlanması, yeni Meclis'in kadim düzenle arasına mesafe koyma ve kendine siyasi bir alan açma çabasından başka bir şey değildir.

Zira Osmanlıların zaten bir milli marşı, hatta marşları vardır. II. Mahmut 1826'da Yeniçeri Ocağı'nın ilga ettikten sonra eski dönemle bütünleşmiş başka bir kurum olan Mehterhane-i Hümayun'u da kaldırmış ve onun yerine Mızıka-i Hümayun'u tesis etmiştir. Bu kurumun başına sonradan Donizetti Paşa olarak anılacak İtalyan bestekâr Giuseppe Donizetti[1] getirilecektir. II. Mahmut döneminde merkezileşen ve yeni bir kimlik kazanan imparatorluk için Donizetti Paşa'ya kendi adını taşıyan bir milli marş besteletecektir. "Mahmudiye Marşı" ile başlayan bu yeni gelenek, Osmanlı devletinin tarih sahnesinden çekilişine dek devam edecektir. Vahdettin müstesna, tahta çıkan her sultan kendi adıyla anılan bir marş besteletecektir. Böylece geleneksel meşruiyet kaynağı olan hutbe okutmak ve sikke bastırtmak gibi uygulamalara daha laik ve dünyevi bir sembol eklenmiş olacak ve resmî törenlerde bu marşlar çalınacaktır.

---

1. *Lucia di Lammermoor*'un bestecisi, *bel canto*'larına doyum olmayan Gaetano Donizetti ile karıştırılmamalıdır. Giuseppe, Gaetano'nun daha az yetenekli abisidir.

جريدهٔ رسميه

استقلال مارشى

"İstiklal Marşı", *Ceride-i Resmiye*, 11 Receb 1339 (21 Mart 1921)

Kurtuluş Savaşı'nın devam ettiği bir dönemde Anadolu hareketi kendi siyasal sembollerini de oluşturmaya, böylece de kendisini selefinden yani Osmanlı devletinden kesin çizgilerle ayırmaya başlar. Henüz Milli Mücadele'nin başlarında, erkân-ı harbiye-i umumiye reisliği (genelkurmay başkanlığı) tarafından Mehmet Âkif'in "Ordunun Duası" başlıklı şiirinin Ali Rıfat Çağatay'ın bestesi ile törenlerde çalınması talimatı tüm ordu birimlerine gönderilir.

Büyük Millet Meclisi'nin kuruluşunun ardından Ankara hareketine destek sağlamak üzere propaganda yapması amacıyla kurulan Heyet-i İrşadiye üyelerinin halkla yaptığı görüşmeleri müteakiben, Miralay İsmet Bey'e ve Meclis'e Anadolu'daki insanları etkileyecek güçte bir esere ihtiyaç duyulduğu bilgisi verilir. İsmet Bey'in durumu İcra Vekilleri Heyeti'ne (Bakanlar Kurulu) iletmesinin ardından işaret edilen talebi karşılamak maksadıyla Maarif Vekâleti görevlendirilir. Vekâlet, Milli Mücadele'nin sembollerinden olmak üzere bir istiklal marşı yarışması düzenlemeye karar verir. Maarif Vekili Rıza Nur'un 18 Eylül 1920 tarihinde gönderdiği bir tamimle milli marşın şartları valiliklere duyurulmuştur. 25 Ekim 1920 tarihli *Hâkimiyet-i Milliye* gazetesinde de "Türk Şairlerinin Nazar-ı Dikkatine Başlığı" ile yayımlanan tamim şöyle demektedir: "Milletimizin dâhili ve harici istiklâli uğrunda girişmiş olduğu mücadelatı ifade ve terennüm [söyleme] için bir İstiklal Marşı müsabakaya vazedilmiştir. Hür ve meşgul [işgal edilmiş] memleketlerimizdeki bütün erbab-ı kalemi hizmete davet ederiz. İthaf olunacak asar [eserler] içinden biri iki ay sonra yani 23 Kanunievvel (Aralık) [1]336'da (1920) Maarif Vekâleti nezdinde bir heyet-i edebiye tarafından intihap olunacaktır [seçilecektir]. İntihap olunacak eserin yalnız güftesi için beş yüz lira mükâfat vardır. Yine la-akal [en az] beş yüz lira tahsis edilecek olan beste için bilahare ayrıca müsabaka açılacaktır. Bütün müracaatlar Ankara'da Türkiye Büyük Millet Meclisi Maarif Vekâleti'ne yapılacaktır."

Yarışma için belirlenen son başvuru gününe kadar Meclis'e 724 şiir gönderilmiştir. Ancak, gelen şiirler arasında seçici kurulu etkileyecek güçte bir metin bulunmamasından dolayı, Hamdullah Suphi Bey, Mehmet Âkif'ten yarışmaya katılmasını isteyecektir. Mehmet Âkif'in 500 liralık ödülden rahatsız olduğu için yarışmaya katılmadığının anlaşılması üzerine Hamdullah Suphi ödülün kaldırılabileceğini ifade eder. Böylece şair halihazırda üzerinde çalışmakta olduğu eserini tamamlar ve maarif vekaletine gönderir. İstiklal Marşı başlığını taşıyan on kıtalık şiir "Kahraman Ordumuza" ithafını taşımaktadır ve ilk defa 17 Şubat 1921'de *Sebilürreşad* dergisinde ve dört gün sonra da *Açıksöz* gazetesinde yayımlanır.

Milli marş seçilmek üzere kaleme alınan şiirler arasındaki Mehmet Âkif'in "İstiklal Marşı", 1 Mart 1921 günü yapılan oturumda

Hamdullah Suphi tarafından Meclis kürsüsünde okunur. 12 Mart günü konuyla ilgili düzenlenen son oturumda yapılan oylama neticesinde Mehmet Âkif'in şiiri resmî marş güftesi olarak kabul edilecek ve önce Milli Mücadele'nin, sonrasında ise yeni Türkiye Cumhuriyeti'nin en önemli sembollerinden biri olacaktır.

16 Mart 1921

Müttefik Dayanışması: Moskova Antlaşması

Türkiye Büyük Millet Meclisi'nin öncelikleri arasında İtilaf Devletleri'ne karşı kendisine destek verecek dost ülkeler bulmak yer alıyordu. Nitekim Moskova ile karşılıklı menfaate dayanan bir ilişki kurularak Milli Mücadele'nin Bolşevikler tarafından desteklenmesi sağlandı. Bu nedenle, zaman zaman çıkan sorunlara rağmen, Türk-Sovyet ilişkileri Milli Mücadele yılları boyunca genelde iyi yönde seyredecekti.

Bu süreç içerisinde Moskova Ekim 1920'de Ankara'ya bir elçi yollamış, Garp Cephesi Komutanlığı'ndan alınan Ali Fuat Paşa da Mustafa Kemal Paşa tarafından Moskova büyükelçiliğine atanmıştı. Neticede, gelişen diplomatik ilişkiler çerçevesinde 16 Mart 1921'de Türk-Sovyet Dostluk ve Kardeşlik Muahedesi olarak da bilinen Moskova Antlaşması imzalandı. Antlaşmayı Türkiye tarafından Ali Fuat Paşa, Dr. Rıza Nur ve Yusuf Kemal Tengirşenk, Rus tarafından ise Dışişleri Komiseri Çiçerin ve Merkez Komitesi üyesi Celalettin Korkmazov imzaladı.

Moskova Antlaşması, Gümrü Antlaşması'nın geçersiz hale gelmesiyle akıbeti belirsiz kalan Elviye-i Selâse'nin kaderini tayin ediyordu. Batum özerklik koşuluyla Gürcistan'a bırakılmış, ancak Kars ve Ardahan ülkemizde kalmıştı. Türkiye, Batum Limanı'ndan gümrük vergisi ödemeden yararlanabilecekti. Nahçıvan özerklikle birlikte Azerbaycan'a bırakılmıştı. Boğazlar hususu, ileride Lozan'da da olacağı gibi, daha sonra toplanacak bir konferansta karara bağlanacaktı.

Bu tip spesifik maddelerin yanı sıra, her iki devlet birbirinin aleyhine herhangi bir antlaşmaya imza atmayacaklarını ve hükümeti devirmeye çalışan isyancı grupları desteklemeyeceklerini taahhüt ediyordu. Hem Moskova'nın hem de Ankara'nın bir içsavaş içinde olduğu düşünüldüğünde, bu son maddenin ne demek istediği daha iyi anlaşılacaktır. Bolşevikler kapitülasyonlardan da vazgeçmişlerdi, ki her iki rejimin antiemperyalist yapısı göz önüne alındığında bunda pek de şaşılacak bir şey yoktu. Ayrıca Sovyetler, Cihan Harbi' nden kalan savaş suçluları ve tutukları iade etmeyi de kabul etmişti. O dönem için belki hepsinden de önemlisi, iki tümene yetecek silah ve cephane ile on milyon altın ruble vermeyi taahhüt etmesiydi.

Antlaşma Ankara ile Moskova arasındaydı belki, ama Gürcistan, Ermenistan ve Azerbaycan gibi Kafkas ülkelerini ilgilendiren maddeler de içeriyordu. Bolşevikler, yeni kontrol altına aldığı bu bölgelerin hükümetlerine antlaşmanın şartlarını dayatmayı üzerine almıştı.

Nihayet doğu sınırımız sabitlenmiş oluyordu. Buradaki cephe artık kapanmıştı. Doğu Anadolu'daki birlik ve teçhizatın Batı'ya kaydırılabilmesi, eldeki maddi ve askerî imkânların oldukça kısıtlı olduğu bu anlarda, Ankara'nın biraz rahat nefes almasına müsaade edecekti.

27 Mart 1921

İkinci İnönü Muharebesi

Ocak ayındaki Birinci İnönü Muharebesi, Yunanistan'ın İtilaf Devletleri gözündeki itibarını sarsmıştır. Bu itibarı yeniden tesis etmek için Türk kuvvetleri karşısında bir zafere ihtiyaç vardır. Böyle bir hareketi İngiltere başta İtilaf Devletleri de desteklemektedir. İşin ilginci bu saldırının planı, Yunan başbakanı ve askerî müşavirleriyle Lloyd George'un özel kalem müdürü arasında, daha Londra Konferansı toplanırken yapılmıştı. Yunanlara maddi destek de vaat eden İngilizler, Londra Konferansı'nda öne sürülen şartlara cevap vermek için Türk tarafına tanınan 25 günlük mühletin beklenmesine bile gerek olmadığını söylüyorlardı Yunan dostlarına.

Birinci muharebenin daha fazla kuvvetle takviyeli bir tekrarı niteliğinde olan İkinci İnönü Muharebesi'nin amacı da aynıydı: Eskişehir-Afyon hattını işgal ederek Ankara'nın Batı Anadolu ile bağlarını kesmek. Yunan kuvvetleri Türk kuvvetlerine her alanda üstündü. Batı ve güneyde harekete geçirilen tüm birlikler göz önüne alındığında, 30.000 tüfeğe karşı 41.000 tüfek, 235 ağır makineliye karşı 720 ağır makineli, 58 hafif makineliye karşı 3.134 hafif makineli, 102 topa karşı 220 topa sahiptiler.

23 Mart'ta başlayan taarruza karşı savunma hattı bir kez daha İnönü'de kurulmuştu. Yunanlar 24 Mart'ta Dumlupınar'ı, 27 Mart'ta ise Afyon'u ele geçirmişti; buradaki birlikler güneyden gelecek bir

saldırı karşısında Konya'yı korumak için şehrin doğusuna çekilmişlerdi. Yunan ordusu, 26 Mart'ta İnönü önlerine geldi. Esas muharebe 27 Mart'ta başladı ve çok kanlı bir şekilde beş gün sürdü. İlkinin aksine İnönü mevziinin hiç bırakılmadığı bu rövanş muharebesinde, Türk kuvvetleri şiddetli tazyik altındayken bile karşı taarruzlarla düşmanı zor duruma düşürmeyi başardı. Muharebenin sonucunu ilan eden de 31 Mart günü düşmanın sağ kanadına yapılan bir karşı taarruz olacaktı zaten. Gene ilkinin aksine, bu sefer geri çekilen düşman birlikleri kovalanmıştır, ancak bizzat, "Düşmanın takibi muharebedeki zaferimizle mütenasip değildir," diyen İsmet Paşa'nın da kabul ettiği gibi, erken pes eden ve hâlâ zinde olan düşman birliklerine çok da ağır kayıplar verdirmek bu kez de mümkün olmamıştır.

Savaşın dikkat çeken başka bir yönü de, Türk üst komutasının bizzat cephelerin en önünde savaşmasıdır. Miralay Halit ve Kemalettin Sami beyler yaralanmıştır. Kurtuluş Savaşı boyunca Türk ordusunun en büyük kozu zaten subayları olacaktır, ki bunu Sakarya ve Büyük Taarruz'da da göreceğiz. Müdafaa-i Milliye Vekili (Milli Savunma Bakanı) Fevzi Paşa'nın da geldiği cephede, İsmet İnönü örnek bir kumandanlık göstermiştir. Elindeki az sayıda birlik ve mühimmatla mevkiini tutmayı bilmiş, rakibi Papulas'ın hemen sonuç alamayınca morali bozulup geri çekilen fazla tedbirli bir kumandan olduğu analizini yapabilmiştir.

Ankara'nın öyle kolay lokma olmadığını ve Batı Anadolu'da düzenli bir ordu kurmayı başardığını gösteren bu zaferin uluslararası arenada bazı siyasi sonuçları da olacaktır. İtilaf Devletleri birer birer Ankara ile görüşmelere başlamışlardır. İngilizler Malta'daki Türklerden 40 kişiyi serbest bırakırlarken, İtalyanlar Anadolu'dan çekilme kararı almıştır. Fransız Başbakanı Briand yakın arkadaşı Franklin-Bouillon'u gayriresmî olarak Ankara'ya göndermekle kalmamış, Zonguldak'ı da tahliye etmiştir.

Zafer, iç siyasette de Mustafa Kemal'in muhalifleri karşısında rahat bir nefes almasını sağlamıştır. Kurtuluş Savaşı boyunca görünen bir örüntüye ilk kez burada rastlamaktayız: İlk başlarda sadece apoletleri[1] ve prestiji sayesinde eşitler arasında bir birinci olarak kar-

1. Fransızca *épaule*, yani "omuz" kelimesinden türetilen *épaulette* Türkçeye yanlış bir biçimde apolet şeklinde geçmiştir.

şımıza çıkan Mustafa Kemal, her zaferden sonra gücünü pekiştirecek adımlar atmıştır. Mayıs ayında Meclis içinde kendine sadık mebuslardan bir grup (aslında bir nevi siyasi parti) kuracaktır. Ancak, Enver gibi alternatif lider adaylarını tasfiye etmesi ve Meclis içindeki muhalefetle olan mücadelede avantajlı duruma geçmesi için bundan daha büyük bir zafere ihtiyaç vardır. Bunun için beş ay sonrasını, Sakarya Meydan Muharebesi'ni beklemesi gerekecektir.

10 Mayıs 1921

Meclis'te Yol Ayrılığı: Anadolu ve Rumeli Müdafaa-i Hukuk Grubu'nun Kurulması

Her ne kadar Mustafa Kemal'in çağrısıyla toplanmış olsa da, Birinci Meclis çok farklı siyasi arka planlardan gelen mebuslardan oluşmaktaydı ve tek bir bütün değildi. İlk olarak, en azından 1921 Mayısı'na dek Ankara'da kuvvetli bir Bolşevik rüzgârı esmekteydi. *Hâkimiyet-i Milliye*'de bile Bolşevizmi öven yazıların çıktığı bir dönemdi bu. Gerçi birkaç entelektüel dışında kimse bu ideolojinin ne olduğu konusunda bir bilgi sahibi değildi; çoğunun Bolşevizmden anladığı devletçilik, milliyetçilik, İslamcılık ve korporatizmin garip bir senteziydi. Ancak Bolşevizmin antiemperyalizmle özdeşleştirilmesi ve bu dönemde Bolşeviklerin Ankara'ya silah ve para yardımında bulunması, bu ideolojinin her geçen gün popülerleşmesine yol açmaktaydı.

Dışarıdan Enver Paşa'nın ve içeriden Çerkes Ethem gibi figürlerin de desteklediği bu akımın etkisi, İnönü zaferleriyle eli güçlenen Mustafa Kemal tarafından kırılacaktı. Ancak hâlâ Meclis'teki taraftarları üzerinde tam bir kontrol sağlayamadığının da farkındaydı. En yakınındakilerin bile kendisini Amasya, Sivas ve Erzurum'da defalarca yalnız bıraktığını unutmamıştı. Bu sırada oturumlarda da kendisi ve yakın ekibiyle problemi olan bir grubun ortaya çıktığını fark etmişti.

10 Mayıs 1921'de kurduğu Anadolu ve Rumeli Müdafaa-i Hukuk Grubu, kendi taraftarlarını bir araya toplamaktan çok kendisine muarız olanları dışarıda bırakmayı hedefliyor gibiydi. En azından

bu gruba davet edilemeyen mebusların düşündüğü buydu ve bunu Meclis kürsüsünden dile getirmeyi de ihmal etmemişlerdi. Grup, halihazırdaki Müdafaa-i Hukuk cemiyetlerinin mirasını sahiplenecekti; Mustafa Kemal, Erzurum ve Sivas kongrelerinden beri güttüğü politikayı devam ettirerek halk arasındaki örgütlenmeyi kendi liderliği altında birleştirmekteydi. Bu kongrelerin kararlarını ve Misak-ı Milli'yi baz aldığını programında ilan ederek grup aslında kendisini Milli Mücadele'nin merkezine yerleştiriyordu, ki muhalif vekillerden Hüseyin Avni Bey Meclis kürsüsünde Misak-ı Milli'nin tüm ulus tarafından benimsendiğini söyleyerek buna karşı çıkacaktı.

Kurulan, aslında gevşek biçimde örgütlenmiş bir politik partiydi, ancak fırka adı kullanılmamıştı. Zira bu isim hem İttihatçılığı çağrıştırıyor hem de o âna kadar altı çizilen fırkalar üstü olma prensibiyle çelişiyordu. Sivas Kongresi'nde, "Fırkacılık amalinden münezzeh bir azim ve iman ile çalışacağıma [...] namusum ve bilcümle mukaddesatım namına vallahi billahi," diye yemin bile edilmişti.

Grubun başkanlığına Mustafa Kemal seçilmişti. Milli Mücadele'den beri kendisine her fırsatta kenara çekilmesini tavsiye eden Kâzım Karabekir, bir kez daha fırkalar üstü kalmasını istemiş, grup başkanlığından ayrılmasını öğütlemişti. Mustafa Kemal'den aldığı cevap, Türkiye Büyük Millet Meclisi icrai bir meclis olduğu, bu yüzden de başkanının çoğunluk fırkasının başında bulunabileceği yönündeydi. Sivas Kongresi kararlarıyla çelişme pahasına da olsa, grubun aslında bir fırka olduğunu söylemekten de çekinmemişti Mustafa Kemal.

Ancak bir siyasi fırkadan çok daha dağınık bir yapıydı karşımızdaki. Özellikle Lozan Barış Konferansı'nın uzadığı dönemlerde Mustafa Kemal'in bu grup üzerindeki etkisi azalacak ve kendisine muhalif mebuslarla hareket eden bazı grup üyelerinin İkinci Grup ile birlikte oy kullandıkları olacaktır. 1923 baharında alınan seçim kararının nedeni biraz da bu dağınıklıktır.

1923 Seçimleri'nde, birkaç istisna dışında Meclis'teki tüm mebuslar bu gruptan çıkacaktır. Grup, 9 Eylül 1923 tarihinde kurulan Halk Fırkası'nın nüvesini oluşturmuş, ilerleyen aylarda yapılan tüzük düzenlemeleriyle daha insicamlı bir yapıya kavuşmuştur.

10 Temmuz 1921

Bozgun: Kütahya-Eskişehir Muharebeleri

Birinci ve İkinci İnönü muharebelerinde elde edilen başarılar Ankara'ya rahat bir nefes aldırmıştı. Yeni yeni kurulan düzenli birliklerin ilk zaferlerini elde ettikleri doğruydu. Meclis'in Ankara'da bile güvende olmadığı, memleketin her yerinde İstanbul'un da desteklediği isyanlar çıktığı, bu isyanların ancak Çerkes Ethem vasıtasıyla bastırılıp isyancıların birleşmesinin son anda önlendiği günler geride kalmıştı. Ancak, nihai zaferin henüz çok uzakta olduğu kısa sürede anlaşılacaktı.

Ankara'ya Sèvres Antlaşması'nı kabul ettirmek isteyen Lloyd George hükümeti Yunanlara her türlü desteği sağlamaya karar verdi. Anadolu'daki direniş fazla büyümeden bastırılmalıydı. Yunanlar da Ankara'yı hafife almamaları gerektiğinin farkına varmışlar, bölgeye yeni birlikler getirip ordularını tahkim etmişlerdi. Şimdi sıra, taarruz kabiliyeti kazanmadan Türk ordusunu etkisiz hale getirmek için Kütahya-Eskişehir hattında bir taarruza girişmekteydi.

Bu sırada Aslıhanlar ve Dumlupınar muharebelerinden alnının akıyla çıkamayan Refet Bele Güney Cephesi Komutanlığı'ndan alınmış, Güney ve Batı cepheleri tek bir komuta altında birleştirilerek çiçeği burnundaki paşa, İsmet'in komutasına verilmişti.

Yunan ordusunun amacı kuzey ve güneyden kuşatıcı bir manevra harekâtı ile Türk ordusunu sarmak ve ardından da Ankara'ya ulaşmaktı. 10 Temmuz'da taarruza başladıklarında Türk tarafı düşmanın stratejisinin istihbaratını almış, hazır bekliyordu. Ancak İsmet Paşa'nın elindeki kuvvetler hem sayı hem de teçhizat olarak Yunan kuvvetleriyle aşık atabilecek durumda değildi. 14 Temmuz'da başlayan muharebelerde ağır kayıplar veriliyordu. Kütahya, Eskişehir ve Afyon gibi şehirler ardı ardına düştü; bu, Ankara ile Konya'nın birbiriyle irtibatının kopması demekti. Üstelik sol taraftan düşmanın orduyu çevreleme ihtimali belirmişti. Ricattan başka çare kalmamıştı. 17 Temmuz'da bizzat cepheye gelen Meclis Başkanı Mustafa Kemal ve Fevzi Çakmak, Sakarya Nehri'nin doğusuna çekilmenin en doğrusu olacağına karar vermişlerdi.

Ancak bu o kadar kolay bir iş değildi. İsmet Paşa'nın sağ ve sol kanatlarda yaptırdığı karşı taarruzlar, geri çekilmek için gerekli zamanı son anda sağladı. Ordunun tekrardan bir savunma hattı oluşturabilmesi için İsmet Paşa'ya göre gerekli beş-on günlük zaman kazanılmıştı. Felaket güç de olsa önlenmişti.

Cepheden gelen bu haberler Meclis'i karıştırmaya yetmişti. Bundan tam bir yıl önce, Yunanlar Bursa'yı işgal ettiklerinde bu kürsüden İsmet Paşa ve Bekir Sami Bey'e sert bir şekilde saldırmıştı mebuslar. Şimdi karşılaşılan hezimet çok çok daha büyüktü. Meclis'in emniyeti bile tehlike altındaydı. İcra Vekilleri Heyeti reisi, yani Başbakan Fevzi Paşa, Meclis'in Kayseri'ye naklini gündeme getirecek, ancak yapılan oylamada bu teklif, mebuslar tarafından reddedilecektir. Fevzi Paşa olaya askerî açıdan bakmaktadır; mebuslar ise böyle bir kararın halk üzerindeki kötü etkisinden çekinmektedir.

Karşımızda tipik bir asker-siyasetçi çatışması bulunmaktadır. Hem askerî tarihçiler hem de dönemin Yunan kaynakları, Türk ordusunun hamlesinin doğru olduğu konusunda mutabıktırlar. Ancak askerî olarak doğru olan bir karar, siyasi olarak doğru olmayabilirdi. Nitekim bu kadar geniş bir toprak kaybının kabullenilmesi, Meclis'te sert eleştirilere neden olacaktır. İsmet Paşa'ya, "Askerliğin icabını tereddütsüz tatbik edelim. Diğer nevi mahzurlara mukavemet ederiz," şeklinde emir verdiğine göre, Mustafa Kemal risk alma lüksünün olmadığının farkındadır.

Sorumluluğu almış, doğru olanı yapmıştır. Bir kısım mebuslar hezimetten bizzat onu sorumlu tutacaktır. Olası bir bozgunun Paşa'nın yıldızını söndüreceğini düşünenler çoktur. Benzer bir hesabı yapan Enver Paşa da bu sırada sınırda, Batum'da hazır beklemektedir. Milli Mücadele'nin önderi için en sıkıntılı bir ay başlamıştır.

5 Ağustos 1921

Tüm Yetkiler Mustafa Kemal'de: Başkumandanlık Yasası

Kütahya-Eskişehir Muharebeleri'nden sonra Türk ordusu, bizzat Mustafa Kemal'in emriyle Sakarya'nın doğusuna çekilmek zorunda kalmıştı. Mecliste muhalefet ayağa kalkmış, "bedbinane [umutsuz, pesimist] nutuklarla feryada" başlamıştı: "Ordu nereye gidiyor; millet nereye götürülüyor? Bu harekâtın elbette bir mes'ûlü vardır, o neredir? Onu göremiyoruz. Bugünkü elim halin feci vaziyetin âmil-i hakikisini [esas sorumlusunu] ordunun başında görmek isterdik."

Kastettikleri açıktır: Hezimetin sorumlusu Mustafa Kemal bizzat cepheye gitmelidir. Mersin Mebusu Selahattin Bey kürsüden bizzat ismini zikrederek ordunun başına geçmesini önerecektir. Mustafa Kemal'e göre, zaferi ihtimal dışı gören muhalif mebuslar böylece kendisinin siyaset sahnesinden silinmesini amaçlamaktadır. Bu teklife Mustafa Kemal'i destekleyen vekillerin de hayır demesi imkânsızdır. "Hodri meydan!" der muhalifler. Paşa'yı köşeye sıkıştırdıklarına kanidirler. Madem ordu "münhezim" [hezimete uğramış] olacaktı; mümkünse yanında Mustafa Kemal'i de götürsündü.

Nutuk'a bakarsak, Mustafa Kemal de orduya kendisini komuta etmesi fikrini pek mantıklı bulmuyordu. Olası bir ricat durumunda bizzat kumandan olması, son ümidin de yitmesi demekti. Ancak kendisine rest çekildiğinde geri adım atacak bir tabiata da sahip de-

وقت

يومى غزته

٤ ذى الحجه ١٣٣٩ — ٩ آغستوس ١٣٣٧ / ١٩٢١

مصطفى كمال پاشا حضرتلرى باش قوماندان انتخاب ايدلدى

بيوك ملت مجلسى ٥ آغستوس تاريخلى اجتماعنده اوچ آى مدتله مصطفى كمال پاشايه باش قوماندانلق توجيهنه قرار ويرمشدر

رأفت پاشا

مصطفى كمال پاشا

عصمت پاشا

"Mustafa Kemal Paşa Hazretleri başkumandan intihab edildi."
Vakit, 9 Ağustos 1921.

ğildi. Görevi kabul etti. Sadece bir şartı vardı: "Bu vazifeyi üstlenmesinden doğacak faydaları hızla ortaya çıkarması, ordunun maddi ve manevi kuvvetini en kısa sürede en yüksek seviyeye çekmesi, sevk ve idaresini bir kat daha güçlendirebilmesi"[1] için "Meclis'in haiz olduğu salâhiyeti, fiilen istimal etme"si, yani Meclis'in yetkilerini şahsen kullanabilmesi gerekliydi.

Meclis'in kendi uhdesinde topladığı yetkileri geçici bir süre başka birine vermesi duyulmamış şey değildi. Örneğin, Roma Senatosu savaş zamanlarında altı aylığına bir *dictator* seçerek bu yetkileri devrederdi. Burada amaç, muharebe anlarında karar almayı hızlandırmaktı, ki Sakarya Meydan Muharebesi'nin arifesinde durum tam da buydu.

Ancak böyle bir kanunun, sahibi olan kişiye büyük bir güç verdiği de kesindi. Meclis'teki muhalifler Mustafa Kemal'in muhtemelen kaybedilecek bir muharebede ordunun komutasını almasını istiyor, fakat kendisine böyle geniş yetkiler vermek istemiyorlardı. Başkumandanlık yerine başkumandan vekili unvanı verilmesinde diretiyorlar; böylece başkumandanlığın Meclis'in "şahsiyet-i maneviyesinde mündemiç", yani manevi şahsiyetinde saklı olduğunda ısrar ediyorlardı. Nihai yetki kendilerinde kalmalıydı. Mustafa Kemal'in buna cevabı ise, yapılacak görev neyse titrin de o olması gerektiği şeklindeydi. Padişahların komutanlarına verdiği başkumandanlık vekili gibi bir unvanı kabul etmesi mümkün değildi. Cephede vereceği emirler, memleketin tüm kaynaklarını ilgilendirecek olsa da, sürekli dönüp hükümetten onay istemesi imkânsızdı. Kayıtsız şartsız emir verebilmesi, bunun için de Meclis'in yetkilerini kendisine devretmesi şarttı.

İtirazları da anlıyordu. Yetkinin büyük olduğunu kabul ediyordu, ancak üç ayla sınırlandırıldığını da ekliyordu. Meclis, bu yetkiyi istediği zaman geri alabilirdi. Bu teskin edici açıklamaların da etkisiyle, Başkumandanlık Yasası önce gizli celsede 13 ret oyuna karşılık 169 oyla, ardından da açık oturumda 184 üyenin oybirliğiyle kabul edilecekti.

1. "Bu vazifeyi, şahsen deruhde etmekten tahassul edecek fevaidi, azami sür'atle istihsal edebilmek ve ordunun maddi ve manevi kuvvetini azami sür'atte tezyid ve ikmal ve sevk u idaresini bir kat' daha tarsin içün..."

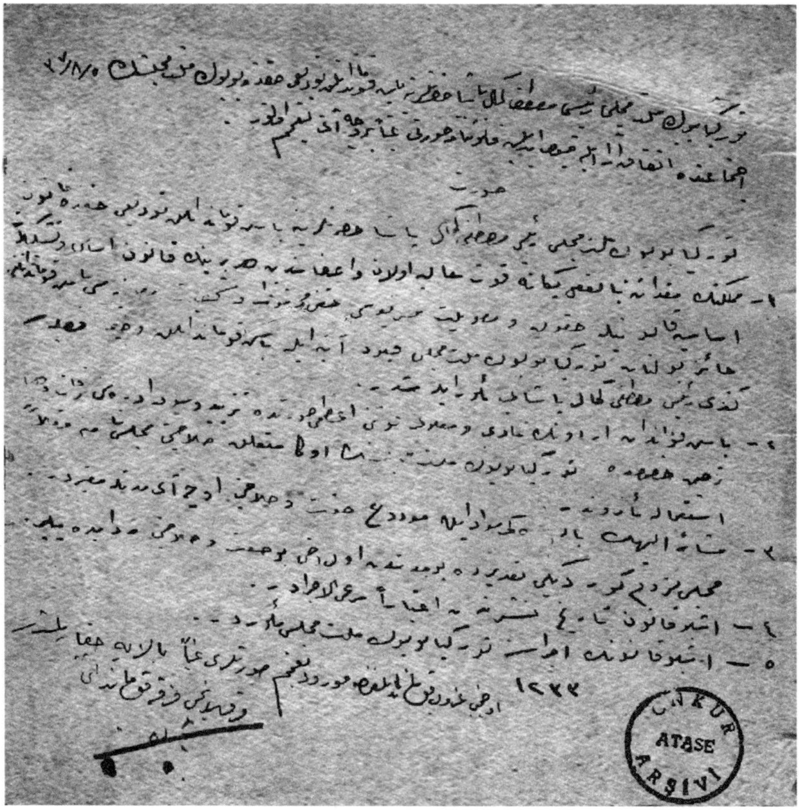

"Türkiya Büyük Millet Meclisi Reisi Gazi Mustafa Kemal Paşa Hazretleri'ne başkumandanlık tevdii hakkında kanun"

Mustafa Kemal ile Meclis arasındaki dengede önemli bir viraj dönülmüştü. Başkumandanlık yetkisi, bazen gene uzun tartışmalara yol açacak olsa da, nihai zafere kadar sürekli yenilenecekti. Şimdi, Mustafa Kemal'in bir başka virajı daha dönmesi için muharebe meydanlarına gitmesi gerekiyordu.

7 Ağustos 1921

Ölüm Kalım Günleri: Tekâlif-i Milliye Emirleri

Birinci İnönü'nün ardından İkinci İnönü Muharebesi'nde de yenilgiye uğrayan Yunan ordusu, Türk kuvvetlerini daha fazla güçlenmeden mağlup etmek için 10 Temmuz 1921'de yoğun bir saldırı başlatmıştı. Ordumuz bu saldırı karşısında ilk başta direnememiş ve geri çekilerek Eskişehir-Kütahya hattını Yunanlara bırakmak zorunda kalmıştı. Türk ordusunun daha fazla zarar görmesini önlemek amacıyla, Mustafa Kemal Paşa, birliklere Sakarya'nın doğusuna çekilme emri vermişti. Bu taktik karar sonucunda bizzat Ankara'nın kendisi düşmanın eline düşme tehlikesiyle karşı karşıya kalmıştı.

Bu durumun Meclis'te yoğun bir eleştiriyle karşılanması normaldi. Nitekim Kurtuluş Savaşı'nın en buhranlı ve tartışmalı dönemi de tam bu günlerde başlamış oldu. Meclis kürsüsünden mebuslar verip veriştiriyor, Meclis'in Kayseri'ye taşınmasına varana kadar pek çok görüş ortada geziyordu. Açık olan tek şey, eldeki imkânların tükenme noktasına gelmiş olduğuydu. Bu noktadan sonra yapılacak tek şey tüm halkı seferber etmekti.

Nitekim Büyük Millet Meclisi reisi unvanıyla Mustafa Kemal Paşa'nın doğrudan askerî harekâtı yönetmek üzere ordunun başına geçmesi yegâne kurtuluş çaresi olarak görüldü ve 5 Ağustos 1921'de oybirliği ile Başkomutanlık Kanunu kabul edildi. Bu kanuna göre, Mustafa Kemal üç ay süreyle Meclis'in tüm yetkilerini doğrudan kendi elinde topladı. Ardından da birliklere komuta etmek için cepheye gitti.

Savaş sadece taktik, strateji, cesaret ya da kahramanlık işi değildi. Bunlardan daha da önemlisi lojistik faktörlerdi. Muharebeye sürülen birliklerin ihtiyaçlarının etraflıca karşılanması elzemdi. Oysa savaş yorgunu memleket fakrüzaruret içinde kıvranıyordu. İşte bu şartlar altında, Mustafa Kemal, Başkumandanlık Yasası'nın kendine tanıdığı yetkiye dayanarak Sakarya Meydan Muharebesi öncesi ordunun ihtiyaçlarını hızlıca karşılayabilmek için, 7-8 Ağustos 1921 tarihlerinde 10 maddeden oluşan Tekâlif-i Milliye Emirleri'ni yayımladı. Bu emirlere göre, Tekâlif-i Milliye komisyonları kurulacak ve bu komisyonlar halkın elindeki mallara sonradan parası ödenmek koşuluyla el koyacaktı. Her ailenin birer kat çamaşır, birer çift çorap ve çarık vermesi öngörülmüştü. Bunu yapamayacak kadar yoksul olanların yerine zenginlerin devreye girmesi gerekmekteyse de, bu zenginle fakirin nasıl belirleneceği komisyonların inisiyatifine bırakılmış gibiydi. Ayrıca, halk ve tüccarların elindeki bez, kumaş, kösele, çarık, potin gibi giyimle alakalı malların ve yem torbası, nal mıhı, yular, kaşağı, semer ve urgan gibi ordu tarafından kullanılabilecek eşyaların yüzde 40'ına, gene parası sonradan ödenmek üzere el konulacaktı. Buğday, saman, arpa, fasulye, bulgur, nohut, mercimek, kasaplık hayvan, şeker, sabun, yağ, tuz, çay, gaz ve mum stoklarının da yüzde 40'ı aynı işleme tabi tutulacaktı. Arabalar için kullanılabilecek yakıt, lastik, buji, bilumum yağ, tutkal gibi zor bulunan malların yanı sıra telefon, kablo, pil, tel gibi stratejik maddeler de aynı kapsamdaydı.

Aynı zamanda, ayda bir kereyi geçmemek koşuluyla halkın elindeki taşıma araçları yüz kilometre uzaklığa kadar bilabedel kullanılabilecekti. At ve öküz arabaları, bunların hayvanları ile deve ve eşeklerin yüzde 20'sine ordu adına el konuyordu. Son olarak halk, elindeki silah ve cephaneyi de üç gün içinde komisyonlara teslim etmeliydi. Osmanlı siyasi anlayışının temel taşlarından biri olan ve reayanın silah taşımaması gerektiği yönünde bugün de zihinlerde yerini koruyan ön kabul düşünüldüğünde, savaş zamanı bu silahlara bu zamana kadar el konulmamış olması şaşırtıcıdır.

Bu kararlar, zaten işgalin ağırlığı ve yoksulluğun pençesi altında inlemekte olan Anadolu halkı için fazlasıyla zorlu günlerin başladığının bir işaretiydi. Mustafa Kemal Paşa komutasında en hayati günlerini geçiren direniş artık tüm kozlarını oynamış, tüm kaynaklarını seferber etmişti. Buradan geriye dönüş yoktu.

Hikâye mutlu sonla bittiğinde çekilen tüm ıstıraplar unutulacaktı. Yoksul Anadolu halkının Tekalif-i Milliye emirlerini karşılayabilmek için göstermiş olduğu fedakârlık, Türk ordusunun Sakarya Meydan Muharebesi'nden zaferle çıkmasının önünü açmıştır.

23 Ağustos 1921

Bir Melhame-i Kübra: Sakarya Meydan Muharebesi

1921 yazına gelindiğinde Ankara için işler pek de iyi gitmiyordu. Türk ordusu Sakarya'nın doğusuna çekilmiş, Meclis'te muhalifler ayağa kalkmıştı. Olası bir başarısızlık durumunda Anadolu'ya gelip Milli Mücadele'nin başına geçme hayalleri kuran Enver Paşa, Batum'da fırsat kollamaktaydı.

Meclis'ten başkumandanlık yetkisini alan Mustafa Kemal'in olası bir hezimet karşısında bir bahanesi yoktu. Artık tüm yetkiler elindeydi, ümitler kendisine bağlanmıştı. Emrindeki kuvvetler sayıca ve teçhizat açısından Yunanlarınkinden güçsüz olsa da, taarruzu püskürtmek zorundaydı.

Zaten Türk ordusunun Sakarya Nehri'nin gerisine taşınması da asker ve teçhizat sayısındaki bu dengesizlikten geliyordu. Kütahya-Eskişehir Muharebeleri'nde çok sayıda kayıp yaşanmıştı. Yunan ordusu hem asker hem de makineli tüfek ve top sayısı açısından üstün konumdaydı. Ordunun eksiklerini tamamlamak için Tekâlif-i Milliye Emirleri'ni çıkarmak zorunda kalan Mustafa Kemal, adeta son kartını oynadığı halde hazırlıklar hâlâ yeterli değildi. Altı sene sonra *Nutuk*'ta "kuvvet, vesait ve şerait nispetsizliği"nden yakınması boşuna değildi.

Ancak Yunanların da başka problemleri vardı. İlk olarak, çok geniş bir alana yayılmışlardı ve bu onlar için lojistik sıkıntılar yaratıyordu. Zaten Türk tarafının savaş planı da düşmanı daha da içerilere çekip bu sıkıntılardan yararlanmak üzerine kuruluydu. İkinci olarak, muharebeden galip gelip Ankara'yı elde etseler bile, yapabilecekleri en fazla tren yolunu tahrip etmek ve Türklerin bir daha Eskişehir üzerinden Batı Anadolu'yu tehdit etmelerini engellemekti. Halkın kendilerine düşman olduğu İç Anadolu'da tutunmaları imkânsızdı. Ama bundan daha da önemlisi, Anadolu'daki direnişe son darbe vurulmuş olacaktı.

Sakarya Nehri'nin doğusunda 100 kilometre boyunca ve 25 kilometre derinliğinde bir cephe hattına yayılan Türk ordusu, yedi kolordu halinde dizilmişti. Amaç, Sakarya Nehri'ni bir engel gibi kullanarak arkada hareketli birliklerle Yunanların geçişine mâni olmaktı. Mustafa Kemal'in, "Hatt-ı müdafaa yoktur, sath-ı müdafaa vardır. O satıh bütün vatandır,"[1] demesi boşuna değildi. Bundan önceki muharebelerde uygulanan ve orduların bir hat üzerinde yerleşip eğer buradan atılırlarsa arkada yeni bir hat oluşturması taktiğinden vazgeçilmiş görünüyordu. Geri çekilen kuvvetlere tutunabildikleri ilk yerde savunmaya devam etmeleri emredilmişti; muharebe boyunca da bu taktikten oluşan boşlukları doldurmak için yetmiş kilometreyi bulan zorlu yürüyüşlerle birlik kaydırması yapılacaktı.

Yunan taarruzu 23 Ağustos tarihinde başladı. Türk ordusu bir ara o kadar zor bir duruma düştü ki, ayın 26'sında Başkomutan, Müdafaa-i Milliye Vekili Refet Bele'ye telgraf çekip çatışmanın Ankara'ya sıçraması ihtimaline karşı Meclis ve hükümetin Kayseri'ye naklinin gerekli olabileceğini bildirmekteydi. Ancak, bu emir bir gün sonra geri alınacak ve bu ilk Yunan taarruzu başarısızlıkla sonuçlanacaktır. İlk denemelerinde başarısız olan Yunanlar bu sefer de merkezden, Haymana istikameti üzerinden bir yarma harekâtına girişeceklerdi. Amaçlarına bir kez daha çok yaklaşmışlar, 2 Eylül'de çok stratejik bir mevzi olan Çal Dağı'nı ele geçirmeyi başarmışlardı. Ancak, Türk askerinin direnci ve Yunan ordusu arkasına sarkmayı başaran süvarilerin yıpratmaları, Yunanların daha fazla ilerlemesine ve Ankara'ya ulaşmasına mâni olacaktı. 10 Eylül'de başlayan Türk

1. "Vatanın her karış toprağı vatandaş kanıyla sulanmadıkça vatan terk olunamaz. Onun için küçük, büyük her cüzütamı [birliği], bulunduğu mevziden atılabilir. Fakat küçük, büyük her cüzütam ilk durabildiği noktada, tekrar düşmana karşı cephe teşkil edip muharebeye devam eder. Yanındaki cüzütamın çekilmeye mecbur olduğunu gören cüzütamlar, ona tabi olamaz. Bulunduğu mevzide nihayete kadar sebat ve mukavemete mecburdur."

karşı taarruzu, düşmanı Sakarya Nehri'nin öteki tarafına atmayı başarmıştı. 13 Eylül'de nehrin doğusunda artık Yunan kuvveti kalmamıştı.

Mustafa Kemal'in "Sakarya melhame-i kübrası" adını verdiği bu kanlı muharebeden zaferle çıkılmasının çok önemli askerî ve siyasi sonuçları olmuştur. İlk olarak, inisiyatif artık Türk ordusundadır. Bu âna kadar hep savunma pozisyonunda olan Ankara'ya bağlı kuvvetler, artık Yunan ordularına karşı taarruza geçebileceklerdir, ki 11 ay sonra yapacakları tam da budur. Gerekli hazırlıkların yapılması için zaman da kazanılmış ve işgalcilerin Ankara'daki direnişi daha serpilmeden boğma girişimi başarısızlıkla sonuçlanmıştır. Diplomasi sahasında da, artık muhatabın İstanbul değil, Ankara olduğu kesin olarak anlaşılmıştır. Moskova ile 13 Ekim'de imzalanan Kars Antlaşması'nı, yedi gün sonra Fransızlarla imzalanan ve Hatay hariç Suriye sınırımızı belirleyen Ankara Antlaşması izleyecektir. Düvel-i İtilafiye'den bir devletin Ankara ile bir muahede imzalaması, Sèvres Antlaşması'nın bir paçavraya dönüşmesinden başka bir şey değildir. İtalyanlar da Anadolu'daki kuvvetlerini çekmeye başlamışlardır. Yunanların arkasında artık bir İngilizler kalmışa benzemektedir, ki onlar bile Ankara ile masaya oturmak ve 23 Ekim'de tutsakların mübadelesi için bir antlaşmaya evet demek zorunda kalmışlardır.

Bu zaferden sonra Meclis'in meşruiyeti tartışmasız hale gelmiştir; artık mevzubahis olan bir avuç idamlık asi değil, muharebe meydanlarından zaferle çıkmış bir Meclis'tir. Zafer, Mustafa Kemal'in liderliğini de pekiştirmiştir. O artık bir müşir, yani mareşaldir. Kendisine ne içeride ne dışarıda açıktan muhalefet etme imkânı kalmıştır. Enver Paşa Batum'u terk edip başka maceralara yelken açarken, Meclis'teki muhaliflerse başkomutanlık yetkisinin yenilenmesini bile engelleyemeyeceklerdir.

20 Ekim 1921

Fransızlar Pes Ediyor: Ankara İtilafnamesi

Sakarya Meydan Muharebesi'nde alınan zafer, birçok Batı ülkesinde soru işareti yaratmıştı. Anadolu'ya ilk ayak bastıklarında herhangi bir direnişle karşılaşacaklarını hesaplamayan Fransa ve İtalya gibi devletler, Cihan Harbi'ni takip eden yıllarda kendi iç sorunlarıyla boğuşmaktaydılar. Kapsamlı bir askerî direnişle mücadele etmeye ne niyetleri ne de takatleri vardı. Yunan ordusunun da sanıldığı gibi zaferden zafere koşmayacağı anlaşıldığına göre, artık belki de Ankara ile masaya oturmanın vakti gelmişti.

Fransızlar aslında daha Sèvres Antlaşması imzalanmadan önce Ankara ile temas kurmuşlar ve Güney Cephesi'nde geçici bir ateşkes yaparak Türkiye Büyük Millet Meclisi ile ikili ilişkilere girmişlerdi. Ankara'nın Sèvres Antlaşması'nı kabul etmeyeceği anlaşılınca Şubat 1921'de yapılan Londra Konferansı'nda da bu ilişkilerin ilerletilmesine çalışılmış, hatta dönemin Hariciye Vekili Bekir Sami Bey ile Fransa Başbakanı Briand bir antlaşma taslağı üzerinde anlaşmışlardı. Ancak bu antlaşmayı çok çok tavizkâr bulan Mustafa Kemal, Meclis'in onayına engel olmuştu. Bu sırada İnönü muharebelerinden zaferle çıkılması, Ankara'nın elini daha da güçlendirmiş ve Paris'i gayriresmî görüşmelere başlamak için eski bakanlardan Henry Franklin-Bouillon'u Ankara'ya göndermeye ikna etmişti. Bouillon, Mustafa Kemal, Hariciye Vekili Yusuf Kemal Bey ve Erkan-ı Harb

Reisi Fevzi Paşa ile birçok görüşme yapacak ve bazı noktalarda prensipte anlaşma sağlanacaktı. Ancak bu esnada Yunan ordularının Ankara'yı tehdit eder durumuna gelmesi, kesin bir anlaşmanın önüne geçmekteydi.

Sakarya'da düşman geri püskürtülünce, artık barışın önünde bir engel kalmamıştı. 20 Ekim'de Ankara İtilafnamesi imzalandı. Görünüşü kurtarmak için muahede olarak değil de itilafname[1] olarak adlandırılan 13 maddelik antlaşmaya göre, güneydeki sınır Misak-ı Milli çerçevesinde çiziliyor, bir tek İskenderun ve Antakya sancakları Suriye'de kalıyordu. Ancak, buralarda da özel ve özerk (*un régime administratif spécial*) bir yönetim oluşturulmuştu. Suriye topraklarında kalmışsa da, içinde Süleyman Şah Türbesi'nin bulunduğu Caber Kalesi teknik olarak Türk toprağı sayılacaktı. Fransız orduları Antep ve Çukurova'dan iki ay içinde çekilecekti. Her iki taraf da kontrolünde kalan bölgelerde bir genel af ilan edecekti; bu, düşmanla işbirliği yapanları korumaya yönelik, pratikte uygulanması zor bir maddeydi. (İleride Lozan Konferansı'nda da benzer bir genel af talebi gelecek ve Türk tarafı 150 kişi hariç bunu kabul edecekti.) Türkiye'deki Fransız okulları varlıklarını devam ettirebileceklerdi. Fransızlara ayrıca Pozantı-Nusaybin arasındaki demiryolu imtiyazı veriliyordu.

İki ülke arasında esir değişimini de onaylayan bu antlaşma sayesinde Güney Cephesi'nde savaş bitiyordu ve artık buradaki birlikler batıya kaydırılabilirdi. Gene, Düvel-i İtilafiye'den bir devlet ilk kez Milli Mücadele'nin haklılığını kabul ediyordu. Fransa, İngiltere ve Yunanistan'ı tek başına bırakmıştı. Ankara, bundan böyle Fransa'dan silah ve cephane temin etme imkânına da sahip olacaktı, ki o dönemde Sovyet Rusya hariç Ankara'nın başvurabileceği sanayileşmiş bir ülke bulunmamaktaydı. Fransa ile Türkiye Büyük Millet Meclisi arasındaki savaş hali sona erecek olsa da, Fransa gene de Lozan Antlaşması'nın taraflarından biri olacak ve iki ülke arasındaki kapitülasyonlar ve Osmanlı borçları diğer diplomatik problemler ancak burada çözülecektir.

1. Fransızca *traité* ya da İngilizce *treaty* ifadesi yerine *accord* ve *agreement* kullanılmıştır.

22 Mayıs 1922

Sağlam Kafa, Sağlam Vücut: Türk İdman Cemiyeti İttifakı'nın Kurulması

Kurtuluş Savaşı'nı veren nesil, Osmanlı İmparatorluğu'nun bir cihan imparatorluğundan hasta adama nasıl dönüştüğüne, yüzlerce yıl bilim ve sanatta Batı'nın hep önünde olmuş İslam toplumlarının nasıl geri kaldıklarına çok kafa yormuşlardır. Onlar için emperyalizmle savaş sadece muharebe meydanlarında verilemez, memleket sadece topla tüfekle kurtarılamaz. Bunların sonucu direkt belirlediği Kurtuluş Savaşı döneminde bile, Osmanlı döneminde başlayan modernleşme çabaları kapsamında bazı kritik çalışmalar yapılmış, geri kalmış bir tarım toplumu olan Türk milletinin muasır medeniyetler seviyesine ulaştırılabilmesi için her alanda yeni örgütlenmelere gidilmiştir.

Bu türden bir geniş vizyonu destekleyenlerin başında Mustafa Kemal gelmektedir. Onun için cumhuriyet, sadece bir idare biçimi değil, aynı zamanda bir uygarlık projesidir, ki ileride yapacağı inkılaplarla bu projenin detaylarını hayata geçirmeye kadir olacaktır. Böylesi bir uygarlığın unsurlarından birisi de henüz Batı'da bile yavaş yavaş oturmaya başlayan bir spor kültürünün ülkede yaygınlaşmasıdır.

Osmanlı modernleşmesine hâkim olan ve Cumhuriyet döneminde zirveye çıkan bu ruh doğrultusunda İstanbul'da faaliyette bulunan ve aralarında Fenerbahçe, Altınordu ve Galatasaray'ın da bulunduğu 16 kulübün başkanları tarafından sporla ilgili çalışmaların yürütülmesi amacıyla 1922 yılının 22 Mayısı'nda Türk İdman Cemiyetleri İttifakı kuruldu. Başına ise Galatasaray Spor Kulübü'nün de kurucusu olan Ali Sami Yen Bey getirildi. Cemiyet'in tesisinden kısa bir süre sonra futbol, güreş ve atletizm federasyonları da kurulacak, böylece genç Cumhuriyet birçok spor dalında örgütlenmesini tamamlamış olacaktı.

Cemiyet'in kuruluş metninde belirtilen amaçlar, bugün artık kapitalizmin pençesinde ruhsuz bir sektöre dönüşen spora o dönemde atfedilen toplumsal işlevi göstermesi açısından manidardır. Gençlere meşgale sağlayarak onları içki ve kumardan uzak tutmak, milletin fertlerini küçük yaştan teşkilatçılık faaliyetlerine alıştırmak, sağlam ve becerikli nesiller yetiştirmek, silahşorluğu, biniciliği ve denizciliği teşvik ederek askerî teşkilata ait vazifeleri kolaylaştırmak, uluslarararası müsabakalarla milli hisleri harekete geçirmek ve harici propaganda yapmak gibi amaçlar, Foucault'cu bir biyopolitika mekanizmasının illa devlet devreye girmeden de işleyebileceğini bize göstermektedir. Geç Osmanlı ve erken Cumhuriyet elitleri, Türk toplumunu her yönüyle dönüştürmeye ve vatandaşlarını daha üretken, disiplinli, uysal ve hepsinden önemlisi askerliğe elverişli bireyler yapmaya kararlıdır. Muasır medeniyetler seviyesine erişmenin başka yolu yoktur.

Kurulan bu ittifakın ilk ve en önemli başarısı, 1924 yılında Paris'te yapılan olimpiyatlarda Türkiye'nin katılımını sağlaması olacaktı. Spora ve sporcuya büyük önem veren ve çağdaş Türk devletinin vizyonunu daha o günlerden belirleyen Mustafa Kemal, seçilen sporcuların 1924 Olimpiyatları'na katılması için bizzat maddi yardımda da bulunacaktı.

26 Ağustos 1922

Son Darbe:
Büyük Taarruz

Sakarya Meydan Muharebesi'nin ardından askerî inisiyatif Ankara'ya geçmişti; o âna kadar savunma savaşıyla yetinmek durumunda kalan Büyük Millet Meclisi artık bir taarruzun planlarını yapabilirdi.

Ancak bu taarruz için çok sıkı bir hazırlığa ihtiyaç vardı. Daha Sakarya'dan bir yıl önce ortada doğru düzgün düzenli birlik bile yoktu; hem sayıca hem silah olarak büyük üstünlüğe sahip olan Yunanları dengelemek için titizlikle çalışılmalıydı. 20 Eylül 1921'de 92.660 olan Batı Cephesi'nin insan mevcudu hem yeni askere alımlarla hem de savaşın bittiği diğer cephedeki askerlerin buraya kaldırılmasıyla yüzde 100 artırılarak 187 bine çıkarılacaktı. Aynı zamanda tüm birliklerde her seviyede kurslar ve talimgâhlar açılmış, tatbikat ve manevralar yapılmıştı.

İnsan sayısı kadar, belki daha da önemli bir faktör ise silahlardı. İstanbul'daki depolardan kaçırılanların üstüne Rusya'dan gelen yardımlar ve Fransa ile İtalya'dan alınan silahlarla ordu güçlendirildi. Daha önceki zamanlarda, aynı kurşunu atmayan değişik tüfeklerin tümenlerde karışık bir biçimde bulunması çeşitli sıkıntılar yaratmaktaydı; tüfekler standardize edilerek bu problem çözüldü. Mermisi sınırlı olan tümenler ihtiyata kaydırıldı.

İşte tüm bu hazırlıklar taarruzun gecikmesine yol açtı. Meclis'teki muhalif mebuslar Mustafa Kemal ve komutanlarını her gün

"'Son neferi mahvoluncaya kadar!..' Kahraman ordularımızın başkumandanı lisan-ı celadetiyle düşmanın makhuriyetini [perişanlığını] millete ilan etti. Topraklarımızda Yunan'ı son neferine kadar yere sermek için bütün Anadolu silah başına gidiyor." *İleri*, 17 Eylül 1337 (1921).

sıkıştırmaya başlamışlar, hazırlıkların neden bu kadar uzun sürdüğünü sorar olmuşlardı. Aslında böyle bir hazırlık dönemi, özellikle ordunun savaş kapasitesinin iki katına çıkarıldığı düşünülürse kaçınılmazdı; ama çok fazla sorunun sorulduğu meclisler savaş ve kriz dönemlerinin ideal kurumları değildi. Askerî vaziyetten bihaber mebuslar genelde eleştirinin dozunu kaçırıyordu. Sistemin sıkışma olasılığını Meclis'in kendisi de görmüş olacaktı ki başkumandanlık yetkisi vererek Mustafa Kemal'e bizzat otonomi sağlamıştı.

Taarruzun arifesinde Yunan ordusunun asker sayısı Ankara'nın kuvvetlerinden biraz daha fazlaydı: 187 bin Türk askerine karşılık 195 bin Yunan askeri. Silahlar söz konusu olduğunda ise bu fark daha da artmaktaydı. 98 bin tüfeğe karşı 130 bin tüfek, 839 ağır makineliye karşı 1.002 ağır makineli, 2.025 hafif makineliye karşı 3.152 hafif makineli, 323 topa karşı 344 top. Görüldüğü gibi Sakarya'yı müteakip neredeyse bir yıllık süre içinde yapılan hummalı çalışmalar sonucu güç dengesi ancak nötr hale getirilebilmiştir. Oysa bir taarruz yapabilmek için hem insan hem de teçhizat açısından düşmana açık bir üstünlük kurulabilmesi şarttır.

Bu problemi aşmak için ordunun kuvvetini belirli bir noktada toplamak ve buradan sürpriz bir saldırı yaparak ivedilikle sonuç almak gerekmektedir. Uygulamaya konan savaş planı tam da bunu hedeflemektedir. Yunan ordusunun Afyonkarahisar bölgesinde bulunan sağ kanadına taarruz edilecekti. Böylece İzmir'le irtibatı kesilen düşmanın ya burada çevresinin sarılıp imha edilmesi ya da kuzeye çekilmesi halinde parça parça yok edilmesi öngörülmekteydi. Bu bölgede Türk tarafının mevcudu 100 bin kişi kadarken Yunan kuvvetleri 30 bin kişiden mürekkepti ve iyi koordine edilmiş bir taarruz, hele hele süvari birlikleri düşmanın arkasına sarkabilirse, sonuç verebilirdi. Bunun için Yunanların kuzeyden birlik kaydırması da önlenmeliydi, ki burada da görev I. Ordu'ya düşmekteydi. Bunlar da bir taarruz başlatacak ve burada da sıkı bir savaş olacağı izlenimi yaratarak düşmanın ihtiyat birliklerini güneye kaydırmasını engelleyeceklerdi. Böylece Afyon'u hedefleyen esas taarruza zaman kazandırmış olacaklardı.

Bu planın zayıf noktası kuzeydeki hattın güçsüz bırakılmasıydı, ki bu bölgedeki Yunan ordusunun yapacağı başarılı bir taarruz I. Ordu'yu geri çekilmeye icbar edebilir ve cephenin yarılmasına yol açabilirdi. Bu yüzden sürpriz faktörünün iyi kullanılması, güneyde Ekmen, Belen ve Tınaztepelerin süratle zapt edilip sonuç alınması şarttı. Esas saldırıyı göğüslemek durumunda kalacak Trikopis'in diğer kolorduya emir verme yetkisinin Yunan karargâhı tarafından elinden alınması, Türk ordusunun ekmeğine yağ süren bir gelişme olmuştu.

Taarruz 26 Ağustos'ta sabah 04.30'da top atışıyla başladı. İlk gün öğlene kadar önemli ilerlemeler kaydedildiyse de, sonrasında Yunan direnişi Türk birliklerini durdurmaya yetmişti. Lakin bu geçici bir başarıydı; müteakip günlerde denge hızlı bir şekilde Türk tarafının lehine değişecekti. Yapılan plan dahilinde Fahrettin Altay komutasındaki V. Süvari Kolordusu Ahır Dağları'nda savunmasız bırakılan bir patikadan geçerek düşmanın arkasına sarkmayı becermişti, ki Yunan ordusunun ikmal ve haberleşme hatlarını sabote etmeyi ve ricata başlayan düşman birliklerinin koordinasyonunu bozmayı başaracaklardı. Çetin geçen çarpışmalardan sonra 27 Ağustos'ta Afyon düştü. Yunan ordusunun geri çekilmesi tam bir hezimete dönüşmüştü. 28-29 Ağustos'ta başarılı taarruzlarla daha da geri itilen düşman, 30 Ağustos'ta dört bir taraftan sarılarak teslim ya da yok olmak arasında bir tercih yapmaya zorlandı.

Savaş bundan sonra bir kaçma ve kovalamaca halini alacaktı. Düzensiz ve dağınık bir şekilde geri çekilen Yunan birliklerinin takip edilmesi kararı alındı. "Ordular, ilk hedefiniz Akdeniz'dir!" lafı, işte bu karar çerçevesinde söylenmiştir. 2 Eylül'de Uşak'ta Trikopis birlikleriyle teslim oldu. Birkaç gün önce Yunan ordusuna başkomu-

"'Serdar-ı Ekremimiz, Gazi Müşirimiz, Başkumandan Mustafa Kemal Paşa'nın Orduya Emr-i Yevmisi': "Ordular, ilk hedefiniz Akdeniz'dir, ileri! Milli kahramanımız söylediğini yapıyor: Geçen sene bugünlerde düşmanı, Anadolu'nun harîm-i ismetinde [namus ocağında] boğacağız demişti, filhakika bir sene sonra boğdu." [Fotoğrafın altında dalların ortasında: "Düşmanı, Anadolu'nun harîm-i ismetinde boğacağız!]" *Tevhid-i Efkâr*, 5 Eylül 1922.

tan atandığını burada öğrendiğinde yüzünde muhtemelen acı bir tebessüm vardı. Bu atama, Türk tarafının planının işlediğinin göstergesiydi. İzmir'deki karargâhın kolordularla iletişimi komple kesildiğinden başkomutanın cepheden biri olması gerektiğine karar verilmiş ve bu göreve Trikopis getirilmişti.

Yunanlar 1919 Mayısı'ndan beri işgal ettikleri yerleri birer birer kaybettiler. 9 Eylül'de İzmir ve 11 Eylül'de Bursa olmak üzere tüm Batı Anadolu kentlerine Türk birlikleri girdi. Savaşın bittiğini anlayan ve çatışmaların kendi birliklerine de sıçramasından korkan İngilizler, hemen bir ateşkes antlaşması imzalanması için çağrı yapacaktı.

2 Eylül 1922

Büyük İllüzyon: Trikopis'in Esir Alınması

30 Ağustos'ta bozguna uğratılan düşman orduları bölük pörçük şekilde geri çekilmekteydi. Muharebe meydanındaki zaferi siyasi bir sonuca vardırabilmek için dağınık durumdaki birliklerin takip edilmesi ve geride tekrar bir savunma hattının kurulmasının önlenmesi gerekmekteydi.

Büyük Taarruz'un hemen ardından Afyon'a girilmiş, 30 Ağustos'un ardından da 1 Eylül'de Uşak kurtarılmıştı. Bir gün sonra ise Murat Dağı yakınlarındaki Çalköy'e çekilen Yunan Komutan Trikopis teslim olmak zorunda kalmıştı. Büyük Taarruz esnasında muharebe meydanındaki Yunan birliklerinin en üst düzeydeki komutanıydı. Onun esir düşmesi, Yunan ordusu için artık her şeyin bittiği anlamına gelmekteydi.

3 Eylül'de Uşak'ta, daha önce Yunan kralının da kaldığı bir eşraf konağının ikinci katındayız. Mustafa Kemal, İsmet ve Fevzi paşalar bir odada askerî planları tartışırken, yan odada Yaver Ali, evin kızının gelinlik sırmasını almış, Fevzi Paşa'nın müşir rütbesini dikmekle meşgul. İşte Trikopis, kendisini mağlup eden komutanı ilk kez gördüğünde, bu konakta şaşıracaktı. İlk fark ettiği şey, bu mağrur ama nazik komutanın ne kadar genç olduğuydu.

Bundan sonra Trikopis ile Mustafa Kemal'in arasında geçen diyaloglar Jean Renoir'ın 15 sene sonra çekeceği *La Grande Illusion*

Esir Yunan General Trikopis

[Harp Esirleri] filmindeki Rauffenstein ve Boëldieu arasında geçiyordu sanki. İki komutan arasındaki sohbetin medeniliği gerçekten şayan-ı dikkatti. Sahnelenen mizanseni seyrederken Halide Edib, Mustafa Kemal'in "bir büyük sanatkâr ve oyunun kaidelerine uygun bir sporcu" olduğunu düşünmekten ve bu muzaffer komutanı "sırtını yere getirdiği pehlivanın elini sıkan galip bir pehlivan"a benzetmekten alamayacaktı kendini.

"Oturun general, yorulmuş olacaksınız," dedikten ve kendisine sigara ve kahve ikram ettirdikten sonra, avucunun içine aldığı mağlup rakibini bir Fransız aristokratına yakışır bir edayla süzmeye başladı Mustafa Kemal. Demek ki Frerler Mektebi'nde (*Collège des Frères de la Salle*) sadece lisan öğrenmemişti. Kazanmakla kaybetmek biraz da şans işiydi; Napoléon gibi büyük bir kumandan bile mağlup olmamış ve hatta esir düşmemiş miydi? Müsterih olmalıydı.

Bu centilmence girişten sonra iki komutan savaşın kritiğini yapmaya başlayacaklardı. Mustafa Kemal'in muharebe sırasında bizzat askerlerin yanında olduğunu öğrenince, Trikopis kendisini tutamayacaktı: "İşte harp böyle kazanılır. Yoksa 550 kilometre uzakta, durum gözle görülüp hüküm verilmeksizin bir harita üzerinde pergelle ölçülerek, İzmir Körfezi'nde bir yattan idare edilmez. Edilir ama netice böyle olur." Yunan ordularının başkomutanı Hacıanesti'den bahsetmektedir, ancak endişelenmesine gerek yoktur. Zira Hacıanesti çok yakında darağacını boylayarak ödeyecektir bu rahatlığının bedelini.

Düşmanına saygı duyan bir komutandır Mustafa Kemal, ancak iğnelemekten de geri durmaz. Trikopis'e Hacıanesti'nin bundan birkaç ay önce kendisiyle ilgili söylediklerini hatırlatmadan edememiştir. "Mustafa Kemal mi? Ben bu isimde bir kumandan tanımıyorum! Cephede hiçbir yerde rast gelmedim," demiştir Yunan ordularının başkumandanı. Oysa kendisi işte şimdi burada, bir haftadır muharebe meydanındadır. Peki, Hacıanesti nerededir? İki ellerini yana açıp başını öne eğen Trikopis'in suratında acı bir gülümse olup olmadığı bilinmemektedir.

Bu sinematografik buluşmanın en ilginç ânı ise Trikopis'in Hacıanesti yerine Yunan ordularına başkomutan atandığını bizzat esir olduğu gün öğrenmiş olmasıdır. Yunan kumandanı elinden geleni yapmış, cesurca savaşmıştır. Bunun mükâfatını ise memleketine dönünce alacaktır. Hacıanesti'nin aksine kendisi herhangi bir kovuşturmaya tabi tutulmayacaktır. Asker olarak vazifesini yıllarca sürdürecek ve o gün Uşak'taki konakta kendisini karşılayan üç paşanın ikisinden daha sonra, 1959 yılında vefat edecektir.

9 Eylül 1922

İzmir'in Düşman İşgalinden Kurtarılması

30 Ağustos'un ardından geri çekilen Yunan orduları parçalar halinde etkisiz hale getirilirken, işgal altındaki birçok Anadolu şehri de birer birer kurtarılmaktadır. Yunan orduları telaş içerisinde kendilerini Ege adalarına atıp esaretten kurtulmaya çalışmaktadırlar. 1 Eylül'de Uşak, 4 Eylül'de Alaşehir ve Söğüt, 6 Eylül'de Akhisar ve Balıkesir, 7 Eylül'de Aydın, 8 Eylül'de ise Manisa Türk birliklerini selamlamıştır. Ancak buruk bir selamlamadır bu. Çekilen Yunan orduları taş üstünde taş koymamış, hıncını sivil halktan çıkarmaktan geri durmamıştır.

Fahrettin Altay komutasındaki süvari kolordusu da 9 Eylül'de İzmir'e girmiştir. Mustafa Kemal'in gelişi ise ertesi gün olacaktır. Bu arada şehirdeki yabancı konsoloslar, o her zamanki Avrupalı küstahlıklarıyla, Gazi'ye haber yollamışlar ve şehri teslim etmeye hazır olduklarını belirtmişlerdi. Görüşmeler için nereye ve hangi kumandan gönderilecekti? Mustafa Kemal'in buna cevabı sert olacaktı: "Kimin şehrini kime veriyorlar"dı?

İzmir'e girdiklerinde, Türk orduları aslında Kurtuluş Savaşı'nı başladığı yerde bitirmiş oluyordu. Bundan üç yıl dört ay önce İzmir'in Yunanlar tarafından işgali, Türk kamuoyunda büyük tepki yaratmış ve Milli Mücadele ruhunun canlanmasına vesile olmuştu. Şevket Süreyya Aydemir gibileri, İzmir'in işgali olmasa bir Milli Mücadele'nin mümkün olmayacağını söylerken belki de haklılardı.

"'İzmir'i Kurtaran Mehmedcik.' Meçhul değil munis [canayakın, sevimli] yüzüyle daima gönlümüzdedir."

Millet-i hâkime iken, yüzyıllarca hükmettikleri bir milletin boyunduruğuna girmek, Türklere ağır gelmişti. İngiliz, Fransız ve İtalyanların işgalinin geçici olduğuna kanaat getiren çoktu; hakikaten de İtalyanlar bölgeye az sayıda müfreze getirmişler ve savaşın uzayacağını gördükleri anda da silahlarını bile bırakıp gitmişlerdi. Ancak Yunanlar öyle değildi, kalmaya geliyorlardı. İşin daha da acısı, kırmaya da gelmiş gibilerdi. İşgalin ilk gününden itibaren yerel halka sert davranmış, doğru düzgün bir direniş olmadığı halde birçok kişiyi öldürmüşlerdi.

İşte şimdi artık İzmir kurtarılmıştı. Düşmandan geriye kalan birlikler canının derdine düşmüştü. Bursa 10 Eylül'de kurtarıldı. Çanakkale Boğazı'na yaklaştıklarında Türk askerlerinin karşısına çıkan ise Yunan değil, İngiliz ordusu olacaktı. Yunanların ve İtilaf Devletleri'nin elinde kalan son topraklar da Mudanya Mütarekesi ile boşaltılacak ve Trakya ile İstanbul sahiplerine iade edilecekti. Misak-ı Milli'de belirtilen topraklar büyük ölçüde kurtarılmış gibiydi. Detayları konuşmak ve kalıcı bir barışı sağlamak içinse asker postallarını çıkarıp boyunbağlarını takmak gerekecekti. Ancak, bu başka bir kısmın hikâyesiydi.

10 Eylül 1922

"Canım Şöyle Bir Köşeye Sıkışsak?": Mustafa Kemal İzmir'de

10 Eylül'de Belkahve'den İzmir'e bakmaktadır. Nurettin Paşa, bir incir ağacının altında kendisine, "Şurası Kadifekale, şurası Kordon, karşısı da Karşıyaka," diyerek şehri anlatmaktadır. Oysa şehre ilk gelişi değildir bu. Ama belki de daha önce ona hiç bu kadar dikkatli bakmamıştır. İzmir, Selanik'e ne kadar da benzemektedir; bir Beyaz Kule'si eksiktir. Gençliğini geçirdiği, İttihat ve Terakki'ye katıldığı, arkadaşlarıyla masa başında gece yarılarına kadar Namık Kemal dizeleriyle vatanı kurtardığı o güzel şehri bir daha hiç göremeyecektir belki, ama işte daha güzeli tam orada, gelinlik bir kız gibi karşısındadır. "Bir rüya görmüş gibiyim," diyecektir Mustafa Kemal şehri temaşa ederken.

Tüm şehir halkı kendisini karşılamak için yollardadır. Daha birkaç gün önce kendisine şehri teslim etmeye hazır olduklarını söyleyecek kadar ev sahibi pozuna giren yabancı konsoloslar da Gazi'yi selamlamaktadır. Bayraklı tarafındaki İngiliz garnizonundaki nöbetçiler bile saygı duruşundadır.

Paşa sivilleşmekte bir dakika bile kaybetmemiştir. Muzaffer bir kumandan gibi İzmir'e girerken üstünde üniforması, nişanları, sırmaları yoktur. Yakaları sıkı sıkıya düğmelenmiş bir pardösü giymiştir sadece. Bu sivil halinin etkisiyle olacak ki, ertesi gün Kramer Palas Oteli'nde yemek yemek isteyince garson kendisine yer olmadığı-

Mustafa Kemal ve Fevzi Çakmak İzmir'e girmeden önce

nı söyleyecektir. Yanında subayları, generalleri, üstünde sırmaları olmadığından garson kendisini tanımamıştır. Durumu belki de muzip bir anlayışla karşılayan Mustafa Kemal, "Canım şöyle bir köşeye sıkışsak?" diye soracaktır, ancak garson savaş tanrılarının koskoca bir şehri verdiği Paşa'ya bir masayı hâlâ çok görmektedir. Allahtan içeridekiler Paşa'yı tanımışlardır da olası bir skandal önlenmiştir. İşte bu otelde Mustafa Kemal garsona, "Kral Konstantin burada rakı içti mi?" diye soracak, olumsuz yanıt alınca da, "Öyleyse neden İzmir'i almak istemiş?" diye ekleyecektir.

İzmir'e girdiği gün, Mustafa Kemal elini öpen, kendisine çiçek uzatan halkın arasında güçlükle ilerlemektedir. Bu esnada patlayan silahlar bir anda paniğe yol açar. Yakınlardan bir yerlerden makineli tüfek ve top sesleri gelmektedir; bu da neyin nesidir? Bir baskın mı? Hükümet Meydanı ve Konak bir anda karışır. İlk telaş atlatıldıktan ve sesler sustuktan sonra durum anlaşılacaktır. Türk süvarisi önünde geri çekilen bir Yunan birliği, Türklerin eline geçtiğini bilmediğinden İzmir'e girmiş, karşısına çıkan süvarilerle kısa bir çatışmaya tutuşmuştur. Teslim olmaktan başka bir çaresi yoktur, ancak yürekleri de hoplatmıştır.

Paşa'ya ilk önce Karşıyaka'da bir konak hazırlanmıştır. Burası Yunan kralının da daha önce kaldığı konaktır; kısacası bu seçimde sembolik bir anlam da vardır. Eve girerken yaşanan bir hadise, Mustafa Kemal'in muzaffer kumandana yakışan bir vakar ve disipline sahip olduğunu bir kez daha gösterir. Kapının önüne serilen Yunan bayrağını görünce, "Bu nedir?" diye sorar. Kendisine Konstantin'in Türk bayrağını çiğnediği hatırlatılınca da adeta gerçek büyüklüğün ne olduğu dersini verir: "Hata etmiş. Ben bu hatayı tekrar edemem. Bayrak, milletin şerefidir. Ne olursa olsun yerlere serilmez ve çiğnenmez. Kaldırınız!"

Şehir ordunun eline geçmiştir, ancak limanda hâlâ İtilaf Devletleri'nin gemileri bulunmaktadır. Bu kabul edilebilir bir durum değildir. Paşa hemen bir not yazıp filo kumandanına limanı terk etmesi için 24 saat süre verir. Milli Mücadele boyunca sergilediği sert ama diplomatik tutumu burada da sergilemiştir; bu gemilerin hukuken burada olmaya hakkı yoktur. Yanındakiler gergindir; bazıları Paşa'nın işi abarttığını ve ülkeyi İngilizlerle yeni bir harbe sokacağını söylemektedirler. Bu sesler, Milli Mücadele'nin ilk yıllarındaki

Vahdettin ve Damat Ferit yandaşlarınınkilere çok benzemekte değil midir?

Mustafa Kemal cesur, ancak realisttir. Verdiği ültimatomun etkisini doğru tahmin etmiştir; düşman donanması süre dolmadan limandan çekilmiştir. Belki İstanbul'da değildir ama bu muzaffer kumandana geldikleri gibi gittiklerini görmek nihayet nasip olmuştur.

13 Eylül 1922

İzmir Yangını

Ege'nin bu güzel şehri düşman işgalinden kurtulduğuna sadece dört gün sevinebilecektir. Üç yıllık işgalin sona ermesinin ardından İzmir tam bir kaos içerisindedir. Yunanlarla işbirliği yapan Rumlar kenti terk ederken, Türk askerleri de şehirde asayişi sağlamaya çalışmaktadır. Zaferin sevincine gölge düşüren olay, 13 Eylül'de Basmane semtinde çıkan yangındır. Yüzyıllarca başta İstanbul olmak üzere Osmanlı kentlerinin başının belası olmuş bu felaket, hızla yayılmış ve şehir merkezini tamamen küle dönüştürmüştür. Ermeni ve Rum mahalleleri tamamen yanmış, Avrupalıların ve Levantenlerin yaşadıkları "Frenk" mahallesinin de yarısı hasar görmüştür. Yangın, şehrin Müslüman kesimine ulaşamadan söndürülmüştür.

Lakin İzmir'e gelişinin ilk gecesinde Karşıyaka'da İplikçizade Köşkü'nde kaldıktan sonra denizin aşırı kokmasından rahatsız olup rıhtımda başka bir eve geçen Mustafa Kemal'in bizzat kendisi yangınla burun buruna gelmişti. Aceleyle Uşşakizade Muammer Bey'in Göztepe'deki evine geçmek zorunda kalacaktı. Oysa daha önce kendisine gösterildiğinde bu evde kalmak istememişti. Bir başka deyişle İzmir Yangını, Mustafa Kemal'in ilerideki eşiyle yakınlaşmasının önünü de açmıştı.

Yangın dört gün sonra kontrol altına alınsa da, hasar büyüktür. Ama belki de daha önemlisi, harap olan gayrimüslim mahallelerine

İzmir Yangını

ileride Müslümanların yerleşecek olmasıdır. Bu, şehrin demografik yapısının değişmesi anlamına gelmektedir. Bu değişim, dokuz ay sonra gerçekleşecek Türk-Yunan mübadelesi ve yıllar sonra karşımıza çıkacak 6-7 Eylül Olayları'yla beraber okunursa, dönemin hassasiyetleri daha rahat anlaşılacaktır. Tam da bu yüzden yangının kimin tarafından çıkarıldığı üzerine çok şey yazılıp çizilmiş ve kimi kaynaklar suçu Türklere atarken diğer görgü tanıkları da buna karşı çıkmıştır. Herkesin kendi tıynetine göre bir tarihî gerçeklik yarattığı her durumda olduğu gibi, tartışma akademik olmaktan uzaktır. Ortada Balkan Savaşları'ndan bu yana çekilen acıların bir dışavurumu olarak tezahür etmiş bir propaganda savaşı vardır. Bu sırada olan Osmanlıların en modern şehirlerinden birine olmuştur.

23 Eylül 1922

Yeniden Çalan Savaş Tamtamları: Çanak Krizi

Büyük Taarruz başarıyla sonuçlanmış, İzmir başta Batı Anadolu'daki şehirler birer birer Yunan işgalinden kurtarılmıştı. Büyük bir çoğunluğu etkisiz hale getirilen Yunan birliklerinden kaçabilenler Ege'deki adaların yolunu tutmuş, Türk birlikleri Çanakkale'ye doğru ilerlemekteydi. İşte burada İngiliz birlikleri ile burun buruna geldiklerinde yeni bir çatışmanın çıkma tehlikesi baş gösterecekti.

Piyon olarak kullandıkları Yunanların yenildiğini gören İngilizlerin ilk işi Mustafa Kemal'in bir sonraki hamlesini öğrenmeye çalışmak oldu. Kurtuluş Savaşı boyunca Türklerle İngilizler arasında bazı çatışmalar çıktıysa da, resmen bir savaş hali yoktu. İngilizler Milli Mücadele'yi bastırmak için hep bir vekâlet savaşı yürütmüş, Yunanları ve hatta bir ara Hilafet Ordusu vasıtasıyla bizzat Türkleri kullanmıştı. Oysa şimdi kendi birlikleri de tehlike altındaydı. Türk askerleri Çanakkale'ye yaklaşmaktaydı. İtalya ve Fransa'dan destek beklenemezdi. Fransızlar 19 Eylül'de birliklerini geri çekmişler ve kendilerini yalnız bırakmışlardı. Ne yapmalıydı?

İlk başta Mustafa Kemal ile temas kurularak kendisinin niyeti öğrenilmeliydi. Gazi'nin İngilizlere cevabı gayet netti; iki ülke arasında bir savaş durumu yoktu, ancak birliklerin ilerlemesi durdurulamazdı. İngilizler kendisinden tarafsız bölgeyi ihlal etmemesini isteyince Türkiye Büyük Millet Meclisi ile İtilaf Devletleri arasında tarafsız bir bölge üzerinde anlaşıldığından haberi olmadığını belirtip her zamanki gibi legalizmini sergilemekten geri durmadı.

Olası bir savaşı önlemek için Fransız Generali Pelle, bizzat İzmir'e gelip Mustafa Kemal ile görüşmüştü. Ancak, Gazi facianın sorumlularının Yunanları silahlandırıp Anadolu'yu işgal eden İngiliz ve Fransızlar olduğunu söylüyordu. Ülkeyi hemen terk etmeliydiler. Fransızlar Atatürk'le arası iyi olan bir siyasetçiyi, Franklin-Bouillon'u yollayarak daha mutedil bir reaksiyon almaya ve zaman kazanmaya çalışırlarken Londra'da da hareketli günler yaşanmaktaydı.

Lloyd George bir savaşa girmekten çekinmeyecek gibi duruyordu. 15 Eylül'de Bakanlar Kurulu, İngiliz kuvvetlerin olduğu yerde kalmasına karar verdi. Bir gün sonra ise Sèvres'i ihlal ettiği ilan edilen Türkiye Büyük Millet Meclisi'ne savaş ilan edileceği tehdidi yapıldı. Ancak Fransız Başbakanı Poincaré'nin Paris'te Lord Curzon'a masaya oturup barış yapılması gerektiğini söylemesi işleri değiştirecekti. İngiltere'de kamuoyu zaten yeni bir savaşa karşıydı. Dominyonlar da savaşa katılmakta isteksizdi. Kanada açık açık destek vermeyeceğini söylemekteydi; diğer dominyonlardan da destek gelmiyordu. Kraldan da yüz bulamayınca yapılacak bir şey olmadığını anlayan Lloyd George hükümeti, 23 Eylül'de yaptığı toplantıda Türk topraklarından çekilmeyi kabul etti. Bunun üzerine Mustafa Kemal, birliklerine dur emri verdi ve böylece Mudanya Ateşkes Antlaşması ile resmileşecek süreç başlamış oldu.

Çanakkale Krizi'nin ardından Lloyd George'un zorlukla bir arada tuttuğu koalisyon hükümeti dağıldı. Başbakanın uyguladığı aktif dış siyasetten rahatsız olan muhafazakâr vekiller, İngiltere'nin dünya polisliğine soyunmasını doğru bulmuyorlardı. İstifa etmek zorunda kalan George'un siyasi kariyeri bu kriz yüzünden bitmiş oluyordu. Doğu'da genç bir cumhuriyet ve yeni bir lider doğarken, yorgun Batı'da yaşlı bir politikacı siyaset sahnesini terk ediyordu. Kriz aynı zamanda dominyonların otomatik olarak İngiliz dış siyasetine tabi olacakları varsayımını da yıkmıştı. 1931 yılında ilan edilen Westminster Yasası'nın önü de böylece açılmış oldu; bu tarihten itibaren savaşa girme ya da girmeme kararı, her dominyonun kendi siyasi organlarında alınacaktı. Mustafa Kemal intikamını almış, üzerinde güneş batmayan Britanya İmparatorluğu'nun tabutuna son olmasa da en büyük çivilerden birini çakmıştı.

11 Ekim 1922

Silahlara Veda: Mudanya Mütarekesi

Büyük Taarruz'un ardından Batı Anadolu'nun Yunan işgalinden kurtarılması Türk birlikleriyle Marmara Bölgesi'nde konuşlanmış İtilaf kuvvetlerini karşı karşıya getirmişti. Türk ve İngiliz askerleri arasında bir çatışma çıkmasının son anda önlendiği Çanakkale Krizi'nin de gösterdiği gibi, savaşın daha da uzamaması için ivedilikle bir mütareke imzalanmalıydı.

Aslında Lloyd George Trakya'yı boşaltmaya pek razı değildi ve olası bir savaşı göze almaya hazırdı. Ancak kimseden destek bulamadı. Fransa ve İtalya uzun süre önce Ankara ile anlaşmıştı ve kendi iç siyasetlerinde karışık günler yaşarken askerlerini manasız bir çatışmaya sokmaya hiç niyetleri yoktu. İngiltere kamuoyu da savaş yanlısı değildi; George'un dominyonlara yaptığı yardım çağrısı da karşılık bulmamıştı. Ankara ile anlaşmak, kapsamlı bir barış konferansına kadar silahları bırakmak için bir mütareke imzalamak şarttı.

İşte bu amaçla 3 Ekim'de Mudanya'da görüşmeler başladı. Türk tarafını Batı Cephesi komutanı sıfatıyla İsmet Paşa, İtilaf Devletleri'ni ise General Harington, Charpy ve Mombelli temsil ediyordu. Yunanistan'ın yolladığı delegeler ise görüşmelere katılmayıp Mudanya açıklarındaki bir İngiliz gemisinde bekliyorlardı. Görüşmelerin kilit noktasını Doğu Trakya'nın boşaltılması oluşturuyordu. Muharebelerden zaferle çıkmış Türk tarafı, mütareke imzalanır im-

Mudanya Ateşkes Antlaşması'nı imzalayan İsmet Paşa ve Türk heyeti

zalanmaz Doğu Trakya ve İstanbul'un boşaltılmasını ve Meriç'in doğusundaki tüm yabancı askerlerin ülkeden çıkmasını istiyor, İngilizler ve Yunanlar ise buna yanaşmayarak işi sürüncemede bırakmaya çalışıyorlardı. Üstüne üstlük Harington tarafsız bölge olarak addettikleri topraklardaki Türk kuvvetlerinin çekilmesini istiyordu. Muharebe meydanında kazandığını diplomasi masasında kaybetmeyeceğini göstermek isteyen Mustafa Kemal, 6 Ekim'de ordularına İstanbul'un üzerine yürüme emri verince, ne kendi kamuoyundan ne de müttefiklerinden beklediği desteği gören İngilizler geri adım atmak zorunda kalacaktı.

11 Ekim'de imzalanan ve Doğu Trakya'nın hemen boşaltılmasını öngören mütarekeye Yunan heyeti ilk başta imza atmak istemedi. Ancak, başrolü oynadıklarını sandıkları bir savaşta aslında bir maşa olduklarına kendilerine ivedilikle hatırlatılacaktı; ayın 14'ünde imzaları mütareke metninin altındaydı. Yunan ordularına Doğu Trakya'yı boşaltması için 15 gün süre verilmişti. Bu boşaltma sürecini denetlemek için İtilaf Devletleri bölgede yedi taburluk bir kuvvet bulundurabilecekti. Çekilme tamamlandıktan sonra bu kuvvetlerin de 30 gün içinde Doğu Trakya'yı boşaltması gerekiyordu. Ankara kalıcı bir barış antlaşması imzalanana kadar Çanakkale Boğazı ve İzmit üzerine çekilen bir çizginin batısına asker çıkarmayacak, Doğu

Trakya'ya sadece asayişi sağlamaya yönelik 8.000 kişiyi aşmayacak bir jandarma kuvveti yollayabilecekti. Gene nihai barışa kadar, İtilaf kuvvetleri İstanbul ve çevresindeki bazı yerleşimlerde ve Meriç'in sağ kıyısı ile Karaağaç'ta sınırlı sayıda asker bulundurabilecekti.

Görüldüğü gibi, mütarekenin amacı olası bir sıcak çatışmayı önlemek, tarafların hiçbirine kesin bir avantaj vermeden, kalıcı bir barış antlaşması için gerekli zamanı kazanmaktır. Artık denklemin dışında olan olan Yunanlar Anadolu'dan tamamıyla çıkarılmıştır. Fakat Ankara'nın Doğu Trakya'yı silahlandırmasının da önüne geçilmiştir, ki böylece İngiltere barış masasında elinde tutacağı bir kozdan vazgeçmemiş olacaktır. Büyük Millet Meclisi Alayı'ndan 100 kişilik sembolik bir kuvvetle 19 Ekim'de Refet Bele'nin Osmanlı payitahtına girmesine izin verilse de, İstanbul'daki yabancı kuvvetlerin tamamen çekilmesi ve bir Türk ordusunun şehri teslim alması ancak 1923 Kasımı'nda gerçekleşecektir.

1 Kasım 1922

"Hakikat Usulü Dairesinde İfade Olunacaktır. Fakat İhtimal Bazı Kafalar Kesilecektir": Saltanatın Kaldırılması

Milli Mücadele'nin Ankara için zaferle sonuçlanması ve Mudanya Mütakeresi'nin Lozan Barış Antlaşması'na giden yolda önemli bir adım olması, suların durulması için yeterli değildi. Başta Ali Fuat Paşa ve Rauf Bey olmak üzere Ankara'da bazı çevreler, Mustafa Kemal Paşa'dan saltanatın kaldırılmayacağı konusunda güvence almak istiyorlardı.

Saltanatın kaldırılması konusunda Mustafa Kemal'in kararlılığını bileyen olay ise toplanması öngörülen barış konferansına Ankara ve İstanbul hükümetlerinin birlikte davet edilmeleri oldu. Bu, direnişi zafere ulaştıran iradenin bölünmesi ve belki de muharebe meydanında kazanılanların masada kaybedilmesi anlamına gelecekti. İşgal kuvvetleri benzer bir *divide et impera*[1] taktiğine daha önceki konferanslarda da başvurmuşlardı.

Mustafa Kemal'in askerî yetenekleri üzerinde çokça durulmuştur, ancak en az o kadar öne çıkan başka bir kabiliyeti de diplomasi alanındadır. Tüm Kurtuluş Savaşı boyunca gerek İstanbul ile gerekse yabancı ülkelerle olan ilişkilerinde hep bir satranç oyuncusu titizliğiyle davranmış ve bir kez elde ettikten sonra avantajı asla bırakmamıştır. Savaştan zaferle ayrılmış orduların komutanı olarak

1. (Lat.) Böl ve yönet.

1922 sonbaharında avantaj artık kendisindedir ve o da bunun farkındadır. Böyle bir ikili daveti kabul etmesi mümkün değildir; İstanbul'u denklemden çıkarmak şarttır. Sadrazam Tevfik Paşa'nın 17 Ekim 1922'de Mustafa Kemal Paşa'ya çektiği telgrafta barış konferansında İstanbul hükümetinin yanında yer almak suretiyle Ankara'nın "son görev"ini yerine getirmesini telkin etmesi, bu kararını daha da pekiştirmiştir. Saltanat kaldırılmalı, Ankara liderliğindeki Milli Mücadele'nin memleketin tek temsilcisi olduğu herkese ilan edilmelidir.

Sanılanın aksine, Osmanlılar cumhuriyet fikrine tamamıyla yabancı bir toplum değildir. Cezayir gibi oligarşik cumhuriyetler bizzat Osmanlı şemsiyesi altında yüzlerce yıl faaliyet göstermişlerdir. Cumhuriyet fikri sadece imparatorluk merkezlerinden uzak serhat bölgelerinde değil, en azından bazı kriz anlarında İstanbul'da bile gündeme getirilmiştir. Osmanlı hanedanının alaşağı edilip bir "cumhur devleti" kurulması, daha 1703 gibi erken tarihlerde ortaya atılan bir fikirdir. Gene, Batılı eğitim almış Osmanlı elitleri bu kavrama hiç de yabancı değillerdir; aralarında Paris Komünü'nde savaşacak derecede anarşist fikirlere sahip olanlar bile vardır. Mustafa Kemal'in de öteden beri bir cumhuriyet fikrine sıcak baktığı bilinmektedir. Vahdettin'le yaptığı Almanya seyahati ve Anadolu'ya geçmeden önce yaptığı ikili temaslar saltanattan iyiden iyiye umudunu kesmesine yol açmış olmalıdır.

Ancak, radikal ve vizyoner fikirlerine destek bulamayacağını bildiğinden bu yöndeki fikirlerini yakınındaki birkaç kişi hariç pek kimseyle paylaşmamıştır. Hatta Meclis'in ilk zamanlarında bazı mebuslar bu yönde cümleler kurunca, onları dizginlemeyi bilmiştir. İşte şimdi İstanbul'daki hükümetin Lozan'a davet edilmiş olması, Mustafa Kemal'in işini kolaylaştırmışa benzemektedir. Her ne kadar aralarında İcra Vekilleri Heyeti Reisi Rauf Bey, Refet Paşa, Miralay Selahattin ve Ziya Hurşit beyler gibi önemli isimlerin de olduğu bazı mebuslar saltanata hâlâ gönülden bağlı olsalar da, açık şekilde Vahdettin'i savunmak artık mümkün değildir. Hilafeti ayırıp tüm Osmanlı hanedanını bir anda hedef almayarak Mustafa Kemal, saltanatın kaldırılmasına karşı çıkmayı daha da imkânsız hale getirmiştir. Böyle yapmak açıkça Milli Mücadele'nin kazanımlarını savunmamak anlamına gelecektir.

Cumhuriyetin ilanındakine benzer örgütlü bir muhalefete daha sonra rastlanmasa da, Mustafa Kemal'in gene de araya girmesi ve üstü kapalı bir tehditle Şeriye Encümeni'nde sıkışmış yasanın oya sunulmak üzere ivedilikle Meclis'e getirilmesini sağlaması gerekmiştir. "Maruf safsatalar"la hilafetle saltanatı hukuken ayırmanın mümkün olmadığını iddia eden encümen üyelerine sert bir şekilde çıkışan Mustafa Kemal, Türk ulusunun isyan ederek egemenliği Osmanlılardan kendi eline aldığını, esas mevzunun olmuş bitmiş bir şeyi yasalaştırmaktan ibaret olduğunu belirtmektedir. Meclis, bu fiili durumu onaylarsa daha uygun olur. Aksi takdirde, bu hakikatten geri dönüş ihtimali yoktur; zira saltanat kimseye ilim gereği ya da bir münazara sonucunda verilmez. Güçle alınır, ki onu da Türk milleti almıştır. "Hakikat usulü dairesinde ifade olunacaktır. Fakat ihtimal bazı kafalar kesilecektir," diye bitirecektir konuşmasını Gazi Paşa. Mebuslara, Büyük Millet Meclisi'nin bir ihtilal meclisi olduğunu arada sırada hatırlatmak gerekmektedir.

1 Kasım 1922'de 308 sayılı "Türkiye Büyük Millet Meclisi'nin Hukuk-ı Hâkimiyet ve Hükümranının Mümessil-i Hakikisi Olduğuna Dair Hey'et-i Umumiye Kararı" kabul edilmiş ve saltanatla hilafet birbirinden ayrılarak 623 yıllık Osmanlı saltanatı sona erdirilmiştir. İstanbul'un bu karara direnecek hali yoktur. Sadrazam Ah-

خلافت وسلطنت مسئله‌سی حقنده توركیا بیوك ملت
مجلسنك ١ تشرین ثانی ٣٣٨ تاریخنده منعقد یوز
اوتوزنجی اجتماعنك برنجی جلسه‌سنده نشر
واعلانی متفقاً قبول ایدیلن قرار صورتی

Saltanatı ilga eden kanunun girişi: "Hilafet ve saltanat meselesi hakkında Türkiya Büyük Millet Meclisi'nin 1 Teşrinisani [1]338 (1 Kasım 1922) tarihinde münakid yüz otuzuncu içtimanın birinci celsesinde neşr ve ilanı müttefikan kabul edilen karar sureti."

met Tevfik Paşa 4 Kasım'da hükümeti son kez toplamış, bir gün sonra da Refet Paşa bakanlıklara faaliyetlerini durdurma emri vermiştir. Bab-ı Ali'nin resmî gazetesi *Takvim-i Vekayi* son sayısını 4 Kasım'da basmıştır.

Saltanatın kaldırılması, ancak cumhuriyetin ilanı ile giderilecek bir anayasal problem de yaratmış, bir yıl boyunca rejimin biçimi tam olarak tanımlanamamıştır. Ortada bir padişah yoktur, ancak cumhuriyet adı da henüz zikredilmemektedir. Bu belirsizliğin giderilmesi için önce 15 Nisan 1923'te 308 sayılı kararı Hıyanet-i Vataniye Kanunu kapsamına alarak saltanatın kaldırılmasının eleştirilmesini imkânsızlaştırmak, ardından da muhalefetten arındırılmış bir meclis için seçimlere gitmek gerekecektir.

17 Kasım 1922

"İstanbul'da Hayatımı Tehlikede Gördüğümden": Vahdettin İstanbul'u Terk Ediyor

Kurtuluş Savaşı'nda zaferin kazanılmasının ardından 1 Kasım'da saltanatın kaldırılması, Vahdettin'in durumunun ne olacağı sorusunu da beraberinde getirmişti. Kaldırılan saltanattı; Osmanlı hanedanı hâlâ bünyesinde hilafeti bulunduruyordu. Ancak Kurtuluş Savaşı sırasındaki eylemleri, Ankara'da padişaha karşı aşırı bir antipatinin ortaya çıkmasına yol açmıştı. Milli Mücadele'nin cefakâr mebusları ve komutanları için o artık bir haindi.

Bu döneme hâkim olan intikam havasını daha iyi anlayabilmek için İstanbul hükümetlerinin Dahiliye Nazırı Ali Kemal'in başına gelenlere bakmak yeterli olacaktır. Milli Mücadele'nin bu azılı muhalifi, İstiklal Caddesi'ndeki Tokatlıyan Oteli'nin berberinde tıraş oluyorken yargılanmak için Ankara'ya götürülmek üzere gündüz vakti kaçırılacak, ancak İzmit'te Sakallı Nurettin Paşa tarafından halka linç ettirilip barbarca katledilecektir. Bu menfur[1] hadisenin son Osmanlı padişahı üzerinde oldukça olumsuz bir etki yapması doğaldır; Vahdettin zaten tabiatı gereği çekingen ve kararsız biridir. Artık ismi cuma hutbelerinde zikredilmeyen padişah hayatından endişe etmeye başlayınca, yabancı elçilikler önünde vize kuyruklarına giren diğer Milli Mücadele karşıtlarına katılmakta gecikmeye-

1. (Ar.) Me*nfur*: "Nefret"ten (n-f-r); nefret edilesi.

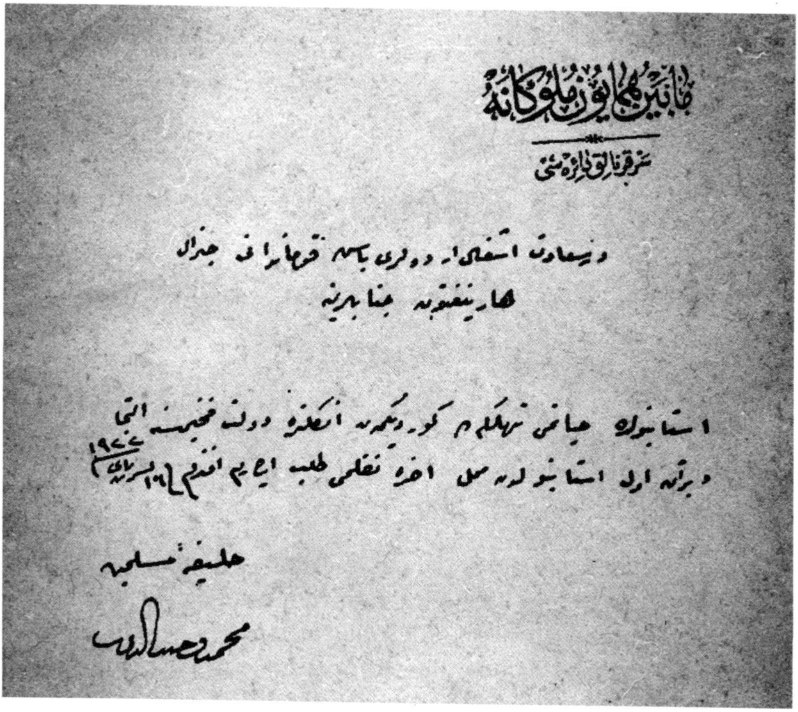

مابین همایون ملوکانه

استانبولده حیاتمی تهلکه‌ده گوردیکمدن انگلتره دولت فخیمه‌سنه التجا و برآن اول استانبولدن محل آخره نقلمی طلب ایدرم افندم

خلیفهٔ مسلمین

محمد وحید الدین

Vahdettin'in "Halife-i Müslimîn" sıfatıyla, General Harington'a yazdığı "Mabeyn-i Hümayun-ı Mülukane" antetli mektup: "İstanbul'da hayatımı tehlikede gördüğümden İngiltere devlet-i fehîmesine iltica ve bir an evvel İstanbul'dan mahall-i âhara naklimi talep ederim efendim." 16 Teşrin-i Sani (Kasım) 1922.

cek ve kayınbiraderi ve fahri yaveri Binbaşı Zeki Bey'i General Harington'a göndererek İngilizlerden sığınma talep edecektir. İngilizler zaten Ağustos'tan beri hazırlıklıdır. Allahtan gene de General Harington, Vahdettin'in bu isteğini yazılı olarak talep edecekti de, altı yüzyıllık bir saltanatın sükûtunu kısacak bir cümleyle özetleyen şu belge gelecek nesillere kalacaktı: "İstanbul'da hayatımı tehlikede gördüğümden İngiltere devlet-i fehîmesine iltica ve bir an evvel İstanbul'dan mahall-i âhara naklimi talep ederim efendim."

Bu belgede enteresan bir detaya dikkat çekmek gerekir. Vahdettin belgeyi "Halife-i müslimin" olarak imzalamış ve padişah ifadesini kullanmamıştır. Dolayısıyla, aslında üstü kapalı bir şekilde de olsa, Vahdettin saltanatın kaldırılmasını kabul etmiş gözükmektedir. Sürgün yıllarında tam tersi bir pozisyon alacaksa da, Kasım 1922' de halife ile saltanatın ayrılmasına pek bir itirazı yok gibidir. Tabii bu kelime seçiminin arkasında, Hint kolonilerinde milyonlarca Müslümana sahip İngilizler için halifelik makamının ne kadar önemli olduğunu bilmesi de vardır.

Yanına değerli mücevherler almamaya özen gösteren ve kendisini zor duruma sokacak evrakı yaktırmayı da ihmal etmeyen Vahdettin, bir cuma günü, 17 Kasım 1922'de *Malaya* isimli bir İngiliz gemisiyle neredeyse tüm hayatını geçirdiği İstanbul'dan ayrıldı. Önce Malta'ya, ardından da zamanında Osmanlılara karşı ayaklanıp İngilizlerle işbirliği yapmaktan çekinmeyen Şerif Hüseyin'in davetiyle Mekke'ye gitti. Bu vesileyle hac farizasını da yerine getirmiş oldu. Bir süre sonra Kıbrıs'a ya da Hayfa'ya gitmek istedi, ancak İngilizler buna izin vermedi. 1923 yılını İtalya'nın San Remo şehrinde geçirdi; bir sene sonra Türkiye'den çıkarılacak diğer aile fertleriyle burada buluşacaktı.

Harington'a yazdığı mektubu nasıl imzalamış olursa olsun, Vahdettin sürgün yıllarında kendisini hâlâ saltanatın meşru sahibi olarak görmeye devam etti. Saltanat ile hilafet ayrılamazdı. San Remo'dayken Türkiye Cumhuriyeti'ni dava etmek için vekâlet istediği Abdülmecit Efendi belgeyi halife olarak imzalayınca geri göndermekten çekinmeyecekti. Hilafetin ilgasından sonra Mısır'da bir hilafet kongresi toplanacağını duyunca, Mısır Ulema Birliği başkanına bir mektup yazarak halifenin hâlâ kendisi olduğunu belirtti.

Kendisini suçlu da addetmiyordu. Mekke'deyken İslam âlemine hitaben kaleme aldığı beyannamesinde, San Remo'da yaveri Avni Paşa'ya dikte ettirdiği anılarında ve Şerif Paşa'ya verdiği mülakatta, hep Milli Mücadele döneminde aldığı kararları savundu. Aldatılmıştı, suçlu hep başkalarıydı.

1926'da, İstanbul'dan ayrılışının dördüncü yılında, Ligurya'nın bu şirin sahil kasabasında, San Remo'da hayata gözlerini yumdu. Arkasında alacaklılardan başka bir şey bırakmamıştı. Borçları nedeniyle naaşı bir ay rehin tutuldu ve ancak gerekli para bulunduktan sonra Şam'a gönderilip Süleyman Camii'ne defnedilebildi. Son Osmanlı padişahı, dâr-ı fenadan dâr-ı bekaya, İngilizlerle işbirliği yaptığı için hem Türk halkı hem de Müslüman ümmetin gözünde tüm prestijini yitirmiş bir şekilde irtihal eyleyecekti.

2 Aralık 1922

Bir Tuhaf Ali Cengiz Oyunu: Mustafa Kemal'in Mebusluk Haklarından Yoksun Bırakılmasını Öngören Kanun Değişikliği Teklifi

1922 yılının sonuna gelindiğinde, Mustafa Kemal Paşa önderliğindeki Türk orduları İstiklal Harbi'ni kazanmış, elde edilen zafer hem askerî hem de diplomatik alanda Türkiye Büyük Millet Meclisi ve Mustafa Kemal'in elini güçlendirmiş haldedir. 1 Kasım 1922'de altı asırdan fazla bir süredir devam etmekte olan Osmanlı saltanatı da ilga edilmiş, Sultan Vahdettin ise bir İngiliz zırhlısı ile başkenti terk edip gönüllü sürgüne gitmiştir. 20 Kasım'da Lozan'da Türk heyeti savaşın galibi olarak barış konferansının ilk kısmında mağrur bir şekilde masadaki yerini alırken, savaşın mağlup tarafındaki Yunanistan'da ordu ve siyaset derin bir kriz içine girmiştir.

Zafer yılının sonundaki şartlar Mustafa Kemal'i belki de ülkedeki en güçlü şahsiyet haline getirmişken, Paşa'nın ülke içindeki muhalifleri muzaffer komutanın gücünü daha da artırmasına engel olmak için birtakım siyasi manevralar yapmaya çalışmaktadır. Söz konusu manevralardan belki de en etik dışı olanı 2 Aralık 1922 tarihinde Meclis'e sunulan bir kanun tasarısıdır. Türkiye siyasi tarihinin sayısız Ali Cengiz oyunlarından belki de en menfur ve melunu olan bu hamle, Seçim Kanunu'nda yapılacak bir değişikliği içermektedir. Erzurum Mebusu Süleyman Necati, Mersin Mebusu Selahattin ve günümüzdeki Samsun bölgesine denk gelen Canik Mebusu Emin beylerin verdikleri kanun değişikliği tasarısının 14. maddesi, esasında örtülü olarak Mustafa Kemal'i hedef almaktadır. Zira verilen değişiklik önergesi kabul edildiği takdirde, mebus seçilebilmek için Türkiye'nin mevcut sınırları içinde doğmuş olmak ya da göçmenler söz konusu olduğunda da, herhangi bir seçim bölgesinde kesintisiz olarak beş yıl süreyle ikamet etmek gerekecektir.

Meclis'teki tartışmaların ardından kanun değişikliği teklifini veren mebuslar tasarının Paşa'yı hedef almadığını söyleyerek kendilerini savunmak isterler. Ancak, maksadın savaşın muzaffer kumandanının siyasi haklarından mahrum bırakmak olduğunu herkes çabucak fark etmiştir. Zira doğum yeri Selanik'in Balkan Harbi'nde Yunanistan'ın hâkimiyetine geçmesi, Mustafa Kemal'in tasarıdaki şartı yerine getirmesini imkânsız kılmıştır. Önce Cihan Harbi'nde sonrasında da Kurtuluş Savaşı boyunca memleketin farklı yerlerinde savaş vermiş bir askerin bir seçim bölgesinde beş yıl devamlı yaşaması da pek mümkün değildir. Nitekim Mustafa Kemal Paşa da Meclis'te söz alarak şahsını hedef aldığı aşikâr olan teklife karşı bir konuşma yapar. Doğduğu şehrin ülke sınırları dışında kalmasının kendi kabahati olmadığını, hayatının büyük bölümünü ise memleket savunması yapmak üzere vatanın farklı yerlerinde geçirmek zorunda kaldığından dolayı kanun teklifinin doğrudan kendisini hedef aldığını belirtir ve tasarıyı sunan mebusların kendisini vatandaşlık haklarından mahrum bırakacak cesareti nereden aldıkları sorusunu sorar. Bu karşı hücum üzerine şaşıran tasarı sahipleri, metni Gazi'yi düşünerek kaleme almadıklarını iddia etseler de, bu pek inanılır bir argüman değildir. Hem mebusların hem de Meclis'teki konuşmasının gazetelerde yayımlanmasının ardından kamuoyunun desteğini alan Mustafa Kemal, teklifin reddedilmesini sağlayacak ve oyunlarını kolaylıkla bozacaktır. Üstelik kendisini Meclis kürsüsünde savunurken bir yandan da akıllıca bir hamle ve güçlü bir belagatle adeta bir demokrasi dersi verir. Paşa'nın, "Efendiler! Beni vatandaşlık hukukundan ıskat etmek salâhiyeti bu efendilere nereden verilmiştir? Bu kürsüden resmen heyet-i âliyenize ve bu efendilerin daire-i intihabiyeleri [seçim bölgesi] halkına ve bütün millete soruyorum ve cevap istiyorum," diye sormaktadır. Meclis sıralarından kendisinin "müstesna" olduğu nidası yükselince, "Benim müstesna olduğuma dair bir kanun yoktur," cevabını vererek adeta zaferini perçinleyecektir.

Bu karşı hamlesi sayesinde bir manada güvenoyu da almış ve mebuslarla kamuoyunun kendi tarafında olduğunu tasdik ettirmiştir. Paşa'nın elini güçlendiren bu olayın ardından İkinci Meclis'te muhalifler tasfiye edilecek ve ileride yapılacak inkılapların muhtemel karşıtları parlamentodan uzaklaştırılacaklardır.

17 Şubat 1923

İzmir İktisat Kongresi

Anadolu düşman işgalinden kurtarıldığına göre, şimdi sıra yaraları sarmadadır. Yıllar süren savaşların altüst ettiği ekonomi, ilk ilgilenilmesi gereken alanlardan biridir. Daha adı konmamış yeni devletin nasıl bir iktisadi politika izleyeceğini kararlaştırmak için yurdun birçok yerinden 1.135 delegenin katıldığı bir iktisat kongresi yapılmasına karar verilmiş ve mekân olarak da aynı zamanda uluslararası bir ticaret limanı olan İzmir seçilmiştir.

17 Şubat'ta başlayan kongrenin açılış konuşmasını bizzat Mustafa Kemal yapacak, kongrenin başkanlığını ise Kâzım Karabekir üstlenecektir. Kongreye katılan delegeler çiftçi, tüccar, sanayici ve işçi olmak üzere dört ayrı zümre halinde hükümetten beklentilerini bildirmişlerdir. Bunlara istinaden "Misak-ı İktisadi Esasları" adında bir metin hazırlanmıştır. 12 maddeden oluşan bu kararların büyük bir kısmı ekonomiyle alakasız, hamasi laflardı. 2. madde, Türk halkının bağımsızlığını hiçbir şeye feda etmeyeceğinden ve her zaman meclisinin ve hükümetinin arkasında olduğundan dem vururken, bir sonraki maddede Türk milletinin tahribat yapmayacağı, bilakis imar edeceği belirtilmiştir. Türk halkının geceli gündüz çok çalışmasından, israftan kaçınmasından, ormanlarını çocukları gibi sevmesinden; hırsızlık, yalancılık, riya ve tembelliği düşman bilmesinden; bilgi ve eğitim âşığı olmasından, tutuculuktan uzak bir dindarlığı

esas almasından; mikroptan, pis havadan, salgından, pislikten çekinip bol güneş ve temiz hava sevmesinden bahseden; genelde de bir kongre metnine yakışmayacak ciddiyette laflarla dolu bu metinde ekonomi ile ilgili ancak bir-iki prensip göze çarpmaktadır.

Bunlardan biri kendi kendine yetmek, diğeri ise sermayenin millileştirilmesidir. Metin yabancı sermayeye karşı olmadığını belirtmektedir, ancak kapitülasyonlardan çok dili yanmış bir milletin, tam da Lozan'da bu illetten kurtulmanın pazarlığını yaptığı günlerde, bu sermaye için bazı şartlar belirlemesinden daha doğal bir şey olamaz. Hem yabancı yatırımcılar hem de yabancı ülkelerin vatandaşlığına geçip kapitülasyon zırhına bürünen gayrimüslimler hedef alınmışa benzemektedir. 9. madde "kendi yurdunda, kendi lisanına ve kanununa uymayan müesseseler"den bahsetmektedir. Mustafa Kemal, açılış konuşmasında kendi tebaasına koyduğu vergiyi ecnebilere koyamayan bir devletin müstakil, yani bağımsız addedilemeyeceğinden dem vurmaktadır. Tüccar ve sanayici grupların önerileri arasında da banknot çıkaracak bir banka kurulup bunun hisselerinin sadece Türklere satılması, yabancı ve yerli sermayeli karma şirketlerde Türkler tarafından sahip olunması gereken ödenmiş sermaye payının belirli bir yüzde ile belirlenmesi gibi önlemler de bulunmaktaydı. Tüm bu önlemler hükümet tarafından kabul edilecekti.

Her ne kadar Misak-ı İktisadi zayıf bir belge olarak kalsa da, İzmir'de alınan kararlar genç Cumhuriyet'in iktisadi politikasını belirleyecektir. Sanayicilerin istediği koruyucu gümrük tarifeleri, sanayi makine ve gereçlerinin ithalinde gümrük muafiyeti, 1913 Teşvik-i Sanayi Kanunu'nun genişletilmesi, bir sanayi kredi bankasının kurulması gibi ilkeler kısa sürede yerine getirilecekti. Çiftçilerin ürünlerini taşıyacak demiryolu ve liman yapılması, tütün rejisinin kaldırılması ve tarım makinelerinin gümrük vergisinden muaf tutulmaları gibi istekleri de hayata geçecekti. 1925 yılında aşarın kaldırılması, 1926'da İsviçre Medeni Kanunu'nun kabul edilmesiyle taşınmaz mallar hakkında son derece geniş bir özel mülkiyet hukukunun getirilmesi, 1924 yılında ticaret kredisi verebilecek bir İş Bankası'nın ve bir sene sonra da Sanayi ve Maadin Bankası'nın kurulması, son olarak 1927'de yeni bir Teşvik-i Sanayi Kanunu'nun çıkarılması, gene İzmir İktisat Kongresi'nde ifade edilen beklentilerle uyum içindeydi. Bir tek işçiler umduklarını bulamayacaktı; kendilerine söz verilen sendika kurma ve grev yapma hakları 1930'larda ellerinden alınacaktı. Ama bu aslında oldukça doğal bir şeydi; zira liberaller ne derse desin, devletler sermayedarları korumakta her zaman çok mahirdi.

27 Mart 1923

Kâbe-i Millet'e Taarruz: Ali Şükrü'nün Öldürülmesi

Birinci Meclis'te Mustafa Kemal'e muhalif birçok mebus bulunmaktaydı. Anadolu ve Rumeli Müdafaa-i Hukuk Grubu'nun kurulmasının ardından bunlar birbirine daha da sıkı kenetlenmişti. Zamanla kendilerine İkinci Grup adı verilen bu oluşum, çoğunluğu Karadeniz ve Doğu Anadolu'dan gelen mebuslardan müteşekkildi. Bürokrat ve askerlerin ağır bastığı Müdafaa-i Hukuk Grubu'nun aksine, taşra eşrafından ve ilk kez devlet sorumluluğu alan siyasi aktörlerden oluşmaktaydı. Onları bir araya getiren de bu sosyoekonomik kökendi aslında. Mustafa Kemal ve ekibine muhalif olmaları ve onların kontrolündeki yürütmeye karşı Meclis'in üstünlüğünü savunmaları dışında kendilerini birleştiren siyasal bir programları yoktu. Mersin Mebusu Selahattin Bey'in de özetlediği gibi, "Meclis diktatörlüğüne taraftar, şahıs otokratlığına muhalif, şahıs hâkimiyeti yerine kanun hâkimiyetini savunan" mebuslardı bunlar. Aralarında demokratik yönetimi savunan liberal entelektüellerden tutucu saltanatçılara, birçok değişik siyasi görüşten insanlar vardı. Daha sonra iddia edileceği gibi mürteci ve cumhuriyet düşmanı da değillerdi. Saltanatın kaldırılmasına evet oyu kullanan bu mebusların arasındaki din adamı sayısı Müdafaa-i Hukuk Grubu'ndakilerin üçte biri kadardı (yüzde 9.9'a karşılık yüzde 3.2).

İkinci Grup, İstiklal Mahkemeleri'nin kurulmasına ve Meclis'in yetkilerini kısmaya yönelik Başkomutanlık Kanunu başta birçok ya-

مؤلم بر حادثه

علی شکری بك نه اولدی؟

Tan gazetesinin 30 Mart 1923 tarihli başlığı: "Müellim bir hadise: Ali Şükrü Bey ne oldu?"

saya muhalefet etmiş, fakat gruptakiler 40 civarında olduğu için bu mücadelelerinde başarıya ulaşamamışlardı. Ancak, Müdafaa-i Hukuk Grubu içindeki anlaşmazlıklar ve bölünmeleri manipüle edebildikleri anlarda amaçlarına ulaştıkları da olmuştur. Kendi üyeleri Hüseyin Avni Bey'i iki kere meclis birinci başkanvekilliğine seçtirmeyi başaracaklar, meclis başkanvekilliği seçiminde Mustafa Kemal'in adayı Ali Fuat Paşa'nın karşısında önce Kâzım Karabekir'e 64 oy, ikinci seçimde de Yusuf Kemal Tengirşenk'e 81 oy çıkararak Müdafaa-i Hukuk Grubu içindeki anlaşmazlıkların ortaya çıkmasını sağlayacaklardı.

Bu grubun Lozan Barış Konferansı sırasında Meclis'te yaptığı sert muhalefet büyük sıkıntı yaratmıştı. Zor şartlarda yapılan diplomatik görüşmeler esnasında Ankara'da yekvücut bir tablonun bulunmaması Lozan'da İsmet Paşa'nın elini zayıflatmakta, İtilaf Devletleri'ni görüşmeleri uzatmaya itmekteydi. Öte yandan barış görüşmeleri sırasında Meclis'te konuşulan her şeyin dışarı sızması, detayların Meclis'te görüşülmesinin sakıncalarını ortaya koymuştu. Meclis'in üstünlüğünü savunan İkinci Grup mebusları ise kendilerinden bilgi saklanmasına sert tepki gösteriyorlardı.

Lozan Konferansı'nı yarım bırakıp Ankara'ya gelen İsmet İnönü'ye yöneltilen eleştiriler siyasi havanın sertleşmesine yol açacaktı. İkinci Grup'un önderlerinden Trabzon Mebusu Ali Şükrü Bey, başyazarlığını yaptığı *Tan* gazetesinde tenkitkâr makaleler kaleme almakla yetinmemekte, aynı zamanda Meclis kürsüsünde çektiği ateşli nutuklarla Müdafaa-i Hukuk Grubu içindeki tereddütleri de artırmaktaydı. Misak-ı Milli'den taviz verildiği suçlamaları hükümeti oldukça zor bir duruma sokmuş, Mustafa Kemal'in Müdafaa-i Hukuk Grubu üzerindeki otoritesini sarsmaya başlamıştı. Meclis zabıtları incelendiğinde, İkinci Grup mebuslarının bugün hayal bile edilemeyecek kadar şedit bir muhalefet yaptıkları görülmektedir. Meclis Genel Kurulu'nda her gün ağız dalaşı yapılmaktadır. Başvekil Rauf Bey ve Meclis Başkanvekili Ali Fuat Paşa başta, cepheden zaferle dönen komutanlar neredeyse azar işitir konuma düşmüşlerdir. Sinirler o kadar gergindir ki, Ali Şükrü ile Mustafa Kemal bir gün birbirlerinin üstüne bile yürüyeceklerdir. Ali Fuat Paşa'nın tutanaklardan sildirdiği bir takım ağır lafların da edildiği 6 Mart'taki bu tartışma, üç hafta sonra Ali Şükrü'nün sonu olacaktır.

Zira tartışmayı dinleyenler arasında Alay Muhafızı komutanı olarak hem Meclis'in hem de Çankaya Köşkü'nün korumasını üstlenen Topal Osman da vardır. Velinimeti olarak gördüğü Mustafa Kemal'e söylenen ağır sözlere ve yapılan saygısızlığa çok bozulmuştur. Topal Osman, Milli Mücadele'nin ilk yıllarında önemli rol oynayan birçok eski çeteciden biridir. Ulusal direnişin ilk yıllarında böyle insanlardan yararlanılmış, ancak daha sonra bunları yasal düzlemde tutmak konusunda çok büyük sıkıntılar çekilmiştir. Doğu Karadeniz yöresini en iyi tahlil etmiş dönem tarihçisi Mahmut Goloğlu'na göre, Osman da birçokları gibi "Adam öldürmekten hoşlanan", "kara cahil"in tekidir. Ancak, Çerkes Ethem ve Demirci Efe gibi tasfiye olmamış, milis yarbay rütbesine erişip İstiklal madalyası bile almıştır.

27 Mart günü Ali Şükrü birdenbire ortadan kaybolur. İki gündür kendisinden haber alamayan mebus arkadaşları konuyu Meclis'in gündemine getirirler. "Ankara denilen köy kadar bir yerde" bir mebus nasıl bulunamamaktadır? Daha birkaç gün önce ateşli tartışmaların yapıldığı bir ortamda, arkadaşlarının öldürüldüğüne kanaat getirmekte zorlanmayan muhalif mebuslar ortalığı ayağa kaldırmaktadır. Hüseyin Avni Bey, "Bu şerefli kürsü bugün elim bir vaziyete sahne oluyor, bu şerefli milletin mebusları bugün kan ağlamış bir zavallı, bir biçare gibi birbirlerine bakıyorlar. Ey Kâbe-i mil-

let, sana da mı taarruz?" diye kükrüyor, "Ali Şükrü'ye tecavüz eden milletin namusuna tecavüz etmiştir. Böyle namussuzlar yaşamamalı," diye devam ediyordu.

Yapılan tahkikat sonucu, cesedi en sonunda civardaki bir köyde bulunur. Tüm gözler Topal Osman'a çevrilmiştir. Adamlarından Mustafa Kaptan, Ali Şükrü'yü 26 Mart akşamı Topal Osman'ın evine götürdüğünü kabul etmektedir. Cesedi bir çukurda bulunan Ali Şükrü'nün sıktığı avucunda, Topal Osman'ın evindeki sandalyenin hasırından parçalar da bulunmuştur.

Suçlu bulunmuş, gizem çözülmüştür. Ali Şükrü'nün saygısız tavrına oldukça içerleyen Topal Osman kahve içme bahanesiyle kendisini evine çağırtıp burada boğdurmuştur. Birçok insanın kanına girmiş biri için çok da şaşırtıcı olmayan bu davranışın önemli siyasi sonuçları olacaktır. Muhalefet mebusları ayağa kalkacak, ateşli nutuklarla Meclis'in namusunun çiğnendiğinden dem vuracak, bunun siyasi bir cinayet olduğunu haykırarak Rauf Bey başkanlığındaki hükümeti çok zor durumda bırakacaktır.

Topal Osman'ı yakalamak da öyle kolay olmamıştır. Meclis'i koruyan Osman'ın bölükleri Meclis Muhafız Taburu ile değiştirilmiş, ardından da Mustafa Kemal ve eşi Latife Hanım sessizce Çankaya Köşkü'nden istasyon civarındaki başka bir eve nakledilmişlerdir. Ardından da Osman ve adamlarıyla uzun bir çatışmaya girmek zorunda kalınmıştır. Yaralı bir şekilde yakalanan Topal Osman, hakkındaki idam kararına rağmen, kafası kesilerek gömülmüştür. Bu acelecilik, bazılarınca bu cinayetin arkasında yatan gerçeklerin örtülme çabası olarak yorumlanmıştır. Ancak bu pek mantıklı değildir; zira cinayetin üstü örtülmek istense çok daha sistemli hareket edilebilirdi. Zaten Topal Osman'ın birini öldürmek için emir almaya ihtiyacı da yoktur; çetecilik yıllarından beri kafasını bozan herkesi infaz ettiği bilinmektedir. Daha önce Erzurum Kongresi'nde Mustafa Kemal'e muhalefet eden Dr. Ali Naci (Duyduk) ve Mühendis İbrahim Hamdi (Elgen) isimli iki hemşerisini de öldürmeye kalkmış, ancak Ali Şükrü Bey'den daha müdebbir olan bu ikili yurtdışına kaçarak paçayı kurtarmışlardır. Kaldı ki, böyle bir cinayet yarardan çok zarar getirmiş ve muhalefete siyasi bir sembol, bir şehit kazandırmaktan başka bir şey yapmamıştır. Milli Mücadele boyunca Mustafa Kemal'in tüm eylemlerini hukuk çerçevesine oturtmakta ne kadar ısrarcı olduğu da bilinen bir gerçektir. Daha gençlik yıllarından beri "silahşor" İttihatçılarla anlaşamamış ve bu tip havaî yöntemleri sertçe eleştirmiştir. Son olarak, katillerin acemiliği cinayetin öyle çok da iyi planlanmadığını göstermektedir. Ali Şükrü kahvehaneden Osman'ın adamı Mustafa Kaptan tarafından herkesin gözü önünde alınmış, vahşice boğulmuş, sonra da kısa bir aramayla bulunabilecek bir yere atılmıştır. Mustafa Kaptan da ilk sorguda bunu itiraf edecektir zaten. Kısacası, karşımızda ince planlar yapan bir stratejist değil, kendine fazla güvenen gözü kara bir çeteci vardır. Topal Osman kraldan çok kralcılık yapmış gibidir.

Bizzat Meclis'in verdiği idam kararının uygulanması için kafası kesilmiş ceset gömüldüğü yerden çıkarılacak ve Meclis kapısının önünde sallandırılacaktır. Böylece, seçilmişlerin üstünlüğü ve "Kâbe-i millet"in dokunulmazlığı en azından sembolik olarak vurgulanmıştır. Ali Şükrü Bey'in naaşının her iki gruptan birer mebusun eşliğinde Trabzon'a gönderilmesine karar verilmiştir. Ancak, cenazenin hangi yoldan gönderileceği de bir sorun teşkil edecektir. İkinci Grup'tan Ziya Hurşit yolların karla kapalı olduğunu söyleyerek cenazenin önce trenle İstanbul'a, ardından da denizyoluyla memleketine götürülmesini istemekteydi. Lakin zaten Milli Mücadele'ye muhalefetiyle bilinen İstanbul'a cenazenin götürülmesinin muhalif bir mitinge dönüşeceğini hesaplayan hükümet, Ankara-Kastamonu-İnebolu yolunun kullanılmasında ısrar etmiştir. Hakikaten de geçtiği yerlerde Ali Şükrü Bey'in naaşı büyük gösterilerle karşılanacak ve cenaze Trabzon'da büyük bir siyasi nümayişe dönüşecektir.

Ali Şükrü Bey'in başına gelenler bununla da kalmayacaktır. "Ölümden daha kötü ne olabilir?" demeyin. Ailesine maaş bağlanması hakkında Bütçe Komisyonu raporunun oylanması Genel Kurul'a katılmayan mebuslar tarafından engellendi; çoğunluk olmadığı için teklif kanunlaşamadı. İkinci Büyük Millet Meclisi'nde de, Birinci Meclis'ten kalan teklifler görüşülmeye değer olanlar ve olmayanlar olarak ayrılırken, bu teklif gündeme alınmaya gerek duyulmadı. Oysa bu tip durumlarda maaş bağlanması usuldendi; Meclis'e gelirken yolda belirsiz kişiler tarafından öldürülen Trabzon Mebusu İzzet Efendi ile Gümüşhane Mebusu Ziya Bey'in ailelerine bu maaşlar bağlanmıştı. Ancak tutanaklara geçmeyen o ifadeler artık ne idiyse, Ali Şükrü affedilmemişti. Sert sözler etme konusunda kendisinden hiç de aşağıya kalmayan ve naaşını Trabzon'a götüren Ziya Hurşit'in de İstiklal Madalyası alması engellenecekti. Ama bu madalyayı alsaydı bile, üç yıl sonra Mustafa Kemal'e suikast tertiplerken yakalanıp asılacağı için takmaya fazla vakit bulamayacağı aşikârdır. Topal Osman'ın naaşı ise daha sonraları kardeşlerini ricası üzerine gömüldüğü yerden çıkarılıp Giresun Kalesi'nin tepesinde bir anıtmezara gömülmüştür.

8 Nisan 1923

Yeni Rejimin Yol Planı: Dokuz Umde'nin İlanı

1923 baharına gelindiğinde Birinci Meclis görevini tamamlamış, seçim kararı almıştı. Memleket düşman işgalinden kurtarıldığına göre, artık iç siyasete dönme zamanı geldiğine karar veren Mustafa Kemal, savaş zamanının birlik havasını bozmamak için gündeme getirmediği reformları hayata geçirmek için daha örgütlü bir siyasi organa sahip olduğunun farkındaydı. Kurtuluş Savaşı boyunca Meclis'in çoğunluğunu genelde yanında bulmuştu, ancak bu destek herhangi bir hiyerarşik yapıya dayanmıyor, daha çok kendi kişisel karizmasına yaslanıyordu. Aklındaki köklü reformları yapabilmek için iyi belirlenmiş bir siyasi programa, ardından da bu siyasi programı uygulayabilecek bir örgüte ihtiyacı vardı.

İşte bunu gerçekleştirmek için yeni bir fırka kurulmasından bahsetmeye başlamıştı bile. Fırkanın kuruluşundan evvel, hareketin siyasi ilkelerinin belirlenmesi şarttı. İşte bu ilkeleri belirlemek ve seçimden sonra taraftarlarının domine edeceği kesin olan İkinci Meclis'te neler yapılacağını ilan etmek için 8 Nisan 1923'te Dokuz Umde'yi yayımladı.

İlk umde, yani ilke, egemenliğin kayıtsız şartsız milletin olduğunun ve bu milleti yalnızca Büyük Millet Meclisi'nin temsil ettiğinin bir kez daha altını çizerek adeta 29 Ekim'in müjdesini veriyordu. İkinci ilke, saltanatın kaldırılmasının geri dönülmez bir karar olduğuna işaret etmekteydi. Son maddede mali, iktisadi ve idari bağımsızlığa aykırı bir barışa razı gelinmeyeceği de belirtilmişti.

Geri kalan ilkelerin bazıları, asayişin sağlanması, kanunların hukuka uygun yapılması ve mahkemelerin hızla adalet dağıtması gibi bir takım genel hedefler koyuyordu. Dokuz Umde'yi bir parti programına benzer kılanlar ise bunların haricinde kalan ve bazı ekonomik vaatler içeren maddelerdi: Aşar vergisinden kaynaklanan mağduriyetlerin giderilmesi, tütün ekimi ve ticaretinde milletin yararına önlemler alınması, çiftçi, sanayici ve tüccarlara kredi vermek için düzenlemeler yapılması, Ziraat Bankası'nın sermayesinin artırılması, tarım makinesi ithal edilmesi, hammaddesi ülke içinde olan nihai ürünlerin üretiminin koruma ve teşviklerle desteklenmesi, demiryolu yapımı için girişimlere başlanması, ormanlardan bilimsel şekilde yararlanılıp hayvan soylarının iyileştirilmesi, sağlık ve sosyal yardım kurumlarının elden geçirilip sayılarının artırılması, ülkenin imarı için özel sektöre teşvik verilmesi hep bu programın birer parçasıydı. İlköğretimin birleştirilmesi, okulların çağdaş bir hale getirilmesi ve öğretmenlerin yükselmesinin sağlanması da ileriki yılların eğitim reformlarının habercisiydi adeta. Askerlikle ilgili birtakım düzenlemeler de getiriliyordu: Artık savaş bittiğine göre, askerlik süresi azaltılabilirdi; okuma yazma bilenler ve askerde okuma yazma öğrenenlerin askerliği daha da kısaltılacaktı. Emekli subayların yaşam şartları iyileştirilecek, gazilerin sefalete düşmemesi için önlemler alınacaktı. Son olarak, memur eksiklerinin giderileceğinden, atama, azil, terfi ve emekliliklerin bir sisteme bağlanacağından ve devlet hizmetlerinin sürekli denetime tabi olacağından bahsedilererek bürokrasiye de değinilmişti.

Dokuz Umde hem savaştan yeni çıkmış bir memleketin en acil ihtiyaçlarını göstermesi hem de Mustafa Kemal'in ileriki yıllarda uygulamaya koyacağı inkılaplar hakkında ipucu vermesi açısından önemli bir belge olarak karşımıza çıkmaktadır. Her ne kadar tarihçiler yeterince ilgi göstermeseler de, Birinci Meclis'te sadece savaş değil, sendikalaşmadan kadın haklarına toplumla ilgili birçok mesele de görüşülmüş, ancak savaş yıllarında bu teorik tartışmalardan pratik sonuçlar üretmek mümkün olmamıştır. İşte şimdi, Mustafa Kemal'in önünde ülkenin problemlerini çözmek için ilk kez geniş bir imkân vardır. Bu imkânı nasıl hızla ve kararlılıkla değerlendireceğini ve hiçbir itiraza aldırış etmeden kafasındaki vizyonu nasıl uygulamaya koyacağını birkaç sene içinde herkes görecektir.

22/23 Nisan 1923

Kara Liste: Yüzellilikler

Her yeni rejim, devr-i sabıkın muktedirleriyle hesaplaşır. Memleketin düşman işgalinden kurtarılmasından sonra, Milli Mücadele'ye açıkça düşmanlık yapanlara ne olacağı sorusu da bu yüzden gündeme gelmiştir. Şüphesiz, destek vermekten çekinen tüm bürokratları ve aleyhte görüş bildiren herkesi cezalandırmak mümkün değildir, ancak birçok isim aktif bir şekilde Ankara'nın başarısızlığı için çalışmıştır. Daha düne kadar idamlık olan Milli Mücadele'nin liderleri, şimdi eski rejimin artıklarıyla hesaplaşmak durumundadır.

Bunu zaten bu muhalifler de bilmektedir. İngiliz donanmasının İstanbul'dan ayrılacağının anlaşılması üzerine, aralarında nazırlar, vekiller ve şeyhülislamların da bulunduğu birçoğu İngiliz Elçiliği'ne sığınmış, diğerleri de başka yollarla yurtdışına çıkmayı tercih etmiştir. Gazeteciliğin yanı sıra dahiliye nazırlığı da yapmış Ali Kemal'in İstanbul'un göbeğinde güpegündüz kaçırılması, sonrasında da İzmit'te öfkeli halk tarafından linç edilip öldürülmesi, korkuyu daha da artırmıştı.

İngilizler eski işbirlikçilerini korumak için ellerinden geleni yapmışlardı. Onları sadece yurtdışına kaçırmakla kalmayacaklar; aynı zamanda Lozan Konferansı'nda bir genel af ilanını İsmet Paşa'ya dayatmayı başaracaklardır. Ankara hükümeti böyle bir af ilan etmeyi kabul etmiştir, ancak en azılı muhalifler için 150 kişilik bir

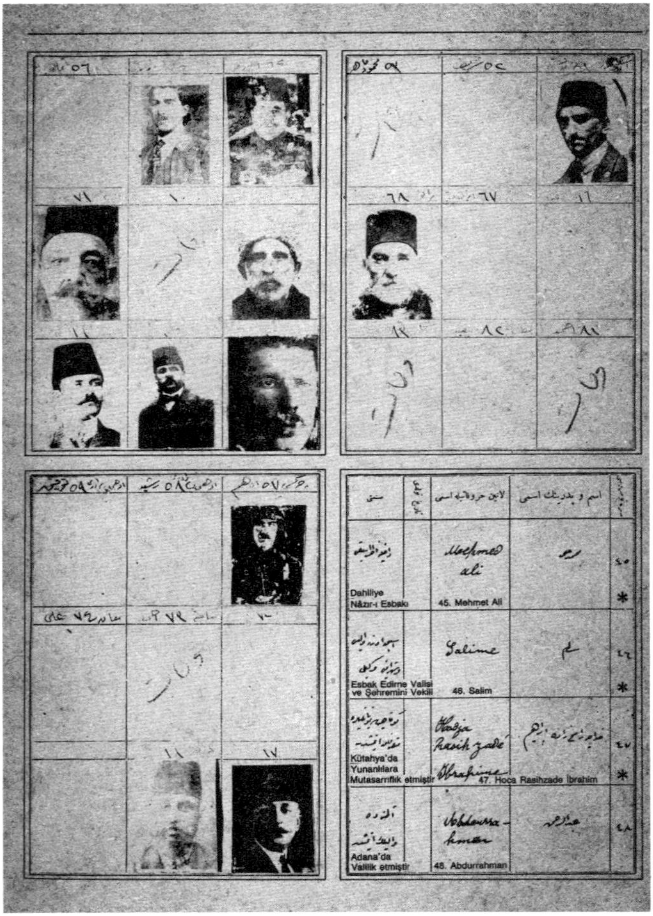

Yüzellilikler listesinin fotoğraflı bir örneği. Listede 57 numara ile Çerkes Ethem de yer almakta.

kota koparmayı da başarmıştır. Meclis'in Müslüman muhaliflerden seçtiği 150 kişinin malları tasfiye edilecek ve ülkeye girmeleri engellenecekti.

Lozan'da üzerinde anlaşılan bu prensip üzerine 487 sayılı Genel Af Yasası'nın çıkmasının ardından, bu 150 kişinin belirlenmesi için çalışmalara başlandı. 1.000 kişilik liste önce 600'e, ardından 300'e ve en son da 149'a indirildi. 150. kişi, bir sene sonra 1 Haziran 1924'te *Köylü* gazetesinin sahibi Refet Bey olacaktı. 22/23 Nisan'daki oturumda kabul edilen bu listede, Vahdettin ve maiyetindekiler, Sèvres Antlaşması'na imza koyanlar, Çerkes Ethem ve adamları ile ironik bir şekilde bunların savaştığı Kuva-yı İnzibatiye mensupları bulunmaktaydı. Ayrıca, Hürriyet ve İtilaf Partisi'nin ileri gelenleri de unutulmamıştı; ne de olsa Meclis'tekilerin ekserisi eski İttihatçıydı. Birçok nazır, mebus, vali, mutasarrıf, kaymakam, belediye başkanı ve müftünün yanı sıra, liste 13 emniyet müdürünü de kapsamaktaydı. Her dönemin mağduru gazeteciler de tabii ki arz-ı endam etmişlerdi. İstanbul basınının en azılı muhalif gazetelerinin sahipleri hep sürgüne yollanmıştı. Daha az azılı muhalif gazetelerin kapatılması için Takrir-i Sükûn Kanunu'nu beklemek gerekecekti.

Sürgüne yollanan Yüzellilikler, 28 Mayıs 1927'de kabul edilen 1064 sayılı yasa ile vatandaşlıktan da çıkarılacaktı. Atatürk'ün ölümünün ardından çıkan afla birçoğu memlekete geri dönecek, ancak emekli maaşından mahrum kalmak ve sekiz yıl süre ile kamuda görev alamamak gibi birtakım kısıtlamalarla karşılaşacaklardı. Fakat gene de Fransız ve Rus ihtilallerinde muhaliflerin başına gelenler düşünüldüğünde ucuz atlattıkları açıktı. Devletimiz bir kez daha sert bir şekilde cezalandırdığını, ama çabuk affettiğini göstermişti.

1 Mayıs 1923

Türk-Yunan Mübadelesi

Yunanların Anadolu'yu işgali, uzun süre bir arada yaşamış Rumlar ve Türkler arasında düşmanlık tohumlarının ekilmesi sonucunu doğurdu. 19. yüzyıldan beri zihinleri suni tarihî anlatılarla dolduran milliyetçilik akımı, etnik farklılıkları birer milli kimliğe dönüştürmeyi zaten başarmıştı. Ege'nin karşı kıyısındaki ırkdaşlarının Anadolu'yu işgal etmesi, Anadolu'daki Rumların bazıları tarafından "yüzyıllardır süren Türk boyunduruğundan kurtulma" zamanının geldiği şeklinde yorumlanmıştı. Savaş sırasında Yunan ordusunun gerçekleştirdiği katliamlar da yaraya tuz basmıştı.

Türk nüfusu tarafından düşmanın işbirlikçisi olarak görülen Rumların savaş bittikten sonra başına gelebileceklerden endişelenen Venizelos, iki ülke arasında nüfus mübadelesi için bir antlaşma yapılması fikrini ortaya attı. Zaten birçok Rum, Yunan ordusuyla birlikte Batı Anadolu'dan kaçmıştı; şimdi geri kalanlar için de bir ayarlama yapılması en hayırlısıydı. Böyle bir antlaşma, iki devlet arasında ileride doğacak problemlerin önüne geçme potansiyeline de sahipti. Zira çağ milliyetçilik çağıydı ve haritaların kolaylıkla değişebildiği iki cihan harbi arasındaki dönemde Wilson'un kendi kaderini tayin hakkı (*self-determination*) ilkesi etnik kompozisyonun stratejik önemini artırıyordu. Tarihsel tesadüfler, kanlı savaşlar ve uzun diplomatik pazarlıklar sonucu oluşturulan sınırlarla uyuşmadığı zaman, etnik yapı büyük sıkıntı yaratabilmekteydi. Teoriyi pratik duruma göre ayarlamak için halkların zorla göçe tabi tutulması o yıllarda sıkça görülen bir uygulamaydı. Daha önce Hariciye Vekili Yusuf Kemal Bey'in de önerdiği mübadele fikrini Cemiyet-i Akvam nezdinde gündeme taşıyan Venizelos'un aklında da bu tip örnekler olmalıydı.

Mübadele her iki ülkenin de işine geldiğinden, kolaylıkla uzlaşmaya varıldı. Diğer tüm alanlarda sıkışan Lozan Konferansı sırasında, 30 Ocak 1923 tarihinde yapılan "Türk ve Yunan Nüfuslarının Mübadelesine İlişkin Sözleşme"ye göre, Yunanistan'daki Müslüman nüfus ile Türkiye'deki Ortodoks nüfus zorunlu mübadeleye tabi tutulacaktı. Sadece Batı Trakya'daki Türkler ile İstanbul, Bozcaada ve Gökçeada'daki Rumlar hariç tutulmuşlardı. Her ne kadar milliyetçilik temelli olsa da, antlaşma etnik değil dinî temellere dayanıyordu. Müslümanlarla Ortodoksların mübadelesi söz konusu olduğu için, Ortodoks Gagavuzlar ve Karaman Türkleri Yunanistan'a yollanmıştı, ki bunlar Türkçeden başka bir dil bilmiyorlardı. Gene Yunanistan'dan gelenler arasında Bulgarca, Rumence, Arnavutça ve Yunanca konuşan ama Türkçe bilmeyen Müslüman halklar da vardı. Türk ile Yunan arasındaki farkın etnik değil, dinî temelli algılandığına bir kanıt sayılabilecek bu durum, Osmanlı millet sisteminin gizli bir uzantısı olarak da görülebilir.

1 Mayıs 1923'te başlayan mübadele sonucunda 1.200.000 Ortodoks Anadolu'dan Yunanistan'a, 500 bin kadar Müslüman da Ege'nin karşı yakasından bu tarafa yerleşmeye zorlandı. Yeni gelenler, Anadolu'nun çeşitli illerinde iskân edildiler. Gidenler, yanlarında taşınabilir mallarını götürebileceklerdi. Prensipte mülkiyet haklarına hiçbir zarar gelmeyecekti; gittikleri ülkede geride bıraktıklarına eşdeğer nitelikte ve değerde mal kendilerine sağlanacaktı. Bu malların değerini saptamak ve adil bir şekilde iadeleri sağlamak için karma komisyonlar da kurulmuştu. Ancak savaş sonrası Türkiye ve Yunanistan'ının bürokratik yetersizlikleri düşünüldüğünde, bu karmaşık işlemler sırasında birçok mağduriyet yaşanması çok şaşırtıcı olmamıştı. Mübadiller hiçbir koşulda geldikleri ülkelere izinsiz geri dönemeyeceklerdi; zorla vatandaşı yapıldıkları yeni ülkelerine ivedilikle alışmalıydılar.

Her halükârda kimse bu insanlara hakikaten doğdukları yeri bırakıp başka topraklara yerleşip yerleşmeyeceğini sormadı. Zamanın ruhu bunu akıllara bile getirmemişti; nesillerin siperlerde büyüdüğü, devletlerin doğup yok olduğu, açlık ve hastalıktan milyonlarca insanın öldüğü bir ortamda halka sormak hiçbir siyasetçinin önceliği değildi. Kurunun yanında yaşın da yandığı, cemaatin bireyi sürekli öncelediği, insan hayatının çok ucuz olduğu bu gibi anların insanlık tarihinin yüzde 99'unu oluşturduğunu aklımıza getirirsek, istisnai olanın günümüz olduğunu ve geçmişteki ıstıraplarla empati kurmanın tarih okuyucusunu ne kadar yoracağını daha iyi anlamış oluruz.

15 Haziran 1923

Zamanının Ötesinde: Kadınlar Halk Fırkası'nın Kuruluşu

Türkiye Cumhuriyeti'nin ilk fırkası aslında sanıldığı gibi Halk Fırkası değildir. Mustafa Kemal'in Anadolu ve Rumeli Müdafaa-i Hukuk Cemiyeti'ni bir fırkaya dönüştürmesinden üç ay önce, Nezihe Muhittin ve "kız kardeşleri", Kadınlar Halk Fırkası'nın kurulduğunu duyuruvermişlerdir. Üst düzey memur bir ailenin kızı olarak dünyaya gelen Nezihe Muhittin, kızlara mahsus okullarda hocalık ve idarecilik yapmış bir figürdü. Türk kadınının toplumda daha görünür bir yere sahip olması gerektiğini savunan yazılar kaleme almaktaydı. İşte şimdi bu fikirlerini eyleme geçirmek için bir fırka kurmuştu.

Fırka, kendisine ülkedeki demokrasi şartlarını hazırlamak ve kadınları bir araya getirecek bir ağ kurmak misyonunu yüklemekteydi. Bunda başarılı olduğunu söylemek zor; zira kısa sürede kapatılacaktı. Kadınlar resmî olarak siyasi haklara sahip değildi; bu da resmî makamların fırkanın kuruluşunu reddetmesi anlamına gelecekti. Üstüne üstlük bir de fırka ve yöneticileri bölücülükle suçlanmıştı; erkeklerin bile zor muhalefet ettiği şartlarda kimsenin böyle bir fırkaya tahammülü yok gibiydi.

Kadınlar da karşılarına çıkarılan hukuki engelleri aşmak için çareyi program ve tüzüğünde değişiklikler yaparak fırkayı dernek haline getirmekte bulacaklardı. Değişiklikle "siyasal hakların alın-

Nezihe Muhittin'in "Aziz ve kıymettar arkadaşım Doktor Fehmi Beyefendi'ye" ithafıyla imzaladığı fotoğrafı

ması" iddiasından vazgeçilmişti. 1924'te kurulan Türk Kadınlar Birliği'nin programında çok manidar bir şekilde, "Birliğin siyasetle alakası yoktur," ibaresi yer alacaktı. Hükümet tarafından kamuya yararlı dernekler kategorisine alınan bu birlik, kadın hareketinin "kabul edilebilir" bir çizgiye çekilmesini sağlamıştır. Bu dönemde aktif siyasetten geri çekilen Nezihe Muhittin eski uğraşına geri dönerek tekrar matbuata yönelecek ve birliğin görüşleri doğrultusunda yayın yapacak *Türk Kadın Yolu* dergisini yayımlamaya başlayacaktır.

Her ne kadar Nezihe Muhittin ve kurduğu örgüt cumhuriyetin

ilk yıllarında Türkiye'de erkeklerin tepkisini çekse de, uluslararası arenada çok daha popülerdir. Öyle ki, birlik Uluslararası Kadın Derneği'ne üye olarak kabul edilecektir. Nezihe Muhittin'in liderlik yaptığı birlik aktif siyasetle ilgilenmeyeceğini iddia etse de, 1927'de toplanan Türk Kadınlar Birliği Kongresi'nde önce belediye sonra da mebusluk seçimlerinde aday çıkarılması gündeme gelir. Yine önlerine çıkarılan "kadınların siyasi haklara sahip olmadıkları" gerekçesiyle aday çıkaramayacakları argümanını "feminist erkek" aday Kenan Bey'i birliğin namzedi olarak göstererek geçersiz kılmaya çalışırlar. Fakat Kenan Bey'in tepkiler nedeniyle geri adım atması üzerine kadınlar yine yalnız kalmıştır. Ancak, belki de buna çok şaşırmamak gerekir; kafalarını evden her çıkardıklarında yüzyıllardır başlarına gelen hep bu değil midir?

Tam da Türk Kadınlar Birliği Kongresi'nin ardından bugünden bakıldığında Türk siyasetine aşina olanların şaşırmayacakları bir hadise gerçekleşir ve birlik idare heyetinin dernek yönetiminde usulsüzlük yapıldığı iddiaları ortaya atılır. Bu iddiaların yüksek sesle dile getirilmesi muhtemelen "sesi çok çıkan" ve "rol çalan" Nezihe Muhittin'in siyasi hayatına ket vurmak amacını taşımaktadır. Nitekim hedeflenen şey gerçekleşmiş ve hem Türk Kadınlar Birliği bir süreliğine kapatılmış hem de Nezihe Muhittin yargılanmaya başlanmıştır. Yaşanan bu kargaşadan faydalanan birlik içindeki muhalif kanat, Nezihe Muhittin'i dernekten ihraç edecek ve yayımlanmasından sorumlu olduğu *Türk Kadın Yolu* dergisini kapatacaktır. Nezihe Hanım, hem devletin hem de kurucusu olduğu birliğin kendisine açtığı davalarla uzun yıllar uğraşmak zorunda kalacaktır. Devrimlerin kendi çocuklarını yemesi gibi, kadın hareketi de kurucusunu ve örgütleyicisini sindirerek en büyük kurbanını vermiştir. Görüldüğü gibi, yenecek evladın oğlan olması pek de şart değildir.

29 Haziran 1923

Bir Son Dakika Golü: Harington Kupası'nda Zafer

Kimsenin beklemediği gerçekleşmiş, Türk ordusu savaşı kazanmıştı. En başından beri Türkleri "müflis bir Doğu toplumu" olarak gören İngilizler ne kadar yanıldıklarını geç de olsa anlamış olmalılardı. Dört yıldır işgal altında tuttukları İstanbul'dan ayrılmanın da vakti gelmişti; Lozan'da mutabakata çok yaklaşılmıştı.

Tüm dünyaya hâkim olmuş bir imparatorluğun "âciz" Doğulular karşısında düştüğü bu durumun acısını en azından sembolik bir şekilde çıkarmak için olsa gerek, Birleşik Krallık işgal kuvvetlerin komutanı General Harington, İstanbul'dan ayrılmadan önce bir futbol karşılaşması düzenlemek ve muharebe meydanında yenemediği Türkleri yeşil (ya da o dönemde toprak) sahalarda mağlubiyete uğratmak istiyordu. Bunun için İstanbul'daki İngiliz takımlarından karma bir milli takım yapmakla kalmamış, aynı zamanda Cebelitarık ve Mısır'daki garnizonlardan da dört profesyonel topçu getirtmişti. *Goldstream Guards* ismini koyduğu bu takımın karşısına çıkacak bir Türk takımı bulmak için gazeteye ilan verecek ve tüm Türk kulüplerine meydan okuyacaktı.

Meydan okumayı gene bir gazete ilanıyla kabul eden Fenerbahçe olmuştu. Üstüne üstlük, Fenerbahçeliler Harington'un karma bir takım yapma teklifini de reddetmişler ve maça kendi kadrolarıyla çıkmakta ısrar etmişlerdi. Zaten o sene 12 maçın 11'ini kazanıp 58

Zeki Rıza'nın (Sporel) Fenerbahçe'ye Harington Kupası'nı kazandıran golü

gole karşılık hiç gol yemeden İstanbul şampiyonu olmuşlardı. Kendilerine güveniyorlardı. Ayrıca bu meydan okumayı üzerlerine de alınmışlardı. Zira Fenerbahçe ile İngilizlerin arası işgalin başından beri pek hoş değildi. Karşı yakada olmanın avantajını da kullanan kulüp yetkilileri, Anadolu'ya silah kaçırmada önemli rol oynamışlardı. Kurbağalıdere'deki kulüp kayıkhanesi adeta bir cephanelik haline gelmişti; buraya yanaşan motorlar gecenin karanlığından istifade ederek önce Moda Koyu'na, ardından da İzmit Körfezi'ne açılıyorlardı. İngilizlerin bunu haber alması sonucu kayıkhane son anda boşaltılacak, ancak kulübe bir İngiliz birliğinin yerleştirilmesinin önüne geçilemeyecekti.

Beklenen maça çıkmak için kulüpler 29 Haziran günü Taksim Stadı'na geldi. Maçı sadece Harington değil, o sırada Asitane'de bulunan Malta Valisi Lord Plummer da izliyordu. İlk yarıda İngilizler öne geçse de, Zeki Rıza Sporel'in 60. ve 74. dakikalarda attığı gollerle Fenerbahçe maçı 2-1 kazanmasını bildi. Taraftarların omuzları üzerinde stattan çıkarılan futbolcular, ellerinde İngiliz generalin adını taşıyan gümüş kupa olduğu halde Beyoğlu caddelerinde dolaştırıldılar.

Futbolun hiçbir zaman sadece futbol olmadığının bu erken örneğinde, General Harington stattan başı öne eğik ayrılmak durumunda kalmıştı. Zeki Rıza Sporel'in golleri, yaşlı Osmanlı başkentini terk etmeden önce, sembolik de olsa son bir galibiyeti bu kurt generalin elinden almıştı. Galibiyet sevinci İstanbul'un dışına da taştı. O sırada Lozan Konferansı'nda bulunan İsmet Paşa bir telgrafla kulübü kutlayacak, tüm heyet adına "meserretle [sevinçle] tebrik ettiği" futbolcuları gözlerinden öpecekti.

İşin tek üzücü yanı, bu manalı zaferin nişanesinin bugünlere gelememesiydi. 5/6 Haziran 1932 akşamı Kurbağalıdere kenarındaki ahşap binada çıkan yangında kül olan 107 kupa ve şilt arasında Harington Kupası da vardı.

24 Temmuz 1923

Mutlu Son: Lozan Barış Antlaşması'nın İmzalanması

30 Ağustos 1922'de Yunanların kesin bir yenilgiye uğraması ve ardından Eylül ayında tüm Batı Anadolu'nun Yunan işgalinden kurtarılması, İngilizlere Ankara ile barış masasına oturmaları gerektiğini göstermişti. İngilizlerin en büyük endişesi Türk ordusu ile kendi birlikleri arasında bir çatışma çıkmasıydı; bunu engellemek için hemen Mudanya'da görüşmelere başlanmış ve 11 Ekim'de Yunan delegesi katılmayı reddettiği halde bir ateşkes antlaşması imzalamışlardı. Buna çok şaşırmaya gerek yoktu; zira bu bir vekâlet savaşıydı ve Yunanistan aslında İngiliz emperyalizminin bir piyonundan başka bir şey değildi.

Ancak ateşkes başka şeydi, barış başka şey. Silahlar karşılıklı terk edilmiş olabilirdi, fakat şimdi Sèvres'in yerine kalıcı bir barış antlaşması imzalamak gerekliydi. Bir barış konferansı düzenlenmesine karar verilince, İngiltere hem İstanbul hem Ankara hükümetlerini davet etmek gibi kurnazca bir hamle yapmıştı. Ancak böyle bir çiftbaşlılığın yaşanmasını engellemekte kararlı olan Büyük Millet Meclisi'nin cevabı kesin olmuştu: Saltanatı kaldırmak. Böylece İstanbul hükümetinin resmî bir dayanağı kalmamış oluyordu; Türkiye'yi sadece Ankara temsil edecekti.

Üzerinde karar verilmesi gereken başka önemli bir konu da bu barış konferansının nerede toplanacağıydı. Ankara, İzmir'de toplanmasını istiyordu; ancak sonunda İsviçre'nin Lozan kentinde toplanmasına rıza göstermek zorunda kaldı. Bu, ileride çok baş ağrıtacak bir karardı; zira Türk delegelerinin başı İsmet Paşa'nın Ankara ile yaptığı tüm telgraf görüşmelerinin İngiltere tarafından okunması sonucunu doğuracaktı. O zaman Avrupa ile Ankara arasında iki telgraf hattı mevcuttu ve bunlardan biri İngilizlerin, diğeri de Fransızların elindeydi.

Konferans daha başlar başlamaz, İngilizler çok önemli iki hamle yapmayı başarmışlardı. Bunlardan ilki, Fransa ve İtalya'yı kendileriyle ortak hareket etmeye ve bir blok olarak davranmaya ikna ederek ellerini güçlendirmekti. Düvel-i Muazzama, yani Büyük Devletler'in bu beraber hareket edişi ilk sonuçlarını, konferanstaki üç komisyonun başkanlıklarının hiçbirinin Türkiye'ye verilmemesinde gösterecekti. İkinci başarılı İngiliz manevrası, konferansın ilk konusunun Musul olmasını sağlayarak Türkiye'yi daha en başta geri adım atmaya zorlamaktı. Zira bu konu çözülmeden diğer mevzulara geçilemiyor, içeride de muhaliflerle uğraşan ve her geçen gün askerî masraflar tarafından beli bükülen bir Ankara'nın sabrı test ediliyordu.

Türkiye'nin kırmızı çizgisi sanıldığı gibi Misak-ı Milli değildir, ki sonunda zaten Batı Trakya, Süleymaniye, Kerkük ve Musul diğer devletlere bırakılacaktır. Daha önce de Batum'dan vazgeçildiğini hatırlatalım. Demek ki Misak-ı Milli'yi "uğrunda her şey feda edilecek bir namus meselesi" değil de, etrafında kenetlenilecek bir slogan olarak görmek daha yararlı olacaktır. Türkiye'nin kesinlikle kabul edemeyeceği şeyler adli ve mali kapitülasyonların devamı, Boğazlar üzerindeki egemenlik hakları ve doğu sınırında bir Ermeni devleti kurulmasıdır. Görüşmelerdeki tüm sıkıntılar buradan çıkmıştır ve İngiltere'nin çok üzerinde durduğu Musul gibi sorunlarda gerekli tavizler bilatereddüt verilmiştir.

20 Kasım'da başlayan konferans, Şubat ayına gelindiğinde bir çıkmaza girecek ve tatil edilecektir. Adeta mağlup bir devletle müzakere edermişçesine davranan İtilaf Devletleri'nin istekleri Sèvres'den hallicedir. Adli kapitülasyonların beş yıl sürmesi, azınlık haklarının Cemiyet-i Akvam tarafından düzenlenmesi, Düyun-ı Umumiye'nin devamı, Yunanistan savaş tazminatı ödemezken Türkiye'nin ödemesi gibi istekler karşılığında vazgeçilenler komik derecede önemsiz şeylerdir. Osmanlıların Almanlara olan borcunu silmeyi (ki bu Sèv-

res'de bile olan bir maddedir) teklif eden cömert İtilaf Devletleri, Türkiye'yi işgal için harcadıkları paradan da vazgeçmektedirler. Üstüne üslük Ankara, toprakları dışındaki yeni devletlerde kalan Osmanlı memurlarına emekli maaşı ödemeyecektir.

Konferansa ara verilip İsmet Paşa, Ankara'ya döndüğünde Meclis'te ağır bir şekilde eleştirilecektir. Bu eleştiriler, Mustafa Kemal taraftarlarıyla İkinci Grup'un arasının daha da açılmasına yol açacaktır. İsmet Paşa'nın Başvekil Rauf Bey ile de arası bozulmuştur. Rauf Bey ilk başta Lozan'a bizzat gitmek istemiştir, ancak Mustafa Kemal kendisine daha yakın gördüğü İsmet Paşa'nın gitmesinde diretmiştir. Mudanya'yı imzalayan muzaffer bir komutanın barış konferansına yollanmasının sembolik bir anlamı da vardır kuşkusuz. İsmet Paşa da Ankara ile haberleşirken birçok kez Rauf Bey ile ters düşmüş ve bazen onu devre dışı bırakarak bizzat Mustafa Kemal ile görüşmeyi tercih etmiştir. Bu da devletin en üstünde bir bölünme yaratmıştır.

Meclis'teki muhalefet problemi yeni bir seçime gidilip İkinci Grup komple tasfiye edilerek çözülür. Ayrıca 15 Nisan'da çıkarılan Hıyanet-i Vataniye Kanunu, hükümeti eleştirmeyi oldukça zorlaştırmıştır. Ankara'nın amacı içeride ikilik olduğu görüntüsü vermekten kaçınmaktır; İngiltere'nin Meclis'teki çatışmadan yararlanmayı umduğu açıktır.

23 Nisan'da tekrar başlayan müzakereler 24 Temmuz'a kadar devam etti. İmzalanan antlaşmaya göre, Suriye sınırı Ankara İtilafnamesi'ni, Yunan sınırı ise Mudanya Mütakeresi'ni esas alarak belirleniyordu; Karaağaç savaş tazminatı olarak Türkiye'de kalmıştı. Irak sınırında Musul sorunu İngiltere ile Türkiye arasında ayrıca çözülecekti. Ege'de Bozcaada, Gökçeada ve Tavşan Adası Türkiye'de kalmış, On İki Adalar İtalya'ya bırakılmıştı. Kıbrıs ise İngiltere'nin egemenliğinde kalacaktı, ki doğru düzgün bir donanması olmayan Türkiye'nin burada yapabileceği fazla bir şey de yoktu. Ankara; Mısır, Sudan, Suriye, Irak, Hicaz ve Libya gibi eski Osmanlı topraklarının hepsindeki hak ve imtiyazlarından resmen bu antlaşmayla feragat etmiş oldu.

Kapitülasyonların kaldırılması ve azınlıklar konusunda dışarıdan gelecek bir müdahalenin kabul edilmemesi, yıllardır Osmanlıların elde etmeye çalıştığı ekonomik ve adli bağımsızlığın tesisine

İsmet Paşa ve Türk heyeti Lozan Barış Konferansı'nda

imkân kılması açısından Türk tarafının elde ettiği en önemli kazanım olarak adlandırılabilir. Osmanlı borçları sadece Türkiye tarafından değil, Memalik-i Osmaniye'de kurulan tüm devletler tarafından paylaşılarak ödenecekti. Türkiye'nin savaşa direkt müdahil olduğu durumlar hariç, Boğazlar ticaret ve savaş gemilerine açık olacak ve buradaki trafik, başkanı Türk olmak şartıyla, Japonya'dan Bulgaristan'a birçok ülkenin delegelerinden müteşekkil uluslararası bir komisyon tarafından denetlenecekti. Son olarak, antlaşmaya göre Türkiye, İstanbul'da en fazla 12 bin asker bulundurabiliyordu.

Kamuoyunda çok tartışılan Lozan'ın bir zafer mi, hezimet mi olduğu sorusu fazla basit bir değerlendirmeyi davet etmektedir. Lozan ne bir zafer ne bir hezimettir. Musul ve Boğazlar konusunda bazı tavizler verilmek zorunda kalındıysa da, kapitülasyonları kaldırtarak ve azınlık hakları nedeniyle içişlerine karışılmasının önüne geçerek, Ankara Osmanlıların yüzyılı aşkın süredir yapamadığını yapmış ve yeni devletin adli ve mali bağımsızlığını güvence altına almıştır. Bunun önemini abartmak mümkün değildir. Trakya ve İstanbul'un savaşılmadan geri alınması da önemli bir başarıdır. Zaten bu antlaşmayı imzalamanın alternatifi de tekrar savaşa girmekti, ki Türkiye'nin böyle bir yükü ne kadar kaldırabileceği de tartışmalıdır.

Musul hususunda ise İngiltere çok ısrarcı olmuş ve savaşı göze alacağını göstermiştir. Tüm barışı tehlikeye atıp Yunanların yanı sıra bir de İngiltere ile savaşa girmek, maceraperestlikten başka bir şey olmazdı. Sadece Mustafa Kemal ile İsmet değil, Rauf, Fevzi, Kâzım, herkes bu fikirdedir. Ancak burada İsmet Paşa'nın bir taktik hata yaptığı da vakidir. İlk başta Curzon, uzlaşma olarak kendisine iki teklif yapmıştır. Bunlardan birincisi, Musul'un kuzeydoğu ve doğusundaki dağlık bölgeler, Tevendis, Köysancak ve Süleymaniye'nin Türkiye'ye bırakılmasıdır. Ancak, Tevfik Bıyıklıoğlu, Süleymaniye'nin dağlık olmasını bahane edip bu teklifin reddine Paşa'yı ikna etmiştir. İkinci teklif, petrolden pay vermektir. Fakat bu da tüm vilayetin Türkiye'ye verilmesi ve İngiltere'nin Musul petrollerinden hak alması karşı teklifi ile reddedilmiştir. Sonuçta üç sene sonra Musul'un komple İngiltere'ye bırakılacağı düşünüldüğünde bunlar kaçırılmış fırsatlar gibi gözükmektedir.

9 Eylül 1923

Saflar Sıklaştırılıyor: (Cumhuriyet) Halk Fırkası'nın Kuruluşu

1923 yazı sona erdiğinde Mustafa Kemal ve arkadaşları için birçok kritik viraj artık çoktan dönülmüştür. Lozan'da Batılı devletlerle anlaşılmış, ülkenin siyasi ve iktisadi bağımsızlığı uluslararası antlaşmalarla garanti altına alınmıştır. Yapılan seçimlerle Birinci Meclis'in ateşli muhalifleri tasfiye edilmiş, yerlerine Mustafa Kemal'in kafasındaki merkezileşme ve modernleşme hamlelerine daha az muhalefet edecek mebuslar gelmiştir. Birinci Grup'a ait olmayan tek vekil, Gümüşhane bağımsız mebusu Zeki Bey'dir.

Uluslararası düzeydeki problemler çözüldüğüne göre, şimdi iç siyasete de bir şekil verilmesi gerekmektedir. Rejimin adı ve anayasa da dahil birçok temel mevzu, savaş zamanında ve güçlü bir muhalefete sahip bir mecliste tartışılamamıştır. Oysa şimdi düşman memleketten çıkarılmıştır ve muhalefet ekarte edilmiştir. Demek ki Türk siyasi hayatının temel kavram ve kurumlarının ne olacağına karar vermenin zamanı gelmiştir. Savaş nedeniyle emprovize bir şekilde el yordamıyla geliştirilmiş meclis hükümet sisteminin yerine ne koyacağını belirlenmelidir.

Bu yönde atılan ilk adım, o âna kadar Mustafa Kemal Paşa'nın kişisel karizması etrafında örgütlenmiş bir siyasi hareketin kurumsal bir kimliğe kavuşturulması oldu. İkinci Meclis'i tamamen domine eden Birinci Grup, Halk Fırkası adı altında bir siyasi parti şeklin-

ایلری

یکی تورکیانک ایلک صلح مجلسی

جنراللره جواب

صلحی استقبال

Dikensiz gül bahçesi: Muhalif mebuslardan arınmış İkinci Meclis'te, Mustafa Kemal, taraftarlarını bir fırka çatısı altında toplamakta gecikmeyecekti.

de örgütlenerek Kurtuluş Savaşı'nın tüm mirasını bünyesine katıyordu. Direnişi yerel düzeyde örgütleyen Müdafaa-i Hukuk cemiyetlerini daha önceden tek bir yapı altında toplayan Mustafa Kemal, şimdi Anadolu ve Rumeli Müdafaa-i Hukuk Cemiyeti adını alan bu çatı örgütün Halk Fırkası'na dönüşmesini emrediyordu. Ufuktaki cumhuriyetin bir parti devleti olması yönünde önemli bir adım böylece atılmış oluyordu. Mustafa Kemal'e muhalif olan Kâzım, Rauf ve Ali Fuat gibilerin ilerleyen aylarda ısrarla partiden ayrılıp kendi hareketlerini kurmaya yönlendirilmeleri de, Halk Fırkası'nın yeni normu ve meşruiyet sınırlarını temsil ettiğini gösteriyordu. Muhalefetlerini bu makbul fırkanın dışına taşırlarsa, paşalar daha kolay denklemden çıkarılabilirlerdi.

İkinci Meclis'in toplanmasıyla beraber, mebuslar Ankara'da bir araya gelerek yeni fırkanın tüzüğünü hazırlamaya koyulacaklardı. 7 Ağustos'ta ilki yapılan toplantıda Mustafa Kemal, Anadolu ve Rumeli Müdafaa-i Hukuk Cemiyeti'nin Halk Fırkası'na dönüşeceğini ilan etti. Ertesi haftalarda yapılan toplantılarda yeni fırkanın tüzüğü incelendi ve 9 Eylül'de Halk Fırkası nizamnamesi kabul edildi. Fırkanın reisliğine Mustafa Kemal seçilmişti. Kuruluş dilekçesinin Dahiliye Vekâleti'ne verilmesi 23 Ekim'i bulmuştu, ancak bu sadece bir formaliteden ibaretti.

İşte, Türk siyasetine yüz yıl boyunca damga vuracak, cumhuriyetimizi çeyrek yüzyıl tek başına yönetecek fırka böylece kurulmuş oldu. Halk Fırkası siyasi bir partiden çok, bir siyasi okul gibi işlev görecekti, ki aylar önce, 7 Şubat 1923'te Mustafa Kemal de amacının aslında bu olduğunu açıkça dile getirmişti. Fırka aynı zamanda siyasetin meşru sınırlarını da çiziyordu. Fırka dışında siyasi fikir beyan edilmesi giderek zorlaşacak, ayrı siyasi örgütlenmeler, Kurtuluş Savaşı'nın diğer kahramanları eliyle kurulmuş olsalar bile, hemen kapatılacaktı. Bu, makbul siyasetin artık sadece fırka içinde yapılabilmesi demekti. Fırkanın reisi aynı zamanda cumhurun da reisiydi; vekili de başbakan olarak görev yapacaktı. Meclis'e gelecek yasalar önce burada görüşülecek ve zamanla parti kadrolarıyla devlet kadroları iç içe geçecekti.

Cumhuriyet, muasır medeniyet seviyesine ulaşmayı hedefliyordu, ancak dönemin muasır medeniyetlerinde bile çok partili liberal demokrasiler norm olmaktan çok istisnaydı.

6 Ekim 1923

Geldikleri Gibi Gittiler: İstanbul'un Kurtuluşu

Yüzyıllardır Osmanlı İmparatorluğu'nun payitahtlığını yapmış olan İstanbul, Milli Mücadele yıllarını düşman işgali altında geçirmişti. Büyük Taarruz'un ardından evdeki hesabın çarşıya uymadığını fark eden İtilaf Devletleri barış masasına oturmayı kabul etmişler, ancak bu masaya Ankara ile birlikte İstanbul hükümetini de çağırarak son anda bir manevra denemekten de geri durmamışlardı. Buna sert tepki gösteren Ankara'nın cevabı, 1 Kasım 1922'de salta-

Türk birlikleri Galata Köprüsü'nün üzerinde

natı kaldırmak olmuştu. Bu, İstanbul'un artık bir makarr-ı saltanat ya da hükümet merkezi olmaktan çıkması demekti. Son sadrazam kabinesini dağıttıktan sonra şehremaneti (belediye) ve devlet daireleri Büyük Millet Meclisi'ne bağlılıklarını iletmişlerdi. 4 Kasım'da da Refet Paşa, Ankara adına İstanbul'un yönetimini üstlenmişti. Yanında Büyük Millet Meclisi Muhafız Alayı'na bağlı 100 kişilik bir kuvvet getiren Refet Paşa'nın yanı sıra Selahattin Adil Paşa da İstanbul komutanı olarak 81. Alay'ı şehre sokmuştu. Ancak, işgal kuvvetleri hâlâ şehirdeydi; zira İngiltere, İstanbul'daki kuvvetlerini Lozan'da kullanılacak bir koz olarak görüyor ve kalıcı bir barış antlaşması imzalanmadan şehri boşaltmayı reddediyordu. Ortada adı konmamış bir gerilim vardı; o kadar ki, Topkapı Sarayı'ndaki kutsal emanetleri Konya'ya taşımaya bile gerek duyulmuştu.

24 Temmuz'da Lozan Barış Antlaşması'nın imzalanmasının ardından Ağustos ayında İtilaf Devletleri İstanbul'u boşaltmaya başlayacaklardı. Müttefiklerin kontrolündeki kamu binaları ve özel mülkler Türklere devredilirken, General Harington 29 Ağustos'ta Türk subayları onuruna bir çay partisi vermekten geri durmayacaktı. İtilaf komutanları Gelibolu ve İstanbul'daki mezarlıklarda yatan ölülerine son bir saygı ziyaretinde bulunmayı da ihmal etmeyecek ve 4 Ekim 1923'te Dolmabahçe Sarayı önünde düzenlenen bir tören-

İstanbul'u teslim alan Selahattin Adil Paşa, General Harington ve İtilaf Devletleri'nin işgal güçleri komutanlarıyla le şehri Türk kuvvetlerine resmen teslim edeceklerdi. 6 Ekim 1923'te de Şükrü Naili Paşa komutasındaki III. Kolordu İstanbul'a girecek ve 4 yıl 10 ay 23 gün süren düşman işgalini sona erdirecekti.

Haydarpaşa'dan düşman donanmasına bakan Mustafa Kemal haklı çıkmış, hakikaten de geldikleri gibi gitmişlerdi. Ancak, bir de Vahdettin ve Damat Ferit gibi gelmeden gidenler vardı. Tarihin garip bir cilvesiyle, İstanbul'un kurtulduğu gün, aynı zamanda Damat Ferit'in de memleketinden çok uzaklarda, Fransa'nın Nice şehrinde yaratıcısına kavuştuğu gün oldu.

13 Ekim 1923

Bozkırın İntikamı: Ankara'nın Başkent Oluşu

Lozan Barış Antlaşması da imzalandığına göre, artık kurulmakta olan yeni devletin şeklini, kurumlarını ve yapısını belirlemenin vakti gelmişti. Savaş sırasında ertelenen kararların alınması gerekliydi. Eğer kurulacak olan yeni bir devletse, eskisinden bazı farkları olmalıydı.

İşte Ankara'nın makarr-ı idare, yani başkent yapılması adeta eskinin bir reddi, imparatorluk *ancien régime*'inin, yani kadim düzeninin tasfiyesinin bir sembolü olacaktı. Milli Mücadele Anadolu'da ortaya çıkmış bir hareketti ve mücadelesini İstanbul'a karşı vermişti. İstanbul saltanat demekti, Damat Ferit demekti, sultanın rahatını bozmak istemeyen yaşlı nazırlar demekti. Mustafa Kemal en başından beri Milli Mücadele'yi Anadolu'dan örgütlemekte ısrar etmiş, Sivas'ta bir umumi kongre toplamaya çalışmış, hatta son Osmanlı meclisinin İstanbul'da toplanmasına karşı çıkmıştı. Yanındakilerin ısrarıyla kadim payitahta son bir şans daha verdiklerinde olanlar belliydi. Meclis'in kapatılmasını İngilizlerin üstüne atmak kolaydı belki, ama Milli Mücadele'ye her aşamada muhalefet eden İstanbul basınını ne yapacaklardı?

İstanbul'un sadece Milli Mücadele döneminde değil, sonrasında da Mustafa Kemal'e muhalefet ettiğini unutmayalım. Bu şehre adeta küsen Gazi'nin 1927'ye kadar buraya dönmediğini de... İleride de görüleceği gibi, Halife Abdülmecit Efendi'nin şaşalı bir şekilde halifelik makamına geçtiği, Rauf Bey'in cumhuriyetin ilanını eleştiren açıklamalar yaptığı, İzmir Suikastı'ndan yargılanan İttihatçıların merkez edindiği şehir hep İstanbul'du. Oysa Ankara yeni bir başlangıç demekti. Kafasındaki inkılapları ne pahasına olursa olsun hayata geçirmekte kararlı olan Mustafa Kemal, bu ufak Anadolu kasabasında İstanbul'daki gibi muhafazakâr ve muhalif imparatorluk elitleriyle mücadele etmek zorunda kalmayacaktı.

Kaldı ki, İstanbul'u savunmak kolay değildi. Güçlü bir imparatorluğun elinde bir silaha dönüşen İstanbul, güçsüz zamanlarda bir zayıflık olabilirdi; 1912 ve 1915'te iki kere düşman eline geçme tehlikesi geçirmişti. Lozan Antlaşması'na göre burada sadece 12 bin asker bulundurulabilecekti; daha sekiz yıl önce Çanakkale'de güçlü bir deniz kuvvetinin nasıl devletin merkezini ele geçirmeye çalışabileceği görülmüştü. Artık eskisi gibi Balkanların içlerine kadar uzanan geniş bir hinterlandı da yoktu. Oysa Anadolu'nun ortasındaki Ankara, hem memleketin birçok bölgesine ulaşımı olması hem de olası bir işgal halinde daha rahat savunulabilmesi açısından avantajlıydı.

Sırf bu nedenlerle, daha 19. yüzyılda başkentin değiştirilmesi gündeme gelmeye başlamıştı. 1839'da von Moltke böyle bir öneride bulunacaktı; 93 Harbi sonrası bir başka Alman, von der Goltz, Konya ya da Kayseri'yi tavsiye ediyordu. İngiliz ve Fransız gemilerinin Çanakkale'yi zorladığı günlerde de Eskişehir ya da Kayseri isimleri gündeme gelmiş, ancak burada zafer elde edilince bu fikirden vazgeçilmişti. İronik bir biçimde, yıllar sonra Anadolu'da bir başkent kuracak olan Mustafa Kemal, bunun sekiz sene erken gerçekleşmesini farkında olmadan engellemiş bulunuyordu.

Mustafa Kemal'in başkenti Anadolu'ya taşımayı daha baştan kafasına koyduğu görülmektedir. Bunun nedenini, 1932'de Amerikan büyükelçisine ilginç bir anekdotla aktaracaktır: Anadolu'ya gitmeden önce yaptıkları son görüşmede padişahın devamlı pencereden dışarı baktığını belirtecek ve elçiye, "Sizce nereye bakıyordu?" diye soracaktır. Bekletmeden cevabı da kendisi vermiştir: Toplarını saraya doğrultmuş İtilaf donanmasının gemilerine! Demek ki kadim Osmanlı payitahtı artık güvenli bir yer değildir. Ancak kafasındaki başkent ilk başta Ankara'da değildir, bir kez daha tesadüfi şartlar tarih sahnesine çıkmıştır. Kendi ağzından dinleyelim: "...[h]adisat orasını merkez yaptı ve feyizli bir merkez yaptı."

Heyet-i Temsiliye'nin Sivas'tan Ankara'ya gelmesi, 1920 Ocakı'nda İstanbul'da toplanacak Meclis-i Mebusan'a daha yakın olmak içindi. Aynı zamanda, burada Ali Fuat Paşa komutasında bir kolordu da vardı ve her halükârda Ali Fuat Paşa, Kâzım Karabekir'e göre daha uyumlu bir çalışma arkadaşıydı. Demiryoluna sahip olması da önemli bir avantajdı; Samsun, Amasya, Sivas ve Erzurum arasında gidip gelirken benzin bulmanın nasıl sıkıntı olduğu unutulmamıştı. Ayrıca İstanbul'un namzedini kovup yerine Milli Mücadeleci bir vali seçen Ankara halkının Milli Mücadele'ye desteği tamdı.

İstanbul'da Meclis'in dağıtılmasıyla birlikte Büyük Millet Meclisi'nin merkezi durumuna gelse de, başkentin kesin burası olacağı üzerinde bir uzlaşma yoktu. Sakarya Meydan Muharebesi'nden önceki günlerde, Ankara'nın düşman eline düşme ihtimali belirince, başkentin daha doğuya taşınması bile gündeme gelmişti. Ancak şimdi vatan kurtulmuştu ve yeni devletin temelli bir başkente ihtiyacı vardı.

İşte 13 Ekim 1923 tarihinde geçirilen bir yasayla Ankara artık yeni rejimin başkenti oluyordu. Aslında başkentin Anadolu'da bir yerde olması için daha önce de bazı girişimlerde bulunulmuştu. 28

Büyük Millet Meclisi

Kasım 1920'de Meclis'te bir payitaht komisyonu kurulmuş, ideal başkentin neresi olabileceği üzerine fikir yürütülmüştü. Sonunda İstanbul'u bir merkez-i merasim olarak bırakan ve hukuki başkentin Anadolu'da olacağını belirten bir hükümet kararnamesi Meclis'e gelince yer yerinden oynamış ve teklif 26 oya karşı 71 oyla reddedilmişti. Demek ki erken davranılmıştı. Ancak artık zafer kazanılmış ve seçim yapılıp muhalif refleksleri olmayan bir meclis tablosu oluşmuştu. İşte bu uysal Meclis, oy çokluğuyla Ankara'nın başkent olmasına karar verecekti. Bundan sonra geriye bir tek hummalı bir imar çalışmasıyla Ankara'yı genç Cumhuriyet'in sembol şehri haline getirmek kalıyordu.

26 Ekim 1923

Muharebe Meydanlarından Yeşil Sahalara: Milli Takım İlk Maçına Çıkıyor

Osmanlı ile ticaret yapan İngilizler vasıtasıyla tanınmaya daha 19. yüzyılda başlansa da, Osmanlı İmparatorluğu'nda futbolun gelişimi 1890'lı yılları bulacak ve ilk futbol kulüpleri de 20. yüzyılın başında

Romanya karşısına çıkacak Türk Milli Takımı. İkinci sıranın başında Fenerbahçe'nin efsane golcüsü Zeki Rıza Sporel'i görmek mümkün.

kurulacaktı. Bir salgın gibi yayılan futbol, mahalli liglerin oluşturulmasını da beraberinde getirmiş, ancak araya savaş yıllarının da girmesiyle ülke çapında bir futbol federasyonu tesisi gecikmişti.

Yusuf Ziya Öniş başkanlığındaki Türk Futbol Federasyonu, 1923 yılında Şehzadebaşı'ndaki Letâfet Apartmanı salonunda yapılan toplantıda Futbol Heyet-i Müttehidesi adıyla kurulacaktı. Kuruluşunun hemen ardından FIFA'ya başvuru yapılmış ve bu uluslararası federasyona 26. üye olarak kaydolunmuştu.

Artık milli bir federasyon olduğuna göre, milli bir takım da kurulabilirdi. İmkânsızlıklar içinde göreve başlayan federasyon Milli Takımı hazırlayacak bir antrenör bile bulmakta zorlanmış, en sonunda bu görevi fahri olarak Galatasaraylı Ali Sami Bey üstlenmişti. İlk milli maç için Romanya Futbol Federasyonu ile anlaşılmış ve yer olarak da daha önce Harington Kupası'nın da yapıldığı Taksim Stadı seçilmişti. Bu stadın durumu pek iç açıcı değildi. Maç için elden geçirilmesi ve giriş kapısının iki yanına biner kişilik iki kapalı tahta tribün ile yüz kişi alabilecek bir de balkon yapılması gerekmişti. Ayrıca, sahanın etrafındaki pist ile tribünler arasına tahta parmaklıklar da konmuştu. Ülkemizde futbolun ne zorluklarla başladığının bir başka nişanesi olarak, maçı yönetecek bir hakem bulmanın bile ne

Türk Milli Futbol Takımı'nın Romanya ile oynadığı ilk maçtan bir fotoğraf

kadar güç olduğunu belirtmek yeterlidir. En sonunda o sırada İstanbul'da oturan Cratky adında Çek bir hakemin maçı yönetmesine karar verilecekti. Rumen Gregoriu ve Türk Abdullah Güz'ün yardımcı hakemlik rolüne soyunduğu maçta milli takımımızın kaptanlığını, aynı zamanda Fenerbahçe'nin de kaptanı olan Hasan Kâmil Sporel üstlenmişti.

Büyük bir heyecan içinde başlayan maçta ilk golü atan 25. dakikada Romanya oldu. Yedi dakika sonra Zeki Rıza Sporel frikikten beraberliği getirecek, ardından ikinci yarıda da bir gol daha atarak galibiyetin kapısını aralayacaktı. Harington Kupası'nda iki gol birden atma başarısının yanı sıra, ilk milli golü atmak da dönemin bu durdurulamaz santraforuna nasip olmuştu. Ancak, futbolcularımızın çabaları galibiyete yetmeyecekti. 62. dakikada gene frikikten gelen bir golle Romanya maçı 2-2'ye getirmeyi başarmıştı. Milli takımımız ilk maçını kazanamasa da, en azından sahadan boynu bükük ayrılmamaya muvaffak olmuştu.

29 Ekim 1923

Doğmuş Çocuğun Adını Koymak: Cumhuriyetin İlanı

Lozan Antlaşması imzalandığına ve işgal altındaki topraklar düşman birliklerinden kurtarıldığına göre, artık sıra Ankara'daki genç Meclis'in Türkiye'nin kaderini çizmesine gelmişti. Zaferin getirdiği prestijine ve bürokrasi üzerindeki hâkimiyetine dayanarak, Mustafa Kemal kafasındaki vizyonu artık büyük bir açıklıkla, geçici ittifaklara muhtaç olmadan gerçekleştirebilirdi.

1923 Seçimleri'nde Mustafa Kemal'in önderliğini yaptığı Anadolu ve Rumeli Müdafaa-i Hukuk Grubu adayları neredeyse tüm mebuslukları kazanmış, Birinci Meclis'in kök söktüren muhaliflerinden müteşekkil İkinci Grup tamamen tasfiye olmuştu. Mustafa Kemal, taraftarlarını Dokuz Umde adında bir siyasal program etrafında bir partiye çevirmeyi de ihmal etmemişti.

Eylül 1923 ve Mart 1924 arasında hızlı bir biçimde cereyan eden olaylar, imparatorluğun tasfiyesi ve yeni bir devletin kuruluşu sürecini tamamlayacaktı. Cumhuriyetin ilanı, bazen yansıtıldığı gibi bir günde gerçekleştirilmiş bir şey değildi; Mustafa Kemal basına yaptığı açıklamalarda ve halka attığı nutuklarda bu yönetim biçimine geçmeyi kafasına koyduğunu birçok kez söylemişti. Ayrıca, Meclis'te kendi başkanlığında bir encümen de kurulmuş ve burada yeni rejimin detayları üzerine bazı çalışmalar yapılmıştı. Halk Fırkası (henüz adında "cumhuriyet" yoktu) divanında da bu mesele görü-

"Türk Cumhuriyeti'nin ilk büyük reisi"

şülmüş ve 4 Ekim'de devletin adının Türkiye Cumhuriyeti olması zaten çoktan kararlaştırılmıştı.

Sanılanın aksine, 29 Ekim 1923'ün getirdiği bir cumhuriyetten çok, cumhurbaşkanlığı makamıydı. Zira saltanatın kaldırılmasıyla aslında fiiliyatta cumhuriyete zaten geçilmişti, ki bu, Meclis kürsüsünden de defalarca dile getirilen bir gerçekti. 28 Ekim 1923 Türkiyesi de teknik olarak bir cumhuriyetti, ancak Meclis'in ve hükümetin bir başı olmakla beraber, devletin bir reisi yoktu.

Cumhuriyet de aslında öyle çok bilinmeyen, taraftarı olmayan bir konsept değildi. İslam dünyasındaki ilk halifeler dönemi bir cumhuriyete benzetilebilirdi, ki Meclis kürsüsünde bu bizzat Mustafa Kemal tarafından altı çizilen bir durumdu. 19. yüzyıldan önce dahi, Osmanlı kaynaklarında cumhuriyet kavramına birçok kez rastlanmaktaydı. 1703'te II. Mustafa'yı tahttan indiren isyancıların liderlerinden Çalık Ahmet, hanedandan kurtulup imparatorluğu –aynı Tunus ve Cezayir'de olduğu gibi– bir "cumhur cemiyeti ve tecemmü devleti kıyafetine sokmaktan" bahsetmemiş miydi? Korsanlar yapabiliyordu da, İstanbul'un ne eksiği vardı?

Kaldı ki 19. yüzyıldan sonra bu kavram daha da çok gündeme gelmeye başlayacaktı. Tanzimat'tan beri Osmanlı aydınları Avrupa'daki siyasi gelişmeleri yakından takip etmekteydi; o kadar ki, Genç Osmanlılar'dan Menapirzade Nuri, Kayazade Reşat ve Mehmet Emin beyler, Paris Komünü'nde Ulusal Muhafızlar'a katılmaktan çekinmeyecekti. Pervasızlığını önce özgürlüğü ve sonra hayatıyla ödeyecek Mithat Paşa, "Âl-i Osman oluyor da, Âl-i Midhat neden olmasın?" dediğine ve Refik Halit, Naciye Sultan'la izdivacının ardından Enver Paşa'nın saltanatı devirip bir "Enveriye saltanatı" kurmak istediğinden bahsettiğine göre, hanedan belki de aceleci tarihçilerin zannettiği gibi imparatorluğun vazgeçilmez öğesi değildi. İttihatçılar iktidara geldiklerinde de, hiçbir dönem başkentlerimizden eksik olmayan komplo teorisyenleri cumhuriyet fısıltılarını devreye sokmamışlar mıydı? Sütlüce Sadi Tekkesi Şeyhi Elif Efendi'ye İttihatçıların her dediğini yapmazsa, kendisini "Konya'ya gönderip cumhuriyet ilan" edeceklerinden yakındığına göre, bizzat Sultan Reşat bile saltanatın sallantıda olduğunun farkında gibiydi.

Görüldüğü gibi, bir cumhuriyet ilanına karşı çıkılmasının nedeni, bunun Osmanlı siyasi kültürüne yabancı bir kavram olması değildi, Mustafa Kemal'in gücünü konsolide etmesine eski silah arkadaşlarının tepki duymasıydı. Rejimin adının konmasına yol açan süreci başlatan da zaten hükümet ile Meclis arasındaki bir kriz olmuştu. O âna kadar Türkiye, meclis hükümet sistemi denen ve İhtilal Fransası'nın yönetim tarzına benzeyen bir sistemle yönetiliyordu. Bu sistemde meclis aşırı güçlüydü. Vekiller tek tek seçiliyor ve bu yüzden Meclis tarafından kolaylıkla düşürülebiliyordu. İlk başlarda bunları aday gösteren de başvekil değil, Meclis'in bizzat kendisiydi. Bu da hem hükümetin reisinin istediği vekilleri seçtirmesinin önüne geçiyor hem de Meclis'in sürekli vekilleri yıpratıp değiştirmesine yol açıyordu. Bu tip bir durum özellikle savaş zamanında büyük problemler yaratmıştı. Kriz anları hızlı karar almayı başarabilen güçlü yürütme organları gerektirir, Meclis tarafından sürekli yıpratılan hükümetleri değil. O zaman bu hızlı karar alamama problemi Mustafa Kemal'e başkomutanlık yetkisi verilerek çözülmüştü. Kafasındaki devrimleri yapmak istiyorsa Mustafa Kemal daha kalıcı bir çözüm bulmalıydı; bir ihtilal de savaştan daha az kararlılık istemiyordu.

Ekim ayında ortaya çıkan bir hükümet krizi, Mustafa Kemal'e harekete geçme fırsatı verdi. Ne kadar kendi taraftarlarından oluşursa olsun, İkinci Meclis de bazen Mustafa Kemal'in arzulamadığı şeyler yapıyordu; zira hükümet sistemi bir parti disiplini içinde hareket etmeyi zorlaştırmaktaydı. Hemen her kafadan bir ses çıkıyor, her karar uzun uzun tartışılıyor, bazen Mustafa Kemal'in desteklediği vekiller zor durumda kalıyordu.

Kriz, Ekim ayının son günlerinde boy gösterdi. Ali Fethi Bey'in hem icra vekilleri heyeti reisi, yani başbakan hem de dahiliye vekili olmasına karşı bir tepki de oluşmuştu. Fethi Bey en sonunda dayanamadı ve vekillik görevinden istifa etti. Artık sadece başbakandı. Tek başına bu, çok önemli bir sorun teşkil etmiyordu. Ancak, o sırada Fethi Bey ile arası açılan Ali Fuat Paşa'nın meclis ikinci başkanlığından (ki meclis başkanlığının devlet reisliği anlamına geldiği bir ortamda Meclis'in fiili başkanı bu kişiydi) istifa edip yeni atandığı ordu müfettişliği görevini tercih etmesi, bir başka problem yaratacaktı. Ali Fuat Paşa'nın yerine Rauf Bey seçilmişti. Fethi Bey'den boşalan dahiliye vekilliğine de Erzincan Mebusu Sabit Sağıroğlu intihap edilecekti. Bu iki seçim, Meclis'in hükümetin eylemlerini onaylamadığı anlamına geliyordu; Mustafa Kemal'e örtülü bir karşı gelmeydi. Özellikle Rauf Bey'e gösterilen teveccüh öyle yenir yutulur bir şey değildi. Lozan sırasında İsmet Bey ile arası bozulunca başvekillikten istifa edip Ankara'yı terk etmemiş miydi? Daha birkaç ay önce Milli Mücadele'nin diğer önde gelen isimleri Refet, Ali Fuat ve Adnan Adıvar ile İstanbul'da halifeyi ziyaret eden bizzat kendisi değil miydi?

Bu manzara karşısında Mustafa Kemal'in yaptığı siyasal manevra tek kelimeyle dâhiyanedir. Sadece bir kişi ya da kavramın karşıtlığı etrafında birleşen muhalif hareketler işbaşına geldiklerinde hemen bölünme yaşarlar; ihtilallerin habire çocuklarını yemesi biraz da bundandır. Onları birleştiren şey bir program ya da prensipler bütünü, bir yol haritası üzerinde anlaşmış olmaları değildir zira. İşte böyle anlarda bu bölünmenin ortaya çıkması sağlanabilirse, ittifakın ne kadar kırılgan olduğu çabucak gözler önüne serilir.

Mustafa Kemal'in yaptığı da bu olmuştur. Hükümete istifa etmesini söylemiştir; bakalım muhalefet yeni bir hükümet kurabilecek midir? O âna kadar kendisine alternatif iktidar odaklarını başarıyla tasfiye eden ya da kendi hareketinin içine almayı başaran bir siyasetçi için bu, oldukça riskli bir harekettir. Ancak, kendisinin bile güçlü bir hükümet kuramadığı bir sistemde daha dün bir araya gelmiş mebusların bir hükümet kurmayı başaramayacaklarını, başarsalar bile böyle bir hükümetin uzun ömürlü olamayacağını bilmektedir.

Hakikaten de, tahmin ettiği gibi olmuştur. Mebuslar bir sürü değişik liste hazırlamışlar, ancak bir türlü kendi aralarında anlaşamamışlardır. İş yapmanın şikâyet etmekten çok daha zor olduğunun tamamen anlaşıldığı gün, Mustafa Kemal son hamlesini yapacaktır. 28 Ekim akşamı Çankaya'da yenen bir yemekte bazı yakın çalışma arkadaşlarına, "Yarın Cumhuriyet'i ilan edeceğiz," demiştir bile. Sabaha kadar İsmet Paşa ile Teşkilat-ı Esasiye Kanunu'nda yapılacak değişiklikleri tasarlamışlardır.

Ertesi gün yapılan Meclis oturumunda, Kemalettin Sami Bey problemin çözümü için Mustafa Kemal Paşa'nın davet edilmesini önerecektir. Mustafa Kemal de mebuslardan bir saat müddet isteyecek, bu süre sonunda da İsmet Paşa ile üzerinde çalıştığı metinle geri gelecektir. Titizlikle orkestre edilmiş bu mizansenin sonrasında kürsüye gelip anayasanın 8. ve 9. maddelerinin değiştirilmesini istemektedir.

Bu değişiklikler hem bir cumhurbaşkanlığı makamı ihdas etmekte hem de meclis hükümet sistemi yerine, bugünkü gibi bakanların başvekil tarafından belirlendiği ve tek tek vekillerin değil, toplu bir şekilde hükümetin güvenoyuna tabi tutulduğu bir kabine sistemi getirmekteydi. Mebuslar arasından dört yıllığına seçilecek reisicumhur kendisine bir başvekil tayin edecek, bu başvekil de gene diğer mebuslar arasından seçtiği vekillerle kendi hükümetini kuracaktı. Kısacası, Meclis ile hükümet arasındaki güç dengesi ikincisi lehine değiştirilirken, devletin reisinin kim olduğu da kesinlikle

حاكميت مليه

بيوك ملت مجلسی دون كيجه سكز بچقده توركيا دولتنك شكلنی متفقاً «جمهوريت» اولەرق تثبيت و طقوزه چاريك قاله غازی مصطفی كمال پاشا حضرتلرينی متفقاً «رئيس جمهور» انتخاب ايله‌دی

"Büyük Millet Meclisi dün gece sekiz buçukta Türkiya devletinin şeklini müttefiken 'Cumhuriyet' olarak tesbit ve dokuza çeyrek kala Gazi Mustafa Kemal Paşa Hazretleri'ni müttefiken 'reisicumhur' intihab eyledi." *Hâkimiyet-i Milliye*, 30 Ekim 1923

ifade edilmişti. O âna kadar icra kuvveti ve teşri salahiyetlerin, yani yasama ve yürütme yetkilerinin her ikisini de uhdesinde bulunduran Meclis, teoride olmasa bile fiiliyatta yürütmeyi hükümete veriyordu. Ancak yürütmenin başının Meclis'teki tek partinin reisi olması, zamanla yasamanın tamamen yürütmenin etkisi altına girmesine yol açacak, güçler birliği prensibi bu anlamda devam edecektir.

Rauf, Kâzım, Ali Fuat ve Refet paşaların halifeyle ittifak kurarak Mustafa Kemal'in gücünü dengelemeye çalıştığı bir ortamda bu çok önemli bir siyasi zaferdi, ki cumhuriyetin ilanının bu isimler Ankara dışındayken yapılması da bunun bir kanıtıdır. Mustafa Kemal'e her zaman muhalif İstanbul basınında yer verilen, Rauf Orbay'ın cumhuriyetin ilanının tek başına çözüm olmayacağı yönündeki üstü örtülü eleştirileri de bu iktidar mücadelesinin başka bir dışavurumu olarak karşımıza çıkacaktır.

Eski silah arkadaşlarıyla Mustafa Kemal'in arasındaki mücadelenin ilk raundu geride kalmış olabilirdi, ancak müsabaka henüz sona ermemişti. Önümüzdeki iki yıl, çetin bir mücadeleye sahne olacaktı.

1 Şubat 1924

Resimli Ay Dergisinin İlk Sayısı

Sadece bir siyasal rejim değil, aynı zamanda bir kültürel vizyon anlamına gelen cumhuriyet, ilk yıllarında halkın büyük çoğunluğu için pek az bilinen bir şeydi. O yüzden rejimin ilkeleriyle beraber, ona uygun bir yaşam tarzının ülkeye aktarılması ve halkın bilgilendirilmesi başta Mustafa Kemal olmak üzere cumhuriyet aydınlarının son derece önem verdiği bir konuydu.

Cumhuriyet'in ilk yıllarında, kültürel alanda yaşanan boşluğu doldurmak amacıyla Sabiha ve Zekeriya Sertel tarafından *Resimli Ay* isminde aylık bir edebiyat dergisi çıkarılmaya başlanmasını da bu çerçevede düşünmek gerekir. Zekeriya Sertel ilk sayıda derginin kuruluş amacını, "insanlara gerçek bir halk dergisi kazandırmak, onların okuma ihtiyaçlarını karşılamak ve ülkedeki fikrî zenginliğe katkıda bulunmak" olarak açıklamaktadır. Dönemin *Yeni Mecmua, Büyük Mecmua* ve *Dergâh* gibi edebiyat dergilerinin aksine, *Resimli Ay* "yalnız dar bir zümrenin edebî zevkine cevap veren yazılar değil, fakat insanların hissî, fikrî, dimağî, bedii ihtiyaçlarını doyuran genel nitelikte yazılar" içerecektir.

Derginin ilk yıllarında ağırlıklı olarak cumhuriyet rejiminin halka benimsetilmesi hedeflenmiş ve bu doğrultuda eğitici pek çok yazı yayımlanmıştır. Derginin çağdaş yapısı da göz önüne alındığında, dönemin kültürel atmosferi içerisinde azımsanamayacak bir ağırlığı olduğu söylenebilir.

Ancak, ne yazık ki bu samimi denemenin sekteye uğraması uzun sürmeyecektir. Halikarnas Balıkçısı müstearıyla tanıdığımız Cevat Şakir Kabaağaçlı'nın yazmış olduğu "Asker Kaçakları Nasıl Asılır?" başlıklı bir yazı gerekçe gösterilecek dergi kapatılacaktır. Şeyh Sait İsyanı sırasında çıkan Takrir-i Sükûn Yasası, başta İstanbul'dakiler olmak üzere birçok gazete ve dergiyi kapatırken, furyadan Zekeriya Sertel ile Cevat Şakir Kabaağaçlı da payını almıştır. Ankara İstiklal Mahkemesi her ikisini de sürgüne gönderecektir. Halikarnas Balıkçısı adını alıp meşhur romanlarını Kabaağaçlı işte Bodrum'daki bu sürgünü esnasında yazacaktır.

Allahtan, ayrılık uzun sürmemiştir. 1926 yılında çıkan afla sürgünden dönen Zekeriya Sertel Mart 1927'de dergisini tekrar çıkarmaya başlayacaktır. 1928 yılında Latin alfabesinin kabulü ile dergi yeni harflerle çıkmaya başlar. 1929 yılı dergi için adeta yeni bir dönemin başlangıcını temsil etmektedir. Moskova'dan dönen Nâzım Hikmet yazar kadrosuna katılmış ve derginin musahhihliğini üstlenmiştir. Tüm edebiyat âleminde büyük yankılar uyandıran "Putları Yıkıyoruz" kampanyasını işte bu dergide yürütmüştür. Nâzım'ın yıkmak istediği putlar, Abdülhak Hamid Tarhan ve Mehmet Emin Yurdakul gibi devrin itibarlı şairleridir.

Gene, politik spektrumun solunda yer alan Suat Derviş, Sabahattin Âli, Vâlâ Nurettin ve Sadri Ertem gibi isimler de bu dönemde dergide yazmaya başlamıştır. Bu da derginin düşünsel açıdan farklı bir perspektif kazanmasına neden olmuştur; artık toplumsal konulara daha fazla değinilmekte, siyasete daha fazla angaje olunmaktadır. Misyoner okullarına karşı yazılar yazılmakta, "Görüyoruz ve Duyuyoruz" başlıklı kısımda çocuk işçilerden, hastanelerin kovduğu fakirlerden, çalışan kadınların yaşadığı zorluklardan, köylerdeki açlık ve yokluktan bahsedilmektedir.

Rejimin direkt kontrolünde olmadan böyle hassas konulara girilmesi, *Resimli Ay*'ın siyasi baskı görmesine neden olmakta gecikmeyecektir. Polis zaten uzun süredir dergide yapılan toplantıları not etmektedir. Yazarlar, bazı makalelerinin reisicumhura ve Türklüğe hakaret içerdiği gibi suçlamalarla birçok kez yargı karşısına da çıkacaklardır. Son darbe 1931 yılında vurulur. Derginin siyasi çizgisinden tedirgin olan ortaklar, Sertel'den solcu yazarlardan kurtulmasını isterler. Sertel bunu kabul etmeyip dergiyi onların desteği olmadan çıkarmayı dener. Ancak, ortaklar mahkemeye başvurup dergi imtiyazının şirketin malı olduğunu ve Sertel'in dergiyi tek başına çıkaramayacağını savunurlar. Bu da derginin son sayısının 1931 yılında çıkması demektir.

1936 yılında *Resimli Ay* tekrar yayın hayatına başlayacaktır başlamasın, ama eski iddialı günlerinden uzaktır. Derginin 1931 yılına kadarki sergüzeşti, cumhuriyet rejiminde sivil fikriyata tanınan sınırları bize göstermesi açısından mühimdir. Ancak bir o kadar önemli başka bir nokta da, bu derginin ilerleyen yıllarda Türk düşün hayatında önemli rol oynayacak figürlerin erken dönem faaliyetlerini içermesidir.

3 Mart 1924

Din ü Devlet: Diyanet İşleri Başkanlığı'nın Kurulması

Osmanlı İmparatorluğu'nda dinî anlamda en yüksek mevkiye sahip olan kişi, aynı zamanda İstanbul müftüsü de olan şeyhülislamdı. Şeyhülislam birçok hususta fetvasına başvurulan en yetkili kişi konumundaydı. Ancak Osmanlı İmparatorluğu'nu teolojik bir yapı olarak algılamak yanlıştır; zira şeyhülislam, padişahın isteğine bağlı olarak rahatlıkla değiştirilebilen, herhangi bir otonomisi olmayan bir devlet memuruydu. Bu açıdan bakıldığında ne günümüz İran'ındaki gibi devletin temel niteliğinin dinî olduğunu ne de Avrupa'daki gibi kilise ile hükümetin ya da başka bir deyişle din ile devletin birbirinden kesin bir şekilde ayrıldığını söyleyebiliriz. Şeyhülislamlık makamı, dinin devletin kontrolünde kaldığının bir nişanesiydi; Osmanlı kaynaklarında sıklıkla karşımıza çıkan "din ü devlet" tamlamasında başat rol ikincisine biçilmişti.

Saltanat, hanedan ve hilafetin tasfiyesi ve yeni bir rejimin kurulması, bizi Osmanlı İmparatorluğu ile Türkiye Cumhuriyeti'nin arasındaki devamlılıkları göz ardı etmeye sevk etmemelidir. Yüzlerce yıllık bir imparatorluğu tasfiye etmenin ve daha düne kadar velinimet olarak addedilen bir hanedanın ülke dışına çıkarılmasının yarattığı ruh, iki devlet arasındaki keskin farkların öne çıkarılmasına ve devamlılıkların üstünün örtülmesine yol açmıştır. Ancak, yeni bir rejimin kendini konsolide etmeye çalışırken gösterdiği hassasiyetleri günümüze taşımanın da pek bir manası yoktur. Osmanlı'nın askeriye de dahil birçok kurumu, bu kurumları işleten asker ve bürokratlarla birlikte cumhuriyet tarafından devralınmıştır.

Cumhuriyetin ilk yıllarında girişilen köklü inkılaplar doğrultusunda, Osmanlı'dan devralınan kurumların bazıları zamanla tasfiye edilirken, diğerleri de birçok değişikliğe tabi tutulmuştur. İşte diyanet işleri reisliğinin kurulması da, ortadan kalkan şeyhülislamlık makamının daha kısıtlı yetkilerle yeniden tesis edilmesidir. Tanzimat döneminden itibaren Osmanlı'da şeyhülislamın yetkileri zaten daraltılmaya başlanmıştır. Modernleşme sancıları çeken ve Batı'nın birçok kurum ve tekniğini bilatereddüt benimseyen son dönem Osmanlı'sında, başta şeyhülislam, ulema sınıfı genel olarak önceki yüzyılların prestijinden ve gücünden uzaktır. 1917'de İttihat ve Terakki idaresi şeri mahkemeleri adliye nezaretine bağlarken aslında cumhuriyet döneminde gerçekleştirilecek keskin din ve devlet ayrımının işaretini vermektedir.

3 Mart 1924'te çıkarılan 429 sayılı 13 maddelik "Şeriye ve Evkaf ve Erkân-ı Harbiye-i Umumiye Vekâletlerinin İlgasına Dair Kanun" yasama ve yürütme yetkisinin Meclis'te olduğunun altını çizerek işe başlamaktadır. Kanunun ilk kısmı yeni kurulan Diyanet'e ayrılmıştır. İlk iş olarak, muamelat-ı nasa dair dinî hükümlerin yasama ve yürütmesinin Meclis'e ve hükümete ait olduğu vurgulanmıştır. Diyanet'e ise itikat ve ibadet hususundaki hükümler bırakılmıştır. Diyanet işleri reisliği başvekilliğe bağlanmış, seçiminin ise başvekilin tavsiyesi ile cumhurbaşkanı tarafından gerçekleştirilmesi kararlaştırılmıştır. Kurumun teşkilatı hakkında herhangi bir detay içermeyen yasa, ileride yayımlanacak bir nizamnameye işaret etmekle yetinmiştir. Memleket toprakları dahilindeki cami, mescit, tekke ve zaviyelerin (bunlar henüz kaldırılmamıştır) idaresi ve imam, hatip, vaiz, şeyh, müezzin ve kayyımların tayin ve azilleri de Diyanet'in yetki alanındadır. Eskiden şeyhülislama bağlı olan vakıflar da Diyanet'ten ayrılmaktadır. Yasanın diğer maddeleri Erkân-ı Harbiye-i Umumiye Vekâleti'nin kaldırılmasıyla alakalıdır. Bunun yerine, cumhurbaşkanının atadığı bir erkân-ı harbiye-i umumiye reisinin başkanlık ettiği, ileride Genelkurmay Başkanlığı adını alacak bir müdüriyet ihdas edilmiştir.

Diyanet'in başına Ankara Müftüsü Börekçizade Rifat Efendi getirilmiştir. Ankara halkına ön ayak olup Milli Mücadele tarafına geçmesini sağlayan, 1919 kışındaki zor günlerde Mustafa Kemal'e sonuna kadar destek olan ve Dürrizade'nin fetvasına karşı bir fetva yayımlayarak Meclis'e ve Mustafa Kemal'e sadakatini defalarca ispatlamış olan Rifat Efendi, 1941 yılındaki ölümüne değin bu görevde kalacaktır.

3 Mart 1924

Hilafetin Kaldırılması

Mustafa Kemal'in kafasındaki yeni rejimin tesis edilmesi yolundaki son büyük adım, 3 Mart 1924'te Türkiye Büyük Millet Meclisi tarafından hilafetin kaldırılması ve hemen ardından da Osmanoğulları'nın sürgüne yollanmasıyla atılmıştır. Böylelikle Ankara'da kurulmakta olan yeni devlete alternatif olacak hiçbir güç bırakılmamıştır. Milli Mücadelecilerin içindeki muhalefetin tasfiyesi için ise daha birkaç sene geçmesi gerekecektir.

Hilafet ile ilgili kamuoyunda rağbet gören, birçok yanlış vardır. İlk olarak, kökeni itibarıyla hilafet dinî bir kurum değildir; İslam devletinin hükümdarlarına verilen bir unvandır. Harunü'r-Reşid'in ya da Muaviye'nin hiçbir dinî ağırlığı yoktur. Zamanla İslam topraklarına dışarıdan gelen paralı askerlerin kurduğu hanedanlar egemenliklerini ilan edince, Abbasi halifeleri sembolik olarak tanınmaya devam etmişse de, papa gibi bir din adamlığı söz konusu değildir. Hilafetin Yavuz Sultan Selim döneminde Osmanlılara geçtiği de sonradan uydurulmuş bir tevatürden ibarettir; halife 16. yüzyılda artık birçok hükümdar tarafından serbestçe kullanılan bir unvan haline gelmiştir. Hilafetin tekrar mana kazanması, Avrupa emperyalizmine karşı, bir kısmı Kırım gibi eski Osmanlı topraklarındaki Müslümanların yüzlerini İstanbul'a dönmesiyle ve II. Abdülhamit'ten itibaren Bab-ı Âli'nin Panislamist politikalar benimsemesiy-

Saltanatın son merkezi Dolmabahçe Sarayı, sabık şehzadeler ve mazul Halife Abdülmecit Efendi

le gerçekleşmiştir. Ortada bir "yumuşak güç" vardır, ama Birinci Dünya Savaşı'nda yapılan cihat çağrılarının pek de bir sonuca varmaması bu gücün pratik sonuçları olmadığını göstermiştir. Nihayetinde birçok Hintli Müslüman, Osmanlılara karşı İngiliz ordusunda savaşacaktır.

1 Kasım 1922'de saltanat kaldırıldığında hilafet ondan ayrılmış ve Şehzade Abdülmecit Efendi halife ilan edilmiştir. Bu, aslında geçici bir çözümden başka bir şey değildir. Büyük Taarruz'un hemen ertesinde, daha yeni rejimin adı bile konmamış ve Batılılarla bir ba-

rış antlaşması bile imzalanmamışken daha radikal bir hamle için erken olacağı hesaplanmış gibidir. Hele hele, İstanbul hâlâ İngiliz işgali altındayken ve Meclis'te kuvvetli bir muhalefet varken...

Daha önce de belirttiğimiz gibi, cumhuriyetin ilanı aslında sembolik bir harekettir. Saltanatın kaldırıldığı bir ortamda rejimin türü zaten cumhuriyet olmalıdır, ki o dönemki Meclis konuşmalarında da bu sıklıkla dile getirilmiş, aslında doğmuş bir çocuğa isminin şimdi veriliyor olduğunun altı çizilmiştir. 29 Ekim'de olan, bir cumhuriyet ilanından çok, bir reisicumhur makamı ihdasıdır. Yeni devletin başının kim olacağının kesinlikle belirlenmesidir ve esas tartışma hem bu makamın oluşturulması hem de bu makama verilecek yetkiler üzerinedir. Zira 29 Ekim'i doğuran hükümet krizi sadece bir cumhurbaşkanlığı seçimi ile sonuçlanmamıştır. Aynı zamanda, meclis hükümet sistemi denen ve her vekilin bizzat mebuslar tarafından seçilmesi yönteminden bugünkü kabine sistemine de geçilmiştir. Kısacası Meclis zayıflatılmış, hükümet güçlendirilmiştir.

Devletin başı da artık belli olduğuna göre, İstanbul'daki halifenin yapacak pek bir şeyi kalmamıştır. Kendisi en fazla sembolik bir anlama sahip olabilecektir; bizzat Mustafa Kemal'in ifadesiyle "tarihî bir hatıra olmaktan" öteye gidemeyecektir. İhtilal dönemlerinde eskiyi anımsatan hatıralara pek vefalı yaklaşıldığı da görülmüş şey olmadığı için, Türkiye Cumhuriyeti'nde hilafet makamı altı ay bile dayanamayacaktır.

Hilafetin ilgasını hızlandıran süreçte, Kurtuluş Savaşı boyunca sürekli karşımıza çıkan iki örüntüyü görmek mümkündür: Bunlardan birincisi, Mustafa Kemal dışındaki Milli Mücadele liderlerinin habire su yüzüne çıkan muhafazakârlıklarıdır. Atatürk gibi alt orta sınıftan gelen biri için hanedanı kafasında bitirmek mümkündür, ancak Rauf, Kâzım ve Ali Fuat gibi paşazade kumandanlar hanedana yeni bir şans vermekten bir türlü vazgeçememişe benzemektedirler. Daha önce ne zaman Mustafa Kemal'in yanından uzaklaşsalar, onun ortaya koyduğu vizyondan saptıklarını defalarca gösterdik. Hamdullah Suphi'nin, "Bizim sıralarımızda üç dört ay oturup da bir söz söylemeyenler başka yerlere gittikleri vakit müşteki [şikayetçi] oluyorlar," derken kastettiği de bu olsa gerek. Örneğin Kâzım Karabekir en başından beri Atatürk'ün İstanbul'a karşı tüm sert kararlarını eleştirecek, Meclis-i Mebusan toplandığında Heyet-i Temsiliye'nin işlevi kalmadığını söyleyecektir. Son Meclis-i Mebusan'daki Milli Mücadelecilerin lideri Rauf Orbay, gruplarının adını padişahın nutkundan seçmekten çekinmemiştir. 1920'de bu belki anlaşılır bir şeydi. Ancak Vahdettin'in Milli Mücadele karşıtı onca eyleminden sonra bile, Mustafa Kemal'e hanedana yürekten bağlı olduğunu söyleyecek ve bunu babasının padişah ekmeği yemesine bağlayarak herkesin nasıl aslına rücu ettiğini bir kez daha gösterecektir. Hakikaten İstanbul'a dönen, bir anda Abdülmecit Efendi'nin cazibesine kapılıyor, abartılı saygı gösterileri basına yansıyınca da bu, Ankara'da büyük bir rahatsızlık yaratıyordu.

Bu örüntülerin ikincisi ise Milli Mücadele liderlerinin Mustafa Kemal'in gücünü artırmasına engel olma girişimleridir. Lozan Barış Antlaşması'nın imzalanmasının ardından Milli Mücadele liderleri arasındaki mücadele artık açık bir hal almıştır; vatan kurtarıldığına göre şimdi içeride hesaplaşma zamanıdır. Ama Rauf Bey ile Kâzım ve Ali Fuat paşaların bunu Ankara'da yapmaları zordur. İkinci Grup gibi arada ittifak yapılacak bir muhalif vekiller grubu kalmamıştır. Üstüne üstlük, Hıyanet-i Vataniye Kanunu açıktan muhalefet yapmayı da imkânsızlaştırmıştır.

Kısacası, bürokrasiyi ve Meclis'i kontrol altında tutan bir Mustafa Kemal'e karşı tutunacak bir dal bulmak lazımdır. İşte bu dal, Halife Abdülmecit Efendi ve Osmanoğlu ailesidir. Abdülmecit Efendi, Vahdettin'in aksine Milli Mücadelecilerin nefret ettiği bir figür değildir. Zamanında kendisine Anadolu'ya gelmesi bile teklif edilmiş, ancak o, biraz düşündükten sonra bu teklifi reddetmiştir. Şimdi, sembolik de olsa muhalefetin arkasında birleşebileceği bir güç vardır. Bu sembolik güç Mustafa Kemal'i yerinden edemese de, en azından dengeleyebilir. Özellikle Gazi'nin İstanbul basını ve elitleri tarafından hâlâ pek benimsenmediği hesaba katılırsa...

Refet Bey'in Abdülmecit Efendi'ye Konya isimli bir at hediye etmesi, Rauf, Refet ve Adnan beylerin 18 Ekim'de kendisini ziyaret etmesi ve benzer saygı gösterileri, Ankara'ya karşı örtülü bir meydan okumadır. Ama esas meydan okuma, Rauf Orbay'ın cumhuriyetin ilanını açıkça eleştiren bir röportaj vermesi olmuştur. Bu röportajın ardından Ankara'ya çağırılacak ve fırka toplantısında sözlerini geri almaya mecbur edilecektir. "Bilahare bir günde şekl-i cumhuriyetin takarrür ettirilerek [kararlaştırılarak] ilanı, halkça gayrimesul zevat tarafından tertip edilen bir şeklin emrivaki halinde ihdas edildiği fikir ve endişesini hâsıl etti," ne demektir? Bu "sorumsuz" zevat arasında Mustafa Kemal var mıdır? Emrivaki nasıl laftır? Bu kanunu hazırlayan encümen ilk toplantılarını Rauf Bey'in evinde, yattığı odanın yanında yapmamış, bu çalışmalar gazetelere bile yansımamış mıdır? Kendisinin başvekilliği sırasında saltanatın kaldırılması kararı üç saatlik bir tartışmanın sonunda alındığında bir emrivakiden şüphelenmemiş midir? Sorular ardı ardına gelmekte, kürsüden öfkeli hatipler hiç eksik olmamaktadır. Rauf Bey Ankara'daki havayı yanlış kokladığını fark etmiştir. Belki fırkadan ihraç edilmemiştir ama oldukça terletilmiştir.

Bu sırada, hilafetin sadece sembolik olamayacağı da bazı çevrelerde açık açık dillendirilmeye başlanmıştır bile. Ocak 1923'te yayımlanan, Afyon Mebusu Şükrü Hoca'nın *Hilâfet-i İslam ve Büyük Millet Meclisi* adlı risalesi, hilafetin kaldırılamayacağından ve halifenin dünyevi görevlerinin de bulunduğundan bahsetmekte ve işler normale dönene kadar İslam dünyasını sabırla beklemeye davet etmektedir. Cumhuriyetin ilanından sonra, benzer neşriyat azalacağına artmıştır. İstanbul Barosu Başkanı Lütfi Fikri Bey ve her dönemin mazlum muhalifi Hüseyin Cahit Bey hilafetin manevi gücünün korunması gerektiğini yazmaktadırlar. Halifenin istifa edeceği yönünde bir şayia çıkınca, Lütfi Fikri Bey *Tanin*'de bir yazı yazıp kendisine halkın duyduğu sevgiden dem vurmaktan ve halifenin istifasının felaket olacağını belirtmekten çekinmeyecektir. Tüm bunların üstüne tuz biber eken, İngiltere Cemiyet-i İslamiyesi'nden Seyid Emir Ali ve III. Ağa Han'ın İsmet Paşa'ya yazdığı bir mektubun daha Ankara'ya ulaşmadan 5 Aralık'ta *İkdam* ve *Tanin* gazetelerinde basılmasıdır. Halifeliğin Sünniler için öneminden ve aslına uygun biçimde korunmasının yararlarından bahseden bu mektup, Ankara tarafından ülkenin içişlerine müdahale olarak kabul edilmiştir.

Abdülmecit Efendi de pek öyle sembolik biriymiş gibi davranmayacaktır zaten. Sade bir biat töreninin yerine şaşalı bir şekilde tahta geçmeyi arzulamış, cuma selamlığında hilat giymek ve Fatih Sultan Mehmet gibi sarık takmak istemiştir. Atatürk'ün buna cevabı redingot giyebileceği olacaktır. Abdülmecit ayrıca, Türkiye Büyük Millet Meclisi'nin kendisine verdiği "Halife-i müslimin" yerine "Emirü'l-müminin" unvanını kullanmakta ısrar etmiştir, ki Osmanlı padişahlarının eskiden beri kullandıkları ikinci formüldeki "emir" ifadesi devlet başkanı olduğuna işaret etmektedir. Abdülmecit'in "şahane"[1] çabaları sadece sembollerle sınırlı da kalmamıştır. İstanbul'daki diplomatik misyonların ve Ankara'dan gelen hükümet yetkililerinin kendisini ziyaret etmesini talep etmekte ve hakikaten de makamında asker ve memur kabul etmektedir. Zaten yokluk içindeki Ankara hükümetini ödeneğiyle ilgili sıkıştırmaktadır; hilafetin kaldırılması da Meclis'te bu ödenek üzerine yapılan görüşmelerin ertesinde gerçekleşecektir. Hele bir de hilafet hazinesinden bahsetmesi Mustafa Kemal'i çileden çıkarmaya yetmiştir. İsmet Paşa'ya çektiği 22 Ocak tarihli telgrafta "Maksat, debdebe ve dârât değil, insanca hayat ve maişet temininden ibarettir," diyerek ödeneğinin cumhurbaşkanınkinden az olması gerektiğinde ısrar edecek ve hilafet hazinesi diye bir şeyden haberdar olmadığını söyleyecektir. "Böyle bir hazineye ecdadından tevarüs etmişse," yani atasından kendisine böyle bir para kalmışsa, "bana haber vermesini rica ederim," diyerek halifeyi alaya almaktan da geri duramayacaktır.

Bu sırada Vahdettin de sürgünde rahat durmamaktadır. San Remo'da verdiği bir röportajda halifelikle padişahlığın ayrılmasına rıza göstermediğini altını çizecek ve Ankara'daki müfritlerin karşısında İstanbul'u terk edişini Hz. Muhammed'in Mekke'den Medine'ye hicretine benzetecektir. Bu tabloda Ankara'dakilere de Mekkeli müşrik olmak düşmüştür. Bu röportajın Ankara'da yarattığı tepkiyi Yunus Nadi'nin *Yeni Gün*'ünün satırlarında görmek mümkündür: "Osmanoğullarının bir p.çi olan Vahdettin"i masum hayvanlara benzetmenin bile küfür olduğundan dem vuran yazının başlığı, son Osmanlı padişahını İngiliz ajanlığıyla suçlamaktadır. Görüldüğü gibi, yüz sene önce de Türk basınında gürültü kaliteye ağır basmaktadır.

Tüm bunlar Ankara'da büyük tepki yaratmıştır. 22 Ocak'ta Başvekil İsmet Paşa'ya, "Halife ve bütün cihan, kat'i olarak bilmek lazımdır ki mevcut ve mahfuz olan halife ve halife makamının, hakikatte ne dinen ve ne de siyaseten hiçbir mana ve hikmet-i mevcudiyeti yoktur," diye telgraf çeken Mustafa Kemal, gelecek kasırganın haberini çoktan vermektedir. İlk olarak, İstanbul'da bir İstiklal Mah-

1. "Şahane" kelimesi sanıldığı gibi "mükemmel" anlamına gelmemektedir. "Şahlara yakışır, emperyal" demektir.

Halife Abdülmecit İstanbul'dan ayrılıyor.

kemesi kurularak muhalif gazeteciler yargı önüne çıkarılmıştır. Beraat edecek olsalar da, İzmir'e gidip Gazi'ye biat etmek zorunda bırakılacaklardır. Payitaht basını ağzının ilk payını almış gibidir.

Esas hamle, 3 Mart 1924'te çıkarılan bir yasayla hilafetin ilga edilmesidir. Hanedanın da ülkeyi hemen terk etmesine karar verilmiştir. Daha kanunun çıktığı akşam, saat 22.30'da sarayı kuşatan İstanbul polisi, Osmanoğulları ailesine sabaha kadar bavullarını toplamalarını söylemiştir. Sabah 06.00'da saraydan çıkan 16 otomobil ve üç kamyondan oluşan kafile, Orient Express'i kaçırıp akşama kadar Çatalca İstasyonu'nda beklemek zorunda kalınca, Osmanlı İmparatorluğu'nda hiçbir şeyin pitoresk olmadığı bir kez daha ispat edilmiştir.

Hilafet kaldırıldığında tedavi için Almanya'ya gitmiş olan Rauf Orbay salonda yoktur. Hakikaten de babasının ekmeğini yediği saltanata nankörlük[1] etmemeyi başarmıştır.

1. (Far.) Nan: Ekmek. Nankör: Yediği ekmeği görmeyen.

3 Mart 1924

Eğitimde Birlik: Tevhid-i Tedrisat Kanunu

Modern devleti önceli tarım imparatorluklarından ayıran şeylerin başında standardizasyon ve vatandaşlık bilinci gelmektedir. Birçok istisnaya, paralel kurumlara ve gelişigüzel ara formüllere dayanan kadim imparatorlukların aksine, modern devlet hem gücün kullanımını hem de idari yetkileri tekeline almaya girişmiştir. Fransız İhtilali'nden bu yana Batı devletleri Kilise'nin ve feodaliteden kalma imtiyazlı grupların alanını daraltıp memleketin her alanında yetkili kurumlar yaratmaya girişmiştir. Buna paralel olarak, sadık tebaayı katılımcı birer vatandaşa çevirmek de bu devletlerin en önemli emellerinden biri olmuştur. Tarım imparatorluklarında tebaanın isyan etmemesi, suça bulaşmaması ve vergisini vermesi yeterlidir; çağdaş devlet ise vatandaşlarını askere almakla kalmayacak, makbul vatandaşlar olmaları için onları sıkı bir eğitimden geçirmeyi de ihmal etmeyecektir. Daha önce dinî kurumlara bırakılan bu eğitimin sonucunda iki şey amaçlanmaktadır: Birincisi vatandaşlara milli bir bilinç aşılamaktır, ki artık herkesin askere alındığı düşünülürse bunun ne kadar elzem olduğu daha rahat anlaşılır. İkinci olarak da, kapitalist ekonominin ve şehir hayatının gerektirdiği kuralları içselleştirmesi sağlanacaktır, ki bu uğurda sadece okullar değil, aynı zamanda hapishaneler ve klinikler de seferber edilecektir.

Tanzimat döneminin en önemli hedeflerinden biri de aynı Batı Avrupa'daki gibi kurumlar tesis etmektir. Ancak, gerek imparatorluğun savaş ve ekonomik sıkıntılardan başını alamaması, gerekse geleneksel grupların muhafazakâr muhalefeti, bu hedefe ulaşılmasını önlemiştir. Bu eksiklik en çok eğitim alanında kendisini göstermektedir. Modern bir eğitim verecek ilk ve orta seviyeli iptidai, rüşdiye ve idadi gibi okullar ve hatta 20. yüzyılın ilk senesinde Darülfünun adıyla modern bir üniversite açılmıştır. Her ne kadar bugün İstanbul Üniversitesi'nin armasında 1453 tarihi bulunmaktaysa da, bu kurumun eskinin medreseleriyle hiçbir alakası yoktur. Darülfünun'un 1874'teki üçüncü kuruluşu[1] sırasında çıkarılan Maarif-i Umumiye Nizamnamesi'nde de açıkça Fransız eğitim sisteminin baz alındığı belirtilmiştir. Ancak, tüm bu reform hamlelerine rağmen medrese eğitimi ve daha da yaygın olarak sıbyan mektepleri, alternatif eğitim kurumları olarak kalmıştır. Bu noktada Mustafa Kemal'in çocukluğunda annesinin isteği üzerine mahalle mektebine gittiğini hatırlamakta yarar vardır.

Eğitimdeki bu çok başlılık, sadece iki tip eğitim kurumundan kaynaklanmamaktadır. Aynı zamanda azınlık okulları ve yabancı okullar da devletin yetkisi dışında faaliyet göstermekte, kendi eğitim politikalarını serbestçe belirlemektedir.

430 Sayılı Tevhid-i Tedrisat Kanunu işte böyle bir ortamda çıkmıştır. İsminden de anlaşılacağı gibi,[2] kanunun amacı tek bir eğitim sistemi tesis edip standart bir vatandaş yaratmaktır. 31 Ocak 1923'te İzmir'de yaptığı bir konuşmada, kadın ve erkek, memleketin tüm fertlerinin aynı surette okullardan çıkması gerektiğini söylerken, Mustafa Kemal'in aklındaki budur. Kanun, o zamana kadar Şeriyye ve Evkaf Vekâleti'nin kontrolündeki mektep ve medreseleri Maarif Vekâleti'ne bağlamıştır. Müessesat-ı ilmiye ve tedrisiyenin, yani bilim ve öğretim kurumlarının tek bir elde toplanması, devletin yeni vatandaşlarının nasıl bir eğitim alacağı konusunda merkezî bir planlama yapılabilmesini ya da başka bir deyimle milli bir maarif politikası oluşturulabilmesini mümkün kılmıştır.

Kanunun oluşturmaya çalıştığı tevhide bir istisna olarak, 1925 yılında askerî ortaokul ve liseler Müdafaa-İ Milliye Vekâleti'ne bağ-

1. Darülfünun'un kuruluşunun kökleri 1845'e dayanmaktadır. Birçok başarısız kuruluş teşebbüsünden sonra, nihayet 1900 yılında temelli eğitim veren bir yükseköğretim kurumuna dönüşmüştür.
2. (Ar.) Tevhid: Birlik.

lanacaktır. Medreselerin kaldırılmasıyla birlikte dinî eğitimde bir boşluk doğacağı da hesaplanmış ve önlem olarak Darülfünun bünyesinde bir ilahiyat fakültesi kurulmasına aynı kanunun 4. maddesinde karar verilmiştir. Ayrıca, 29 adet imam hatip mektebi de açılmış ve ilk sene 2.258 öğrenci bu okullarda eğitime başlamıştır. Buralarda eğitim almak isteyen öğrenci bulmakta sıkıntı çekilmesi, kanuna rağmen medreselerin gizli bir şekilde de olsa öğrenci yetiştirmeye devam ettiğinin bir göstergesidir. Öğrenci yokluğu nedeniyle imam hatip mekteplerinin sayısı ilk senesinde 26'ya, ikinci senesinde 20'ye ve üçüncü senesinde ise 2'ye düşmüştür. 1929-30 öğretim yılında ise bu okullar tamamıyla kapatılacaktır.

Bu yıllar zaten laik politikaların yürürlüğe konduğu yıllardır. Din dersleri ilk ve ortaokulların programından çıkarılmış, yeni kurulmuş ilahiyat fakültesi de 1933 yılındaki üniversite reformu sırasında kapatılmıştır. Bu, hafız yetiştiren darülkurralar dışında din eğitimi veren hiçbir devlet kurumunun kalmaması anlamına gelmektedir.

Bu durum, imam hatip liselerinin tekrardan açılmasıyla değişecektir. İlk başta, 1949 yılında 11 aylık imam hatip kursları açılmıştır. Bu, bizzat Halk Partililerin de kabul ettiği din adamı eksikliğini gidermek kadar, yaklaşan seçimlerde muhafazakâr seçmenin oyunu almayı da amaçlayan bir tertibattır. Bu seçmenin teveccühüne mazhar olup iktidara gelince, bu kursların yerine, Demokrat Parti ilk iş 3 Ekim 1951'de yedi ilde imam hatip okulları açacaktır. Bu sayı ilerleyen yıllarda hızla artacak ve ilk başta bir meslek lisesi olarak düşünülen imam hatipler zamanla devlet liselerine alternatif bir hal alarak dinî eğitimin devlet okullarından çıkarılmasına muhafazakâr bir tepki olarak karşımıza çıkacaktır.

3 Nisan 1924

Topkapı Sarayı'nın Müze Haline Getirilmesi

Osmanoğulları ailesi Çatalca'nın yolunu tutarken arkalarında bıraktıkları sarayların ve eşyaların envanterinin çıkarılması için çalışmalara başlanmıştır bile. İstanbul Valisi Haydar Bey'in başkanlığında Emniyet Müdürü Muhittin, Beyoğlu Dairesi Müdürü Hamit ve Müze Müdürü Halil Ethem Bey'in yaptığı bir toplantı sonucu, Halil Bey Topkapı'nın, Şehremini Eski Muavini Sezai Bey ise Dolmabahçe'nin eşya tespiti için görevlendirilmiş, diğer saraylar için de iki komisyon kurulmasına karar verilmiştir. Bu envanter sayımının ardından 1927 yılında sarayın bazı bölümleri ve 1934 yılında ise tamamı halkın ziyaretine açılacaktır.

Osmanlı klasik çağının sembolü haline gelen Topkapı Sarayı 19. yüzyıldan beri pek kullanılmamaktadır. Bir zamanların Saray-ı Cedid'i artık eski, demode bir saray haline gelmiş ve tüm Osmanlı elitinin Suriçi'nden Haliç'in karşı kıyısına taşınma süreci içerisinde hanedan da Beşiktaş ve Ortaköy taraflarında yeni mimari akımlara göre inşa edilmiş Dolmabahçe (1856), Çırağan (1872) ve Feriye'de[1] yaşamaya başlamıştır. İlk olarak III. Selim'in validesi için yapılan ve 19. yüzyıl boyunca yeni kasırlarla renove edilen Yıldız Sarayı da Abdülhamit döneminin sembolü bir yapı olmuştur.

1. Sözlük anlamı "ikincil" olan Feriye saraylarında hanedanın diğer üyeleri kalırdı.

Osmanlı'da müzecilik 19. yüzyılın ikinci yarısında gelişmeye başlamıştır. Topkapı Sarayı ilk Osmanlı müzesinin de çekirdeğini oluşturmuştur. Eskiden silahların konduğu bir depo olarak kullanılan sarayın birinci avlusundaki Aya İrini Kilisesi'ndeki eşyalar Abdülmecit döneminde tasnif edilmiş ve Mecma-ı Âsâr-ı Atîka (Eski Eserler Müzesi) ve Mecma-i Esliha-i Atîka (Eski Silahlar Müzesi) adında iki kurum kurulmuştur. Bunlardan ikincisi bugünkü Askerî Müze'nin nüvesini oluştururken, birincisi de daha sonra Müze-i Hümayun adını alacak ve Osman Hamdi Bey'in müdürlüğü döneminde bugün İstanbul Arkeoloji Müzesi olan binaya taşınacaktı. İlk Türk arkeoloğu kabul edilen ve aynı zamanda bir ressam olan Osman Hamdi Bey, Sayda Kral Mezarlığı başta birçok önemli kazıya imza atacak ve Osmanlı'da modern müzeciliğin gelişmesine büyük katkılarda bulunacaktır.

Topkapı Sarayı, Osmanlı döneminde de tarihî eserleri sergilemek için kullanılmıştır. Abdülaziz döneminde teşhir edilen eserler için ampir üslubunda camekânlı vitrinler yapılmıştır, ki bazıları hâlâ kullanımdadır. Sultan Reşat döneminde bazı bölümler restore edilecek ve Seferli Koğuşu porselenlerin sergilendiği bir mekân haline gelecektir. Ancak saray, 1919 yılında İstanbul'un işgaliyle kapılarını kapamak zorunda kalacaktır.

Diğer sarayların akıbeti farklı olmuştur. Dolmabahçe Sarayı bir müddet misafir devlet başkanlarına tahsis edilmiş, nihayet İstanbul'a dönmesiyle de Atatürk'ün kullanımına verilmiştir. Cumhuriyet'in banisi burada, 71 numaralı odada hayata gözlerini yummuştur. Türk Tarih Kongresi ve Türk Dil Kurultayları gibi toplantılara da ev sahipliği yapan saray, 1952 yılında bir günlüğüne halkın ziyaretine açılmışsa da, tam anlamıyla bir müze niteliğini kazanması 1981 yılını bulmuştur. 1910'da yanan Çırağan Sarayı ise hiçbir zaman müze olmayacaktır. Ağaçları kesilen bahçesi bir ara Şeref Stadı olarak kullanılmış, sonrasında sahipsiz kalan bina bir otele peşkeş çekilmiştir. O otel de oda sayısını artırmak için sarayın yanına zevksiz modern binalar yapmaktan imtina etmeyecektir. Feriye Sarayları da, Kabataş ve Galatasaray başta, birçok eğitim kurumuna ve bir sinemaya ev sahipliği yapacak, bu okullara ayrılmayan binalar uzun süre atıl kalacaktır. Cumhuriyet'in ilk yıllarındaki hassasiyet zamanla kendisini ilgisizliğe bırakacak, köyden kente göçün kent-

"Lâyemut Türk'ün lisanından: Artık, bu saray [Dolmabahçe] zıllullahların değil / zıll olmayan, hakikat olan milletin sarayıdır." *Resimli Cuma*, 21 Temmuz 1927.

soylu bir nüfus yaratamaması bu sarayların hem millet hem de hükümet tarafından unutulmalarına yol açacaktır.

Hırka-yı Saadet, Sakal-ı Şerif ve Sancak-ı Şerif gibi Kutsal Emanetler'e ev sahipliği yapması bakımından kutsiyet atfedilen bir sembol haline de dönüşen Topkapı Sarayı, bugün İstanbul'un en çok ziyaret edilen müzesidir.

20 Nisan 1924

1924 Anayasası: Teşkilat-ı Esasiye Kanunu

Türkiye Büyük Millet Meclisi 23 Nisan'da oturumlarına başladığında henüz Osmanlı İmparatorluğu ile bağlarını tam anlamıyla koparmamıştır. Meclis, en azından ilk başlarda düşmanın elinde esir bir padişah adına hareket ettiğini savunmuş, belki birçok vekil buna can u gönülden inanmasa da, kapanan son Osmanlı Meclis-i Mebusanı'nın bir devamı gibi hareket etmeye özen göstermiştir. Birçok kez Vahdettin'den kendisini tanımasını istemiş, son padişah ancak bunu defalarca reddettikten sonra ipleri tamamıyla koparabilmiştir. Daha önceki sayfalarda da belirttiğimiz gibi, Meclis'in birinci yılındaki yazışmalarda "zât-ı hazret-i padişahî ve hanedan-ı saltanat" ya da "Memalik-i Osmaniye" gibi ifadeler bulunması ve Mahmut Goloğlu gibi tarihçilerin bu döneme III. Meşruiyet adını vermesi bundandır.

Kabine ve mebuslar arasında ya da yasama ile yürütme arasında nasıl bir ilişki olacağı, Meclis oturumlarının nasıl işleyeceği, kabinenin nasıl belirleneceği gibi pratik sorulara artık el yordamıyla cevap vermek mümkün olmadığında, Büyük Millet Meclisi 1921 yılında bir Teşkilat-ı Esasiye Kanunu çıkaracaktır. Ancak, her ne kadar Türkiye Cumhuriyeti'nin ilk anayasası olarak addedilse de, 23 maddelik bu yasa oldukça yüzeyseldir ve temel meseleleri çözmekten öteye gitmemiştir.

Zaten saltanatın ve hilafetin durumunun açığa kavuşmadığı, bırakın açığa kavuşmayı uluorta tartışılamadığı savaş ortamında, bundan fazlasını yapmak muhtemelen Milli Mücadele'yi bölmekten öteye gitmeyen maceraperest bir girişim olurdu. Belirli bir düşman karşısında birleşen, ancak ortak bir noktada ittifak edemeyen değişik çıkar grupları, aralarındaki problemleri düşmanın alt edilmesine kadar bekletemezlerse hezimet kaçınılmaz olur. Şimdi bu düşman yenildiğine göre, bu gruplar arasından kazananın kuralları belirlemeye hakkı vardır. Süreçten memleketi kurtaran başkomutan olarak çıkan, Milli Mücadele'nin yerel örgütlerini taraftarlarının kontrolündeki bir fırkada merkezileştiren, alternatif güç odağı olabilecek Osmanlı hanedanını önce saltanattan, sonra hilafetten mahrum ederek reisicumhur koltuğunda ülkenin kaderini çizme yetkisini ele alan Mustafa Kemal'in kurduğu yeni rejimin işleyişinin detaylarını belirlemenin zamanı nihayet gelmiştir.

20 Nisan 1924 tarihinde çıkan 491 sayılı Teşkilat-ı Esasiye Kanunu, 105 maddeden oluşmaktadır. İlk maddeler, bugün de anayasamızın değişmez maddeleri olarak kabul edilen devletin yönetim biçiminin cumhuriyet, dilinin Türkçe, başkentinin Ankara olduğunu ve bilakaydü'ş-şart millete ait olan egemenliğin Meclis eliyle kullanılacağını belirten yasaları içerir. 2. maddedeki, "Devletin resmî dini İslam'dır," ifadesi, 9 Nisan 1928 tarihli 1222 sayılı kanunla anayasadan çıkarılacaktır. 4 Kasım 1928'de ise Büyük Millet Meclisi'nin yetkilerini belirleyen 26. maddede bir değişiklik yapılarak "ahkâm-ı şeriyenin tenfizi", yani şeriat hükümlerinin uygulanması ibaresi silinecektir. 1937 yılında 2. maddede bir değişiklik daha yapılacak ve başına Türkiye Cumhuriyeti'nin cumhuriyetçi, milliyetçi, halkçı, devletçi, laik ve inkılapçı olduğu eklenecektir; buradaki en önemli değişiklik laiklik kavramının anayasaya sokulmasıdır. Anayasadaki diğer maddeler yasama, yürütme ve yargı kurumlarının nasıl çalışacağı ve vatandaşların temel hak ve özgürlükleriyle ilgili düzenlemeler yapmaktadır.

Meclis'in üstünlüğü fikri etrafında düzenlendiği sıklıkla söylenen anayasa, yürütme yetkisini seçtiği reisicumhur üzerinden kullandığından ve tek partili bir meclis olduğundan, yürütmenin yasamaya üstün geldiği bir başkanlık sisteminin yürürlüğe konduğu da bir gerçektir. Zira anayasa yasama, yürütme ve yargının birbirini denetlediği bir kuvvetler ayrılığı prensibine göre değil, kuvvetler birliği anlayışıyla hazırlanmıştır.

Teşkilat-ı Esasiye Kanunu, mebuslar tarafından kurulan ve çeşitli ülkelerin anayasalarını inceleyen 12 kişilik bir komisyon tarafından hazırlanıp Genel Kurul'a getirilmiştir. Tutanaklardan bazı şerhlerin olduğu anlaşılsa da, yapılan oylamada kanunun Meclis'ten kolaylıkla geçtiği görülmektedir. Ancak oylama el kaldırarak yapıldığından, anayasanın kaç oyla geçtiğini bilmek mümkün değildir. Geriye sadece meclis başkanının tutanaklara geçen, "İttifaka yakın bir ekseriyetle kabul edildi," açıklaması kalmıştır. Bir rejimin iskeletini oluşturacak bir yasanın böyle üstünkörü metotlarla oylanmasını, parlamenter geleneğin zayıflığıyla açıklamaktan başka çare yoktur.

Cumhuriyetin ve inkılapların konsolidasyon sürecinin yapıtaşlarını döşeyen 491 sayılı Teşkilat-ı Esasiye Kanunu, 1960 İhtilali sonrasında yapılan ve bir anayasa için düşük bir oranda da olsa, halk oylamasıyla kabul edilen 1961 Anayasası devreye girene kadar yürürlükte kalacaktır.

4 Mayıs 1924

Türk Sporcusu Dünya Karşısında: Paris Olimpiyatları

Modern dünyanın en büyük spor organizasyonu olan olimpiyatların ilki, 1896 yılında Yunanistan'da gerçekleşmişti. Osmanlı devletinin bu turnuvaya katılma isteği Uluslararası Olimpiyat Komitesi'ne üye olmaması gerekçe gösterilerek reddedilmişti. Osmanlıların olimpiyat oyunlarındaki ilk başarısı ise, modern olimpiyatların onuncu yıldönümünde, 1906'da Atina'da düzenlenen oyunlarda elde edildi. Osmanlı devleti adına yarışan Yorgo Albiranitis iple tırmanma dalında birincilik elde etti.

1924 Paris Olimpiyat Oyunları ise Türk sporcuların katıldığı ilk resmî turnuva oldu. Genç Cumhuriyet, bu organizasyona bir sporcu kafilesi göndererek uluslararası alanda prestijini artırmayı amaçlıyordu. Burada amaç, sportif başarı kadar, savaştan yeni çıkan çağdaş Türkiye Cumhuriyeti'nin eğitim ve modernleşme konularında ne denli ilerleme kaydettiğini uluslararası kamuoyuna göstermekti. Olimpiyatlara katılmanın uzun vadede Türk sporunun ufkunu geliştirecek bir tecrübe olduğunu sıklıkla vurgulayan Mustafa Kemal, bu sayede sporda ilk uluslararası açılımın da öncülüğünü yapmış oldu.

Türk sporcular 1924 Paris Olimpiyatları'nda başarılı olamadı. Futbolda Çekoslovakya'ya 5-2 yenilindi. Yarışmalar için gerekli özel bisikletler alınamadığı için bisikletçilerimiz yarışlara dahi katılamadan eleneceklerdi. Atletlerimiz ve güreşçilerimiz de pek bir varlık gösteremedi. Haltercilerimizden Cemil Bey, büyük bir spor mağazasında gördüğü bir kuvvet yayını gererken kendisini sakatladığından bekleneni veremedi.

Ancak, amaç zaten şampiyon olmak da değildi. Yukarıdaki örneklerden de anlaşılacağı gibi, maddi imkânlar kısıtlıydı, ekipman yoktu ve hepsinden önemlisi sporcularımız gerekli profesyonellikten uzaktı. Herkesin esas muradı, yakın zamana dek tüm büyük devletlerin hakir gördüğü bir devleti uluslararası alanda görücüye çıkarmak, genç Cumhuriyet'i yedi düvele tanıtmaktı. Bu sırada sporcularımız da tecrübe kazanmış olacaklardı, ki Cemil Bey'in sakatlanış biçimi göz önüne alındığında, bu tecrübeye ne kadar ihtiyaçları olduğu aşikârdı.

Gene de katılmak bile birçok fedakârlık gerektiren etkileyici bir başarıydı. Henüz bir yaşını bile doldurmamış bir cumhuriyet, uluslararası bir organizasyona 19 futbolcu, beş güreşçi, iki halterci, bir eskrimci, üç bisikletçi ve on atlet olmak üzere tam 41 sporcuyla katılmayı başarmıştı. Üstüne üstlük savaştan bitap düşmüş bir ülke olarak spora 28 bin liraya yakın bir bütçe ayırmayı da göze almıştı.

7 Mayıs 1924

Rejimin Adı Manşette:

Cumhuriyet Gazetesinin İlk Sayısı

Kurtuluş Savaşı'nın bitmesini takip eden günlerde hummalı bir kuruluş sürecine giren cumhuriyet rejimi, yapısı gereği muhafazakâr olan geniş halk kitlelerine tüm yönleriyle anlatılmalıydı. Mustafa Kemal'in kafasındaki inkılapların hayata geçirilmesi biraz da halkın desteğine bağlıydı. Yeni rejimi savunmak, cumhuriyet projesinin hedeflerini kitlelere anlatmak ve pozitif bir kamuoyu yaratmak şarttı. Bunu başarmak için yeni bir gazete kurulmasına karar verildi.

Bizzat Mustafa Kemal Paşa öncülüğünde ilk çalışmalarına başlayan gazetenin kurulma görevi, Kurtuluş Savaş'ı sırasında *Yeni Gün* gazetesi ile Milli Mücadele'ye destek veren Yunus Nadi'ye verildi. Nebizade Hamdi ve Zekeriya Sertel'in 10'ar bin liralık sermayesiyle kurulan *Cumhuriyet* gazetesi, 7 Mayıs 1924 yılında yayın hayatına başladı. Yunus Nadi, bir yıl sonra Türkiye'de gerçekleşen devrimi yabancılara da anlatmak için *Cumhuriyet*'in Fransızca baskısı olan *La République*'i çıkaracaktı. Yeni rejim iç kamuoyu kadar dış kamuoyuna da tanıtılmalıydı

Gazetenin ilk sayısında Yunus Nadi'nin sunuşunun yanı sıra, Mustafa Kemal Paşa ile yapılan bir röportaj da yer aldı. Bu düzen uzun yıllar muhafaza edilecek ve ilk sayfa her zaman rejimin kürsüsü olarak kurgulanacaktı. Burada, Mustafa Kemal'in beyanatlarına, dış politik olaylara ve Yunus Nadi'nin kaleme aldığı bir yazıya yer verilirdi.

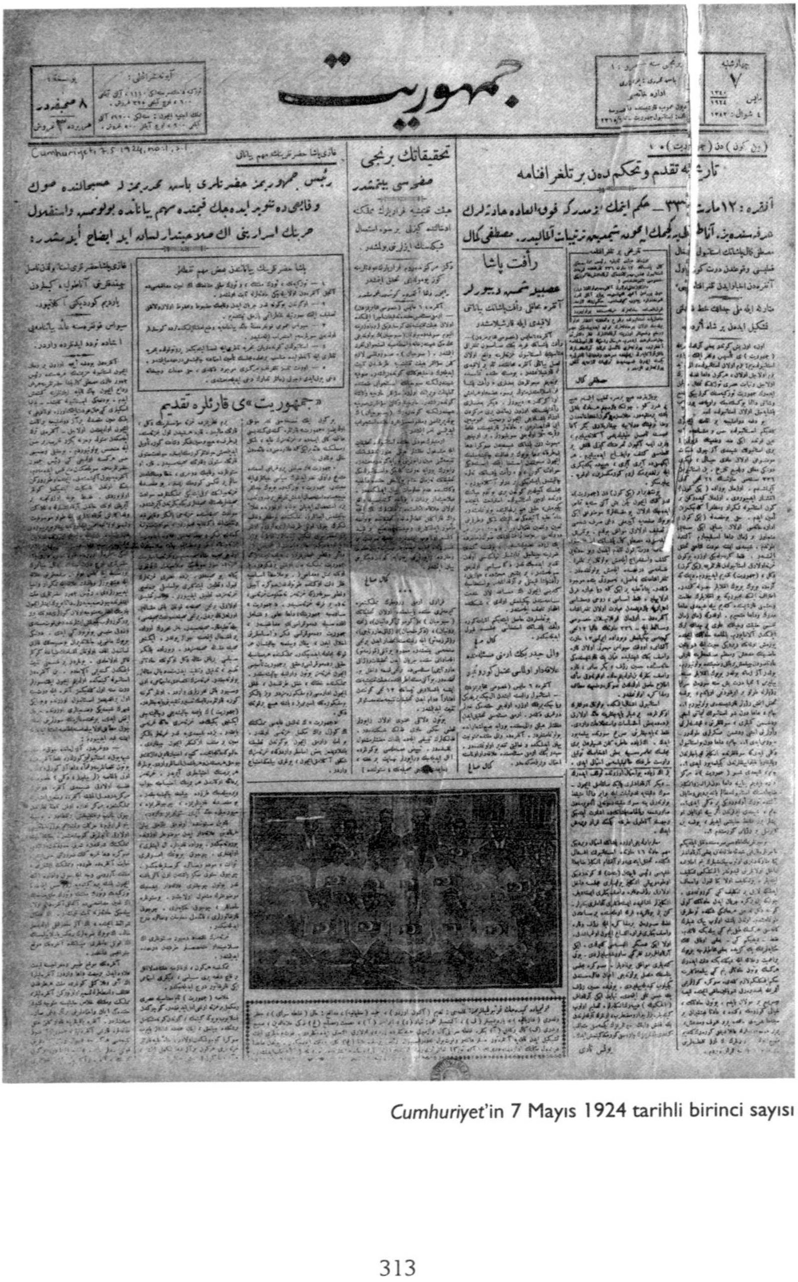

Cumhuriyet'in 7 Mayıs 1924 tarihli birinci sayısı

Yunus Nadi'nin ilk günkü yazısı, gazetenin rejimin sözcülüğüne soyunduğunu açıkça ifade etmekteydi. Nadi'ye göre gazeteleri,

> [n]e hükümet gazetesi, ne de bir fırka gazetesidir. *Cumhuriyet* sadece cumhuriyetin daha aleni ve şamil ifadesiyle, demokrasinin müdafisidir. Cumhuriyet ve demokrasi fikir ve esaslarını ihlal eden, yıkan, yıkmaya çalışan her kuvvetle mücadele edecektir. Memlekette her manasıyla hakiki bir demokrasi ve hakiki bir cumhuriyet tesisi için gazetemiz bütün varlığıyla çalışacaktır. Memlekette halkın, halk tarafından, halk için idaresi bizim mefkuremizdir. Ve biz yalnız bu mefkurenin esiriyiz, başka hiçbir kuvvetin değil.

Ancak, her ne kadar Harf İnkılabı başta olmak üzere rejimin tüm reformlarına ateşli bir destek vermiş olsa da, tüm gazetelerin başına gelen *Cumhuriyet*'in de başına gelmiş ve geçici süreyle de olsa kapatılmıştır. Gazete 1934'te on gün, 1940'te üç ay, 1941'de ise önce iki gün, ardından da bir gün çıkarılamamıştır. Bu kapatılmalar, rejimi benimsese de, gazetenin körü körüne hükümet yandaşlığı yapmadığının bir işareti olarak da anılabilir, dönemin Türkiyesi'nde yandaşların bile hükümetleri kızdırabildiğinin de. Karar okuyucunundur. Ancak, gazetenin kendi bağımsız bir siyasal gündemi olduğu da kesindir. Bu, özellikle İkinci Dünya Savaşı esnasında kendisini gösteren bir durumdur. Yunus Nadi bu dönemde açıkça Nazi destekçiliği yapınca hükümetin tepkisini çekmiştir. Çok partili hayata geçilmesinden sonra, defalarca kapatılmak pahasına da olsa, Demokrat Parti'yi desteklemesi de *Cumhuriyet*'in Halk Fırkası'ndan çok rejimin gazetesi olarak adlandırılmasının daha doğru olduğunu göstermektedir.

Gazetenin ikinci sayfasında köşe yazılarına yer verilirken, üçüncü sayfası da haberlere ayrılmıştır. *Cumhuriyet*'in pek çok farklı kesimden okuyucuya ulaşma isteğinin bir sonucu olarak çocuk sütunu, kadın sütunu, spor sütunu, iktisadi sütun gibi bölümlere de yer verilmiştir. Bu içerikle kısa zamanda yedi binlik bir tiraj yakalayan *Cumhuriyet*, satışını gitgide artırmış, İkinci Dünya Savaşı'nda 62 bin gibi rakamlara ulaşmıştır. Okuma yazma oranlarının zar zor çift haneli sayılara ulaştığı 13 milyonluk bir ülkede bunlar etkileyici rakamlardır.

Ziya Gökalp, Halit Ziya Uşaklıgil, Cenap Şehabettin, Ahmet Hamdi Tanpınar, Ahmet Rasim, Peyami Safa, Nurullah Ataç, İsmail Hami Danişmend, Aka Gündüz, Zekeriya Sertel, Hasan Bedrettin, Reşat Ekrem Koçu gibi kaliteli yazarlardan oluşan kadrosu, *Cumhuriyet*'in dönemin yazınsal dünyası için yeni bir sayfa aralamasını sağlamıştır. 1930'lu yıllara gelindiğinde, gazetenin kurucuları arasında yer alan Zekeriya Sertel ve Nebizade Hamdi'nin gazeteden ayrılması ile gazete yönetimi Yunus Nadi'ye geçmiştir. *Cumhuriyet* o tarihten sonra artık onunla özdeşleşecektir.

17 Kasım 1924

Paşalar Komplosu: Terakkiperver Cumhuriyet Fırkası'nın Kuruluşu

İhtilallerin kendi çocuklarını yediği çok tekrarlanan bir klişedir, ancak bunun neden böyle olduğu o kadar konuşulmaz. Hakikaten ister Fransız İhtilali'nin Danton ve Robespierre'lerine, ister Bolşeviklerin Stalin, Buharin ve Troçkisi'ne bakalım, hemen tüm devrim süreçlerinin sonunda liderlerin birbirine düştüğünü görüyoruz. Buradaki örnekler kadar kanlı olmasa da, Türk Devrimi'nde Milli Mücadele'nin lider kadrosu arasında da benzer bir çekişmenin oldukça erken tarihlerde su yüzüne çıkmaya başladığını görüyoruz. Bu çekişmelerin daha az kanlı sonuçlar verdiği ve kimsenin giyotinle ya da idam mangasıyla muhatap olmadığı doğrudur. Ama zaten Türk Devrimi'nin bizzat kendisi de geniş halk kitlelerin iktidarı ele geçirip bolca kan akıttığı bir devrim değil, krizde olan bir devleti bizzat kendi memurlarının siyasi, ekonomik, hukuki ve toplumsal reformlarla ayakta tutma girişimidir.

Mustafa Kemal, Anadolu'ya geldiğinde eşitler arasında bir birinciden, yani *primus inter pares*'ten fazlası değildir. Olası bir direnişi örgütleme potansiyeli olan İttihatçı subaylar arasında en prestijli, sicili en temiz ve en karizmatiği odur; üstüne üstlük ordu müfettişi olarak geniş yetkilerle de donatılmıştır. Ancak kısa sürede görevden alınması, onun bir amir olarak kalmasının önüne geçmiştir. Otoritesini Kurtuluş Savaşı'nın ilk yıllarında kendisinden otonom bir şekil-

İsmet Paşa, Hüseyin Rauf ve aralarına giren kara kedi:
"Bizde fırkalar nasıl teşekkül eder?"

de özgül ağırlığı olan Kâzım Karabekir, Ali Fuat, Refet Bele ve Rauf Orbay gibi diğer figürlerle paylaşmak durumundadır.

Kendi vizyonunu belirli bir plan dahilinde kademeli olarak uygulamaya başladığında adı geçen Milli Mücadele liderleriyle aralarındaki görüş ayrılıkları da yavaş yavaş kendisini göstermeye başlayacaktır. Örneğin, Kâzım Karabekir ulusal direnişin bir müddet doğu vilayetleriyle sınırlı kalmasını istemektedir. Atatürk'ü Sivas'taki kongreden önce Erzurum'a gelmeye ikna eden, Heyet-i Temsiliye'nin Sivas'ın batısına geçip Ankara'ya gitmesine karşı çıkan odur. Aynı şekilde, Meclis-i Mebusan toplandığında Heyet-i

Temsiliye'nin artık görevini tamamladığını düşünen de. Bu çekincelerinin sonucunda, Ankara'da gücünü konsolide eden Mustafa Kemal tarafından kendisine Doğu Anadolu'da özerk bir alan bırakılmış, ancak siyasi merkez Ankara'ya kaydıktan sonra buradaki iktidar çemberinden uzak kalmıştır. Batı Cephesi Kumandanı Ali Fuat Cebesoy belki kendisi kadar eleştirisel değildir, ancak Gediz Taarruzu'nda başarısız olması diplomatik bir görevle Ankara'dan uzaklaştırılmasına yol açmıştır. Rauf Orbay'ın son Osmanlı Mebusan Meclisi'ndeki tavırları da Mustafa Kemal ile arasında görüş ayrılığına neden olmuştur. Orbay ne mebus grubuna Müdafaa-i Hukuk Cemiyeti ismini koydurtmuştur ne de Mustafa Kemal'i meclis başkanı seçtirmeyi başarabilmiştir. Malta'daki sürgünden dönüp Ankara'daki Meclis'e katıldığında da, birçok kez Mustafa Kemal ile ayrı düşmekten çekinmemiştir. En sonunda da protesto olarak istifa edip başvekilliği bırakacaktır zaten.

Harp sürerken sümen altı edilen bu görüş farklılıkları, Lozan Antlaşması'nın imzalanmasıyla birlikte, şaşırtıcı bir hızla gün ışığına çıkacaktır. Artık düşman kovulmuştur; şimdi sıra yeni devletin temelini atmaya gelmiştir. Bu yeni devletin niteliği üzerine herkesin kendine göre bir fikri vardır ve genelde bu fikirler Mustafa Kemal'inki kadar radikal değildir.

Birinci Meclis'te de ateşli bir muhalefet mevcuttur, ancak seçimlerle bunlar ekarte edilmiştir. Ülke çapında bir direniş örgütlemek için yerel eşrafın ve ulemanın da içinde bulunduğu bir meclis şarttır. Lakin şimdi artık düzenli bir ordu ve işleyen bir bürokrasi tesis edildiğine göre, asker ve memur kökenlilerin ağırlıkta olduğu bir meclis ile yola devam etmenin zamanı gelmiştir.

Bunlardan oluşan İkinci Meclis'in mebusları arasındaki görüş ayrılıkları 1923 sonbaharından itibaren kendisini göstermeye başlamıştır. İlk raunt cumhuriyetin ilanı olmuştur. Meclis reis-i saniliğine, yani başkanvekilliğine Rauf Bey'in seçilmesi üzerine, Mustafa Kemal Fethi Bey'i istifaya ikna edecek, çıkan krizi çözme bahanesiyle de Rauf, Ali Fuat, Kâzım ve Refet daha İstanbul'da iken bir anda cumhuriyeti ilan edecektir. Aslında cumhuriyet ilan edileceği bir müddettir konuşulmaktadır, ancak sürecin Rauf Bey'in vekil seçilmesinden kaynaklanması ve bu kadar köklü bir reformun kendilerine haber bile verilmeden bir anda Meclis'ten geçirilmesi paşaları kızdırmıştır.

İstanbul'daki faaliyetlerinden ve özellikle Halife Abdülmecit Efendi'ye gösterdikleri aşırı saygı ve iltifattan (Refet Bele bu sıralarda biricik halifesine hediye etmek için fellik fellik güzel bir at aramaktadır) rahatsız olan Mustafa Kemal'in kendilerine bir mesaj gönderdiği bellidir. Vazgeçilmez değillerdir ve yeni sistemde var olmak istiyorlarsa kendisinin çizdiği çerçevede hareket etmek durumundadırlar.

Nisan ayında yürürlüğe giren 335 sayılı kanun ile Meclis'te alınan kararları eleştirmek vatana ihanet kapsamına alındığından açıkça muhalefet yapmak imkânsızdır. Zaten Rauf da İstanbul basınındaki açıklamalarından sonra Ankara'ya gidip parti önünde hesap vermek ve kendisini kıyasıya eleştiren, o noktada artık kanlı bıçaklı olduğu İsmet Paşa başta olmak üzere sayısız vekilin suçlamalarına maruz kalmak durumundadır. Daha iki sene önce Mustafa Kemal'in iki numarası olan bir paşanın, Hamidiye Kahramanı Rauf Orbay'ın, büyük bir kısmı Milli Mücadele'ye kendisinden sonra katılmış ve bir kısmı da kendisine göre oldukça toy olan mebuslara hesap vermesinin ne kadar onur kırıcı olduğunu takdirinize bırakıyoruz.

Mustafa Kemal'in gücünü artırmasından rahatsız olan paşalar, tüm prestijlerine rağmen mücadelelerini bir müddet gizli bir şekilde yürütmek durumundadırlar. Bürokrasiyi elinde tutanın seçimlerin sonucunu direkt tayin edebildikleri bir ortamda, ayrı bir parti kurup siyaset yapmak uzun vadede mümkün bir şey değildir. Hızlı sonuçlar üretilmediği takdirde tasfiye olmalarının önünü açmaktan başka bir şey yapmayacaktır bu.

Ancak, Mustafa Kemal her geçen gün gücünü artırmakta ve kafasındaki radikal inkılapları yürürlüğe koymak için gerekli önlemleri almaktadır. Yasama yılı açılır açılmaz, 3 Mart'ta hilafet kaldırılmış ve muhaliflerin Abdülmecit Efendi'nin arkasına sığınmasının önü kesilmiştir. Gene aynı ayda, uzun tartışmalardan sonra reisicumhura veto ve Meclis'i dağıtma yetkisi verilmesi gündeme gelmiş, ancak mebusların çoğunluğu buna karşı çıkmıştır. Oylama 127 retle sonuçlanacaktır. Daha düne kadar yürütmeyi de uhdesinde bulunduran Meclis'in tamamen hükümetin etkisi altına girmeye biraz nazlandığı görülmektedir.

Meclis bir direniş göstermiştir belki, ama gidişat bellidir; muhalif paşalar Mustafa Kemal'in gücünü daha da konsolide etmesini engellemek istiyorlarsa ellerinde prestijlerinden başka neleri olduğunu görmek için hareket etmek zorundadırlar. Bir parti kurmak için yaptıkları hazırlıkları sonbaharda tamamlamış durumdadırlar. 26 Ekim'de Kâzım Karabekir, hakkında yapılan tutuculuk eleştirilerinden yorgun düştüğü ve raporlarının görmezden gelindiği bahanesiyle I. Ordu müfettişliğinden istifa etmiş, kendisini birkaç gün sonra Ali Fuat Paşa izlemiştir. Bu istifaların ardından Mustafa Kemal, olası bir çatışmayı önlemek için bu eski sınıf arkadaşını Çankaya'ya davet etmiş, ancak bir ayak oyunuyla bu davetin Ali Fuat Paşa'ya ulaşması engellenmiştir.

Hakkâri'de bir isyan çıktığı ve İngiltere'nin hükümete ültimatom verdiği bir dönemde kumandanların birden istifa etmesi, 18 Ekim'de Ankara'ya geldiğinde kendisini karşılayanlar arasında Rauf ve Adnan beylerin bulunmaması ve Ali Fuat'ın lütfedip davetine icabet etmemesi, Mustafa Kemal'in kendisine karşı bir komploya girişildiğinden şüphelenmesine yol açacaktır.

Bir darbe mi planlanmaktadır? Mustafa Kemal'e göre evet. *Nutuk*'ta, Rauf ve arkadaşlarını tasfiye edilmiş İkinci Grup mebuslarının ve muhalif basının da yardımıyla memleket çapında gizli bir muhalefet örgütlemekle ve ordu müfettişliği görevini kullanarak kolordu komutanlarını kendi tarafına çekmeye çalışmakla suçlamaktadır. İşte şimdi görev yerlerini terk etmek için istifa etmişler ve son darbeyi indirmek için Meclis'e gelmişlerdir.

Buna bir önlem almak, cihet-i askeriye ile Meclis'in irtibatını hemen kesmek gerekmektedir. Mustafa Kemal, tüm kolordu komutanlarına çektiği bir telgrafla, kendilerini mebusluk ile komutanlık görevleri arasında bir tercih yapmaya zorlar. Komutanların aynı zamanda mebus olmaları emir komuta zincirini zedelemektedir. Ali Fuat, Refet ve Kâzım Karabekir'in her üçü de mebusluğu seçmiş, ancak bu sırada onur kırıcı bir hadise de gerçekleşmiştir. İstifa eden komutanların yerine atanan kişileri beklemeleri şart koşulmuştur; görevi devretmeden mebusluk görevine başlayamayacaklardır. Bunu yapmadan Ankara'ya gelen Kâzım Karabekir 5 Kasım'da Meclis'ten zorla çıkarılacak ve 25 Kasım'a kadar görüşmelere katılması engellenecektir, ki bu sırada kendisinin de üyesi olduğu komisyonlardan önemli kararlar geçirilmiştir.

Terakkiperver Cumhuriyet Fırkası 17 Kasım tarihinde işte bu

şartlar içinde kurulmuştur. Rauf Orbay'ın cumhuriyet karşıtı olmakla suçlandığı bir ortamda partinin adında cumhuriyet kelimesinin bulunması manidardır. Parti irtica, yani gericilikle de suçlandığına göre, bu ismin yanına bir de terakki, yani ilerleme eklemek çok mantıklı değil midir? Bu duruma çok bozulan Halk Fırkası'nın radikalleri de ivedilikle kendi partilerinin adına cumhuriyet ibaresini eklemeyi ihmal etmeyeceklerdir. *Nutuk*'ta "'Cumhuriyet' kelimesini telaffuzdan dahi içtinab edenlerin [kaçınanların], Cumhuriyet'i doğduğu gün boğmak isteyenlerin, teşkil ettikleri fırkaya 'Cumhuriyet' ve hem de 'Terakkiperver Cumhuriyet' unvanını vermeleri, nasıl ciddi ve ne dereceye kadar samimi telakki olunabilir?" dediğine göre, Mustafa Kemal bu takiyyeye özellikle öfkelenmiş gibidir.

Terakkiperver Cumhuriyet Fırkası'nın programında gerici unsurlardan çok liberal eğilimlere rastlamak mümkündür. Mustafa Kemal'in gücünü konsolide etmesine karşı çıkan Milli Mücadele önderlerinin kurduğu bir parti için mantıklı bir tutum. Tüm irtica söylentilerine rağmen, yeni fırka kâğıt üzerinde Cumhuriyet'e sadıktır, ancak inkılapların radikalleşmesinin ve gücün tek elde temerküz etmesini önüne geçmek istemektedir. Ülkenin demokrasiye hazır olmadığı fikrini reddederek ve "tahakkümlerin şiddetle aleyhtarı" olduğunu belirterek başlayan programa göre, partinin "meslek-i esasi"si "hürriyetperver"lik ve "halkın hâkimiyeti"dir. İki dereceli seçime karşı çıkmaktadır; zaten seçimlerde varlık göstermek istiyorlarsa, ikinci seçmenlerin kontrol altına alınabildiği bir sistemi benimsemeleri pek mümkün değildir. Liberal öğeler her yerde göze çarpmaktadır. Parti programı, devletin vazifelerini "asgari hadde indirme"yi ve "devlet muamelatını sadeleştirme"yi önermekte ve idarede "âdem-i merkeziyet" ilkesini savunmaktadır. Bu sonuncusundan federatif bir anlayış değil, belediye başkanlarının seçimle gelmesi ve köylerde yönetsel yapıların oluşturulması gibi üniter yapı içerisinde bazı düzenlemeler anlaşılmalıdır. Ekonomide de Halk Fırkası'nın korumacı ve otarkik (iç kaynaklarla yetinen) anlayışına karşı, ihracatın, serbest ticaretin ve dolayısıyla yabancı sermayenin önemi vurgulanmıştır. Neredeyse yarısı ekonomi ve maliyeye ayrılan programlarda işçi sendikalarının esamesi okunmamaktadır. Oysa bunların sözünü veren, İzmir İktisat Kongresi'nin reisi, aynı zamanda partinin de başıdır.

Yürütmenin yasama ve yargıyı domine etmeye başladığı günlerde ayakta kalmak isteyen bir muhalefet partisi için kuvvetler ayrılığı prensibi de olmazsa olmaz koşullardandır. Parti programında bulunan "hâkimlerin her türlü nüfuz ve tesirden azade kalmaları için değişmezliklerini sağlayan" kanunların çıkarılması, anayasanın "milletin açık vekâleti alınmadıkça" değiştirilmemesi, cumhurbaşkanının mebusluktan ayrılması ve memurların siyasi partilerle ilişiğinin kesilmesi gibi ilkeler, kuvvetler ayrılığının güçlendirilmesi gibi önerilere rastlamak mümkündür.

Hilafetin kaldırıldığı ve Tevhid-i Tedrisat'ın tesis edildiği bir dönemde, partinin dinle ilişkisi de mahcup bir cümle ile ifade edilmiş, ancak ne bu temkinlilik, ne "her nev irticai hareketlere mukavemet" garantisi, ne de Tevhid-i Tedrisat ilkesini savunan ayrı bir maddenin varlığı, irtica suçlamalarının önünü kesebilmiştir. Millet Meclisi'ndeki bir fırka, "efkâr ve itikadat-ı diniyyeye hürmetkâr" olamaz, olmamalıdır Mustafa Kemal'e göre. *Nutuk*'ta bu konudaki eleştiri açıktır: Türk milleti asırlardan beri felaketlere hep böyle düsturlar bayrak edilerek sokulmamış mıdır? Şimdi bu mebusların aynı bayrakla ortaya atılmaları, dinî taassubu galeyana getirip milleti Cumhuriyet'e ve inkilaplarına karşı kışkırtmaları ve hilafet propagandası yapmaları anlamına gelmemekte midir? "İrticakârane feryadları" işitmek bu kadar zor mudur?

26 Ağustos 1924

Modernitenin Finansal Yüzü: İş Bankası'nın Kurulması

Ülke Cihan Harbi'nden harap bir şekilde çıkmıştı. Şimdi barış zamanı geldiğine göre, savaşın yaralarını sarmanın, memleketi gelişmiş kapitalist ülkeler arasında sokmanın zamanı gelmişti. Ancak, bunun için işgücü ve ondan da önemlisi sermaye lazımdı.

Lozan Antlaşması ile kapitülasyonlar ve Düyun-ı Umumiye İdaresi kaldırılmış ve Osmanlı'nın bir türlü ulaşamadığı ekonomik bağımsızlık sağlanmıştı. Şimdi milli bir ekonominin oluşması için kapitalizmin olmazsa olmazlarından sermaye birikimi de sağlanmalıydı. Ancak, savaş sonrasında Batı ekonomisinde de büyük sıkıntılar olduğundan dışarıdan para bulmak kolay bir iş değildi. Memleketteki tüm bankalar da yabancıların elindeydi. Kapitalizm çağında sermayeyi kontrol edemeyen bir devletin ayakta kalması zordu. Bu problemi çözmek için milli bir banka kurulmasına karar verildi.

Projenin başını Milli Mücadele'nin Galip Hoca'sı Celal Bayar çekmekteydi. O sırada mübadele, imar ve iskân vekili olsa da, Bayar 1921 yılında iktisat vekilliği de yapmış bir isimdi. Ayrıca finans piyasalarıyla arası iyiydi ve bankacılıktan anlıyordu. Daha önce Bursa'da Ziraat Bankası ve Deutsche Orientbank'ta çalışmıştı. Zaten ileride de liberal ekonominin savunucusu vasfıyla İsmet İnönü'ye bir alternatif olarak siyaset sahnesinde belirmeyecek miydi?

26 Ağustos 1924'te bir milyon lira ile kurulan İş Bankası'na ilk başta sermaye bulmak bile büyük sorun olmuştu. Sonunda devreye Mustafa Kemal girecek ve Tüm Hindistan Müslüman Birliği tarafından Türk Kurtuluş Savaşı'na destek amacıyla gönderilen paradan geriye kalan 250 bin lirayı bankaya hibe edecekti. Bankanın kurucu sermayesini sağlamakla yetinmeyecek, ilerleyen yıllarda şahsi parasını da yatırarak onun büyümesine destek olmayı sürdürecekti. Vasiyetinde de kendisine ait nakit ve hisse senetlerinin nemalandırılması görevini bankaya bırakmıştı.

Kuruluşundan itibaren faaliyetlerini bankacılıkla sınırlandırmayan İş Bankası, aynı zamanda yeni kurulan genç Cumhuriyet'in ihtiyaç duyduğu alanlarda yatırımlara da girişti. Bu sebeple şeker, cam, dokuma sektörlerine girip maden, liman, kömür işletmeleri gibi çok çeşitli alanlarda iştiraklerde bulundu. 1927 yılında İtibar-ı Milli Bankası ile birleşti ve sermayesini dört milyon liraya yükseltti.

1928 senesinde kendisi ile özdeşleşmiş olan ikonik kumbaralarını piyasa süren banka, 1932 yılında Almanya ve Mısır'a şubeler açarak yurtdışında faaliyet gösteren ilk Türk bankası olma unvanını da elde etti.

9 Şubat 1925

Deli Halit Paşa'nın Vurulması

9 Şubat 1925'te Türkiye Büyük Millet Meclisi'nde patlayan silahlar, Türkiye'de siyasetle şiddetin nasıl hep iç içe olduğunu bize bir kez daha gösterecekti. Meclis'in içinden bir muhalefetin çıktığı ve Mustafa Kemal ile eski silah arkadaşlarının yollarının ayrıldığı bu stresli günlerde, Deli Halit Paşa ile Ali Çetinkaya arasında çıkan bir tartışma, silahların çekilmesi ve yaşanan çatışma sonucunda Deli Halit Paşa'nın vurulmasıyla sonuçlanmıştı. Yaralanan Halit Paşa'nın beş gün sonra ölmesi, Meclis'teki muhalifler tarafından eleştiriye tahammülsüzlük olarak tanımlanmış, adeta yeni bir Ali Şükrü hadisesi havası yaratılmıştı.

Deli Halit Paşa, adı üstünde asabi ve tahmin edilmesi zor biriydi zaten. Gençliğinde başından aldığı bir yara, dayanılmaz baş ağrıları çekmesine ve her geçen gün daha da sinirli biri haline gelmesine yol açmıştır. Herkesle münakaşa eden, hatta birçok kişiyi düelloya çağırmasıyla tanınan Halit Paşa, 9 Şubat günü tartıştığı Ali Çetinkaya ile de ta Trablusgarp günlerinden kavgalıydı.

Siniri kafasının berraklığından gelen herkes gibi çok da ahlaklı ve ahlakçı bir adamdı Halit Paşa. Haksızlığa tahammül edemezdi. Harp malulü gazilere, yani savaşta yaralanarak sakat kalmış kişilere maaş bağlanması için hazırladığı bir yasa önerisini imzalatmak için dolaştırırken, Elazığ Mebusu Hüseyin Deveci ile aralarında bir tar-

Deli Halit Paşa'nın vurulması: "Silahlı ve silahşorlu bir mecliste vukuu tabii olan müessif bir hadise"

tışma patlak vermişti. Bu sırada Ali Çetinkaya, Salih Bozok, Kılıç Ali ve birkaç mebus da işin içine dahil olmuş ve hep birlikte koridora çıkılmıştı. Daha sonradan savcıya verilen ifadeye göre, Halit Paşa bu sırada tabancasına davranmış lakin ıskalamıştı. Kendisine ateş edildiğini gören Ali Çetinkaya da kaçmaya başlamış, ancak ayağı merdivene takılıp yere kapaklanmıştı. Rakibinin yere düştüğünü gören Halit Paşa, Çetinkaya'nın üstüne atlamış ve onu dövmeye başlamıştı. Arbedede Çetinkaya silahını ateşlemiş ve Halit Paşa yaralanmıştı.

Yara aslında ölümcül değildi. Sonradan ortaya çıkacaktı ki, iç kanama da yoktu. Ancak garip bir şekilde Halit Paşa hastaneye götürülmemiş, onun yerine İstanbul'dan iki operatör doktor çağrılmıştı. Hekimler Halit Paşa'yı tedavi etmiş ve durumunun stabil olduğunu belirtmişlerdi. Lakin hâlâ hastaneye kaldırılmayan Halit Paşa, ameliyattan iki gün sonra Meclis'te zatürreeden ölecekti. Hepsi bu kadar da değildi. Halit Paşa'nın tüm taleplerine rağmen savcı bir türlü kendisinin ifadesini almamış, adeta ölmesini beklemişti. Bir şeyler döndüğü belliydi. Savcı sadece ifade almaktan imtina etmemiş, aynı zamanda olay yeri raporunda tahrifat da yapmıştı. Halit Paşa'yı eğer o sırada altındaki Ali Çetinkaya vurduysa, nasıl olmuş da kurşun arkadan girmişti? Belli ki Halit Paşa'yı başka biri vurmuş, ancak birini arkadan vurmak kasten adam öldürmek olacağı için suçu o sırada Halit Paşa'dan dayak yiyen Ali Çetinkaya üstüne almıştı. Böylece meşru müdafaa kalkanına sığınılabilecekti. Bu kişinin Rize Mebusu Rauf Bey olduğu söyleniyordu.

Eğer önceden planlanmış bir pusuya düştüyse bunun birden fazla nedeni olabilirdi. Birincisi, adalet duygusu çok gelişmiş bir adam olan Halit Paşa ısrarla bazı yolsuzluk iddialarını gündeme getirmekteydi. İkinci olarak, yeni kurulmakta olan Terakkiperver Cumhuriyet Fırkası'na katılmasına an meselesi olarak bakılıyordu. Özellikle ara seçimlerde mebus olan, fakat eften püften bürokratik bir sebeple tezkeresi iptal edilen Sakallı Nurettin Paşa'ya arka çıkması bu şüpheleri daha da artırmıştı.

Her halükârda muhalefet ikinci seçeneği akla daha yatkın buldu. Meclis kürsüsünden olay sert bir şekilde kınandı. Manisa Mebusu Reşat Bey, Meclis'teki derebeylik havasından şikâyet etmekteydi; bu da Halk Fırkası mebuslarını hop oturup hop kaldırmaya yetmişti. Hemen sözünü geri almalıydı; Meclis'e böyle bir leke çalmamalıydı. Muhalif basın da hemen olayın üstüne atlamış ve Halit Paşa'nın katlini muhalefete tahammülsüzlük ve özgürlüğe saldırı olarak lanse etmişti.

Ancak, tüm bu itirazlar lafta kaldı. Meclis Başkanı Kâzım Özalp olayın daha fazla tartışılmasının önüne geçti. Paşaya askerî şerefine uygun bir devlet töreni yapıldı. Aynı günlerde patlayan Şeyh Sait İsyanı bu tip itirazların bir anda önemsizleşmesine yol açacaktı. Genç Cumhuriyet'i derinden sarsan bu isyan, bir anda rejimin sertleşmesinin ve muhalefetin tasfiyesi için daha nizami yolları kullanabilmesinin önünü açacaktı.

13 Şubat 1925

Şeyh Sait İsyanı

13 Şubat 1925 günü Diyarbakır'ın Eğil bucağına bağlı Piran köyünde jandarmalara ateş açılmasıyla başlayan bir isyan kısa sürede bölgede yayılacaktır. İsyanın liderliğini Zaza Kürtlerinden bir tarikat lideri olan Şeyh Sait yapmaktadır. İsyancıların arasına bağımsız bir Kürdistan hayali kuran bazı ayrılıkçı kimseler karışmışsa da, isyan esasen dinî bir nitelik göstermektedir. Zaten milliyetçi bir ayrılıkçılığın oluşması için gerekli toplumsal şartların bölgede ne kadar bulunduğu da şüphelidir; yörenin dindar halkının seküler bir milliyetçilik yerine dinî bir retoriğe teveccüh göstermesi çok da şaşırtıcı değildir. İsyan, hilafetin kaldırılmasına, şeyhülislamlık makamının ilga edilmesine ve Tevhid-i Tedrisat Kanunu gibi radikal reformlara bir tepki olarak çıkmıştır. Şeyh Sait'in dağıttığı bildirilerde halk sürekli halife adına isyana çağırılmaktadır. Şeriattan bahsedilmekte, İslamla alay edildiğinden, İslamiyetin esaslarının değiştirildiğinden, din erbabına savaş açıldığından dem vurulmaktadır. Mustafa Kemal ve arkadaşları dinin temel hükümlerine aykırı hareket etmekle ve hatta Allah ve Peygamber'i inkâr etmekle suçlanmaktadır. Böylelerinin "mal ve canlarının şeriat-ı garra-yı Ahmediyye'ye göre helal" olmasından doğal ne vardır?

İsyanın arkasında modernleşmeden rahatsız muhafazakâr ve reaksiyoner kesimler olduğu, Şeyh Sait'in bölgedeki aşiret reislerine

Şeyh Sait ve arkadaşları: "Millete hücum ederken başları ezilen cehl ve ihtiras yılanları"

yazdığı mektuplardaki suçlamalardan da anlaşılabilir. "Emirü'l-mücahidin" olarak imzaladığı bu mektuplarda Şeyh Sait, muhataplarını "din-i mubin-i Ahmedi'yi kafir olan Mustafa Kemal'in yed-i zulmünden tahlis etmek gazası"na çağırmaktadır. Kadınların artık örtünmediğinden, yabancılarla dans ettiğinden, zina ve içkiye izin verildiğinden,[1] dans salonu, tiyatro, sinema ve bar gibi binalar inşa edildiğinden, kısacası dinin elden gittiğinden şikâyet etmektedir.

İsyancılar birkaç gün içinde çevre ilçeleri ve hatta bir ara kısa

1. Birinci Meclis tek oy farkla da olsa aslında alkolü yasaklamış ve çıkarılan Men-i Müskirat Kanunu 22 Mart 1926'ya, yani isyanın sona ermesinden bir yıl sonrasına kadar yürürlükte kalmıştır.

Şeyh Sait İsyanı sonrasında kurulan darağaçları

süreliğine de olsa Elazığ'ı ele geçirmeyi başarmışlardır. Bu sırada başvekil olan Ali Fethi Bey ilk başta sert önlemler almak istememiş ve bölgede sıkıyönetim ilan etmekle yetinmiştir. Ancak bu önlemler isyanı bastırmaya yetmeyince, Mustafa Kemal'in de devreye girmesiyle, görevini şahinler kanadını temsil eden İsmet İnönü'ye bırakmak zorunda kalmıştır. İsmet Paşa ivedilikle Takrir-i Sükûn Kanunu'nu çıkarıp İstiklal Mahkemeleri'ni ihya edecektir. Bir ara işi Diyarbakır'ı kuşatmaya kadar götüren isyancılara karşı bölgede geniş çaplı bir askerî harekâtın hazırlıkları yapılmış ve Nisan ayının ilk iki haftasında duruma tamamen hâkim olunmuştur. İsyan, Şeyh Sait'in kendi adamlarından Cibranlı Binbaşı Kasım Bey'in ihaneti sayesinde 15 Nisan'da yakalanması üzerine son bulmuştur.

Mebuslardan oluşan ve kararları temyiz edilemeyen İstiklal Mahkemeleri'nin büyük bir hızla gördüğü duruşmalarda Şeyh Sait başta olmak üzere isyanın birçok lideri idam edilmiştir; kalemi kırılanların sayısı toplamda 420'yi bulmuştur. Aynı mahkemeler, dönemin tek muhalefet partisinin bölgedeki şubelerini isyana el altından destek vermekle suçlayıp kapatmaktan da geri durmamıştır.

Bastırılmıştır bastırılmasına, ama ayaklanmanın uzun erimli siyasi sonuçları yıkıcı olmuştur. İlk olarak, isyan siyasi ortamın bir anda sertleşmesine yol açıp Meclis'in tek muhalefet partisi Terakkiperver Cumhuriyet Fırkası'nın kapanmasına yol açmıştır. Milli Mücadele'nin mukadder paşalarının bile partilerini kurtaramadığı bir siyasi sahnede, çok partili demokrasiye geçmek için bir 20 yıl beklemek gerekecektir.

Şeyh Sait İsyanı, Lozan'ın Cemiyet-i Akvam'a havale ettiği Musul sorununda Türkiye'nin elini de oldukça zayıflatmıştır. İnceleme Komisyonu'nun Musul vilayetinde çalışmalara başlamasından sadece iki gün sonra çıkan bu isyan, Türkiye'nin Musul Kürtlerinin Türkiye ile birleşmeyi arzu ettikleri yönündeki argümanlarını boşa çıkarmaya yetmiştir.

4 Mart 1925

Devrim Çocuklarını Yiyor: Takrir-i Sükûn Kanunu

Şeyh Sait İsyanı'nın patlak vermesi, henüz ikinci yılını devirmemiş rejimi kontrpiyede yakalamıştı. İsyan, Osmanlı İmparatorluğu'nda birçok benzeri görülen yerel ayaklanmaları andırıyordu. Misak-ı Milli sınırlarının Lozan Antlaşması ile daha yeni garanti altına alındığı bir dönemde, birkaç sene öncesine kadar savaş halinde olduğumuz İngiltere'nin manda olarak yönettiği Irak sınırında ve henüz Musul meselesi çözülmemişken ortaya çıkan bu isyan, rejimin uluslararası meşruiyetini sorgulatabilirdi. Aynı zamanda, yurt sathında da muhalif hareketler kendini gösteriyordu. Eskinin İttihatçı kadroları henüz tasfiye olmamıştı ve özellikle sabık Osmanlı başkentinde oldukça güçlüydüler. İstanbul basını hâlâ Ankara'ya muhalif yayınlar yapmaktan geri durmuyordu. Halk Fırkası ikiye bölünmüş ve Terakkiperver Cumhuriyet Fırkası adında yeni bir parti kurulmuştu. Üstelik bu partinin ileri gelenleri, Birinci Meclis'in İkinci Grubu gibi sıradan mebuslardan değil, Milli Mücadele'nin prestijli paşalarından oluşuyordu. Aralarında eski bir başvekil ve meclis ikinci reisi de vardı. Mustafa Kemal ve Fevzi Paşa'yı saymazsak, bu paşalar dönemin en itibarlı kumandanlarıydı. Rejimin kazanımları, Frenklerin deyimiyle, ince bir buz üstündeydi adeta.

Devrim dönemleri devrim kanunlarını gerekli kılar. Zira bu kanunlar olmazsa devrimler geri sarar. Yapılan, adı üstünde bir devrimdir ve devirmek normal hukuki yollarla yapılabilecek bir şey değildir. Ancak, aşırı hızlı bir reform sürecinin önünü açacak hukuki ve kurumsal altyapıyı sağlayan sanıldığı gibi devrim ruhu değildir. Tarihin en devrimci anlarında bile, her devrimciye karşı bir karşıdevrimci ya da en azından frene basılmasını salık veren bir idare-i maslahatçı bulunmaktadır.

Bu altyapıyı sağlayan kriz olgusudur. Fransız İhtilali'nde düşman orduları Paris'e her yaklaştığında Jakobenler ve bunların içinde de Robespierre'in başını çektiği radikal *Montagnard*'lar güçlenmiştir. Gene, Bolşevik İhtilali'ni radikalleştiren Beyaz Ordu'nun varlığı ve yeni kurulan sosyalist cumhuriyetin Batı dünyası tarafından izole edilmesinden başka bir şey değildir. Dışarıdaki düşman olgusu, içeride hain aramayı ve en ufak bir tereddütü ihanet olarak yaftalamayı kolaylaştırmaktadır. Birincisinde radikal reformlar başarısızlığa uğrayıp cumhuriyet yerini Napoléon adlı bir diktatöre bıraktıysa bunun nedeni, Robespierre ve arkadaşlarının –Lenin ve arkadaşlarının aksine– gücü ellerinde konsolide edememesidir. Dağınık bir parlamentoyu korkuyla yönlendirmeye çalıştıklarında bile aralarında bir birlik yoktur, ki nihayetinde sonlarını getiren Konvansiyon'un Kamu Güvenliği Komitesi'ndeki ayrılıkları sezmesi ve üstündeki korku perdesinden sıyrılması olmuştur.

1925 yılına gelindiğinde, Mustafa Kemal'in önündeki biri tarihî biri modern iki örnek birbirinden işte böyle farklılık göstermektedir. Mustafa Kemal'in Müdafaa-i Hukuk cemiyetlerini bir fırka çatısında birleştirmesi, ardından da kendisine muhalif olan paşaları ayrı bir parti kurmaya yöneltmesi, kafasındaki inkılapları gerçekleştirecek momentumu yakalamışken bürokrasi ve devlet üzerindeki yetkisini kimseyle paylaşmak istememesinden kaynaklanmaktadır. Birinci Meclis'teki muhalifler 1923 Seçimleri'yle Meclis dışına itilirken, muhalif komutanlar önce askerlikten ayrılmak zorunda bırakılmış, ardından da ayrı bir partide örgütlenmeleri sağlanmıştır. Özellikle İstanbul'da güçlü olan İttihatçılar da siyasetten uzak durmaları yönünde uyarılmış ve yeni devlette kendilerine herhangi bir görev verilmemiştir.

Ancak tüm bunlar, muhaliflerin tamamen tasfiye edildikleri anlamına gelmemektedir. Bunun için 1925 ve 1926'daki bazı kırılma anlarını beklemek gerekmektedir. İşte bu kırılma anlarının başında

Şeyh Sait İsyanı gelmektedir. İsyanın yarattığı kriz ve aciliyet hissi, daha birkaç ay önce sıkıyönetim isteğini Meclis'e kabul ettiremeyip istifa eden İsmet İnönü'nün tekrar başvekilliğe getirilmesi sonucunu doğurmuştur. Şahinler bir kez daha iktidardadır ve tereddüt etmeye hiç mi hiç niyetleri yoktur. Krizi fırsat bilip meclisi kendilerine olağanüstü yetkiler veren Takrir-i Sükûn Kanunu'nu çıkarmaya ikna etmişlerdir. Ayrıca, biri isyan bölgesinde ve biri Ankara'da olmak üzere iki de İstiklal Mahkemesi kurulmuştur. Devrim yapılacaksa devrim mahkemelerine ihtiyaç olduğu bir kez daha görülmüştür.

İki yıl yürürlükte kalması öngörülen ve üç maddeden oluşan yasanın ilk maddesi, irticaya, isyana ve memleketin nizam-ı içtimaisini yani toplumsal düzenini bozmaya yönelik tüm tahrik, teşvik, girişim ve yayınları kendiliğinden, Meclis'e başvurmadan yasaklama ve ardından da İstiklal Mahkemeleri'ni harekete geçirme yetkisi vermektedir hükümete. Aslında daha Şubat ayında sıkıyönetim ilan edilmiş ve Hıyanet-i Vataniye Kanunu'na dini siyasete alet etmek ibaresi de eklenmiştir. Bu yeni kanunla yapılan, yürütmeyi yasamadan bağımsız kılmak, iktidarın birkaç kişinin elinde temerküz etmesini sağlamaktan başka bir şey değildir. Muharebenin zora girdiği zamanlarda Başkomutanlık Kanunu ile yapılan şey, şimdi Takrir-i Sükûn Kanunu ile yapılmaktadır. Meclis böylece devreden çıkarılmış, rejimin konsolidasyonu ve köklü inkılapların gerçekleştirilmesi için gerekli olan güçlü yürütme hayata geçirilmiştir. Esas mevzunun Şeyh Sait İsyanı olmadığını bizzat Başvekil İsmet Paşa kürsüden söylemektedir; hedef memleketteki "teşevvüş ve tezebzüb" yani karışıklık ve kararsızlıktır. Kanunun hedefi sadece bir hareket ya da bölge değil, rejimin tüm muhalifleridir. Bunlar ne kadar prestiji olurlarsa olsunlar ve ne kadar ılımlı bir muhalefet yaparlarsa yapsınlar, çatlak seslere artık tahammül yoktur.

İsmet Paşa, kabinesinin göreve başladığı gün çıkardığı bu yasayla hemen sert önlemler almaya başlamıştır. İlk önce İstanbul'daki *Tevhid-i Efkâr*, *İstiklal*, *Son Telgraf*, *Aydınlık*, *Sebilürreşat* ve *Orak Çekiç* adlı gazete ve dergileri kapattırmıştır; Hüseyin Cahit Yalçın'ın açık kalmayı başaran *Tanin*'de protesto olarak siyasi konuları bırakıp eften püften yazılar yazmaya başlayacağı günler gelip çatmıştır. Ardından, isyan bölgesindeki İstiklal Mahkemesi asileri ardı adına darağacına yollayıp yeni rejimin gücünü ispatlayamıştır. Son olarak, isyanın yarattığı havadan yararlanarak Meclis'in tek muhalif partisinden de kurtulunacaktır. Terakkiperver Cumhuriyet Fırkası'nın bölgedeki örgütlerinin isyankârlar ile işbirliği yaptığı iddia edilmektedir. Her ne kadar buna şiddetle karşı çıksalar da, Kâzım Karabekir ve arkadaşları partilerinin doğudaki teşkilatını kapatmak zorunda kalmışlardır. Kendilerine Fethi Bey vasıtasıyla partilerini komple kapatmaları da önerildiyse de, bunu kabul etmeyeceklerdir. Ancak, bu inatları kaçınılmaz sonu önleyemeyecektir. Hükümet 3 Haziran 1925'te ülkenin tek muhalefet partisini kapatmıştır.

3 Haziran 1925

Terakkiperver Cumhuriyet Fırkası'nın Kapatılması

17 Kasım'da kurulan Terakkiperver Cumhuriyet Fırkası, Meclis'te ufak bir azınlık oluşturmaktan öteye gidememiştir. Halk Fırkası'ndan beklenen kopuşlar gerçekleşmemiş, istifa eden 42 ya da 43 kişiden sadece 28 ya da 29'u yeni partiye katılmıştır. Ancak önde gelenlerinin askerî prestijleri, bu yeni partinin mebus sayısından bağımsız bir ağırlığa ve bir iktidar alternatifi olma potansiyeline sahip olması demektir.

Böyle bir partinin ayakta durabilmesi için Mustafa Kemal'in onayı şart gibi gözükmektedir. Bunun Terakkiperverci liderler de farkında olmalılar ki, Gazi'ye tarafsız bir cumhurbaşkanı olarak kalmasını teklif etmişlerdir. Devletin başı hakem rolünde olursa, Halk Fırkası içindeki, başlarını İsmet İnönü'nün çektiği radikallerle hesaplaşabilirler. Her ne kadar bu radikal programı bizzat sahiplenerek tarafsız bir rol oynamayı reddetse de, Mustafa Kemal'in yeni fırkaya karşı tavrı ilk başta ılımlıdır. Daha ilk gününden sona erdirebileceği bir muhalif hareketin gelişmesine şimdilik göz yummuşa benzemektedir. Tedbirli ve tecrübeli Gazimiz Meclis'teki havayı koklamak istemiş olsa gerek.

Bu sırada Başvekil İsmet Paşa, İstanbul'da bir sıkıyönetim ilan etmek isteyecek, ama bunu başaramayınca görevi bırakacaktır. Yerine daha ılımlı Ali Fethi Bey'in getirilmesi muhalifler için bir şanstır.

Soldan sağa: Refet Bele, Kâzım Karabekir, Hüseyin Rauf ve altta Adnan Adıvar: "Millet Meclisi ikiye ayrıldıktan sonra: Yeni fırka doğarken"

Ancak, Mustafa Kemal açısından bu, taktiksel bir ricattan öteye bir şey değildir. Parti disiplininin sağlanması yönünde bazı adımlar atmakta gecikmeyecektir. Fırka grubunda alınan kararlara göre, mebuslar artık tek başlarına gensoru veremeyeceklerdir; bunun için partide bir çoğunluk kararı olması gerekmektedir. Ayrıca mebuslar, parti ilke ve kararlarıyla bağdaşmayan yazılı ve sözlü açıklamalar yapmayacaklardır. Bu kararlara uyulup uyulmadığını kontrol etmek üzere bir de haysiyet divanı kurulmuştur. Yunanistan'la yapılan mübadele esnasında bazı siyasetçilerin görevlerini ihmal ettikleri ve suiistimallerle zenginleştikleri iddialarının İsmet Paşa hükümetine karşı bir gensoruya dönüştüğü günlerde, bu düzenlemelerle Halk Partili mebusların muhalefete hareket alanı açmasının önüne geçmek istenmiştir. Benzer durumlarda bu tip tartışmaların fırka grubunda yapılması daha doğrudur, artık bir muhalefet partisinin de bulunduğu Meclis'te ya da basın önünde değil.

Mecliste faaliyet gösterdiği kısa süre içinde Terakkiperverciler genelde hükümete değil, hükümet içindeki radikal kanada saldırdığı görülmektedir. Bazı kanunlara ret oyu kullanırken, harp malulleriyle ilgili olan veya aşarın kaldırılmasına yönelik yasalarda hükümetle beraber hareket etmekte mahsur görmemişlerdir. Ancak bir Bahriye Vekâleti'nin kurulmasını Hamidiye Kahramanı Rauf Bey'in anısının Bahriyeliler ve Deniz Harp Okulu öğrencilerinin aklından çıkarılması olarak algılamışlar; Nüfus Mübadele, İmar ve İskân Vekâleti'nin radikal mebuslardan Recep Peker'in bakanlığı altında bir genel müdürlüğe dönüşmesine karşı çıkmışlardır. Cumhurbaşkanlığı başkanlığında kurulacak bir askerî şuraya da ret oyu kullanacaklardır. Buna siyasetle askeriyenin karıştırılmaması gerekçesini bahane etmişlerse de, Mustafa Kemal'in ordu üzerinde etkisinin artmasını önlemeye çalıştıkları bellidir. Matbuat Kanunu'ndaki sertleştirmeye karşı çıktıklarında da karşılarında klasik argümanları bulmuşlardır: Basın özgürlüğü hükümetin olmazsa olmazlarındandır, ancak ifade özgürlüğünün de bir sınırı olmalıdır.

Partinin kurulmasından üç ay sonra doğuda çıkan Şeyh Sait İsyanı, siyasal iklimi sertleştirecek ve muhalefet partisinin varlığını imkânsız hale getirecektir. Sertlik yanlısı İsmet Paşa başvekalete geri dönmüş ve birkaç ay önce hayata geçiremediklerini uygulama şansı bulmuştur. Takrir-i Sükûn Kanunu yürürlüğe girmiş, 15 isyan bölgesinde sıkıyönetim ilan edilmiş ve İstiklal Mahkemeleri tekrar kurulmuştur. *Tevhid-i Efkâr* (Rauf'un cumhuriyetin ilanını eleştiren röportajını basan gazete), *Son Telgraf, İstiklal, Tok Söz* (Adana), *Sayha* (Adana), *Sada-yı Hak* (İzmir), *Presse du soir, Aydınlık, Orak Çekiç* ve *Sebilürreşad* gibi gazeteler kapatılmış, muhalefetin elinde sadece *Tanin* kalmıştır, ki orada da Hüseyin Cahit Yalçın tepkisini siyasi yazılar yazmayı bırakmakla göstermekten öteye gidemeyecektir.

Partinin kapatılmasının nedeni irticai faaliyetler olarak gözükmektedir. Her ne kadar kâğıt üzerinde liberal bir programa sahip olsa da, "Fırka, efkâr ve itikadat-ı diniyyeye hürmetkârdır," cümlesi ve parti liderlerinin diğer faaliyetleri, inkılap düşmanı olarak görülmesine yol açmıştır. En azından Mustafa Kemal'in fikri budur:

> Fırka efkâr ve i'tikadat-ı diniyeye hürmetkârdır düsturunu bayrak olarak eline alan zevattan hüsn-i niyete intizar olunabilir miydi [iyi niyet beklenebilir miydi]? Bu bayrak, asırlardan beri cahil ve mutaassıpları, hurafe-perestleri [hurafeye tapanları] iğfal ederek [gafil avlayarak] hususi maksatlar [kişisel çıkarlar] teminine kalkışmış olanların taşıdıkları bayrak değil miydi? Türk milleti, asırlardan beri nihayetsiz felaketlere, içinden çıkabilmek için büyük fedakârlıklar istilzam eden [gerektiren] mülevves [pis] bataklıklara hep bu bayrak gösterilerek sevk olunmamış mıydı?

Şimdi bu mebusların,

> [a]ynı bayrakla ortaya atılmaları, dinî taassubu galeyana getirerek milleti Cumhuriyet'in, terakki ve teceddüdün tamamen aleyhine teşvik etmek değil miydi? Yeni fırka, efkâr ve itikadat-ı diniyeye hürmetkârlık perdesi altında, "Biz hilafeti tekrar isteriz, biz yeni kanunlar istemeyiz, bizce mecelle kâfidir; medreseler, tekkeler, cahil softalar, şeyhler, müritler, biz sizi himaye edeceğiz; bizimle beraber olunuz. Çünkü Mustafa Kemal'in fırkası hilâfeti lağvetti. İslamiyet'i rahne-dar ediyor [zarar uğratıyor]. Sizi gavur yapacak, size şapka giydirecektir," diye bağırmıyor muydu? Yeni fırkanın kullandığı formül, bu irticakârane feryadlarla dolu değildir denilebilir mi?

Şeyh Sait İsyanı'nın çıkmasıyla beraber zaten Hıyanet-i Vataniye Kanunu'na bir ekleme yapılarak siyasal amaçlar doğrultusunda "dini veya mukaddesat-ı diniyeyi" kullanmak vatana ihanet kapsamına alınmıştı. Birkaç ay sonra, İsmet Paşa hükümetinin göreve başladığı gün çıkan Takrir-i Sükûn'un 1. maddesi de "irticaya ve isyana ve memleketin nizam-ı ictimaisini ve huzur ve sükûnunu ve emniyet ve asayişini ihlal"e kalkışanlardan bahsediyordu. Bu çerçevede, Diyarbakır İstiklal Mahkemesi, Terakkiperver Cumhuriyet Fırkası'nın resmî mümessillerinin "memleketi dinsizlerden kurtarmak iddia-yı irticakâranesi" ile isyancıları kışkırttığını saptamış, fırka programındaki meşhur maddenin "dini siyasete alet" ettiğine hükmetmiştir. Ankara İstiklal Mahkemesi ise fırkanın Avrupa'daki Vahdettinciler ve Türkiye'deki Hürriyet ve İtilafçılarla ilişkide olduğuna kanaat getirmişti.

Nihayetinde 3 Haziran 1925'te fırkanın memleketteki tüm şube ve merkezleri kapatılmıştır. Burada dikkat edilmesi gereken teknik nokta, parti liderlerinin mebusluklarının düşürülmemesi ve Meclis'te bir grup halinde hareket etmeye devam edecek olmalarıdır. Bunların tamamen tasfiyesi için bir sene sonraki İzmir Suikastı'nı beklemek gerekecektir.

25 Kasım 1925

Bir Yeni Serpuş: Şapka Kanunu[1]

Tarih boyunca kıyafet kimliği belirleyen başat faktörlerden biri olmuştur. Eski çağlarda insanlar ait oldukları etnik ve dinî gruba göre giyinirlerdi; herkes her istediğini giyemezdi. Gene bir gruptan bir gruba geçtiklerinde kıyafetlerini de değiştirirlerdi, ki ihtida edip Müslüman olmaya Fransızcada *prendre le turban*, yani "sarık sarmak" denmesi bundan kaynaklanmaktaydı. Bazen dış görünüş bir aidiyet belirtebiliyor, siyasi bir tutuma işaret edebiliyordu. 1970'li yıllarda bıyığın şeklinin siyasi görüşü ele vermesinden daha derin bir şeyden bahsediyoruz. Örneğin, Kuzeyli Mançu halkı Çin'i fethedip Qing (okunuşu Çing) Hanedanı'nı kurduklarında, tebaası olan Han Çinlilerini saçlarının önünü kazıyıp arkada bir kuyruk bırakmaya zorlamışlar, Konfüçyüsçü inançlarına ters düştüğü için bu emre uymayanları da idama varan yaptırımlarla cezalandırmışlardır.

19. yüzyıldan beri hızlı bir değişim sürecine giren ve yüzyıllardır parçası olduğu bir kültürel ekümeni kararlılıkla terk eden Osmanlılar için de kıyafet büyük bir sembolik anlam taşımaktadır. Batılılışmanın mimarlarından II. Mahmut'un sakalını inceltmesi ve kıyafetlerini modernleştirmesi, kısa sürede tabana inecek bir kıyafet reformunun da adeta habercisi olmuştur. O dönemde yaygınlaşan

1. (Far.) Serpuş: Ser (kafa) + puşiden (giymek); kafaya giyilen şey. "Poşu" kelimesinin kökü de ikinci kelimedir.

Mustafa Kemal Paşa Kastamonu'da şapka hakkında konuşurken:
"Bu serpuşun adına şapka denir!"

ve Fas'tan alındığı için fes adı verilen serpuş, zamanla Osmanlılığın sembolü haline gelecektir.

Lakin imparatorluğu yıkıp yerine bir cumhuriyet kuran kuşak için fes artık utanılacak bir kıyafet halini almıştır. Batı kültürüne daha entegre olan bu nesil, fesin getirdiği oryantal havanın o kadar farkındadır ki, Avrupa'ya giden trene biner binmez feslerinden kurtulup şapka takmayı ihmal etmemektedir. Muasır medeniyetlerle aynı seviyeye gelinecekse, muasır kıyafetler giyilmelidir. Dünün yeni serpuşu fes, artık eski düzeni temsil etmektedir.

1925 yılına gelindiğinde hasta adamın bu serpuşundan artık kurtulmak vakti gelmiştir. Aynı II. Mahmut'un arzuladığı modern giyimin tabana inişi gibi, yukarıdan aşağı bir kıyafet reformu ilk önce devlet dairelerinde başlatılmıştır. 2 Eylül tarihli 2413 sayılı kararname, devlet memurlarına şapka giyme zorunluluğu getirmiştir bile. Bundan bir hafta önce Kastamonu ve İnebolu'yu ziyareti sırasında da Mustafa Kemal bu yeni serpuşu, "Bu serpuşun adına şapka denir," diyerek halka tanıtmıştır. Halkın ilk başta ayak direyeceğini tahmin ettiğinden olsa gerek, fesin Yunan serpuşu olduğunu, cüppenin ise Bizans papazlarının ve Yahudi hahamlarının kisve-i mah-

"Bu serpuşun adına şapka denir!"

susası, yani özel kıyafeti olduğunu söylemeden de duramamıştır. Mustafa Kemal, nihayetinde iyi bir komutan ve usta bir diplomat olduğu kadar, gerektiğinde halkın dilini de konuşmasını bilen kurt bir siyasetçidir. Aynı konuşmada modern Türk vatandaşının ideal kıyafetini de açıklayacaktır: Ayakta iskarpin ya da fotin, pantolon, yelek, gömlek, kravat, ceket ve siper-i şemsli serpuş, yani şapka.

Halkın fesi kadim gelenekle eşleştirmesi, durumu bir yasayla düzenlemeyi zorunlu kılmıştır. Kastamonu ziyaretinden iki ay sonra, 25 Kasım'da geçen 671 sayılı Şapka İktisası Hakkında Kanun ile şapka takmak zorunlu hale getirilmiştir. Yasa mebus, memur ve müstahdemlerin dışında halkı da bağlamaktadır. "Türkiye halkının da umumi serpuşunun şapka" olduğunu yazmaktadır; "buna münafi bir itiyadın", yani buna karşı bir alışkanlığın "devamını hükümet men" etmiştir.

Zaten hızla gerçekleştirilen reformlardan rahatsız olan bazı kesimler için bu yasa bardağı taşıran son damla olmuştur. Erzurum'da gerçekleştirilen protesto gösterileri, şehirde sıkıyönetim ilan edilmesini ve 13 kişinin idam edilmesini getirmiştir. Gene Kayseri, Rize, Sivas ve Maraş gibi Anadolu'nun görece muhafazakâr illerinde de benzer durumlar yaşanmış ve yasaya karşı çıkanlar kendisini İstiklal Mahkemesi'nin önünde, ardından da darağacında bulmuşlardır. Bu protestolara bu kadar sert tepki verilmesinin sebebi, olayların genel bir isyana dönüşme ihtimalidir. Birçok yerde rejimle problemi olan kitleler dinî sebepler de bularak halkı kışkırtmışlar, işi şapka giyenlerin katlinin vacip olduğunu söylemeye kadar götürmüşlerdir. Erzurum'da halk valilik önünde toplanıp gavur memur istemediğini haykırmaktadır. Şeyh Sait İsyanı'nın hatıralarda oldukça taze olduğu yıllarda bir ihtilal hükümeti için bu kabul edilebilir bir şey değildir.

Kanunun çıkmasından bir buçuk sene önce yazdığı *Frenk Mukallitliği*[1] *ve Şapka* adlı eseri halkı isyana kışkırttığı iddiasıyla dönemin muhafazakâr figürlerinden İskilipli Atıf Hoca da tutuklanmış ve İstiklal Mahkemeleri önüne çıkmıştı. Mahkemenin savcısı Necip Ali'ye üç sene kürek cezası istemesine rağmen, sert tabiatı ile bilinen Kel Ali, İskilipli'yi idama mahkûm etmekten çekinmeyecekti.

Bir kimlik meselesi olduğu için devletin kıyafete müdahalesi,

1. (Ar.) Muka*llid*: k-l-d'den; tak*lid* eden.

inkılaplardan zaten rahatsız olan kesimlerin açık bir tepki göstermesine neden olmuştur. Hakikaten ilerleyen yıllarda da kıyafet, Türkiye'nin modernleşmesinin sembollerinden biri olarak kalacak ve kimin ne giyeceğine devletin ne kadar karışabileceği bir sonraki yüzyılda bile siyasi bir tartışma konusu olacaktır.

30 Kasım 1925

"Şeyhler, Dervişler, Müritler, Meczuplar":[1] Tekke ve Zaviyelerin Kapatılması

3 Mart 1924'te alınan üç kararla yeni rejimin devrimsel niteliği ve inkılapçılığı gözler önüne serilmiştir. Artık zafer kazanıldığına, memleket düşmandan temizlendiğine, koskoca bir imparatorluk tasfiye edilip uluslararası arenada kabul gören bir devlet kurulduğuna göre, geçici ittifakların sonu gelmiştir.

Hilafetin kaldırılması, Tevhid-i Tedrisat'la eğitimin tek elde toplanıp medreselerin tasfiye edilmesi ve Diyanet'in kurulmasıyla dinî işlerin Ankara'nın kontrolüne geçmesi, adeta Osmanlı *ancien régime*'inin, yani kadim düzeninin bir tasfiyesine işaret etmektedir. Tanzimat döneminden beri süregelen Batılılaşma çabalarına muhalefet etme ve Mustafa Kemal'in aklındaki inkılapları yavaşlatma potansiyeline sahip olan gelenekçi muhafazakâr kitlelere, 30 Kasım 1925 tarihli 677 sayılı Tekke ve Zaviyelerle Türbelerin Seddine ve Türbedarlıklar ile Bir Takım Unvanların Men ve İlgasına Dair Kanun ile önemli bir darbe daha vurulmuştur.

Kanun ister vakıf ister şahsi mülk olsun, herhangi bir şeyhe bağlı olarak faaliyet gösteren tüm tekke ve zaviyeleri "kamilen seddetmiştir." Tarikatlarla birlikte şeyhlik, dervişlik, müritlik, dedelik, seyitlik, çelebilik, babalık, emirlik, nakiplik, halifelik gibi unvanlarla

1. (Ar.) Meczu*b*: "Cezbe"den (c-z-b); *cezb*eye kapılmış.

falcılık, büyücülük, üfürükçülük, muskacılık ve gaipten haber verme gibi faaliyetler yasaklanmaktadır. Birinci gruptaki unvanlarla ikinci gruptaki faaliyetlerin aynı cümlede kullanılması, rejimin tarikat ehlini batıl addettiğini göstermesi açısından önemlidir. Türbeler de kapatılmış, türbedarlık yasaklanmıştır; sadece Türk büyüklerine ait türbelerin, o da bakanlık kontrolünde olması kaydıyla açılmasına izin verilecektir. Kanuna aykırı hareket edenler para ve üçle altı ay arasında değişen hapis cezalarına çarptırılacaktır.

Kanun, modern cumhuriyetin vatandaşlarının alternatif aidiyetlerinin olmasının önüne geçmek amacını da taşımaktır. Şeyh Sait İsyanı'nda da görüldüğü gibi, sanayileşme ve kentleşme evrelerinden geçmemiş toplumlarda dinî örgütlenmeler modern devletin alanını kısıtlamak için kullanılabilmektedir. Modern devlet, eğitip şekillendirebileceği, bir kalıba sokabileceği, çeşitli aidiyet mekanizmalarıyla sadakati sadece kendisine borçlu olan vatandaşlar arzulamaktadır. Bu toplumsal dönüşümü hayata geçiremeyen devletlerin, Osmanlı örneğinde de görüldüğü gibi, milliyetçilik ve kapitalizm çağında ayakta kalma şansı azdır.

Tebaadan vatandaş yaratma sınavını veremeyen Osmanlıların başarısızlığının nedeni, savaşlardan ve krizlerden bir türlü başını kaldıramamasıdır. Tanzimat'tan beri uygulamaya konan Batılı reformlar, klasik düzene dokunulmadan, ona paralel olarak tesis edilmiştir. Osmanlılar, bu reformları devlet eliyle destekleyerek, zamanla devletin, toplumun ve hukukun tamamıyla modernleşmesini ummuşlardır. Zaten başka türlüsünü yapmaya da güçleri yetmemektedir. Oysa memleketi kurtarmanın getirdiği prestije ve Batılı devletleri dize getirmenin yarattığı bir hareket alanına sahip kararlı bir lider olarak Mustafa Kemal, onların yapamadığını başarma şansına sahiptir. Önümüzdeki birkaç yıl, bu şansı sonuna kadar kullanmaya hevesli olduğunu ve eline geçen "dar koridor"u kaçırmaya hiç de niyetli olmadığını tüm ülkeye gösterecektir.

Yasanın çıkmasından üç ay önce, Ağustos ayında Kastamonu'da yaptığı bir konuşmada, Türkiye Cumhuriyeti'nin şeyhler, dervişler, müritler ve meczuplar memleketi olamayacağını söylerken işte Mustafa Kemal'in aklındaki budur. En doğru, en hakiki tarikatın uygarlık tarikatı olduğunu söylerken de aslında kastettiği şey, tarım imparatorluklarının aidiyetlerinin ve alternatif meşruiyet paradigmalarının modern devletin prensipleriyle uyuşmadığıdır. Muasır medeniyetler seviyesine gelinmek isteniyorsa, aynı onlar gibi modern bir vatandaş yaratılmalıdır. Bunu yapabilmek için de eskinin metotları kesinlikle terk edilmelidir. Hurafe ve batılın yerini modern bilimin aldığı bu şemada sufi mistisizmine yer yoktur.

26 Aralık 1925

Miladi Takvime Geçiş

İslam toplumları eskiden beri Kamerî, yani ay takvimi kullanagelmişlerdir. 365 yerine 354 günden oluşan bu takvimin kendine has bazı handikapları bulunmaktadır. Örneğin, hasat güneş takvimine göre yapılırken, gelirlerin ay takvimine göre toplanması, her 33 senede bir ortaya herhangi bir gelir yazılamayan bir mali yıl çıkarmaktadır. "Sıvış yılı" olarak bilinen ve iki takvim arasındaki 11 günlük farktan kaynaklanan bu artık sene, büyük finansal problemlere neden olmaktadır.

Sıvış yılını önlemek için 19. yüzyılda bazı önlemler alınmıştır. 1840 yılında güneş yılını baz alan Jülyen takvim Rumi takvim adıyla mali işlerde kullanılmaya başlanmıştır. Ancak, bu esnada Batı'da artık Jülyen değil, Gregoryen takvim kullanılmaktadır. Avrupa ile ilişkiler gelişince, 1917 yılında bu takvim de Takvim-i Garbî adıyla ithal edilecek, ancak bu sefer de ortaya üç ayrı takvim çıkacaktır. Jülyen takvimde yılbaşının 1 Ocak yerine 1 Mart'ta başlaması da Batı'yla olan ilişkilerde ayrı bir karışıklık yaratmaktadır. Gregoryen takvimle Jülyen takvim arasındaki saat farkından kaynaklanan ve 1917'de 13 güne çıkan fark da gene bu dönemde takvimlerden silinmiş ve yılbaşı da 1 Ocak'a alınarak Batı ile olan senkronizasyon sorunu çözülmeye çalışılmıştır.

Ancak sorun tam anlamıyla çözülememiştir. Modern devlet, her şeyden önce standardizasyon demektir ve askerlerin yönettiği

"Bugünden itibaren yeni senemiz başladı. 1342 senesini maziye tevdi ettik. Yeni senemiz 1926 ile başlayacaktır."

bir devlette takvim, saat ve ölçü sistemleri konusunda böyle bir karmaşa olması kolay kabul edilebilir bir durum değildir. Rejimin ana direklerini dikme ve temel meselelerini açıklığa kavuşturma derdindeki Meclis de, 1925 yılı itibarıyla artık bu konuya eğilme vaktinin geldiğine hükmetmiştir. Hemen bir komisyon kurulur ve bu komisyonun raporu ışığında 26 Aralık'ta 698 sayılı Takvimde Tarih Mebdeinin Tebdili Hakkındaki Kanun çıkarılır. Kanun, beynelmilel takvim olarak adlandırdığı Gregoryen takvimi resmî devlet takvimi olarak kabul ediyor ve diğer takvimleri kaldırıyordu. Hicri kamerî takvimin de öteden beri olduğu üzere ahval-i mahsusada, yani özel hallerde kullanılmaya devam edileceğini de belirtiyordu.

Gene aynı gün çıkan 697 sayılı kanunla da bir gün 24 eşit saate ayrılmıştır. Bundan önce, Osmanlı toplumu gece ve gündüzü soyut bir kavram olarak değil, fiziki bir durum olarak algılamaktadır. Hava aydınlıkken gündüz, karanlıkken gecedir. Her ikisinin de 12'şer saat olması gerektiği için, saatlerin süreleri de mevsime ve zamana göre değişmektedir. Örneğin kışın gündüz vakti bir saat 45 dakikaya denk gelebilirken, geceleyin bir saat 75 dakikaya denk gelebilmektedir; yazın da bunun tam tersi bir durum ortaya çıkmaktadır. Bu da, modernitenin olmazsa olmazlarından kesinlik ve katiyete ters bir durumdur. İşte bu kanunla artık her saatin 60 dakikadan oluşacağına hükmedilmiştir.

Modernitenin kesinlik ve katilik inadının devletlere dayattığı standardizasyon, ilerleyen yıllarda çıkan yasalarla daha da güçlendirilecektir. Ağırlık ve ölçü birimleri 1782 sayılı ve 26 Mart 1931 tarihli kanunla standardize edilecektir. 27 Mayıs 1935'te çıkarılan bir başka kanunla da Batı ile aradaki senkronizasyonu tamamen sağlamak için hafta tatili cumadan pazara alınmıştır. Cumartesi öğleden sonra da hafta sonu tatili olarak belirlenmiş, 1974'te bu yarım günlük tatil tam gün haline getirilmiştir.

17 Şubat 1926

Şeriatın Sonu: Medeni Kanun'un Kabulü

Tanzimat'la birlikte Batılı kurum ve kavramları benimsemeye başlayan Osmanlılar, hukuk alanında birçok reform yapmışlardır. Bunların başında, yürürlükte olan kuralları bir araya toplayıp kanunnameler haline getirmek vardır. Eski dönemlerde de kanunnameler hazırlandıysa da, bunlar şerî değil, örfî hukukun kapsamında olan devletin kendi idari tasarruflarıyla ilgilidir. Zaten kanun da bu hukuktan doğan düzenlemelere verilen addır.

Fransız mevzuatı baz alınarak hazırlanan 1850 tarihli Ticaret ve 1858 tarihli Ceza kanunnamelerinin yanı sıra, 1850 ve 1851 Ceza kanunnameleri ile 1858 Arazi Kanunnamesi gibi yasalarda yerel kaynaklar da temel alınmıştır. Medeni hukuk alanında bir düzenleme yapılması gündeme geldiğinde, ilk başta Fransız Medeni Kanunu'nun iktibas edilmesi konuşulmuşsa da, Ahmet Cevdet Paşa'nın çabaları sonucunda fıkıh esaslarına dayanan bir kanun yapılmasına karar verilerek Mecelle-i Ahkâm-ı Adliye hazırlanmıştır.

Ahmet Cevdet Paşa'nın Mecelle'sinin aile, miras ve şahıslar hukuku gibi alanlarda doyurucu nitelikte olmadığı zamanla ortaya çıkmıştır. Ancak çeşitli nedenlerden dolayı bu konuya el atılmamış, sadece 1917 yılında, o da savaş şartlarında yürürlüğe giren bir Hukuk-ı Aile Kararnamesi'nin yürürlüğe konmasıyla yetinilmiştir.

Bu hukuki boşluğu doldurmak için Türkiye Büyük Millet Meclisi'nde çalışmalar daha 1923 yılında kurulan komisyonlarla başlamıştır. Bu komisyonlar yerel yasalara dayanılması yönünde görüş bildirecek, fakat eğitimini yurtdışında tamamlamış Mahmut Esat Bozkurt buna karşı çıkarak insanlığın bir bütün olarak algılanması gerektiğini öne sürecektir. 1924 yılında kurulan tadil-i kavanin (kanunları düzeltme) komisyonları Batı yasalarından yararlanma konusunda daha istekli davranmış ve tasarılarında özellikle boşanma hukukunda kadınla erkeği eşitleyen bazı önemli düzenlemelere yer vermişlerse de, hâkim müsaadesiyle de olsa çokeşliliğin devamı gibi hâlâ eski sistemin sürmesini sağlayacak yasalar da öngörmüşlerdi. Adliye Vekili Bozkurt, sonunda bu komisyonları da dağıtacak ve İsviçre Medeni Kanunu çevrilerek ufak tadilatlarla yürürlüğe konacaktır.

Mecelle'nin kaldırılıp seküler bir ülkenin Roma hukukuna dayanan Medeni Kanunu'nun getirilmesiyle Osmanlı *ancien régime*'ine son bir darbe vurulmuş olmaktadır. Bir toplumun en temel haklarını içeren medeni hukukta da artık eski nizamın şerî yasaları değil, modern hukuk mantığıyla yazılmış rasyonel kanunlar geçerli olacaktır. Buradaki değişikliğin dindarlık-laiklik dikotomisinden çok daha önemli bir zıtlığa işaret ettiğini ve şeriatın hukuk demek olduğunu unutmamak gerekir. Mevzubahis olan, değişik şartlarda gelişmiş iki hukuk sistemi arasında bir geçiş yapmaktan ibarettir. Her iki sistemde de bir hukuk mantığı vardır; sadece birincisinin parametreleri yüzyıllar öncenin paradigması içinde manalıyken, ikincisinin parametreleri hızla değişen modern dünyaya göre şekillenmiş çağdaş hukuk prensiplerinden müteşekkildir. Gündelik yaşamı kökünden etkileyecek 743 sayılı bu yeni kanun ile klasik tarım imparatorluklarının hassasiyetlerini dikkate alan bir hukuk sisteminden modern, akılcı ve kapitalist bir dünyanın ihtiyaçlarına karşılık verebilecek bir sisteme geçilmiş olacaktır. Cumhuriyet inkılapları içinde belki de en önemlisi işte bu yüzden Medeni Kanun'un kabulüdür.

14/15 Haziran 1926

İzmir Suikastı

14 Haziran'ı 15 Haziran'a bağlayan gece, İzmir'de bir polis memuru, Gaffarzade Oteli'nin odalarından birine pencereden girerek arkadaşlarına kapıyı açtı. Polisler, cibinlik içinde yatan Ziya Hurşit'in üstüne atlayıp kendisini enterne etti. Ondan önce, iki arkadaşı Laz İsmail ve Gürcü Yusuf da Ragıp Paşa Oteli'nde tutuklanmışlardı. Bir dördüncü ahbabın, Çopur Hilmi'nin Karşıyaka'daki evine de başka bir ekip gitmekteydi.

Kıskıvrak yakalanan bu dörtlü, Gazi Mustafa Kemal'e suikast yapmak için İzmir'e gelmişlerdi. Üstlerinde iki bomba ve ikisi kullanılmış, dördü yeni altı silah bulunmuştu. Planları, Gazi'nin geçtiği yolu kesmek ve çapraz ateş ve bombalarla onu öldürmekti. Ardından da motorla Sakız Adası'na kaçmayı planlamışlardı. Ancak, aralarından Giritli Şevki, bir diğer komplocu Sarı Efe Edip'in İstanbul'a gitmesinden şüphelenip soluğu polis karakolunda alınca planları ortaya çıkmıştı. Hemen önlemler alınmıştı. Gazi'nin İzmir'e gelişi geciktirilmiş, suikastçılar da gece yarısı derdest edilmişti.

Suikastçılar, ertesi gün İzmir'e gelen Mustafa Kemal'in karşısına çıkarıldılar. Elebaşları Ziya Hurşit cinayet girişimini ilk başta reddedecek ve Mustafa Kemal'i kendisini ihmal etmekle suçlayacaktı. İkinci Grup'un lideri konumundaki bu amansız muhalifine Gazi'nin tepkisi sert olmuştu: Yaşı yetmediği halde kendisini mebus

İzmir Suikastı sanıkları İstiklal Mahkemesi önünde

yapan, mebusluğu bitince de Almanya'ya gönderen bizzat o değil miydi? Ziya Hurşit, daha sonra ikinci bir görüşme talep edecek, suçunu bizzat hedefinin yüzüne itiraf edecekti.

Söyledikleri kapsamlı bir plana işaret ediyordu ve olayın üç-beş kişiyle sınırlı olmadığını ispatlar nitelikteydi. Suikastın ilk başta Ankara'da yapılmasına karar verilmiş, hatta burada keşif bile yapılmış, ancak Ziya Hurşit'in abisi, Ordu Mebusu Faik'in itirazıyla bundan vazgeçilmişti. İlerideki sorgulamalarda da ortaya çıkacağı üzere, Ankara'da kendilerine para ve yatacak yer sağlayan Terakkiperver Cumhuriyet Fırkası İzmir Mebusu Ali Şükrü Bey'den başkası değildi. Mustafa Kemal'in sınıf arkadaşı Ayıcı Arif de işin içindeydi; Ankara'daki suikast kendisinin Kavaklıdere'deki evinden yapılacaktı. Ankara'dan sonra Bursa'da da bir keşif yapılmış, ancak burada bir eylemin mümkün olmadığı görülünce İzmir'de karar kılınmıştı.

1926 yılına gelindiğinde, Milli Mücadele'nin önde gelen isimlerinin kurduğu Terakkiperver Cumhuriyet Fırkası kapatılmış, Takrir-i Sükûn Kanunu çıkarılmış, Şeyh Sait İsyanı bastırılmıştı. Kurtuluş Savaşı'na başladığı ilk günden beri hiç bu kadar güçlü olmamıştı Mustafa Kemal. 1924 Teşkilat-ı Esasiye Kanunu'nun kendisine tanıdığı geniş yetkilerle donanmıştı. Meclis'teki tek fırkanın hâkimiydi ve ülkeyi kurtaran adam olarak halkın gözünde inanılmaz bir saygınlığa sahipti.

İdeal şartlarda işleyen ve kurumları oturmuş bir sistemde, Mustafa Kemal'in herhangi bir endişe duyması gerekmezdi. Ancak gözü kara İttihatçıların kol gezdiği bir ortamda, bu her zaman mümkün olmayabilirdi; yeri geldi mi Bab-ı Âli basıp bakan öldüren, dağlara çıkıp isyan eden, belinde sürekli silahla dolaşanlar onlar değil miydi? Cüretleri Osmanlı topraklarının dışına taşan, Türkistan'dan Kafkaslar'a her yerde eline silah alıp en olmayacak hayallerin bile peşinde koşmaktan çekinmeyen bu kadroları bürokratik manevralarla durdurmak ne kadar mümkün olabilirdi?

Mustafa Kemal de İttihatçıydı ve "kardaş"larının kontrol edilemez, başına buyruk doğasını biliyordu. İkinci Meclis seçimlerinden hemen önce Kara Kemal'i çağırıp bundan sonra ne yapacağını sormuştu. İstanbul'daki eski İttihatçılar da Mustafa Kemal'i yakından tanıyorlardı. Onunla Kurtuluş Savaşı boyunca işbirliği yapmakla kalmamışlar, kendisine defalarca liderlik teklif etmişlerdi. Ancak, kendi seçmediği ekiplerle çalışmayı uygun görmeyen Mustafa Kemal bu teklifleri hep reddetmişti.

Sorgulamalarda Ali Şükrü Bey'in adının geçmesi, Terakkiperver Cumhuriyet Fırkası'nı işin içine katmaya yetmişti. Sanıkların avukat tutamadığı ve kararlarının temyiz edilemediği İstiklal Mahkemeleri'nin devreye girmesiyle dava kısa sürede tüm muhalifleri kapsayacaktı. Savcı Ali Necip'in saçma sapan suçlamalarla dolu id-

İzmir Suikastı sonrası idam edilenler

dianamesi ve mahkeme yargıçlarının suikasttan çok siyasi faaliyetleri alakadar eden soruları sayesinde, rejimin kontrolü dışında kalan otonom İttihatçılara ve Terakkiperver Cumhuriyet Fırkası etrafında örgütlenen Milli Mücadele'nin liderlerine kesin bir siyasi darbe vurulacaktı. Hep olduğu gibi, Türk siyasi tarihinde bir kere daha, kısıtlı bir siyasi komplo genişletilmiş ve muhalefetin tasfiyesi için kullanılmıştı.

26 Haziran 1926

Kesin Tasfiye: İstiklal Mahkemesi Yargılamalara Başlıyor

Suikast girişiminin ortaya çıkmasının hemen ardından Ankara'dan İzmir'e gelen İstiklal Mahkemesi, sadece failleri yargılamakla kalmadı. Partileri kapatılan ancak mebuslukları kaldırılmadığı için hâlâ Meclis'te boy gösteren Terakkiperver Cumhuriyet Fırkası üyeleri ile özellikle İstanbul'da hâlâ güçlü olan Kara Kemal, Kara Vasıf ve eski Maliye Nazırı Cavit Bey liderliğindeki eski İttihatçılar da sanık sandalyesinde yerini aldı. Kâzım Karabekir'den Ali Fuat Paşa'ya, Cafer Tayyar Paşa'dan Refet Bele'ye, birçok Milli Mücadele önderi tutuklanıp İzmir'e getirilmişti. Araya girmeye çalışan Başvekil İsmet Paşa'ya bile dokunulmazlığının kendisini İstiklal Mahkemesi'nden korumadığı hatırlatılacaktı. Mahkeme kendi gücünden sarhoş olmuşsa bunda haklı gibiydi. Başvekil bizzat İzmir'e gitmek ve Mustafa Kemal'in de mahkemeyle aynı safta yer aldığını gördükten sonra Ankara'ya dönüp sözlerini geri almak zorunda kaldı.

Duruşmalarda sorular çoğu zaman suikastın dışına çıkıyor ve sanıkların siyasi faaliyetleri üzerinde yoğunlaşıyordu. Örneğin, Terakkiperver Cumhuriyet Fırkası'nın niçin kurulduğunu nedense savcı Necip Ali çok merak etmekteydi. "Size yeni bir fırka kurmak fikri nereden geldi?" diye soracaktı fırka mebusu Ahmet Şükrü Bey'e. "Fırka demek, vatanın yükselmesi, ilerlemesi için çalışmak demektir. Onun aslında komitacılık, çetecilik yoktur," diye de ekle-

İstiklal Mahkemeleri'nin Üç Ali'si: Kılıç Ali, Necip Ali ve Ali Çetinkaya

yecekti. İttihatçılığın âlemi yoktu yani. "Uzun seneler harap olmuş memleketi imar eden, kurtaran, canlandıran bir fırkaya karşı koymak için mi yeni bir fırka kurdunuz?" diye sorduğunda ya da Kâzım Karabekir'e, "Benim kanaatime göre bu gibi fırkalara memleketin tahammülü yoktur," dediğinde, yaptığı ihsas-ı reyden başka bir şey değildi. Bizzat tetiği çekecek Ziya Hurşit'e ilk sorduğu sorular bile suikastla değil, muhalefetle alakalıydı. İkinci Grup mebuslarının Terakkiperver Cumhuriyet Fırkası'na katılıp katılmadığı ve Samsun şubesini açıp açmadığı gibi suallerin cevabı savcıyı suikasttan daha çok ilgilendiriyordu. Zaten sanıklar suçüstü yakalanmamış mıydı, suçlarını itiraf etmiyorlar mıydı? Suikastın detaylarıyla vakit kaybetmenin ne manası vardı? Üstünde durulması gereken bu detaylar değil, suikastın arkasındaki diğer güçleri bulmaktı.

Suikastla ilişkilendirilmeye çalışılanlar sadece eski İkinci Grup mebusları ve Terakkiperverciler değildi. Mustafa Kemal'in kontrolüne girmemekte ve otonom hareket etmekte direnen eski İttihatçılar da komploya dahil edilecekti. Ancak davaları ana davadan ayrılacak ve Ankara'da görülecekti. Artık Halk Fırkası saflarında olan birçok eski İttihatçı da izleyici olarak hazır bulunmaktaydı. İttihat ve Terakki'den arta kalanların bu taze yandaşların gözleri önünde küçük düşürülürcesine sorgulanıp mahkûm edilmesi, yeni rejimin siyasi bir şovuna dönüşecekti. Verilen mesaj açıktı: Artık yeni bir dönem başlamıştı ve bu dönemde eski komitacı âdetlere kesinlikle yer yoktu.

Davanın iddianamesinde, başta Kara Kemal, İttihatçıların bin bir yolsuzluğa bulaştığı, İttihat ve Terakki'nin Türk milletini Cihan Harbi'nin alevleri içine attığı, mağlubiyet sonrasında lider kadrosunun yurtdışına kaçtığı, arkada kalan Kara Kemal gibilerin Kurtuluş Savaşı sırasında onları tekrar başa geçirmek üzere faaliyetlerde bulunduğu gibi İzmir Suikastı ile alakasız suçlamalar bulunmaktaydı. Suçlamaların esasını 1923 yılında Cavit Bey'in Şişli'deki evinde yapılan dört toplantı oluşturmaktaydı ki, yaklaşan seçimlerde ne yapılacağının tartışıldığı bu toplantılar aslında Mustafa Kemal'e de haber verilmişti. Savcının suçlaması da suikastın burada planlandığı değildi; İttihat ve Terakki'den Halk Fırkası'na girmeyenlerin yollarına nasıl devam edeceklerinin konuşulduğuydu. Yani, savcı bile siyasi bir amaçla kovuşturma yaptığını gizlemiyordu. Bu toplantıda

Üç Aliler Divanı

belirlenen ilkeleri hayata geçirmek için Kara Kemal'in bir suikast tertiplediğini iddia etmekteydi.

Mahkeme heyeti, davaya saçma sapan spekülatif suallerle riyaset ediyordu. Küçük Talat Bey'in Enver Paşa ile ilişkisini irdeliyor, Doktor Nazım'a yıllar önce Cemiyet'e hediye edilmiş mücevherleri ve Dünya Savaşı'na girerken hangi devletlerle ne esaslar üzerinde anlaşıldığı gibi mebus ya da bakan olmayan birine sorulması manasız ve alakasız sualler yöneltiyordu. Cavit Bey'in payına düşenler ise daha da akıl fıkdanlığı[1] içindeydi: 1923'teki toplantıda kaleme aldıkları dokuz maddeden biri olan, "Hâkimiyet ve saltanat yalnız milletindir," cümlesindeki *yalnız* ifadesiyle ne kastedilmekteydi? Bu maddelerin dokuz adet olması, Gazi'nin açıkladığı Dokuz Umde'ye bir alternatif oluşturma çabası mıydı?

Olan aslında barizdi. Nasıl bundan yedi sene önce İstanbul'da Nemrut Mustafa Paşa'nın Divan-ı Harb-i Örfî Mahkemesi, İttihatçıları spesifik suçlar kadar genel siyasi suçlamalarla yargılamışsa, burada da benzer bir durum söz konusuydu. Kişiler değil, bir dönemdi sanık sandalyesinde oturan.

Mahkeme reisinin Ankara'da Cavid Bey'e, "Şunu iyi bilin ki İstiklal Mahkemesi şahsî kanaatlerine göre hüküm verir," diye böbürlenmesi yeterli delil teşkil etmez de, bu mahkemelerin ne kadar keyfî ve laubali bir biçimde işlediğine başka örnek bulmak lazım gelir-

1. (Ar.) Fıkdan: Noksan.

se, İzmir'e dönmek ve Cafer Tayyar Paşa ile girilen şu diyaloğa bakmak yeterli olacaktır:

— Sizin memleketin siyasi idaresi hakkında bugünkü idareye dair kanaatiniz denir?
— Hükümetin başına duacıyım.
— O halde muhalifliğin nerede kaldı?
— Takrir-i Sükûn Kanunu'nda sonra muhalefet susmaya mecbur olmuştur.
— Demek ki, Takrir-i Sükûn Kanunu olmasaydı, bombayı koyacaktınız değil mi?
— Asla! Ben bomba kullanmış bir adam değilim.
— Senin koymayacağını bilirim, ama fırkan koydu.
— Yemin ederim ki…
— Sanığa yemin düşmez.

İzmir'deki iddianameye göre, suikast için ilk önce Ankara düşünülmüştü. Ziya Hurşit, Terakkiperver Cumhuriyet Fırkası'nın İzmir Mebusu Ahmet Şükrü Bey'den aldığı parayla Ankara'ya gitmiş ve burada fırkanın genel merkezinde misafir edilmişti. Ancak Ziya Hurşit'in abisi, Ordu Mebusu Faik Bey'in karşı çıkması ve Erzincan Mebusu Sabit Bey'in ihbar tehdidi suikastın Ankara'da yapılmasını imkânsız hale getirmişti. Bursa'da yapılması fikrinden de kısa sürede vazgeçilip İzmir'de karar kılınmıştı. Ziya Hurşit gene Ahmet Şükrü'den para alıp buraya geçmişti. Suikastın sanıkları sorguda açıkça Ahmet Şükrü'yü işin kışkırtıcısı olarak göstermişlerdi.

Sanıkların ifadeleri, Rauf Orbay, Ali Fuat, Refet ve Kâzım Karabekir'in de olaydan haberdar olduğuna ve destek vermeseler bile seslerini de çıkarmadıklarına işaret ediyordu. Faik Bey, Erzincan Mebusu Sabit Bey'den suikastı haber almış, hemen Rauf Bey'e koşmuştu. O da diğer paşalara haber vermiş ve Ziya Hurşit'in Ankara dışına yollanmasını sağlamıştı. Savcının tüm çabalarına rağmen paşaların suikastı desteklediği yönünde ifade veren olmamıştı, ancak haberdar oldukları halde yetkililere haber vermemeleri de başlı başına bir sıkıntıydı.

Suikastın düzenleyicileri Ziya Hurşit, Laz İsmail, Gürcü Yusuf, Çopur Hilmi ile finansman ve cephane sağlamakla suçlanan Ahmet

Şükrü Bey'in yanı sıra, Rüştü Paşa, İsmail Canbulat, Ayıcı Arif'in de aralarında bulunduğu sekiz kişi daha İzmir'deki mahkemenin ardından hemen idam edildi. Kara Kemal ve Abdülkadir Bey firari olduğu için karar infaz edilememişti. İdamlar sırasında bazı grotesk anlar da yaşanacaktı. Asıldığı ip kopunca Şükrü Bey ikinci kez asılmak zorunda kalmıştı. Bir asker olan Rüştü Paşa, öteki tarafa yollanışına değil de bu yollanışın biçimine içerlemiş görünüyordu, "Ölümün böylesi kahrediyor insanı. Ne olur beni kurşuna dizin!" diye yalvarmaktaydı. Abidin de asılmayı kendisine yedirememiş, intihar etmesine izin verilmesini istiyordu; önemli olan ölmesi değil miydi, nasıl olduğu ne fark ederdi? Ayıcı Arif ise Mustafa Kemal'e yolladığı mesaja güveniyor, eski sınıf arkadaşının son anda kendisini affedeceğini umuyordu. İsmail Canbulat asılırken yanına yaklaşan bir subay, "Nasıl, Erenköyü'nde zavallı, masum inzibat çavuşunu vurur musun? İşte intikamı alınıyor!" diye bağırarak bazı insanlarda acıma hissinin hiç olmadığını göstermekten geri durmayacaktı. Suikastın elebaşı Ziya Hurşit ise her zamanki gibi umursamaz, neşeliydi. Kolonyasını sürmüş, ipek mendilini takmış, kendisine okunan kararı bacak bacak üstüne atarak dinlemişti. İdam sehpasına en son o çıkarılmış, "En son gelir bezme ekâbir derler ya," diye bu durumu da alaya almaktan çekinmemişti. "Hürriyetsiz bir memlekette yaşamaktansa namusuyla ölmek daha hayırlıdır," diyerek suikastını etik öğelerle süslemekten de geri durmamıştı. Ölmeden az önce kalabalığa dönüp, "Kılıç Ali mi o? Nerede bakayım?" deyince, İstiklal Mahkemesi'nin bu kudretli hâkimi görünmemek için çömelmekten başka bir şey yapamayacaktı. Bazılarının kudreti sadece cüppesindeydi anlaşılan.

Ordudaki etkileri ve halk nezdindeki prestijleri düşünülmüş olacak ki, Terakkipervercilere daha yumuşak davranılmıştı. Paşaların davanın görüldüğü Elhamra Sarayı'na getirildikleri sırada askerlerin kendiliğinden hazırola geçmesi, tehlike çanlarının çalmaya başladığının açık bir göstergesiydi. İstiklal mücadelesi kahramanlarının, Kel Ali gibi daha geçen yıl Meclis'te kahraman bir askeri, Deli Halit Paşa'yı çekip vurmuş bir adamın önüne, adi suçlular gibi süngüler eşliğinde getirilmesi reva mıydı? Bir zamanlar kendisi de azılı bir İttihatçı olan bu zalim adam, hangi hakla insanların siyasi geçmişini sorguluyordu?

Böyle hassas bir dönemde ne kamuoyunu kaybetmenin ne de askeri küstürmenin manası vardı. Bir yıl sonra okuyacağı *Nutuk*'ta Mustafa Kemal, Kâzım, Ali Fuat ve Rauf'u 1924 yılında kendisine karşı bir askerî darbe hazırlığı içinde olmakla suçlayacaktır; demek ki cumhuriyetin ilanından sonra bile Mustafa Kemal'in ordu üzerindeki hâkimiyetini pek de abartmamak gerekmektedir. Son savunmasında bu isimlere karşı hâlâ suçlayıcı bir tavır takınsa da, savcı sonunda beraat istemek zorunda kalmıştır. Paşaların suçsuz bulunduğu açıklandığında salondan yükselen alkış ve, "Yaşasın paşalarımız!" tezahüratları, rejim unutsa da halkın kahramanlarını kolay kolay feramuş etmediğini bir kez daha gösterecektir.

Kâzım Karabekir, Ali Fuat, Refet ve Cafer Tayyar paşalarla Adnan Bey beraat ederken o sırada yurtdışında bulunan Rauf Bey on yıl kalebentliğe, yani sürgüne çarptırıldı. Rauf Bey, dokunulmazlığı olduğu gerekçesiyle yargılanamayacağını öne sürmüş (ki haklı bir itirazdı bu) ve memlekete dönmeyi reddetmişti. Şimdi kendisi hakkında verilen bu karara daha da bozulacak ve yıllarca masum olduğunda ısrar edecekti. 1933'te af çıkınca bile ilk başta suçsuz biri olarak aftan yararlanmayı kendisine yediremeyecek, 1935'teki geri adımı ancak ailesinin ısrarı üzerine atacaktı. Nihayet 1943 yılında Askerî Yargıtay'a başvurarak gıyabında yargılandığı davadan beraat etmeyi başaracaktı. Kâzım, Ali Fuat ve Refet paşalar da ceza almadan kurtulmuş olabilirlerdi, ancak artık siyasî birer mevta idiler. Sessiz sedasız çekilmek zorunda kaldıkları siyaset sahnesine yıllar sonra, o da eski güçlerinden mahrum bir şekilde döneceklerdi.

Ankara'da yargılanan eski İttihatçılar ise o kadar şanslı değildi. İzmir'de idam edilen İsmail Canbulat'a, Cavit, Filibeli Hilmi, Yenibahçeli Nail ve Doktor Nazım da katıldı. Mahkemeye getirilemeyen Kara Kemal, İstanbul'da saklandığı yerde sıkıştırıldığında çareyi intihar etmekte bulacaktı. Cemiyet'in fedailerinden eski Ankara Valisi Abdülkadir ise Bulgaristan'a kaçmaya çalışırken yakalanıp idam edilecekti.[1] Bu, İttihatçıların lider kadrosundan Halk Fırkası dışında kalanların elimine edilmesi anlamına geliyordu. İçlerinden bir tek Kara Vasıf beraat etmişti, ki onun da sonu pek imrenilecek gibi olmayacaktı. Beş yıl sonra Kızıltoprak'ta kendisini tren ezecekti.

1. Kendisinin 1909 yılında Enver Paşa'nın amcası Halil Kut ile Selanik'te bir gece yarısı Mustafa Kemal'in yolunu kestiğini, yani Mustafa Kemal'e karşı daha önce de bir suikast girişiminde bulunduğunu belirtelim.

28 Mayıs 1927

Özel Sektöre Devlet Desteği: Teşvik-i Sanayi Kanunu

Cumhuriyetin ilan edilmesi, tüm sorunların geride kaldığı anlamına gelmiyordu. Artık içeriye dönmenin, savaş nedeniyle ötelenmiş kronik sorunlara eğilmenin zamanı gelmişti. En çok da, memleketin ekonomik kalkınması için politikalar geliştirmek gerekliydi. Savaştan bitap çıkmış yeni bir devlet olmasına karşın, Türkiye Cumhuriyeti, Osmanlı İmparatorluğu'nun mali sorumluluklarını da üstüne almak durumunda kalmıştı.

Lozan Barış Antlaşması'ndaki bir maddeye göre, 1916 yılında Osmanlı devletinin kimi ülkelerle imzalamış olduğu gümrük antlaşmaları 1929 yılına kadar geçerli sayılacaktı. Bu yükümlülük nedeniyle genç Cumhuriyet dış ticarette sürekli açık veriyor, aynı zamanda üretemediği pek çok ürünü dışarıdan almak zorunda kalıyordu. Cari açığı körükleyen ve ülkenin ekonomik inkişafına ket vuran bu duruma bir çözüm bulmak, bir dizi önlem almak şarttı.

Sanayi Devrimi'ni zaten kaçırmış bir memleketin, savaş sonrasının zor şartlarında kendi dinamikleriyle hızlı bir kalkınma hamlesini gerçekleştirmesi pek kolay değildi. Kapitalist mentaliteye sahip bir burjuvazisi olmayan, elitlerinin büyük bir çoğunluğu ya başka memleketlere ya da dâr-ı bekaya göçmüş olan bir ülkede, bu kalkınmayı bizzat devletin finanse etmesi gerekmekteydi. Bunun için 28 Mayıs 1927 tarihinde 1055 sayılı Teşvik-i Sanayi Kanunu kabul edildi.

Bu kanun ile sanayide kullanılacak her türlü teçhizat gümrük vergisinden hariç tutuluyor, sanayi tesisleri için hazineden arazi verilmesi öngörülüyordu. Özel teşebbüse telefon ve telgraf hattı kurma izni verilecek ve elektrik hattı döşeyenlere ücretsiz direk tahsis edilecekti. Sanayi ile ilgili malların demiryolu ile naklinde de yüzde 30'luk bir indirim öngörülmüştü. Üretimi teşvik için de sanayi kuruluşlarına üretimlerinin yüzde 10'u kadar prim verilecekti. Devletin kendi alımlarında, söz konusu ürünün yabancı maldan daha pahalı olması halinde, bu fark yüzde 10'u geçmediği sürece yerli ürün tercih edilecekti.

Bu önlemlerle, devlet hem özel şirketleri desteklemek hem de ülke insanının zorunlu ihtiyaçlarını yerli sermayeli devlet kuruluşları eliyle karşılamayı amaçlıyordu. Bu ikinci amaç doğrultusunda, ileride Sümerbank ve Türkiye Şişe Cam ve Cam fabrikaları gibi bugün bile ismi hatırlanan bazı sanayi tesisleri kurulacaktı. Ancak, en nihayetinde yasanın etkisi sınırlı kalacak ve beklenen sanayi atılım gerçekleştirilemeyecekti.

1 Temmuz 1927

Ayrılık Bitiyor:
Mustafa Kemal'in İstanbul'a Dönüşü

16 Mayıs 1919'da *Bandırma* vapuruyla ayrılışından sonra Mustafa Kemal tam sekiz yıl boyunca İstanbul'a gelmemişti. Son Osmanlı Meclis-i Mebusanı'na bizzat payitahttan mebus seçilmişse de, İngilizlerin kendisini tutuklayacağını bildiğinden olayları Ankara'dan izlemeyi tercih etmiş, İstanbul'un düşman işgalinin kurtuluşunun ardından ise, birçok kez eline fırsat geçmesine rağmen o çok beklenen ziyareti bir türlü gerçekleştirmemişti.

Oysa İstanbul halkı ve yetkilileri "aziz ve büyük halaskâr"ını birçok kez davet etmişti. 1923'te şehremaneti kendisine fahri hemşehrilik, Darülfunun ise fahri müderrislik payesi bile vermişti. Mustafa Kemal'in cevabı bir beyanname yayımlayarak teşekkür etmek olmuştu. Bu kuru, biraz da buruk bir teşekkürdü muhakkak. 6 Ekim 1923'te İstanbul'un kurtuluşu kutlamaları için kendisine yapılan davete, hakkında "izhar buyurulan samimi hissiyata teşekkür" ederek cevap verecek ve ekleyecekti: "Hürriyete kavuşan sevgili İstanbul'u zuhur edecek ilk fırsatta ziyarete şitab edeceğim [koşacağım, acele bir şekilde geleceğim] efendim." İleride de kendisine yapılan birçok davete benzer cevaplar verecek, ancak bir türlü eski Osmanlı başkentine teşrif etmeyecekti. Eline birçok fırsat da geçmişti. Zaten yurdun birçok yerine ziyaretlerde bulunuyordu; artık Kurtuluş Savaşı zamanında olduğu gibi sürekli Ankara'da kalmak zorunda değildi. Adeta İstanbul'a karşı bir tavır almış gibiydi. 1924 Eylülü'nde Büyük Taarruz'un yıldönümü kutlamaları için çıktığı yurt gezisinde Mudanya'dan bindiği *Hamidiye* zırhlısı ile Boğazlardan geçecek, fakat kendisini selamlayan halka ve Selimiye Kışlası'ndan atılan 21 pare topa rağmen şehirde durmayarak direkt Karadeniz'e çıkacaktı.

İstanbul demek Vahdettin demekti, Damat Ferit demekti. Belki onlar artık ayakaltından çekilmiş olabilirlerdi, ancak İstanbul aynı zamanda İstanbul basını demekti, eski İttihatçılar demekti. Mustafa Kemal İstanbul'a dönecekse, kendisine ve başını çektiği Kurtuluş Savaşı'na muhalefet edenlere üstün gelmiş muzaffer bir kumandan gibi gelmeliydi. Bu, ancak Takrir-i Sükûn Kanunu ile İstanbul basını susturulduktan ve İstiklal Mahkemeleri'nin İzmir Suikastı bahanesiyle Kara Kemal gibi eski İttihatçıları ortadan kaldırmasından sonra, 1927 yılında mümkün olabilirdi.

Mustafa Kemal, sekiz yıllık bir aradan sonra 1 Temmuz 1927'de İzmit'ten bindiği *Ertuğrul* isimli yatıyla İstanbul'a geldi. Şehrin her caddesinde zafer takları kurulmuş ve Gazi'yi öven yazı ve levhalar asılmıştı. Reji İdaresi, "1 Temmuz Hatırası" adıyla o güne özel bir sigara bile çıkarmıştı. Gazi'yi taşıyan *Ertuğrul* yatını Adalar açıklarında onlarca vapur ve gemiden oluşan bir filo karşıladı. Top atışı eşliğinde Selimiye önünden geçildi. Üsküdar ve Salacak'ta halk kıyıları doldurmuştu. Çengelköy'e kadar gidildikten sonra geri dönülüp Dolmabahçe önünde demir atıldı.

Dolmabahçe Sarayı'nın Muayede Salonu'nda yapılan karşılama töreninde Mustafa Kemal'in keyfi yerinde gibiydi. Yıktığı imparatorluğun en nadide sarayındaydı; boynu bükük ayrıldığı yorgun bir başkente mağrur bir fatih edasıyla geri dönmüştü. "İki büyük cihanın mültekasında [kavşağında], Türk vatanının ziyneti, Türk tarihinin serveti, Türk milletinin gözbebeği İstanbul"una kavuşmuştu. "Sekiz sene evvel muztarib, ağlayan İstanbul'dan kalbi sızlayarak çıkmıştı" belki, ama işte şimdi "kalbi müsterih olarak gülen ve daha güzelleşen İstanbul'a" kavuşmuştu.

Ve onu bırakmaya da hiç mi hiç niyeti yoktu. Ömrünün son 11 yılında bu kadim şehre gittikçe daha çok bağlanacak ve gün gelecek, Anadolu'nun ortasında kurduğu o mütevazı başkenti adeta unutacaktı. Şehrin Bizans'tan mevrus[1] baştan çıkarıcılığını hafife almak

1. (Ar.) Mevrus: "Vâris"ten (v-r-s); miras alınan, vârisi olunan.

olmazdı; kendisini tahtından eden bu büyük kumandanı Ankara'dan kıskanmasına pek şaşırmamak gerekiyordu. İstediğini alıp Mustafa Kemal'i Ankara'dan çalmayı başardıysa, bu aslında biraz da Gazi'nin gönlünü ona çok önceden kaptırmasındandı. İstanbul, Mustafa Kemal'in gençlik aşkıydı; üniformasıyla cakalı bir şekilde sokaklarını arşınladığı, meyhanelerinde kadeh tokuşturduğu, mesirelerinde pikniğe gittiği, Harbiye'sinde arkadaşlarıyla gizli planlar yaptığı, sularında düşman gemilerini gördüğünde kederli bir kıskançlığa kapıldığı ilk göz ağrısıydı.

15 Ekim 1927

Ve Perde:

Nutuk'un Okunması

1927 yılında yapılan seçimlerin ardından artık Türkiye Büyük Meclisi'nde muhalif mebus kalmamıştır. Bundan sonraki süreç Atatürk'ün uzun süredir kafasında tasarladığı inkılapların hızla hayata geçirildiği bir süreç olacaktır. Artık elini kolunu bağlayan bir şey yoktur. Fikirlerini rahatlıkla hayata geçirebilir.

Türkiye Büyük Millet Meclisi'nin üçüncü dönem seçimleri yapılmıştır, ancak Meclis henüz toplanmamıştır. Cumhuriyet Halk Fırkası umumi reisi, yani genel başkanı sıfatıyla fırkanın ikinci kongresinin gerçekleştiği 15-20 Ekim tarihleri arasında verdiği, toplam 36 saat 31 dakika süren nutukta, Gazi Mustafa Kemal Paşa Kurtuluş Savaşı sırasındaki eylemlerini açıklamayı amaçlamıştır. Bu konuşma bir nevi savunmadır, "senelerden beri devam eden efal ve icraatımızın millete hesabını vermek"tir. Siyasi olarak ayrı düştüğü Milli Mücadele liderlerini gerektiği zaman sert bir dille eleştirmekten kaçınmayan Gazi, bir bakıma yeni dönemin parametrelerini belirlemekte, kurduğu Cumhuriyet'in resmî tarihini birinci elden şekillendirmektedir. Günler boyu süren bu konuşmayı dinleyen üçüncü dönem mebusları, Gazi'nin kendilerine bir yol haritası çizdiğinin farkındadırlar.

Gazi'nin muhalifleri *Nutuk*'taki açıklamalara cevap vermekten geri durmayacaktır. Eli en rahat olan İzmir Suikastı'ndan sonra

"Büyük Gazimiz ve muazzez reis-i cumhurumuz bir dasitan-ı şehamet olan tarihî nutuklarını irad buyurdular."

yurtdışından dönmeyen Rauf Orbay'dır. *The Times* gazetesine yolladığı yazısında *Nutuk*'taki iddiaların gerçeği yansıtmadığını belirtecek, kendisi ve arkadaşlarının saltanatçı ya da gerici olmadıklarında ısrar edecektir. Mustafa Kemal'i, Kurtuluş Savaşı'ndaki zaferlerden edindiği saygınlığı bir tek adam rejimi kurmak için kullanmakla suçlamaktadır. Gene yurtdışında bulunan Halide Edib de aynı gazete vasıtasıyla kendisi ve kocası Adnan Adıvar'ın Amerikan mandacılığını savunduğu günlerin tekrar gündeme getirilmesine tepki göstermiştir.

Yurtiçindeki muhalifler ise daha temkinli davranmak durumundadırlar. Kâzım Karabekir ve Ali Fuat Cebesoy gibi Milli Mücadele'nin ilk kolordu komutanları ilerleyen yıllarda anılarını kaleme alacaklar, ancak bu anılarında artık devletin kurucusu konumuna yükselmiş Mustafa Kemal'i direkt karşılarına almaktan çekinecek-lerdir. Saygıda kusur etmeden Kurtuluş Savaşı'nda oynadıkları ro-lün altını çizecekler ve *Nutuk*'taki bazı yorumlamalara pek de yük-sek olmayan bir sesle karşı çıkacaklardır. Ama bu kadarı bile Kâzım Karabekir'in anılarına el konmasına yetecek de artacaktır.

"1335 senesi Mayıs'ının on dokuzuncu günü Samsun'a çıktım," cümlesiyle başlayan konuşma, Kurtuluş Savaşı'nı tamamen Musta-fa Kemal'in kendi faaliyetleri ekseni etrafında özetlemekte ve en ba-şından beri kafasında bulunan vizyonla eşlemektedir. *Nutuk*'ta ge-çen anlatı ilerleyen yıllarda adeta kanonlaşacak ve bugün bile inkı-lap tarihçilerinin çoğunun alternatifler üretmekten imtina ettiği standart versiyon haline gelecektir. Yeni rejim, yeni tarih anlatısına kavuşmuştur; şimdi geriye bunu kitlelere yaymak kalmıştır sadece. Bunun için de *Nutuk* ivedilikle basılacak ve kısa süre içerisinde yeni rejimin elkitabı haline gelecektir.

Nutuk bir hatıra ya da anı kitabı değildir. Belirli bir siyasi or-tamda, Takrir-i Sükûn Kanunu ve İzmir Suikastı gölgesinde yapıl-mış siyasi bir konuşmadır. Şevket Süreyya Aydemir'in de belirttiği gibi, başka bir zamanda yapılsa içindeki sert dil ve suçlamalar belki de yumuşayacaktır. Metnin içindeki sayısız telgraf ve vesika da bize bunun siyasi bir savunma olduğunu açıkça gösterilir. Tüm bunların ışığında, Şevket Süreyya ve Andrew Mango'nunkiler başta olmak üzere, Atatürk'le ilgili biyografilerin oldukça az ilgi gördüğü bir ül-kede *Nutuk*'un hemen her evde bulunmasını açıklamak Türkiye si-yasetindeki ideolojik farkındalığı değerlendirmek açısından elzem-dir. *Nutuk* okuması zor bir metindir. Ayrıca, Atatürk'ün hayatının sadece yedi senesini kapsar, ki onun da son üç senesini oldukça kısa bir biçimde ele alır. Ve Atatürk'ü anlamak için elzem bir metin ol-makla beraber, amatör okuyucu için iyi bir başlangıç noktası olmak-tan oldukça uzaktır.

Piyasadaki metinlerin büyük bir çoğunluğu sadeleştirilmiş ol-duğundan bugün ne yazık ki *Nutuk*'u orijinal dilinde okumak ve Atatürk'ün renkli Osmanlıcasının tadını çıkarmak biraz zordur. Metni daha anlaşılır kılmayı amaçlayan bu sadeleştirmede bazen kantarın topuzunun kaçırıldığı ve üslubun bozulduğu da olmuştur.

Metnin adı bile *Söylev* olarak değiştirilmiştir, ki kitap adı sadeleştirmek pek sık görülen bir durum değildir.

Daha da vahim olanı, metnin sadeleştirilmeden de öteye bir müdahaleye maruz kalmış olmasıdır. Hakan Erdem'in titizlikle gösterdiği gibi, ilerleyen baskılarda, o günkü rejimi sıkıntıya sokacak ufak rötuşlar yapılmasında pek mahsur görülmemişe benzemektedir. Ancak, bundan fazlası da vardır; metnin beşte birini oluşturan "Atatürkçü düşünce açısından önem taşımayan bazı ayrıntılar" aynen alınmamış, özetlenmiştir. Ahenk söz konusu olduğunda, Cumhuriyet'in kurucusu bile idare-i maslahatçılardan kaçamamışa benzemektedir.

Biz bugün *Nutuk* diyor olabiliriz; ancak aslında okunan, nicedir can çekişen Osmanlı kadim düzeninin selasıdır. Beklenen gerçekleşmiş, yüzlerce yıllık bir *ancien régime* ilga edilmiştir. Şimdi yenisini kurmak gerekmektedir. Bunu yapacak Mustafa Kemal'dir. Tüm rakiplerini ekarte eden ve Şevket Süreyya Aydemir'in ifadesiyle "Tek Adam" olmayı başaran bu hırslı vizyonerin bundan böyle fikirlerini mesai arkadaşlarından saklamasına gerek yoktur. Beklemesini bilen her stratejisyen gibi, o da mükâfatını almıştır. Müteredditlerin, liyakatsiz muhterislerin, vasat idare-i maslahatçıların prangalarından nihayet kurtulmuştur.

Artık yeni bir dönem başlamaktadır. Ayak sesleri günbegün yaklaşan inkılapları bir bir uygulamaya koymanın vakti işte nihayet gelmiştir. Önümüzdeki yıllar harap bir ülkenin, bitap bir toplumun başdöndürücü bir hızla değişmesine, modern Türkiye'nin ortaya çıkmasına tanık olacaktır. Lakin bu başka bir sergüzeşttir ve başka bir kitabı ve kim bilir, belki de başka bir yazarı hak etmektedir.

OKUMA LİSTESİ

"*28-29 Ocak 1921'i Unutma!*": *Mustafa Suphi ve Yoldaşları*, INFO-Türk Ajansı, Brüksel, 1975.

Abadan, Yavuz, *Mustafa Kemal ve Çetecilik*, Varlık Yayınları, İstanbul, 1972.

Adamof, E.E., *Sovyet Devlet Arşivi Gizli Belgelerinde Anadolu'nun Taksimi Planı*, çev. Hüseyin Rahmi, Belge Yayınları, İstanbul, 1972.

Adıvar, Halide Edib, *Ateşten Gömlek*, Can Yayınları, İstanbul, 2007.

_________, *Halka Doğru: Büyük Mecmua (1919) ve Yedigün (1936-1939) Yazıları*, (yay. haz.) Feyza Hepçilingirler, Can Yayınları, İstanbul, 2017.

_________, *Türk'ün Ateşle İmtihanı: İstiklâl Savaşı Hatıraları*, Can Yayınları, İstanbul, 2007.

The Turkish Ordeal: Being the Further Memoirs of Halidé Edib, John Murray, Londra, 1928.

Adil Selahattin Paşa, *Hayat Mücadeleleri: Selâhattin Adil Paşa'nın Hatıraları*, Zafer Matbaası, İstanbul, 1982.

Afetinan, A., *İzmir İktisat Kongresi (17 Şubat-4 Mart 1923)*, Türk Tarih Kurumu Basımevi, Ankara, 1982.

_________, *M. Kemal Atatürk'ten Yazdıklarım*, Kültür Bakanlığı Yayınları, Ankara, 1981.

_________, *Türkiye Cumhuriyeti ve Türk Devrimi*, Başbakanlık Kültür Müsteşarlığı, Ankara, 1973.

Ağaoğlu, Ahmet, *Malta Sürgünlüğünden: Gözümün Nurlarına Mektuplar*, (yay.haz.) Ömer Erden, Türkiye İş Bankası Kültür Yayınları, İstanbul, 2021.

_________, *Serbest Fırka Hatıraları*, İletişim Yayınları, İstanbul, 2018.

Ağaoğlu, Samet, *Kuvayı Milliye Ruhu: "Birinci Türkiye Büyük Millet Meclisi"*, Yapı Kredi Yayınları, İstanbul, 2011.

Akal, Emel, *Moskova-Ankara-Londra Üçgeninde: İştirakiyuncular, Komünistler ve Paşa Hazretleri*, İletişim Yayınları, İstanbul, 2014.

_________, *Milli Mücadelenin Başlangıcında: Mustafa Kemal, İttihat Terakki ve Bolşevizm*, İletişim Yayınları, İstanbul, 2021.

Akbaş, Rahmi, *Mareşal Fevzi Çakmak 1876-1950*, Ötüken Neşriyat, İstanbul, 2011.

Akbulut, Erden ve Tunçay, Mete, *Türkiye Halk İştirakiyun Fırkası (1920-1923)*, İletişim Yayınları, İstanbul, 2016.

Akın, Rıdvan, *TBMM Devleti (1920-1923): Birinci Meclis Döneminde Devlet Erkleri ve İdare*, İletişim Yayınları, İstanbul, 2014.

Aksoley, İhsan, *Teşkilat-ı Mahsusa'dan Kuva-yı Milliye'ye: Kahraman Bir Türk Subayının Anıları*, Timaş Yayınları, İstanbul, 2009.

Akşin, Aptülahat, *Atatürk'ün Dış Politika İlkeleri Diplomasisi*, Türk Tarih Kurumu Yayınları, Ankara, 1991.

Akşin, Sina, *İstanbul Hükümetleri ve Milli Mücadele-I: Mutlakıyete Dönüş 1918-1919*, Türkiye İş Bankası Kültür Yayınları, İstanbul, 2021.

_________, *İstanbul Hükümetleri ve Milli Mücadele-II: Son Meşrutiyet 1919-1920*, Türkiye İş Bankası Kültür Yayınları, İstanbul, 2021.

————————, *İstanbul Hükümetleri ve Milli Mücadele-III: İç Savaş ve Sevr'de Ölüm*, Türkiye İş Bankası Kültür Yayınları, İstanbul, 2017.

————————, *İstanbul Hükümetleri ve Milli Mücadele-IV: Savaş ve Etnik Temizlik: Yumuşatılmış Sevr Dönemi*, Türkiye İş Bankası Kültür Yayınları, İstanbul, 2019.

————————, *İstanbul Hükümetleri ve Milli Mücadele-V: Büyük Zafer: İyonya Niyetlerini Çökerten Muharebe (1921-1922)*, Türkiye İş Bankası Kültür Yayınları, İstanbul, 2022.

————————, *Jön Türkler ve İttihat ve Terakki*, İmge Kitabevi, Ankara, 2017.

Aktar, Ayhan, *Türk Milliyetçiliği, Gayrımüslimler ve Ekonomik Dönüşüm*, İletişim Yayınları, İstanbul, 2006.

————————, *Varlık Vergisi ve 'Türkleştirme' Politikaları*, İletişim Yayınları, İstanbul, 2018.

Akyol, Taha, *Bilinmeyen Lozan*, Doğan Kitap, İstanbul, 2017.

Albayrak, Mustafa, *Millî Mücadele Dönemi'nde Batı Anadolu Kongreleri: (17 Mart 1919-2 Ağustos 1920)*, Atatürk Araştırma Merkezi, Ankara, 1998.

Alkan, Necmettin ve Üçüncü, Uğur (yay. haz.), *Ali Şükrü Bey: Mücadeleyle Geçen Bir Ömür*, Kronik Kitap, İstanbul, 2017.

Alp, İlker, *Millî Mücadele Sürecinde Türk-Bulgar İlişkileri ve Bulgaristan Türklerinin Yardımları*, Trakya Üniversitesi Balkan Araştırma Enstitüsü, Edirne, 2019.

Alpkaya, Faruk, *Türkiye Cumhuriyeti'nin Kuruluşu (1923-1924)*, İletişim Yayınları, İstanbul, 2021.

Altay, Fahrettin, *On Yıl Savaş ve Sonrası (1919-1922)*, Türkiye İş Bankası Kültür Yayınları, İstanbul, 2022.

Ambarcıoğlu, Namık (der.), *Mütareke Yıllarından Vesikalar: Ahmet Emin Yalman'ın Mütareke Devrinde Yazdıkları*, Vakit Kitabevi, İstanbul, 1946.

Arai, Masami, *Jön Türk Dönemi Türk Milliyetçiliği*, çev. Tansel Demirel, İletişim Yayınları, İstanbul, 2022.

Aralov, Semyon İvanoviç, *Bir Sovyet Diplomatının Türkiye Anıları 1922-1923*, çev. Hasan Âli Ediz, Türkiye İş Bankası Kültür Yayınları, İstanbul, 2008.

Aras, Tevfik Rüştü, *Görüşlerim*, Semih Lütfi Kitabevi, Semih Lütfi Kitabevi, İstanbul, 1968.

Arı, Kemal, *Büyük Mübadele: Türkiye'ye Zorunlu Göç (1923-1925)*, Tarih Vakfı Yurt Yayınları, İstanbul, 2014.

Arıburnu, Kemal (yay. haz.), *Millî Mücadele ve İnkılâplarla İlgili Kanunlar: Esbabı Mucibeleri ve Meclis Görüşmeleriyle Cilt: 1*, Güzel İstanbul Matbaası, Ankara, 1957.

————————, *Millî Mücadele'de İstanbul Mitingleri*, Yeni Matbaası, Ankara, 1951.

Arıoğlu, Damar, *Hatıralarım: Milli Mücadele*, Tan Gazetesi ve Matbaası, İstanbul, 1961.

Arıkan, Zeki, *Mütareke ve İşgal Dönemi İzmir Basını (30 Ekim 1918-8 Eylül 1922)*, Atatürk Kültür Merkezi, Ankara, 1989.

Arif Cemil, *İttihatçı Şeflerin Gurbet Maceraları*, Arma Yayınları, İstanbul, 1992.

————————, *Talât Paşa'nın Son Günleri: Bir Türk Vurulmuş Diyorlar*, Kronik Kitap, İstanbul, 2020.

————————, *Teşkilat-ı Mahsusa: Kafkasya ve Balkanlar'da Operasyonlar*, yay. haz. Erhan Çifçi, Kronik Kitap, İstanbul, 2020.

Armstrong, Harold C., *Bozkurt: Mustafa Kemal*, Kaynak Yayınları, İstanbul, 2017.

Artuç, İbrahim, *Büyük Dönemeç: Sakarya Meydan Muharebesi*, Kastaş Yayınları, İstanbul, 1985.

_________, *Başkomutan Meydan Muharebesi: Büyük Taarruz*, Kastaş Yayınları, İstanbul, 1986.

Artuç, Nevzat, *Cemal Paşa: Askeri ve Siyasi Hayatı*, Türk Tarih Kurumu Yayınları, Ankara, 2019.

Arslan, *Modern Türkiye*, Türkiye Sosyal Tarih Araştırma Vakfı, çev. Fatma Arıkan, İstanbul, 2002.

Aslan, Yavuz, *Mustafa Kemal-M. Frunze Görüşmeleri: Türk Sovyet ilişkilerinde Zirve*, Kaynak Yayınları, İstanbul, 2002.

_________, *Türkiye Komünist Fırkası'nın Kuruluşu ve Mustafa Suphi*, Türk Tarih Kurumu Yayınları, Ankara, 1997.

Aşkun, Vehbi Cem, *Sivas Kongresi*, İnkılâp ve Aka Kitabevleri, İstanbul, 1963.

Atacanlı, Sermet, *Atatürk ve Çanakkale'nin Komutanları*, Türkiye İş Bankası Kültür Yayınları, İstanbul, 2015.

Ataç, Osman Ata, *Karmaşa ve Bir Düzen: Türkiye Cumhuriyeti*, Türkiye İş Bankası Kültür Yayınları, İstanbul, 2018.

Atatürk, Gazi Mustafa Kemal, *Hatıralarla Karşılaştırmalı Nutuk*, İstanbul Büyük Şehir Belediyesi Kültür A.Ş. Yayınları, İstanbul, 2020.

_________, *Nutuk*, Ankara, 1927.

Atatürk, Mustafa Kemal, *Atatürk'ün Söylev ve Demeçleri I-III*, Atatürk Araştırma Merkezi, Ankara, 2006.

_________, *Atatürk'ün Tamim Telgraf ve Beyannameleri IV*, Atatürk Araştırma Merkezi, Ankara, 2006.

Atay, Falih Rıfkı, *Çankaya: Atatürk Devri Hatıraları I-II,* Dünya Yayınları, İstanbul, 1958.

_________, *Kurtuluş*, Pozitif Yayınevi, İstanbul, 2022.

_________, *Zeytindağı*, Pozitif Yayınevi, İstanbul, 2013.

Ateş, Toktamış, *Türk Devrim Tarihi*, İstanbul Bilgi Üniversitesi Yayınları, 2017.

Avcıoğlu, Doğan, *Millî Kurtuluş Tarihi: 1838'den 1995'e* (4 Cilt), Tekin Yayınevi, İstanbul, 1996.

Avşar, B. Zakir, *Bir Türkçü'nün Portresi Dr. Rıza Nur*, Bengi Kitap Yayınları, İstanbul, 2011.

Aybars, Ergün, *İstiklâl Mahkemeleri*, Bilgi Yayınevi, Ankara, 1975.

_________, *İstiklâl Mahkemeleri I-II*, Dokuz Eylül Üniversitesi Yayınları, İzmir, 1988.

_________, *Yakın Tarihimizde Anadolu Ayaklanmaları*, Türk Dünyası Araştırmaları Vakfı, İstanbul, 1988.

Aydemir, Şevket Süreyya, *İkinci Adam 1884-1938 Cilt I*, Remzi Kitabevi, İstanbul, 2016.

_________, *İkinci Adam 1938-1950 Cilt II*, Remzi Kitabevi, İstanbul, 2016.

_________, *İkinci Adam 1950-1964 Cilt III*, Remzi Kitabevi, İstanbul, 2016.

_________, *Makedonya'dan Orta Asya'ya Enver Paşa 1860-1908 Cilt I*, Remzi Kitabevi, İstanbul, 2016.

———————, *Makedonya'dan Orta Asya'ya Enver Paşa 1908-1914 Cilt II*, Remzi Kitabevi, İstanbul, 2015.

———————, *Makedonya'dan Orta Asya'ya Enver Paşa 1914-1922 Cilt III*, Remzi Kitabevi, İstanbul, 2015.

———————, *Tek Adam: Mustafa Kemal 1881-1919 Cilt I*, Remzi Kitabevi, İstanbul, 2020.

———————, *Tek Adam: Mustafa Kemal 1919-1922 Cilt II*, Remzi Kitabevi, İstanbul, 2020.

———————, *Tek Adam: Mustafa Kemal 1922-1938 Cilt III*, Remzi Kitabevi, İstanbul, 2020.

Aydın, Mesut, *Millî Mücâdele Döneminde TBMM Hükümeti Tarafından İstanbul'da Kurulan Gizli Gruplar ve Faaliyetleri*, Boğaziçi Yayınları, İstanbul, 1992.

Ayışığı, Metin, *Kurtuluş Savaşı Sırasında Türkiye'ye Gelen Amerikan Heyetleri*, Türk Tarih Kurumu, Ankara, 2004.

Aykut, Mehmet Şeref, *Trakya Milli Mücadele Tarihi Malta Hatıratı ve Malta'da Türkler*, Alfa Yayıncılık, İstanbul, 2011.

Babacan, Hasan, *Mehmed Talât Paşa 1874-1921*, Türk Tarih Kurumu Yayınları, Ankara, 2014.

Balıkesir ve Alaşehir Kongreleri ve Hacîm Muhittin Çarıklı'nın Kuvayı Milliye Hatıraları (1919-1920), (Haz.) Timuçin Faik Ertan, Türk İnkılâp Tarihi Enstitüsü Yayınları, Ankara, 2014.

Bardakçı, Murat, *Bir Devlet Operasyonu: 19 Mayıs*, Turkuvaz Kitap, İstanbul, 2019.

———————, *Enver*, Türkiye İş Bankası Kültür Yayınları, İstanbul, 2015.

———————, *İttihadçı'nın Sandığı*, Türkiye İş Bankası Kültür Yayınları, İstanbul, 2014.

———————, *Son Osmanlılar: Hanedanının Sürgün ve Miras Öyküsü*, Turkuvaz Kitap, İstanbul, 2021.

———————, *Şahbaba*, Turkuvaz Kitap, İstanbul, 2021.

———————, *Talât Paşa'nın Evrak-ı Metrukesi*, Turkuvaz Kitap, İstanbul, 2022.

———————, *Yıkılış ve Kuruluş: Osmanlı İmparatorluğu'nun Çöküş ve Türkiye Cumhuriyeti'nin Kuruluş Belgeleri*, Türkiye İş Bankası Kültür Yayınları, İstanbul, 2018.

Bayar, Celal, *Atatürk'ten Hatıralar*, Sel Yayınları, İstanbul, 1955.

———————, *Ben de Yazdım I-III*, Türkiye İş Bankası Kültür Yayınları, İstanbul, 2018.

Bayar, Methi, *İstiklal Savaşı'nda Türk Denizcileri: Milli Mücadele'nin Deniz Tarihi*, Kenan Matbaası, İstanbul, 1945.

Baykal, Bekir Sıtkı (yay. haz.), *Erzurum Kongresi ile İlgili Belgeler*, Türk İnkılâp Tarihi Enstitüsü Yayınları, Ankara, 2016.

Baykan, Ayşegül ve Ötüş-Baskett, Belma (yay. haz.), *Nezihe Muhittin* ve Türk Kadını *1931*, İletişim Yayınları, İstanbul, 2016.

Baykara, Tuncer, *Milli Mücadele (1918-1923)*, Kültür ve Turizm Bakanlığı Yayınları, Ankara, 1985.

Bayur, Yusuf Hikmet, *Atatürk Hayatı ve Eseri (Doğumundan Samsun'a Çıkışına Kadar)*, Atatürk Kültür, Dil ve Tarih Yüksek Kurumu Atatürk Araştırma Merkezi Yayını, Ankara, 1997.

Belen, Fahri, *Büyük Türk Zaferi Afyon'dan İzmir'e: İstiklâl Harbi Hatıraları: Tenkitler, Tahliller*, Doğuş Matbaası, Ankara, 1962.

Belen, Fahri, *Büyük Türk Zaferi Afyon'dan İzmir'e: İstiklâl Harbi Hatıraları, Tenkitler, Tahliller*, Milli Eğitim Basımevi, İstanbul, 1970.

__________, *Türk Kurtuluş Savaşı*, Kültür ve Turizm Bakanlığı Yayınları, Ankara, 1983.

Belli, Şemsi, *Makbule Atadan Anlatıyor: Ağabeyim Mustafa Kemal*, Selis Kitaplar, İstanbul, 2005.

Berktay, Halil, *Cumhuriyet İdeolojisi ve Fuat Köprülü*, Kaynak Yayınları, İstanbul, 1983.

Beyoğlu, Süleyman, *Milli Mücadele Kahramanı Giresunlu Osman Ağa*, Bengi Kitap Yayın, İstanbul, 2009.

Bıyıklıoğlu, Tevfik, *Atatürk Anadolu'da: 1919-1921*, Kent Basımevi, İstanbul, 1981.

__________, *Trakya'da Millî Mücadele I. Cilt*, Türk Tarih Kurumu Yayınları, Ankara, 1987.

__________, *Trakya'da Millî Mücadele: Vesikalar, Resimler Plan ve Haritalar II. Cilt*, Türk Tarih Kurumu Yayınları, Ankara, 1987.

Bilsel, M. Cemil, *Lozan* (2 Cilt), Sosyal Yayınlar, İstanbul, 1998.

Birgen, Muhittin, *İttihat ve Terakki'de On Sene* (2 Cilt), yay. haz. Zeki Arıkan, Kitap Yayınevi, İstanbul, 2017.

Bleda, Mithat Şükrü, *İmparatorluğun Çöküşü*, Remzi Kitabevi, İstanbul, 1979.

Borak, Sadi, *Atatürk'ün Resmi Yayınlara Girmemiş Söylev Demeç Yazışma ve Söyleşileri*, Kaynak Yayınları, İstanbul, 1998.

__________, (yay. haz.), *Gizli Oturumlarda Atatürk'ün Konuşmaları*, Çağdaş Yayınları, İstanbul, 1977.

__________, *Yeşil Ordu ve Çerkes Ethem*, Kırmızı Beyaz Yayınları, İstanbul, 2004.

Bozok, Salih ve Cemil S. Bozok, *Hep Atatürk'ün Yanında*, Çağdaş Yayınları, İstanbul, 1985.

Bozdağ, İsmet, *Atatürk ve Eşi Latife Hanım*, Kervan Kitapçılık, İstanbul, 1974.

__________, *Latife ve Fikriye: İki Aşk Arasında Atatürk*, Truva Yayınları, İstanbul, 2020.

__________, *Mustafa Suphi'yi Kim Öldürttü: Atatürk Mü? Lenin Mi?*, Emre Yayınları, İstanbul, 1992.

Bozkurt, Mahmut Esat, *Atatürk İhtilali*, Kaynak Yayınları, İstanbul, 2019.

Böke, Pelin, *Son Osmanlı Meclisi'nin Son Günleri*, Doğan Kitap, İstanbul, 2008.

Cebesoy, Ali Fuat, *Bilinmeyen Hatıralar: Kuva-yı Milliye'nin İçyüzü*, Temel Yayınları, İstanbul, 2011.

__________, *Milli Mücadele Hatıraları*, Temel Yayınları, İstanbul, 2019.

__________, *Moskova Hatıraları: Milli Mücadele ve Bolşevik Rusya*, Temel Yayınları, İstanbul, 2017.

__________, *Sınıf Arkadaşım Atatürk*, İnkılap Kitabevi, İstanbul, 1981.

__________, *Siyasi Hatıralar: Büyük Zaferden Lozan'a Lozan'dan Cumhuriyete*, (Cilt I-II), Temel Yayınları, İstanbul, 2007.

Cemal Paşa, *Hatıralar*, yay. haz. Alpay Kabacalı, Türkiye İş Bankası Kültür Yayınları, İstanbul, 2001.

Cengiz, Halil Erdoğan (yay. haz.), *Enver Paşa'nın Anıları 1881-1908*, Türkiye İş Bankası Kültür Yayınları, İstanbul, 2000.

Cilasun, Emrah, *Bâki İlk Selam: Çerkes Ethem*, Versus Kitap, İstanbul, 2006.

Clark, Bruce, *İki Kere Yabancı: Kitlesel İnsan İhracı Modern Türkiye'yi ve Yunanistan'ı Nasıl Biçimlendirdi?*, çev. Müfide Pekin, İstanbul Bilgi Üniversitesi Yayınları, İstanbul, 2008.

Coşar, Ömer Sami, *Atatürk'ün Muhafızı Topal Osman (Osman Ağa)*, Harman, İstanbul, 1971.

__________, *Milli Mücadele Basını*, Gazeteciler Cemiyeti Yayınları, İstanbul, 1988.

Criss, Bilge, *İşgal Altında İstanbul 1918-1923*, İletişim Yayınları, İstanbul, 2020.

Çakır, Ahmet, *Milli Takım ve Dünya Kupası*, Altın Kitaplar, İstanbul, 2002.

Çaldağ, Cevdet ve Tuncel, İbrahim Ethem, *Kurtuluş Savaşı'nda Batı Cephesi'nin İki Yanı*, Türkiye İş Bankası Kültür Yayınları, İstanbul, 2016.

Çalık, Ramazan, *Alman Basınında Milli Mücadele ve Mustafa Kemal Paşa (1919-1923)*, Başbakanlık Basın-Yayın ve Enformasyon Genel Müdürlüğü, Ankara, 2004.

Çapa, Mesut, *Pontus Meselesi: Trabzon ve Giresun'da Milli Mücadele*, Türk Kültürünü Araştırma Enstitüsü Yayınları, Ankara, 1993.

__________, *Milli Mücadele Döneminde Trabzon Müdafaa-i Hukuk Cemiyeti*, Trabzon Belediyesi, Trabzon, 1998.

Çavdar, Tevfik, *Milli Mücadele Başlarken Sayılarla "Vaziyet ve Manzara-i Umumiye"*, Milliyet Yayınları, İstanbul, 1971.

__________, *Talât Paşa: Bir Örgüt Ustasının Yaşamöyküsü*, İmge Kitabevi, İstanbul, 2001.

Çelebi, Mevlüt, *Millî Mücadele Döneminde Türk-İtalyan İlişkileri*, Dışişleri Bakanlığı Stratejik Araştırmalar Merkezi, Ankara, 1999.

Çelik, Kemal, *Milli Mücadele'de Adana Havalisi (1918-1922)*, Türk Tarih Kurumu Yayınları, Ankara, 1999.

Çelik, Muammer, *Erzurumlu Hüseyin Avni Ulaş: Birinci Büyük Millet Meclisi'nin Gür ve Demokrat Sesi*, Dergâh Yayınları, İstanbul, 2017.

Çerkes Ethem, *Çerkes Ethem'in Hatıraları*, Dünya Yayınları, İstanbul, 1962.

Çetinkaya, Ali, *Ali Çetinkaya'nın Milli Mücadele Dönemi Hatıraları*, Atatürk Araştırma Merkezi, Ankara, 1993.

__________, *Malta'dan Mefharet Hanım'a Sürgün Mektupları*, yay. haz. Oktay Şimşek, Türkiye İş Bankası Kültür Yayınları, İstanbul, 2015.

Çetiner, Yılmaz, *Son Padişah Vahideddin*, Turkuvaz Kitap, İstanbul, 2017.

Çevik, Zeki (yay. haz.), *Birinci Büyük Millet Meclisi'nde Erzurum Mebusu: İsmail Naim Bey'in Hatıraları*, Şehir Yayınları, İstanbul, 2012.

__________, *Milli Mücadele'de "Müdafaa-i Hukuk'tan Halk Fırkası'na" Geçiş (1918-1923)*, Atatürk Araştırma Merkezi, Ankara, 2002.

Çiçek, M. Talha, *Cemal Paşa Suriye'de: Birinci Dünya Savaşı Yılları*, Kronik Kitap, İstanbul, 2020.

Çifçi, Erhan (yay. haz.), *Kutü'l-Amare Kahramanı Halil Kut Paşa'nın Hatıraları*, Timaş Yayınları, İstanbul, 2015.

Çil, Yücel, *Erzurum Kongresi'ne Katılan Delegeler*, Atatürk Araştırma Merkezi, Ankara, 2005.

Çoker, Fahri (yay. haz.), *Türk Parlamento Tarihi: Milli Mücadele ve TBMM I. Dönem 1919-1923*, I. Cilt, Türkiye Büyük Millet Meclisi Vakfı, Ankara, 1994.

__________, (yay. haz.), *Türk Parlamento Tarihi: Milli Mücadele ve TBMM I. Dönem: Tutanaklardan Mudanya Ateşkes Anlaşması ve Lozan Barış Konferansı İlk Aşaması*, II. Cilt, Türkiye Büyük Millet Meclisi Vakfı, Ankara, 1995.

__________, (yay. haz.), *Türk Parlamento Tarihi: Milli Mücadele ve TBMM I. Dönem: 1919-1923: I, Dönem Milletvekillerinin Özgeçmişleri*, III. Cilt, Türkiye Büyük Millet Meclisi Vakfı, Ankara, 1995.

Çolak, İbrahim, *Milli Mücadele Esnasında Kuvâ-yı Seyyare Kumandanlığıma Ait Hâtıratım*, Emre Yayınları, İstanbul, 1996.

Çolak, İsmail, *Zaharoff: Yunan İşgalinin Gizli Patronu*, TÜRDAV Yayınları, İstanbul, 2018.

Çoruk, Ali Şükrü, *Mizah Penceresinden Millî Mücadele: Ya İstiklâl Ya Ölüm*, Kitabevi, İstanbul, 2008.

Çulcu, Murat, *İstiklal Mahkemesinde Gazeteciler Davası (Hilafetin Sonu)*, İkinci Cilt, Kastaş Yayınevi, İstanbul, 1993.

Demiralay, Hafız İbrahim, *Hafız İbrahim Demiralay'ın Hatıratı ve Isparta'da Milli Mücadele ile İlgili Belgeler*, yay. haz. Bayram Kodaman, Hasan Babacan, Süleyman Demirel Üniversitesi Atatürk İlke ve İnkılap Tarihi Araştırma ve Uygulama Merkezi Müdürlüğü, Isparta, 1998.

Demirel, Ahmet, *Ali Şükrü Bey'in Tan Gazetesi*, İletişim Yayınları, İstanbul, 2017.

__________, *Birinci Meclis'te Muhalefet*, İletişim Yayınları, İstanbul, 2020.

__________, *İkinci Grup'un Kurucularından Salâhattin Köseoğlu'nun Milli Mücadele Hatıraları*, İletişim Yayınları, İstanbul, 2017.

__________, *İlk Meclis'in Vekilleri: Milli Mücadele Döneminde Seçimler*, İletişim Yayınları, İstanbul, 2017.

__________, *Tek Partinin İktidarı: Türkiye'de Seçimler ve Siyaset (1923-1946)*, İletişim Yayınları, İstanbul, 2018.

__________, *Tek Partinin Yükselişi*, İletişim Yayınları, İstanbul, 2021.

Demirel, Fatmagül, *Cumhuriyet Kurulurken Hayaller ve Umutlar*, Bağlam Yayınları, İstanbul, 2019.

Demirel, Yücel (yay. haz.), *Atatürk: Belgeler, El Yazısıyla Notlar, Yazışmalar*, Yapı Kredi Yayınları, İstanbul, 2017

Demirci, Sevtap, *Belgelerle Lozan: Taktik-Stratejik Diplomatik Mücadele*, Alfa Yayınları, İstanbul, 2015.

Demirözü, Damla, *Savaştan Barışa Giden Yol: Atatürk-Venizelos Dönemi Türkiye-Yunanistan İlişkileri*, İletişim Yayınları, İstanbul, 2017.

Dinç, Mehmet Emin, *Kûtü'l Amâre'nin Muzaffer Komutanı Halil Kut Paşa*, Kronik Kitap, İstanbul, 2018.

Diriker, Ahmet (yay. haz.), *Cephelerde Bir Ömür: Tuğgeneral Ahmet Nuri Diriker'in Anıları*, Türkiye İş Bankası Kültür Yayınları, İstanbul, 2012.

Doğan, Fazıl, *Milli Mücadele Hatıralarım*, Türkiye İş Bankası Kültür Yayınları, İstanbul, 2020.

Doğanay, Rahmi, *Millî Mücadele'de Karadeniz (1919-1922)*, Atatürk Araştırma Merkezi, Ankara, 2001.

Doğruöz, V. Türkan, *Milli Mücadele Yıllarında Kırklareli (1918-1922)*, Türkiye İş Bankası Kültür Yayınları, İstanbul, 2021.

Duru, Orhan, *Amerikan Gizli Belgeleriyle Türkiye'nin Kurtuluş Yılları*, Türkiye İş Bankası Kültür Yayınları, İstanbul, 2017.

Dündar, Can (yay. haz.), *Yaveri Atatürk'ü Anlatıyor: Salih Bozok'un Anıları*, Can Yayınları, İstanbul, 2015.

Düzdağ, M. Ertuğrul, *Mehmed Âkif Ankara'da: Millî Mücadele Yılları*, Ankara Büyükşehir Belediyesi Yayınları, Ankara, 2013.

Efe, Ahmet, *Efsaneden Gerçeğe Kuşçubaşı Eşref*, Bengi Kitap Yayın, İstanbul, 2010.

Eken, Halit, *Bir Milli Mücadele Valisi ve Anıları: Kapancızâde Hamit Bey*, Yeditepe Yayınevi, İstanbul, 2008.

Emrence, Cem, *99 Günlük Muhalefet: Serbest Cumhuriyet Fırkası*, İletişim Yayınları, İstanbul, 2021.

Erdaş, Nilgün, *Milli Mücadele Döneminde Kafkas Cumhuriyetleri ile İlişkiler (1917-1921)*, Genelkurmay Başkanlığı, Ankara, 1994.

Erdeha, Kamil, *Yüzellilikler Yahut Milli Mücadelenin Muhasebesi*, Tekin Yayınevi, İstanbul, 1998.

Erdem, Hamit, *1920 Yılı ve Sol Muhalefet: Yeşil Ordu Cemiyeti, (Hafi) -Gizli- Türkiye Komünist Partisi, Türkiye Halk İştirakiyun Fırkası, (Resmi) Türkiye Komünist Fırkası*, Sel Yayıncılık, İstanbul, 2019.

Erdinç, Erol Şadi, *Osmanlı İttihad ve Terakki Cemiyeti Yargılamaları* (3 Cilt), Türkiye İş Bankası Kültür Yayınları, İstanbul, 2018.

Erdoğan, Selim, *Büyük Taarruz: Dağlarda Tek Tek Ateşler Yanıyordu*, Kronik Kitap, İstanbul, 2021.

—————, *İstiklal: Vatanımda Bir Tek Düşman Kalmasın*, Kronik Kitap, İstanbul, 2022.

—————, *Sakarya: Türk Bitti Demeden Bitmez*, Kronik Kitap, İstanbul, 2020.

Ergeneli, Adnan, *Çocukluğumun Savaş Yılları Anıları*, İletişim Yayınları, İstanbul, 1993.

Ergil, Doğu, *Milli Mücadele'nin Sosyal Tarihi*, Turhan Kitabevi, Ankara, 1981.

Erikan, Celâl, *Kurtuluş Savaşı Tarihi*, Türkiye İş Bankası Kültür Yayınları, İstanbul, 2019.

Erman, A. Nihat, *İzmir Suikasti ve İstiklal Mahkemeleri*, Temel Yayınları, İstanbul, 1971.

Eroğlu, Nazmi, *Ayıcı Ârif: Atatürk'ün Okul ve Silah Arkadaşı Miralay Mehmed Arif Bey, Hayatı, Konuşmaları ve Eseri*, Ötüken Neşriyat, İstanbul, 2008.

Eroğlu, Nazmi, *İttihatçıların Ünlü Maliye Nazırı Cavid Bey*, Ötüken Neşriyat, İstanbul, 2008.

Ertaş, Mehmet Yaşar ve Kılıçaslan, Hacer (yay. haz.), *Kûtü'l Amâre 1916: Olaylar, Hatıralar, Raporlar*, Kronik Kitap, İstanbul, 2020.

Esengin, Kenan, *Millî Mücadelede İç Ayaklanmalar*, Ağrı Yayıncılık, İstanbul, 1975.

Eski, Mustafa, *Kastamonu Basınında Milli Mücadele'nin Yankıları*, Türk Tarih Kurumu Yayınları, Ankara, 1995.

Ezherli, İhsan, *Türkiye Büyük Millet Meclisi (1920-1992) ve Osmanlı Meclisi Mebusanı (1877-1920)*, TBMM Kültür Sanat ve Yayın Kurulu Yayınları, Ankara, 1992.

Fortna, Benjamin C., *Kuşçubaşı Eşref: Efsane Teşkilat-ı Mahsusa Subayının Hayatı*, çev. Selçuk Uygur, Timaş Yayınları, İstanbul, 2017.

Gawrych, George W., *Genç Atatürk: Osmanlı Zabitinden Türk Devlet Adamına*, çev. Gül Çağalı Güven, Doğan Kitap, İstanbul, 2014.

Georges-Gaulis, Berthe, *Çankaya Akşamları*, çev. A. Gökçe Bozkurt, Örgün Yayınevi, İstanbul, 2007.

Gingeras, Ryan, *Dertli Sahiller: Şiddet, Etnisite ve Osmanlı İmparatorluğu'nun Sonu, 1912-1923*, çev. Melike Neva Şellaki, Tarih Vakfı Yurt Yayınları, İstanbul, 2015.

Gologlu, Mahmut, *Atatürk İlkeleri ve Bursa Nutku*, Goloğlu Yayınları, Ankara, 1973.

__________, *Milli Mücadele Tarihi-I: Erzurum Kongresi*, Türkiye İş Bankası Kültür Yayınları, İstanbul, 2008.

__________, *Milli Mücadele Tarihi-II: Sivas Kongresi*, Türkiye İş Bankası Kültür Yayınları, İstanbul, 2008.

__________, *Milli Mücadele Tarihi-III: 1920 Üçüncü Meşrutiyet: Birinci Büyük Millet Meclisi*, Türkiye İş Bankası Kültür Yayınları, İstanbul, 2010.

__________, *Milli Mücadele Tarihi-IV: 1921-1922 Cumhuriyete Doğru*, Türkiye İş Bankası Kültür Yayınları, İstanbul, 2010.

__________, *Milli Mücadele Tarihi-V: 1923 Türkiye Cumhuriyeti*, Türkiye İş Bankası Kültür Yayınları, İstanbul, 2011.

__________, *Türkiye Cumhuriyeti Tarihi-I: Devrimler ve Tepkileri (1924-1930)*, Türkiye İş Bankası Kültür Yayınları, İstanbul, 2007.

__________, *Türkiye Cumhuriyeti Tarihi-II: Tek Partili Cumhuriyet (1931-1938)*, Türkiye İş Bankası Kültür Yayınları, İstanbul, 2009.

__________, *Türkiye Cumhuriyeti Tarihi-III: Milli Şef Dönemi (1939-1945)*, Türkiye İş Bankası Kültür Yayınları, İstanbul, 2012.

__________, *Türkiye Cumhuriyeti Tarihi-IV: Demokrasiye Geçiş (1946-1950)*, Türkiye İş Bankası Kültür Yayınları, İstanbul, 2013.

__________, *Milli Mücadele'de Trabzon ve Mustafa Kemal Paşa*, Karadeniz Teknik Üniversitesi Yayınları, Trabzon, 1981.

Gökbilgin, M. Tayyip, *Milli Mücadele Başlarken: Mondros Mütarekesi'nden Büyük Millet Meclisi'nin Açılmasına*, Kronik Kitap, İstanbul, 2018.

Gökçen, Sabiha, *Atatürk'le Bir Ömür*, Altın Kitaplar, İstanbul, 1996.

Göldaş, İsmail, *Takrir-i Sükûn Görüşmeleri: 1923 "Seçim"leri, Atama Meclis ve Sonrası*, Belge Yayınları, İstanbul, 1997.

Gömeç, Saadettin, *Milli Mücadelede Gaziantep*, Kültür Bakanlığı Yayınlığı, Ankara, 1989.

Görgülü, İsmet (yay. haz.), *Atatürk'ün Anıları*, Bilgi Yayınevi, Ankara, 1997.

Görgülü, İsmet, *Atatürk'ün Özel Yaşamı: Uydurmalar Saldırılar Yanıtlar*, Bilgi Yayınevi, Ankara, 2003.

__________, *On Yıllık Harbin Kadrosu 1912-1922*, Türk Tarih Kurumu Yayınları, Ankara, 1993.

Göyünç, Nejat, *Atatürk ve Milli Mücadele*, Damla Matbaacılık ve Ticaret, Konya, 1987.

Grassi, Fabio L., *Atatürk*, çev. Eren Cendey, Doğan Kitap, İstanbul, 2018.

Grew, Joseph G., *Gazi ve İsmet Paşa: Çalkantılı Dönem 1922-1932*, çev. M. Aşkın ve Nurer Uğurlu, Örgün Yayınevi, İstanbul, 2005.

Gurulkan, Kemal; Genç, Yusuf İhsan; Küçük, Mustafa; Demirbaş, Uğurhan; Karaca, Yılmaz; Pakırdağ, Nedim ve Sivridağ, Abdullah (yay. haz.), *Osmanlı Belgelerinde Millî Mücadele ve Mustafa Kemal Atatürk*, Devlet Arşivleri Genel Müdürlüğü, Ankara, 2007.

Güçlü, Muhammet, *Varlık Vergisi*, Kitabevi Yayınları, İstanbul, 2019.

Güner, Zekâi, *Milli Mücadele Başlarken Türk Kamuoyu: Basın, Siyasi Partiler, Cemiyetler*, Kültür Bakanlığı Yayınları, Ankara, 1999.

__________, *Trakya-Paşaeli Müdafaa-i Hukuk Cemiyeti'nin Kuruluşu ve Faaliyetleri (1 Aralık 1918-13 Mayıs 1920)*, Atatürk Araştırma Merkezi, Ankara, 1998.

Güner, Zekâi ve Kabataş, Orhan (yay. haz.), *Millî Mücadele Dönemi Beyannameleri ve Basını*, Atatürk Kültür Merkezi Yayını, Ankara, 1990.

Güneş, İhsan, *Atatürk Dönemi Türkiye'sinde Milletvekili Genel Seçimleri (1919-1935)*, Türkiye İş Bankası Kültür Yayınları, İstanbul, 2017.

__________, *Birinci TBMM'nin Düşünce Yapısı (1920-1923)*, Türkiye İş Bankası Kültür Yayınları, İstanbul, 2009.

__________, *Meşrutiyet'ten Cumhuriyet'e Türkiye'de Hükümetler: Programları ve Meclisteki Yankıları (1908-1923)*, Türkiye İş Bankası Kültür Yayınları, İstanbul, 2012.

Gürel, Ahmet ve Akçiçek, Eren, *Uşakizade Köşkü'nden Çankaya Köşkü'ne: Latife Mustafa Kemal*, Türkiye İş Bankası Kültür Yayınları, İstanbul, 2018.

Gürel, Ziya, *Kurtuluş Savaşında Demiryolculuk*, Türk Tarih Kurumu Yayınları, Ankara, 2011.

Gürer, Turgut (yay. haz.), *Komitacı: BJK'nın Kurucusu Fuat Balkan'ın Anıları*, Gürer Yayınları, İstanbul, 2008.

Güven, Zühtü, *Anzavur İsyanı*, Türkiye İş Bankası Kültür Yayınları, İstanbul, 1965.

Halıcı, Şaduman, *Ethem*, E Yayınları, İstanbul, 2016.

Hanioğlu, M. Şükrü, *Atatürk: An Intellectual Biography*, Princeton University Press, Princeteon & Oxford, 2017.

__________, *Bir Siyasal Örgüt Olarak Osmanlı İttihad ve Terakki Cemiyeti ve Jön Türklük: Cilt I: (1889-1902)*, İletişim Yayınları, İstanbul, 1989.

__________, (yay. haz.), *Kendi Mektuplarında Enver Paşa*, Der Yayınları, İstanbul, 1989.

Harington, Charles, *İngiliz Komutan Anlatıyor: İstanbul'da İşgal Yılları*, çev. Tuğçe Akyüz, Kronik Kitap, İstanbul, 2023.

Hatemi, Nilüfer, *Mareşal Fevzi Çakmak ve Günlükleri* (2 Cilt), Yapı Kredi Yayınları, İstanbul, 2011.

Hiçyılmaz, Ergun, *Gizli Belgelerle Çerkes Ethem*, Varlık Yayınları, İstanbul, 1993.

__________, *Muska Tüfek Matara*, Karakarga Yayınları, İstanbul, 2017.

Hüseyin Kazım Kadri, *Meşrutiyet'ten Cumhuriyet'e Hatıralarım*, yay. haz. İsmail Kara, İletişim Yayınları, İstanbul, 1991.

Ilıkan, Selma ve Ilıkan, Faruk, *Ankara İstiklâl Mahkemesi: Ankara İstiklâl Mahkemesi'nde Cereyan Eden Su-i Kasd ve Taklib-i Hükûmet Davası'na Ait Resmî Zabıtlar*, Simurg, İstanbul, 2005.

İğdemir, Uluğ, *Atatürk'ün Yaşamı 1. Cilt (1881-1918)*, Türk Tarih Kurumu Basımevi, Ankara, 1988.

__________, *Biga Ayaklanması ve Anzavur Olayları (Günlük Anılar)*, Türk Tarih Kurumu Basımevi, Ankara, 1989.

__________, *Sivas Kongresi Tutanakları*, Türk Tarih Kurumu Basımevi, Ankara, 1999.

İleri, Celâl Nuri, *Taç Giyen Millet*, yay. haz. Şennur Şenel, Berikan Yayınevi, Ankara, 2017.

__________, *Türk İnkılâbı*, yay. haz. Recep Duymaz, Atatürk Kültür Merkezi Başkanlığı Yayınları, Ankara, 2000.

İnan, Afet, *Atatürk Hakkında Hatıralar ve Belgeler*, yay. haz. Arı İnan, Türkiye İş Bankası Kültür Yayınları, İstanbul, 2007.

__________, *Kemal Atatürk'ü Anarken*, Türk Tarih Kurumu Yayınları, Ankara, 2021.

__________, *Kemal Atatürk'ün Karlsbad Hatıraları*, Türk Tarih Kurumu Yayınları, Ankara, 2018.

İnalcık, Halil, *Atatürk ve Demokratik Türkiye*, Kronik Kitap, İstanbul, 2020.

__________, *Millî Mücadele Tarihi (1908-1923)*, Kronik Kitap, İstanbul, 2022.

İncedayı, Cevdet Kerim, *İstiklal Harbi (Garp Cephesi)*, Yapı Kredi Yayınları, İstanbul, 2007.

İnönü, İsmet, *Defterler (1919-1923)*, (2 Cilt), Yapı Kredi Yayınları, İstanbul, 2008.

İpekçi, Abdi, *İnönü Atatürk'ü Anlatıyor*, Dünya Yayıncılık, İstanbul, 2004.

Jaeschke, Gotthard, *Türk Kurtuluş Savaşı Kronolojisi: Mondros'tan Mudanya'ya Kadar: (30 Ekim 1918-11 Ekim 1922)*, I. Cilt, çev. Nimet Arslan, Türk Tarih Kurumu Yayınları, Ankara, 1970.

__________, *Türk Kurtuluş Savaşı Kronolojisi: Mudanya Mütarekesinden 1923 Sonuna Kadar: (11 Ekim 1922-31 Aralık 1923)*, II. Cilt,çev. Nimet Arslan, Türk Tarih Kurumu Yayınları, Ankara, 1973.

__________, *Kurtuluş Savaşı ile İlgili İngiliz Belgeleri*, çev. Cemal Köprülü, Türk Tarih Kurumu Yayınları, Ankara, 2011.

Johnson, Clarence R., (yay. haz.), *İstanbul 1920*, çev. Sönmez Taner, Tarih Vakfı Yurt Yayınları, İstanbul, 2007.

Kabacalı, Alpay (yay. haz.), *Talât Paşa'nın Anıları*, Türkiye İş Bankası Kültür Yayınları, İstanbul, 2016.

Kalkavanoğlu, İlyas Sami, *Milli Mücadele Hatıralarım*, Ekicigil Yayınevi, İstanbul, 1957.

Kandemir, Feridun, *Atatürk'ün Kurduğu Komünist Partisi ve Sonrası*, Yakın Tarihimiz Yayınları, İstanbul, 1965.

__________, *Enver Paşa'nın Son Günleri*, Güven Basım ve Yayınevi, İstanbul, 1955.

__________, *Hatıraları ve Söyleyemedikleri ile Rauf Orbay*, Nejat Ağbaba, İstanbul, 1965.

__________, *İkinci Adam Masalı*, Yakın Tarihimiz Yayınları, İstanbul, 1968.

__________, *İstiklâl Savaşında Bozguncular ve Casuslar*, Yakın Tarihimiz Yayınları, İstanbul, 1964.

__________, *İzmir Suikastinin İç Yüzü*, Ekicigil Tarih Yayınları, İstanbul, 1955.

__________, *İzmir Suikastinin İç Yüzü*, İkinci Cilt, Ekicigil Tarih Yayınları, İstanbul, 1955.

__________, *Kazım Karabekir'in Yakılan Hatıraları Meselesinin İçyüzü*, Yakın Tarihimiz Yayınları, İstanbul, 1964.

__________, *Milli Mücadele Başlangıcında Mustafa Kemal: Arkadaşları ve Karşısındakiler*, Yakın Tarihimiz Yayınları, İstanbul, 1964.

__________, *Siyasî Dargınlıklar*, Ekicigil Tarih Yayınları, İstanbul, 1955.

Kansu, Mazhar Müfit, *Erzurum'dan Ölümüne Kadar Atatürk'le Beraber*, Türk Tarih Kurumu Yayınları, Ankara, 1997.

Kantarcı, Şenol, *Osmanlı'da "Onurlu" Bir Diplomat ve Milli Mücadele'nin "Önemli" Siması Ahmed Rüstem Bey (Alfred Bielinski-Alfred Rüstem Bey)*, Doğan Kitap, İstanbul, 2009.

Kaplan, Mehmet; Enginün, İnci; Emil, Birol; Birinci, Necati ve Uçman, Abdullah (yay. haz.), *Devrin Yazarlarının Kalemiyle Millî Mücadele ve Gazi Mustafa Kemal* (2 Cilt), Kültür Bakanlığı, Ankara, 1981.

Karabekir, Kâzım, *İstiklal Harbimiz* (2 Cilt), Yapı Kredi Yayınları, İstanbul, 2008.

__________, *Hayatım*, Yapı Kredi Yayınları, İstanbul, 2009.

__________, *İttihat ve Terakki Cemiyeti*, Yapı Kredi Yayınları, İstanbul, 2009.

__________, *İstiklâl Harbimizde Enver Paşa ve İttihat ve Terakki Erkânı*, Yapı Kredi Yayınları, İstanbul, 2010.

__________, *I. Dünya Savaşı Anıları*, Yapı Kredi Yayınları, İstanbul, 2011.

__________, *Günlükler (1906-1948)* (2 Cilt), Yapı Kredi Yayınları, İstanbul, 2020.

Karaca, Emin, *150'likler*, Altın Kitaplar, İstanbul, 2004.

__________, *Birinci Meclis'te Muhalifler*, Altın Kitaplar, İstanbul, 2008.

__________, *Cumhuriyet Olayı*, Altın Kitaplar, İstanbul, 1994.

Karacagil, Ö. Kürşad, *Ahmet Rüstem Bey: Osmanlı'dan Cumhuriyete Sıra Dışı Bir Diplomat*, Vakıfbank Kültür Yayınları, İstanbul, 2022.

Karacan, Ali Naci, *Lozan*, Türkiye İş Bankası Kültür Yayınları, İstanbul, 2010.

Karaman, Sami Sabit, *Trabzon ve Kars Hatıraları 1921-1922: İstiklâl Mücadelesi ve Enver Paşa*, Arma Yayınları, İstanbul, 2002.

Karaosmanoğlu, Yakup Kadri, *Ergenekon: Millî Mücadele Yazıları*, İletişim Yayınları, İstanbul, 2018.

__________, *Vatan Yolunda*, İletişim Yayınları, İstanbul, 2022.

__________, *Yaban*, İletişim Yayınları, İstanbul, 2022.

Karay, Refik Halid, *Bir Ömür Boyunca*, Türk Tarih Kurumu Yayınları, Ankara, 2011.

Kasalak, Kadir, *Milli Mücadele'de Manda ve Himaye Meselesi*, Genelkurmay Basımevi, Ankara, 1993.

Kaşıyuğun, Ali, *Millî Mücadele'de İaşe Meselesi (1919-1922)*, Yeditepe Yayınevi, İstanbul, 2021.

Kaya, Halit, *Refet Bele: Askerî ve Siyasî Hayatı 1881-1963*, Bengi Kitap Yayın, İstanbul, 2010.

Kayra, Cahit, *Savaş Türkiye Varlık Vergisi: Tepkiler ve Yanıtlar*, Tarihçi Kitabevi, İstanbul, 2018.

Kazancyan, Rem, *Bolşevik-Kemalist-İttihatçı İlişkileri: Yeni Belgeler (1920-1922)*, Kaynak Yayınları, İstanbul, 2000.

Kemal Tahir, *Kurt Kanunu*, Tekin Yayınevi, İstanbul, 1999.

__________, *Esir Şehrin İnsanları*, İthaki Yayınları, İstanbul, 2020.

__________, *Esir Şehrin Mahpusu*, İthaki Yayınları, İstanbul, 2020.

__________, *Yol Ayrımı*, İthaki Yayınları, İstanbul, 2020.

__________, *Yorgun Savaşçı*, İthaki Yayınları, İstanbul, 2016.

Keskin, Mustafa, *Hindistan Müslümanları'nın Milli Mücadele'de Türkiye'ye Yardımları (1919-1923)*, Erciyes Üniversitesi, Kayseri, 1991.

Kılıç, Sümer (yay. haz.), *İzmir Suikastı: İddianame ve Paşaların Savunması*, Emre Yayınları, İstanbul, 1994.

Kieser, Hans-Lukas, *Talat Paşa: İttihatçılığın Beyni ve Soykırımın Mimarı*, çev. Ayten Alkan, İletişim Yayınları, İstanbul, 2021.

__________, *Türklüğe İhtida: 1870-1939 İsviçre'sinde Yeni Türkiye'nin Öncüleri*, çev. Atilla Dirim, İletişim Yayınları, İstanbul, 2008.

Kili, Suna, *Atatürk Devrimi: Bir Çağdaşlaşma Modeli*, Türkiye İş Bankası Kültür Yayınları, İstanbul, 2011.

__________, *Türk Devrim Tarihi*, Türkiye İş Bankası Kültür Yayınları, İstanbul, 2001.

Kocabaşoğlu, Uygur ve Akan, Aysun, *Mütareke ve Milli Mücadele Basını: Direniş ile Teslimiyetin Sözcüleri ve "Mahşer"in 100 Atlısı*, İstanbul Bilgi Üniversitesi Yayınları, İstanbul, 2019.

Kocahanoğlu, Osman Selim, *Ali Fuat Cebesoy'un Arşivinden: Askeri ve Siyasi Belgeler*, Temel Yayınları, İstanbul, 2005.

__________, *Atatürk'e Kurulan Pusu: İzmir Suikastinin İçyüzü*, Temel Yayınları, İstanbul, 2012.

__________, *Atatürk-Rauf Orbay Kavgası: Kurtuluş, Kuruluş ve Sonrası*, Temel Yayınları, İstanbul, 2012.

__________, *Divan-ı Harb-i Örfî Muhakematı Zabıt Ceridesi: Tehcir Yargılamaları (1919)*, Temel Yayınları, İstanbul, 2007.

__________, *Hatıraları ve Mektuplarıyla Talât Paşa*, Temel Yayınları, İstanbul, 2008.

__________, *İttihat-Terakki'nin Sorgulanması ve Yargılanması*, Temel Yayınları, İstanbul, 1998.

__________, *İttihat -Terakki'nin Yüce Divan Sorgulaması: Meclis-i Mebusan Beşinci Şube Tahkikatı 1918*, Temel Yayınları, İstanbul, 2017.

__________, *İzmir Suikasti ve İttihatçılar Davası: Ankara Yargılamaları Cilt: II - Ankara'da Beş İdam Sehpası*, Temel Yayınları, İstanbul, 2017.

Kocatürk, Utkan, *Atatürk ve Türkiye Cumhuriyeti Tarihi Kronolojisi 1918-1938*, Türk Tarih Kurumu Yayınları, Ankara, 1988.

__________, *Doğumundan Ölümüne Kadar Kaynakçalı Atatürk Günlüğü*, Atatürk Araştırma Merkezi, Ankara, 1999.

Koçak, Cemil, *Tek-Parti Döneminde Muhalif Sesler*, İletişim Yayınları, İstanbul, 2015.

__________, *Türkiye'de Millî Şef Dönemi (1938-1945): Cilt 1*, İletişim Yayınları, İstanbul, 2018.

__________, *Türkiye'de Millî Şef Dönemi (1938-1945): Cilt 2*, İletişim Yayınları, İstanbul, 2020.

Koçer, Kemal, *Kurtuluş Savaşlarımızda İstanbul: İşgal Senelerinde M. M. Grupunun Gizli Faaliyeti*, Vakit Basımevi, İstanbul, 1946.

Koloğlu, Orhan, *Mondros'tan Mudanya'ya Osmanlı'da Son Tartışmalar*, Doğan Kitap, İstanbul, 2008.

__________, *Son Sadrazam: Milli Mücadele Taraftarı Ahmed Tevfik Paşa*, Doğan Kitap, İstanbul, 2007.

————————, *Sorularla Vahdettin*, Pozitif Yayınevi, İstanbul, 2020.

Konukçu, Enver, *Alaşehir Kongresi (16-25 Ağustos 1919)*, Atatürk Araştırma Merkezi, Ankara, 2000.

Korkmaz, Cemil Hakan, *Kurtuluş Savaşı'nın İkinci Cephesi: İç İsyanlar*, Altın Kitaplar, İstanbul, 2008.

Korkud, Refik, *Milli Mücadele Takvimi*, Ege Matbaası, Ankara, 1963.

Korsun, Nikolay Georgiyeviç, *Türk-Yunan Savaşı: 1919-1922*, çev. Celal Pekşen, Kronik Kitap, İstanbul, 2020.

Köktener, Aysun, *Bir Gazetenin Tarihi: Cumhuriyet*, Yapı Kredi Yayınları, İstanbul, 2004.

Kösoğlu, Nevzat, *Şehit Enver Paşa*, Ötüken Neşriyat, İstanbul, 2019.

Kuntman, Mehmet Derviş, *Bir Doktorun Harp ve Memleket Anıları*, der. Metin Özata, Genelkurmay Basımevi, Ankara, 2010.

Kuran, Ahmet Bedevî, *Osmanlı İmparatorluğunda İnkılâp Hareketleri ve Millî Mücadele*, Türkiye İş Bankası Kültür Yayınları, İstanbul, 2012.

Kuruç, Bilsay, *Mustafa Kemal Döneminde Ekonomi: Büyük Devletler ve Türkiye*, İstanbul Bilgi Üniversitesi Yayınları, İstanbul, 2011.

Kutay, Cemal, *Halit Paşa Ali Çetinkaya Vuruşması: Yeni Vesikalarla*, Tarih Kütüphanesi, İstanbul, 1955.

Leonid-Friedrich, *Ankara 1922: İki Komintern Gözlemcisinin Kurtuluş Savaşı Değerlendirmesi*, çev. Gizem Gürtürk, Kaynak Yayınları, İstanbul, 1994.

Lewinsohn, Richard, *Zaharoff: Esrarengiz Avrupalı*, çev. Cem Muhtaroğlu, İletişim Yayınları, İstanbul, 1991.

Lord Kinross, *Atatürk: Bir Milletin Yeniden Doğuşu*, çev. Necdet Sander, Altın Kitaplar, İstanbul, 2016.

M. Şevki, *İstiklâl Savaşı Nasıl Oldu?*, Akşam Kitaphanesi, İstanbul, 1934.

Maliye Nazırı Cavid Bey, *Felaket Günleri: Mütareke Devrinin Feci Tarihi I*, Temel Yayınları, İstanbul, 2000.

Maliye Nazırı Cavid Bey, *Felaket Günleri: Mütareke Devrinin Feci Tarihi II*, Temel Yayınları, İstanbul, 2000.

Mango, Andrew, *Atatürk: Modern Türkiye'nin Kurucusu*, çev. Füsun Doruker, Remzi Kitabevi, İstanbul, 2006.

Mardin, Şerif, *Jön Türklerin Siyasî Fikirleri 1895-1908*, İletişim Yayınları, İstanbul, 2019.

————————, *Yeni Osmanlı Düşüncesinin Doğuşu*, İletişim Yayınları, İstanbul, 2021.

Mayatepek, Osman ve Bayhan, Fatih, *Dedem Enver Paşa: Hayaller Efsaneler Gerçekler*, Timaş Yayınları, İstanbul, 2015.

Melek, Kemal, *Doğu Sorunu ve Milli Mücadelenin Dış Politikası*, Boğaziçi Üniversitesi Yayınları, İstanbul, 1978.

Menç, Hüseyin, *Milli Mücadele Yıllarında Amasya: Olaylar, Belgeler, Portreler*, Amasya Valiliği, Amasya, 2002.

Meray, Seha L., ve Olcay, Osman, *Osmanlı İmparatorluğu'nun Çöküş Belgeleri: Sevr Antlaşması, Mondros Bırakışması, İlgili Belgeler*, Türkiye İş Bankası Kültür Yayınları, İstanbul,

2020.

Meyer, James H., *İmparatorluklar Arası Türkler (1856-1914)*, çev. Renan Akman, Türkiye İş Bankası Kültür Yayınları, İstanbul, 2021.

Miralay Mehmet Arif Bey, *Anadolu İnkılabı: Milli Mücadele Anıları (1919-1923)*, yay. haz. Bülent Demirbaş, Arba Yayınları, İstanbul, 1987.

Mumcu, Uğur, *Gazi Paşa'ya Suikast*, Uğur Mumcu Vakfı Yayınları, Ankara, 2006.

Rozaliyev, Y.N., *Mustafa Suphi, Kavgası ve Düşünceleri*, INFO-Türk Ajansı, Brüksel, 1975.

Müderrisoğlu, Alptekin, *Kurtuluş Savaşının Malî Kaynakları*, Atatürk Kültür Merkezi, Ankara, 1990.

Mütercimler, Erol, *1922 Mudanya Mütarekesi: Diplomasi Savaşı*, Alfa Yayınları, İstanbul, 2013.

Nâzım Hikmet, *Kuvâyi Milliye: Şiirler 3*, Yapı Kredi Yayınları, İstanbul, 2016.

Oğuz Uzuner, Şebnem, *Amerikan Basınının Gözünden Millî Mücadele*, Yeditepe Yayınevi, İstanbul, 2022.

Okday, İsmail Hakkı, *Yanya'dan Ankara'ya*, Sebil Yayınevi, İstanbul, 1975.

Okay, Cüneyd, *Dönemin Mizah Dergilerinde Milli Mücadele Karikatürleri: 1919-1922*, Kültür ve Turizm Bakanlığı Kütüphaneler ve Yayımlar Genel Müdürlüğü, Ankara, 2004.

Okur, Mehmet ve Küçükuğurlu, Murat, *İngiliz Yüksek Komiserlerinin Gözüyle Milli Mücadele 1918-1920*, Serander Yayınları, Trabzon, 2006.

Okyar, Ali Fethi ve Şarman, Kansu (yay. haz.), *Büyük Günlerin Adamı: Fethi Okyar'ın Hayatından Kareler*, Türkiye İş Bankası Kültür Yayınları, İstanbul, 2017.

Okyar, Ali Fethi, *Sultan II. Abdülhamid Han'la 113 Gün*, yay. haz. Eyyup Bostancı, Akıl Fikir Yayınları, İstanbul, 2017.

__________, *İki Gözüm Galibem: Malta Sürgününden Mektuplar*, Türkiye İş Bankası Kültür Yayınları, İstanbul, 2014.

__________, *Üç Devirde Bir Adam*, Tercüman Yayınları, İstanbul, 1980.

Okyar, Osman ve Seyitdanlıoğlu, Mehmet, *Atatürk, Okyar ve Çok Partili Türkiye: Fethi Okyar'ın Anıları*, Türkiye İş Bankası Kültür Yayınları, İstanbul, 2005.

Okyar, Osman, *Milli Mücadele Dönemi Türk-Sovyet İlişkilerinde Mustafa Kemal (1920-1921)*, Türkiye İş Bankası Kültür Yayınları, İstanbul, 2017.

Orbay, Rauf, *Siyasî Hatıralar*, Örgün Yayınevi, İstanbul, 2019.

Ortaylı, İlber ve Erdinç, Erol Şadi, *İttihat ve Terakki: Osmanlı İmparatorluğu'nda Gizli Örgütlenmeler ve Darbeler*, yay. haz. Alper Çeker, İstanbul Kitabevi, İstanbul, 2016.

Ortaylı, İlber, *Gazi Mustafa Kemal Atatürk*, Kronik Kitap, İstanbul, 2020.

__________, *Osmanlı İmparatorluğu'nda Alman Nüfuzu*, Kronik Kitap, İstanbul, 2020.

__________, *Yakın Tarihin Gerçekleri*, Kronik Kitap, İstanbul, 2021.

Ozankaya, Özer, *Cumhuriyet Çınarı*, İmge Kitabevi, Ankara, 1995.

Öke, Mim Kemal, *Hilafet Hareketi: Güney Asya Müslümanları'nın İstiklal Davası ve Türk Milli Mücadelesi: (1919-1924)*, Kültür ve Turizm Bakanlığı, Ankara, 1988.

Öktem, Haydar Rüştü, *Mütareke ve İşgal Anıları*, yay. haz. Zeki Arıkan, Türk Tarih Kurumu Basımevi, Ankara, 1991.

Önal, Sami (yay. haz.), *Hüsrev Gerede'nin Anıları: Kurtuluş Savaşı, Atatürk ve Devrimler*, Literatür Yayıncılık, İstanbul, 2022.

Öndeş, Osman, *Vahdeddin'in Sırdaşı Avni Paşa Anlatıyor: Milli Mücadele ve Sürgün Yılları*, Timaş Yayınları, İstanbul, 2012.

Özakman, Turgut, *1881-1938 Atatürk, Kurtuluş Savaşı ve Cumhuriyet Kronolojisi*, Bilgi Yayınevi, Ankara, 1999.

Özakman, Turgut, *Dr. Rıza Nur Dosyası*, Bilgi Yayınevi, Ankara, 2009.

———, *Vahidettin, M. Kemal ve Milli Mücadele: Yalanlar, Yanlışlar, Yutturmacalar*, Bilgi Yayınevi, Ankara, 2009.

Özalp, Kâzım ve Özalp, Teoman, *Atatürk'ten Anılar*, Türkiye İş Bankası Kültür Yayınları, İstanbul, 1992.

Özalp, Kâzım, *Millî Mücadele 1919-1922 (I-II)*, Türk Tarih Kurumu Yayınları, Ankara, 2020.

Özdemir, Ali Ulvi, *Anılarda Batı Anadolu Kuva-yı Milliyesi*, Tarihçi Kitabevi, İstanbul, 2017.

Özdemir, Hikmet, *Mustafa Kemal'le Anadolu'da Yolculuk*, Doğan Kitap, İstanbul, 2021.

Özdemir, Zekeriya, *Balıkesir Bölgesinde Milli Mücadele Hareketleri*, Tisamet Basım Sanayi, Ankara, 1997.

———, *Balıkesir Bölgesinde Milli Mücadele Önderleri*, Balıkesir Belediyesi, Balıkesir, 1998.

Özel, Sabahattin, *Milli Mücadele'de Trabzon*, Türkiye İş Bankası Kültür Yayınları, İstanbul, 2012.

Özel, Sabahattin ve Hacıibrahimoğlu Çakan, Işıl, *Türk Devrimi Mülakatları*, Türkiye İş Bankası Kültür Yayınları, İstanbul, 2011.

Özerdim, Sami N., *Atatürk Devrimi Kronolojisi*, Varlık Yayınları, İstanbul, 1966.

Özkan Abdullah (yay.haz.), *A'dan Z'ye Kurtuluş Savaşı ve Atatürk Dönemi* (3 Cilt), Boyut Yayın Grubu, İstanbul, 2007.

Özkan, Hülya, *İstanbul Hükümetleri ve Milli Mücadele Karşıtı Faaliyetleri: (4 Mart 1919-16 Ekim 1920)*, Genelkurmay Başkanlığı, Ankara, 1994.

Özkaya, Yücel, *Millî Mücadele'de Atatürk ve Basın: 1919-1921*, Atatürk Araştırma Merkezi, Ankara, 1989.

Özlü, Hüsnü (yay. haz.), *Millî Mücadele Albümü*, ATASE Daire Başkanlığı Yayını, Ankara, 2016.

Özlü, Hüsnü ve Kurt, Deniz (yay. haz.), *Fotoğraflarla Atatürk*, ATASE Daire Başkanlığı Yayınları, Ankara, 2011.

Özmakas, Yavuz, *Sakallı Vali: Nurettin Paşa'nın İzmir Günleri*, Şenocak Yayınları, İzmir, 2011.

Özoğlu, Hakan, *Cumhuriyetin Kuruluşunda İktidar Kavgası: 150'likler, Takrir-i Sükûn ve İzmir Suikastı*, Kitap Yayınevi, İstanbul, 2016.

Öztürk, Kâzım, *Atatürk'ün TBMM Açık ve Gizli Oturumlardaki Konuşmaları I*, Kültür Bakanlığı, Ankara, 1990.

———, *Atatürk'ün TBMM Açık ve Gizli Oturumlardaki Konuşmaları II*, Kültür Bakanlığı, Ankara, 1990.

Özverim, Melda, *Mustafa Kemal ve Corinne Lütfü*, Doğan Kitap, İstanbul, 2007.

Papuççular, Hazal, *Türkiye ve Oniki Ada 1912-1947*, Türkiye İş Bankası Kültür Yayınları, İstanbul, 2019.

Parla, Taha, *Türkiye'de Siyasal Kültürün Resmi Kaynakları Cilt 1: Atatürk'ün* Nutuk'u, İletişim Yayınları, İstanbul, 1994.

_________, *Türkiye'de Siyasal Kültürün Resmi Kaynakları Cilt 2: Atatürk'ün Söylev ve Demeçleri*, İstanbul: İletişim Yayınları, 1997.

_________, *Türkiye'de Siyasal Kültürün Resmi Kaynakları Cilt 3: Kemalist Tek-Parti İdeolojisi ve CHP'nin Altı Ok'u*, İletişim Yayınları, İstanbul, 1995.

Pehlivanoğlu, A. Öner, *Barış Yolunda Mudanya Mütarekesi*, Kastaş Yayınları, İstanbul, 2002.

Peker, Recep, *İnkılâp Dersleri*, İletişim Yayınları, İstanbul, 1984.

Prens Andre, *Felakete Doğru*, çev. Hüseyin Rahimi [Apak], Askeri Matbaa, İstanbul, 1932.

Pulur, Hasan (yay. haz.), *Muhafızı Atatürk'ü Anlatıyor Emekli General İsmail Hakkı Tekçe'nin Anıları*, Kaynak Yayınları, İstanbul, 2000.

Renda, M. Abdülhalik, *Hatırat*, yay. haz. Aytaç Demirci ve Sabri Sayarı, Yapı Kredi Yayınları, İstanbul, 2018.

Renda, M. Abdülhalik, *Günlükler (1920-1950)*, yay. haz. Aytaç Demirci ve Sabri Sayarı, Yapı Kredi Yayınları, İstanbul, 2019.

Safi, Polat, *Eşref: Kuşçubaşı'nın Alternatif Biyografisi*, Kronik Kitap, İstanbul, 2020.

Sakallı, Bayram, *Millî Mücadelenin Sosyal Tarihi: Müdafaa-i Hukuk Cemiyetleri*, İz Yayıncılık, İstanbul, 1997.

Sakaoğlu, Necdet (yay. haz.), *Milli Mücadele Albümü*, Yapı Kredi Kültür Sanat Yayıncılık, İstanbul, 1998.

Sarıhan, Zeki, *Kurtuluş Savaşımız'da Türk-Afgan İlişkileri*, Kaynak Yayınları, İstanbul, 2002.

_________, *Kurtuluş Savaşın'da İkili İktidar*, Kaynak Yayınları, İstanbul, 2000.

Sarıkoyuncu, Ali, *Milli Mücadele'de Din Adamları I: Ahmet Hulusi, Mehmet Rifat, Hacı Tevfik ve Abdurrahman Kamil Efendiler*, Diyanet İşleri Başkanlığı, Ankara, 1995.

_________, *Milli Mücadele'de Din Adamları II: Fetvalar ve Fetvaları Tasdik Eden Din Adamları*, Diyanet İşleri Başkanlığı, Ankara, 1997.

Sarıkoyuncu, Ali; Önder, Selahattin ve Erşan, Mesut, *Millî Mücadelede Eskişehir*, Osmangazi Üniversitesi Yayınları, Eskişehir, 2002.

Sarıkoyuncu Değerli, Esra, *Mustafa Kemal Atatürk'ün Sofya Askeri Ataşeliğinin Türk-Bulgar İlişkilerine Yansıması (1913-1938)*, Genelkurmay Başkanlığı, Ankara, 2006.

Satan, Ali, *Son Halife Abdülmecid Efendi: Saltanatsız Hilafet ve Halifeli Cumhuriyet Günlerinde*, Doğan Kitap, İstanbul, 2009.

Selek, Sabahattin, *Anadolu İhtilali*, Kastaş Yayınları, İstanbul, 2020.

_________, *Milli Mücadele: Ulusal Kurtuluş Savaşı*, Doğan Kitap, İstanbul, 2020.

_________, (yay. haz.), *İsmet İnönü: Hatıralar*, Bilgi Yayınevi, Ankara, 2006.

Selvi, Haluk, *Millî Mücadele'de Erzurum (1918-1923)*, Atatürk Araştırma Merkezi, Ankara, 2000.

_________, *Milli Mücadele'de İlk İşgaller İlk Direnişler*, Yeditepe Yayınevi, İstanbul, 2011.

Selvi, Haluk ve Cırık, Bülent, Millî Mücadelede TBMM'ye Anadolu'dan Çekilen Telgraflar, TBMM Kültür Sanat ve Yayın Kurulu Başkanlığı, Ankara, 2013.

Sevinç, Murat ve Demirkent, Dinçer, *Kuruluşun İhmal Edilmiş İstisnası: 1921 Anayasası ve Tutanakları*, İletişim Yayınları, İstanbul, 2021.

Smyrnelis, Marie-Carmen (der.), *İzmir 1830-1930 Unutulmuş Bir Kent Mi? Bir Osmanlı Limanından Hatıralar*, çev. Işık Ergüden, İletişim Yayınları, İstanbul, 2020.

Solmaz, Gürsoy, *Deli Halid Paşa*, Kültür Bakanlığı Yayınları, Ankara, 1996.

Sonyel, Salâhi R., *Gizli Belgelerde Mustafa Kemal, Vahdettin ve Kurtuluş Savaşı*, Atatürk Kültür Merkezi, Ankara, 2010.

————, *Gizli Belgelerle Lozan Konferansı'nın Perde Arkası*, Türk Tarih Kurumu Yayınları, Ankara, 2006.

————, *Kurtuluş Savaşı Günlerinde İngiliz İstihbarat Servisi'nin Türkiye'deki Eylemleri*, Türk Tarih Kurumu Yayınları, Ankara, 1995.

————, *Mustafa Kemal (Atatürk) ve Kurtuluş Savaşı* (3 Cilt), Türk Tarih Kurumu Yayınları, Ankara, 2008.

————, *Türk Kurtuluş Savaşı ve Dış Politika I*, Türk Tarih Kurumu Yayınları, Ankara, 2014.

————, *Türk Kurtuluş Savaşı ve Dış Politika II*, Türk Tarih Kurumu Yayınları, Ankara, 2003.

Sorgun, Taylan, *Halil Paşa: İttihad ve Terrakki'den Cumhuriyet'e*, Destek Yayınları, İstanbul, 2010.

————, *İmparatorluktan Cumhuriyete: İmparatorluk, İttihat ve Terakki, Cumhuriyet "1902-1938 Üç Devrin Galerisi"*, Kumsaati Yayınları, İstanbul, 2004.

————, *Mütareke Dönemi ve Bekirağa Bölüğü*, Kaynak Yayınları, İstanbul, 2017.

Soyak, Hasan Rıza, *Atatürk'ten Hatıralar*, Yapı Kredi Yayınları, İstanbul, 2016.

Soydan, Mahmut, *Milli Mücadele Tarihine Dair Notlar: Ankaralı'nın Defteri*, yay. haz. Nejdet Bilgi, Türkiye İş Bankası Kültür Yayınları, İstanbul, 2007.

Sunata, İ. Hakkı, *İstanbul'da İşgal Yılları*, Türkiye İş Bankası Kültür Yayınları, İstanbul, 2006.

Sunay, Cengiz, *Son Karar Misak-ı Milli: Son Osmanlı Meclisi'nin Yakın Tarihe Yön Veren Kararı*, Doğan Kitap, İstanbul, 2007.

Sürmeli, Serpil, *Milli Mücadele'de Tekâlif-i Milliye Emirleri*, Atatürk Araştırma Merkezi, Ankara, 1998.

Şamsutdinov, A.M., *Mondros'tan Lozan'a: Türkiye Ulusal Kurtuluş Savaşı Tarihi 1918-1923*, çev. Ataol Behramoğlu, Doğan Kitap, İstanbul, 1999.

Şapolyo, Enver Behnan, *Kuvayi Milliye Tarihi*, Ayyıldız Matbaası, Ankara, 1957.

————, *Kemal Atatürk ve Milli Mücadele Tarihi*, Berkalp Kitabevi Yayınları, Ankara, 1944.

————, *Mustafa Kemal Paşa ve Milli Mücadelenin İç Alemi*, İnkılâp ve Aka Kitabevleri, İstanbul, 1967.

————, *Mustafa Kemal ve Birinci Büyük Millet Meclisi Tarihçesi*, Ülkemiz Yayınları, Ankara, 1969.

Şehidoğlu, Süreyya Hami, *Milli Mücadele'de Adapazarı-Bolu, Düzce-Hendek ve Yöresi Ayaklanmaları*, Bilgi Yayınevi, Ankara, 1970.

Şemsutdinov, A. ve Bagirov, Y.A., *Bir Karagün Dostluğu: Kurtuluş Savaşı Yıllarında Türkiye-*

Sovyet Birliği İlişkileri, çev. A. Hasanoğlu, Bilim Yayınları, İstanbul, 1979.

Şen, İsmail, *Asi'den Gazi'ye Karikatürlerde Atatürk 1919-1938: Atatürk'ün Yaşadığı Dönemlerde Yayınlanan Karikatürlerinden Yansıyan Tarih*, Sarnıç Yayınları, İstanbul, 2010.

Şenalp, Leman, *Atatürk Kaynakçası*, Türk Tarih Kurumu, Ankara, 1984.

Şener, Cemal, *Çerkes Ethem Olayı*, Okan Yayıncılık, İstanbul, 1986.

_________, *Topal Olayı I-II*, Cumhuriyet, İstanbul, 2001.

Şimşir, Bilâl, *Dış Basında Atatürk*, Türk Tarih Kurumu, Ankara, 2020.

_________, *Lozan Telgrafları: 1922-1923* (2 Cilt), Türk Tarih Kurumu Yayınları, Ankara, 2020.

_________, *İngiliz Belgelerinde Atatürk: 1919-1938* (4 Cilt), Türk Tarih Kurumu, Ankara, 1992.

_________, *Atatürk ile Yazışmalar 1920-1923*, Türk Tarih Kurumu, Ankara, 1991.

_________, *Atatürk'ün Büyük Söylevi Üzerine Belgeler*, Türk Tarih Kurumu Yayınları, Ankara, 2020.

_________, *Dış Basında Laik Cumhuriyetin Doğuşu*, Bilgi Yayınevi, Ankara, 1999.

_________, *Lozan Günlüğü*, Bilgi Yayınevi, Ankara, 2012.

_________, *İngiliz Belgeleriyle Sakarya'dan İzmir'e: 1921-1923*, Bilgi Yayınevi, Ankara, 2016.

_________, *Ankara... Ankara...: Bir Başkentin Doğuşu*, Bilgi Yayınevi, Ankara, 2018.

_________, *Malta Sürgünleri*, Bilgi Yayınevi, Ankara, 2020.

Taçalan, Nurdoğan, *Ege'de Kurtuluş Savaşı Başlarken*, Milliyet Yayınları, İstanbul, 1970.

Tâhirü'l-Mevlevî, *Matbuat Âlemindeki Hayatım ve İstiklâl Mahkemeleri*, yay. haz. Nurcan Boşdurmaz, Büyüyen Yayınları, İstanbul, 2012.

Tamer, Aytül, *İrade-i Milliye: Ulusal Mücadelenin İlk Resmi Yayın Organı*, Türkiye Sosyal Tarih Araştırma Vakfı, İstanbul, 2004.

Tanör, Bülent, *Kurtuluş Kuruluş*, Cumhuriyet Kitapları, İstanbul, 2010.

_________, *Türkiye'de Kongre İktidarları (1918-1920)*, Yapı Kredi Yayınları, İstanbul, 2022.

Tansel, Selâhattin, *Mondros'tan Mudanya'ya Kadar* (4 Cilt), Türk Tarih Kurumu Yayınları, Ankara, 2019.

Tansu, Samih Nafiz, *İki Devrin Perde Arkası*, İlgi Kültür Sanat Yayınları, İstanbul, 2020.

Taşkıran, Cemalettin, *Milli Mücadele'de Türk ve Yunan Esirler (1919-1923)*, Türkiye İş Bankası Kültür Yayınları, İstanbul, 2018.

_________, *Millî Mücadele'de Kazım Karabekir Paşa*, Atatürk Araştırma Merkezi, Ankara, 1999.

Tekir, Süleyman, *Süleyman Askerî Bey: Teşkilat-ı Mahsusa'nın İlk Başkanı*, Kronik Kitap, İstanbul, 2022.

Tepeyran, Ebubekir Hazım, *Belgelerle Kurtuluş Savaşı Anıları*, Çağdaş Yayınları, İstanbul, 1982.

Tetik, Ahmet, *Teşkilat-ı Mahsusa (Umûr-ı Şarkıyye Dairesi) Tarihi Cilt I: 1914-1916*, Türkiye İş Bankası Kültür Yayınları, İstanbul, 2014.

————, *Teşkilat-ı Mahsusa (Umûr-ı Şarkıyye Dairesi) Tarihi Cilt II: 1917*, Türkiye İş Bankası Kültür Yayınları, İstanbul, 2018.

————, *Teşkilat-ı Mahsusa (Umûr-ı Şarkıyye Dairesi) Tarihi Cilt III-I: 1918*, Türkiye İş Bankası Kültür Yayınları, İstanbul, 2021.

Tevetoğlu, Fethi, *Atatürk'le Samsun'a Çıkanlar*, Kültür ve Turizm Bakanlığı Yayınları, Ankara, 1987.

————, *Millî Mücâdele Yıllarındaki Kuruluşlar*, Türk Tarih Kurumu Yayınları, Ankara, 1991.

Tezel, Yahya S., *Cumhuriyet Döneminin İktisadi Tarihi (1923-1950)*, Türkiye İş Bankası Kültür Yayınları, İstanbul, 2015.

Tezer, Şükrü, *Atatürk'ün Hatıra Defteri*, Türk Tarih Kurumu Yayınları, Ankara, 2019.

Timur, Taner, *Türk Devrimi ve Sonrası*, İmge Kitabevi, Ankara, 2018.

Toker, Mustafa, *Trakya Müdafaa-i Hukuk Cemiyetinin Kongre Tutanakları (9 Mayıs 1920-13 Mayıs 1920)*, Türk İnkılâp Tarihi Enstitüsü Yayınları, Ankara, 2016.

Tokça, A. Galip, *İki Mütareke Arasında: Mudanya'nın Tarihi Hatıraları*, Tekinoğlu Matbaası, İstanbul, 1959.

Toparlı, Recep (yay. haz.), *Sivas Kongresi Belgeleri*, Sivas Valiliği, Sivas, 2019.

Toparlı, Recep ve Yasak, İbrahim (yay. haz.), *Sivas Kongresi Delegeleri*, Sivas Valiliği, Sivas, 2019.

Toprak, Zafer, *Atatürk: Kurucu Felsefenin Evrimi*, Türkiye İş Bankası Kültür Yayınları, İstanbul, 2020.

————, *Cumhuriyet ve Antropoloji*, Türkiye İş Bankası Kültür Yayınları, İstanbul, 2021.

————, *Türkiye'de Kadın Özgürlüğü ve Feminizm (1908-1935)*, Türkiye İş Bankası Kültür Yayınları, İstanbul, 2022.

————, *Türkiye'de Milli İktisat (1908-1918)*, Türkiye İş Bankası Kültür Yayınları, İstanbul, 2019.

————, *Darwin'den Dersim'e Cumhuriyet ve Antropoloji*, Doğan Kitap, İstanbul, 2012.

————, *Türkiye'de Yeni Hayat: İnkılap ve Travma 1908-1928*, Doğan Kitap, İstanbul, 2017.

Toynbee, Arnold, *Türkiye: Bir Devletin Yeniden Doğuşu*, çev. Kasım Yargıcı ve Nurer Uğurlu, Milliyet Yayınları, İstanbul, 1971.

Tör, Vedat Nedim, *Yıllar Böyle Geçti*, Milliyet Yayınları, İstanbul, 1976.

Tunaya, Tarık Zafer, *Türkiye'de Siyasal Partiler Cilt 1: İkinci Meşrutiyet Dönemi*, İletişim Yayınları, İstanbul, 2015.

————, *Türkiye'de Siyasal Partiler Cilt 2: Mütareke Dönemi*, İletişim Yayınları, İstanbul, 2015.

————, *Türkiye'de Siyasal Partiler Cilt 3: İttihat ve Terakki, Bir Çağın, Bir Kuşağın, Bir Partinin Tarihi*, İletişim Yayınları, İstanbul, 2015.

Tunçay, Mete, *Bilineceği Bilmek: Türkiye'de Siyasal Gelişmenin Evreleri ve Osmanlı'dan Cumhuriyet'e Sol Akımlar*, İletişim Yayınları, İstanbul, 2019.

————, *Osmanlı'dan Cumhuriyet'e Solun Tarihine Düşülen Notlar:* Toplumsal Tarih

Yazıları, İletişim Yayınları, İstanbul, 2022.

__________, *Türkiye Cumhuriyeti'nde Tek Parti Yönetimi'nin Kurulması 1923-1931*, Tarih Vakfı Yurt Yayınları, İstanbul, 2005.

__________, *Türkiye Sol Tarihine Notlar:* Tarih ve Toplum *Yazıları*, İletişim Yayınları, İstanbul, 2022.

__________, *Türkiye'de Sol Akımlar: 1908-1925*, Cilt I, İletişim Yayınları, İstanbul, 2019.

__________, *Türkiye'de Sol Akımlar: 1925-1936*, Cilt II, İletişim Yayınları, İstanbul, 2021.

Tural, M. Akif (yay. haz.), *Hilafet Sevdası Karşısında Milli Hakimiyet Mücadelesi*, Atatürk Araştırma Merkezi, Ankara, 2001.

Turan, Şerafettin, *İsmet İnönü: Yaşamı Dönemi ve Kişiliği*, Bilgi Yayınevi, Ankara, 2003.

__________, *Atatürk'ün Düşünce Yapısını Etkileyen Olaylar, Düşünürler, Kitaplar*, Türk Tarih Kurumu Yayınları, Ankara, 2018.

__________, *Mustafa Kemal Atatürk: Kendine Özgü Bir Yaşam ve Kişilik*, Bilgi Yayınevi, Ankara, 2018.

__________, *Türk Devrim Tarihi 1. Kitap: İmparatorluğun Çöküşünden Ulusal Direnişe*, Bilgi Yayınevi, Ankara, 2022.

__________, *Türk Devrim Tarihi 2. Kitap: Ulusal Direnişten Türkiye Cumhuriyeti'ne*, Bilgi Yayınevi, Ankara, 2022.

__________, *Türk Devrim Tarihi 3. Kitap 1. Bölüm: Yeni Türkiye'nin Oluşumu (1923-1938)*, Bilgi Yayınevi, Ankara, 2022.

__________, *Türk Devrim Tarihi 3. Kitap 2. Bölüm: Yeni Türkiye'nin Oluşumu (1923-1938)*, Bilgi Yayınevi, Ankara, 2022.

__________, *Türk Devrim Tarihi 4. Kitap 1. Bölüm: Çağdaşlık Yolunda Yeni Türkiye (10 Kasım 1938-14 Mayıs 1950)*, Bilgi Yayınevi, Ankara, 2022.

__________, *Türk Devrim Tarihi 4. Kitap 2. Bölüm: Çağdaşlık Yolunda Yeni Türkiye (14 Mayıs 1950-27 Mayıs 1960)*, Bilgi Yayınevi, Ankara, 2022.

__________, *Türk Devrim Tarihi 5. Kitap: Çağdaşlık Yolunda Yeni Türkiye (27 Mayıs 1960-12 Eylül 1980)*, Bilgi Yayınevi, Ankara, 2022.

Turgut, Hulûsi (der.), *Atatürk'ün Sırdaşı Kılıç Ali'nin Anıları*, , Türkiye İş Bankası Kültür Yayınları, İstanbul, 2005.

__________, *Türkiye'de Yunan Fecayii I-II*, Matbaa-i Ahmed İhsan ve Şürekası, İstanbul, 1337 [1921].

Türkmen, Zekeriya, *Milli Mücadele Yıllarında İstanbul Mitingleri (15 Mayıs 1919: İzmir'in İşgali Üzerine Aydınların Kamuoyu Oluşturma Hareketi)*, Berikan Yayınevi, Ankara, 2016.

__________, *Mütareke Döneminde Ordunun Durumu ve Yeniden Yapılanması (1918-1920)*, Türk Tarih Kurumu Yayınları, Ankara, 2001.

__________, *Mütareke ve İşgalden Millî Mücadele'ye Mustafa Kemal Paşa (1918-1920)*, Yeditepe Yayınevi, İstanbul, 2020.

Tüylü Turan, Esin, *İspanyol Basınında Türk Millî Mücadelesi 1918-1923*, Türk Tarih Kurumu Yayınları, Ankara, 2022.

Ulunay, Refi' Cevat, *Refi' Cevad Ulunay'ın Millî Mücadele Devri Makaleleri*, yay. haz. Metin Ayışığı, İnce Ofset, Balıkesir, 1994.

Uğur, Necdet, *İsmet İnönü*, Yapı Kredi Yayınları, İstanbul, 2021.

Uğurlu, Nurer, *Gizli Belgelerle Rauf Orbay İsmet İnönü Kavgası: 1. Perde (1922)*, Örgün Yayınları, İstanbul, 2005.

__________, *Gizli Belgelerle Rauf Orbay İsmet İnönü Kavgası: 2. Perde (1922-1923)*, Örgün Yayınları, İstanbul, 2007.

__________, (der.), *Sakarya: Savaşanlar Anlatıyor*, Örgün Yayınevi, İstanbul, 2007.

Uluğ, Naşit H., *Siyasî Yönleriyle Kurtuluş Savaşı*, Milliyet Yayınları, İstanbul, 1973.

Umar, Bilge, *İzmir'de Yunanlıların Son Günleri*, İzmir Büyükşehir Belediyesi Kent Kitaplığı, İzmir, 2011.

Us, Asım, *Gördüklerim, Duyduklarım, Duygularım: Meşrutiyet ve Cumhuriyet Devirlerine Ait Hatıralar ve Tetkikler*, Vakit Matbaası, İstanbul, 1964.

Uyar, Mesut, *Bir Asrın Ardından İstiklal Madalyası*, Türkiye İş Bankası Kültür Yayınları, İstanbul, 2022.

Uzel, Nezih, *İngiliz İstihbarat Subayı Yüzbaşı Bennett Anlatıyor: Atatürk'e Nasıl Vize Verdim*, Selis Kitaplar, İstanbul, 2008.

Ünal, Muhittin, *Kurtuluş Savaşı'nda Çerkeslerin Rolü*, Cem Yayınevi, İstanbul, 1996.

__________, *Miralay Bekir Sami Günsav'ın Kurtuluş Savaşı Anıları* (2 Cilt), Türk Tarih Kurumu Yayınları, Ankara, 2016.

Ünaydın, Ruşen Eşref, *İstiklal Yolunda*, Türk Tarih Kurumu Yayınları, Ankara, 2020.

Ünler, Ali Nadi, *Türkün Kurtuluş Savaşında Gaziantep Savunması*, Kardeşler Matbaacılık, İstanbul, 1969.

Ünüvar, Veysel, *Kurtuluş Savaşında Bolşeviklerle Sekiz Ay 1920-1921*, Göçebe Yayınları, İstanbul, 1997.

Ürgüblü, Münib Hayri, *Lozan*, Ankara Halkevi Neşriyatı, Ankara, 1936.

Ürgüplü, Ali Suat (yay. haz.), *Şeyhülislam Ürgüplü Mustafa Hayri Efendi'nin Malta Mektupları*, Türkiye İş Bankası Kültür Yayınları, İstanbul, 2015.

Üsküp, Şeref, *Milli Mücadele'de Efeler*, Hür Efe Matbaası, İzmir, 1992.

Üstel, Füsun, *İmparatorluktan Ulus-Devlete Türk Milliyetçiliği: Türk Ocakları (1912-1931)*, İletişim Yayınları, İstanbul, 2020.

Velidedeoğlu, Hıfzı Veldet, *Bir Lise Öğrencisinin Milli Mücadele Anıları*, Varlık Yayınevi, İstanbul, 1971.

__________, *İlk Meclis: Milli Mücadele'de Anadolu*, Cumhuriyet Kitapları, İstanbul, 2020.

Velikov, Stefan, *Kemalist İhtilal ve Bulgaristan (1918-1922)*, çev. Naime Yılmaer, Kitaş Yayınları, İstanbul, 1969.

Volkan, Vamık D. & Norman Itzkowitz, *Ölümsüz Atatürk*, Bağlam Yayınları, İstanbul, 2021.

Yalçın, Hüseyin Cahit, *Talât Paşa*, Ötüken Neşriyat, İstanbul, 2022.

Yalçın, Osman, *Türk Hava Gücü Kuruluşu: İlk Seferleri ve Yükselişi (1911-1950)*, Türkiye İş Bankası Kültür Yayınları, İstanbul, 2017.

Yalman, Ahmet Emin, *Birinci Dünya Savaşı'nda Türkiye*, Türkiye İş Bankası Kültür Yayınları, İstanbul, 2018.

__________, *Modern Türkiye'nin Gelişim Sürecinde Basın: 1831-1913*, Türkiye İş Bankası

Kültür Yayınları, İstanbul, 2018.

__________, *Yakın Tarihte Gördüklerim ve Geçirdiklerim*, (2 Cilt), Pera Turizm ve Ticaret Yayınları, İstanbul, 1997.

__________, *Kurtuluş Savaşında Anadolu Ekonomisi 1919-1922*, Betik Yayıncılık, Ankara, 1998.

Yamauchi, Masayuki, *Hoşnut Olamamış Adam: Enver Paşa: Türkiye'den Türkistan'a*, çev. Hiranoa Matsutani, Bağlam Yayınları, İstanbul, 1995.

Yavuz, İsmail, *Mustafa Kemal'in Uçakları: Türkiye'nin Uçak İmalat Tarihi (1923-2012)*, Türkiye İş Bankası Kültür Yayınları, İstanbul, 2013.

Yerasimos, Stefanos (yay. haz.), *İstanbul 1914-1923*, çev. Cüneyt Akalın, İletişim Yayınları, İstanbul, 2021.

Yerasimos, Stefanos, *Türk-Sovyet İlişkileri: Ekim Devriminden "Millî Mücadele"ye*, çev. Güneş Bozkaya, Gözlem Yayınları, İstanbul, 1979.

Yıldırım, Tahsin, *İşgal, Feryad ve Direniş: Milli Mücadele'de İstanbul Mitingleri*, Ketebe Yayınları, İstanbul, 2019.

Yıldıztaş, Mümin, *Yaralı Payitaht: İstanbul'un İşgali*, Yeditepe Yayınevi, İstanbul, 2019.

Yılmaz, Mustafa, *Millî Mücadelede Yeşil Ordu*, Kültür ve Turizm Bakanlığı Yayınları, Ankara, 1987.

Yiğit, Nuyan, *Atatürk'le 30 Yıl: İbrahim Süreyya Yiğit'in Öyküsü*, Remzi Kitabevi, İstanbul, 2004.

Yunus Nadi, *Ankaranın İlk Günleri*, Sel Yayınları, İstanbul, 1955.

Yunus Nadi, *Mustafa Kemal Paşa Samsun'da*, Sel Yayınları, İstanbul, 1955.

Yüce, Mehmet, *Ale'l-ıtlak Baldırı Çıplak: Hâtırât, Makalât, Mülâkât*, İletişim Yayınları, İstanbul, 2018.

__________, *İdmancı Ruhlar: Futbol Tarihimizin Klasik Devreleri: 1923-1952*, İletişim Yayınları, İstanbul, 2018.

__________, *Esir Şehirde Spor*, Kültür A.Ş., İstanbul, 2020.

__________, *Osmanlı Melekleri: Futbol Tarihimizin Kadim Devreleri*, İletişim Yayınları, İstanbul, 2019.

Yücebaş, Hilmi, *Bütün Cepheleriyle Halide Edip Adıvar: Hayatı, Eserleri, Mülakatları, Milli Mücadele Hatıraları, Seçme Yazıları*, İnkılap ve Aka Kitabevleri, İstanbul.

Yüceer, Saime, *Milli Mücadele Yıllarında Ankara-Moskova İlişkileri*, Ekin Kitabevi, Bursa, 1997.

Zürcher, Erik Jan, *Cumhuriyetin İlk Yıllarında Siyasal Muhalefet: Terakkiperver Cumhuriyet Fırkası (1924-1925)*, çev. Gül Çağalı Güven, İletişim Yayınları, İstanbul, 2021.

__________, *Millî Mücadelede İttihatçılık*, çev. Nüzhet Salihoğlu, İletişim Yayınları, İstanbul, 2021.

__________, *Modernleşen Türkiye'nin Tarihi*, çev. Yasemin Saner, İletişim Yayınları, İstanbul, 2016.